KB201896

자본주의의 기원과 서양의 발흥

ORIGINS OF CAPITALISM AND THE "RISE OF THE WEST"
by ERIC H. MIELANTS

This Korean edition was published by Geulhangari Publishers in 2012 by arrangement with Temple University Press through KCC(Korea Copyright Center Inc.), Seoul.

THE ORIGINS OF CAPITALISM AND
THE "RISE OF THE WEST"

자본주의의 기원과 서양의 발흥

에릭 밀란츠Eric H. Mielants 지음
김병순 옮김

글항아리

서문

"부는 사회적으로 권력과 절대 떨어질 수 없는 관계다."

- 하일브로너, 『자본주의의 본질과 논리』

자본주의 체제는 이 세상에 왜, 어떻게, 언제 생겨났을까? 어쩌면 이런 질문들은 학문적(따라서 당연히 매우 이론적인) 논쟁에 관심이 많은 이들에게나 적합해 보이지 않을까 생각할 수 있다. 이것들은 확실히 근대 학문의 창시자들, 예를 들면 경제학의 애덤 스미스, 사회학의 마르크스, 뒤르켕, 베버, 역사학의 피렌느와 같은 인물들이 진지하게 몰두했던 문제들이다. 자본주의의 기원과 "서양의 발흥"에 관한 연구는 대개 많은 논쟁을 불러일으키는 주제다. 실제로 지난 200년 동안 수많은 대학의 학자들 사이에서 자본주의가(흔히 경제학자들이 주장하는 것처럼) 시장만 연구해서 이해될 수 있는 것인지 아니면 시장과 관련된 사회와 정치, 역사도 함께 검토되어야 하는지를 놓고 오랜 논쟁이 지속되었다. 최근에 데이비드 란데스David Landes가 일깨워준 것처럼 이런 질문에 대한 대답은 오늘날 그것이 우리에게 무엇을 암시하는지, 즉 오늘날 세계는 왜 일부 소수만 엄청난 부를 누리고 대다수 사람은 극도의 가난에 시달리는지 깊이 생각해보지 않을 수 없게 할 것이다.

오늘날 세계은행과 국제통화기금IMF이 지지하는 세계 경제 정책은 자본주의의 기원을 역사의 흐름 속에서 세밀하게 따져보지 않고는 이해할 수 없다. 세계의 어떤 특정 지역이 왜, 어떻게 해서 자본주의로 이행하는 데 성공했는지, 반면에 남아시아·중국·북아프리카 같은 고도로 문명이 발달했던 지역은 왜 자본주의로 이행하지 못했는지 이해할 때 비로소 우리는 현재의 세계 상황을 이해할 수 있다. 그리고 수백 년 전 세계의 특정 지역이 어떻게 더 부자가 되었는지 이해할 때 비로소 우리는 중심부 국가들이 끊임없이 주변부 국가들을 식민지로 만들어 착취하고 지배함으로써 얼마나 철저하게 자본 축적 정책을 수행했는지 알 수 있게 될 것이다.

군사력과 기술력을 기반으로 한 근대적 형태의 자본 축적, 불법적 또는 합법적 독점의 심화, 신식민주의, 지리적으로 전 세계로 널리 분산된 노동력 착취 문제는 서유럽에서 처음 발생한 자본주의 과정 속에서 생겨났다는 것이 내 생각이다. 오늘날 많은 역사 문헌이 "모든 이론적 접근 방식을 철저하게 배제"(Bois 1998, 316)하고 있지만 나는 정통 마르크스주의와 애덤 스미스 학파의 근대화 이론, 세계-체제론의 일부와 같은 전통적인 역사 분석을 해체해서 13세기 이래로 세계의 아주 작은 지역에 살던 소수가 다른 사람의 노동과 천연자원을 통해 얻은 열매를 독점할 수 있게 된 이유를 일관된 분석을 통해 밝혀내려고 한다. 대개 "가장 정교한 역사 접근 방식만이 그 대가를 보상받고 인정받는다"(Di Cosmo 1999b, 250)고 할 때, 나는 이 연구가 유럽, 중국, 남아시아, 북서아프리카의 발전과 사회 구조에 대한 여러 학문 간 체계적인 비교 분석을 통해서 오늘날 한동안 위기에 빠져 있었던(Genet 1997, 17) 경제사를 재평가하는 동시에, 그 작지만 점점 성장하고 있는 세계사의 한 부문이 발전하는 데 도움이 되기를 바란다. 그러는 가운데 독자들이 역사의 진행 과정을 비판적으로 분석하고 특히 그 과정이 오늘날 세계와 어떤 관련이 있는지 다시 생각해볼 수 있다면 더할 나위 없이 좋겠다. 결국 우리가 과거를 어떻게 설명하고 해석하는가에 따라서 우리가 상상하는 미래도 크게 달라질 것이다.

차례

3장 | 남아시아와 유럽의 정치경제 비교

4장 | 서유럽과 북아프리카의 정치경제 비교

5장 | 결론: 중세 서유럽 도시국가는 정말 유럽의 기적을 이뤘는가?

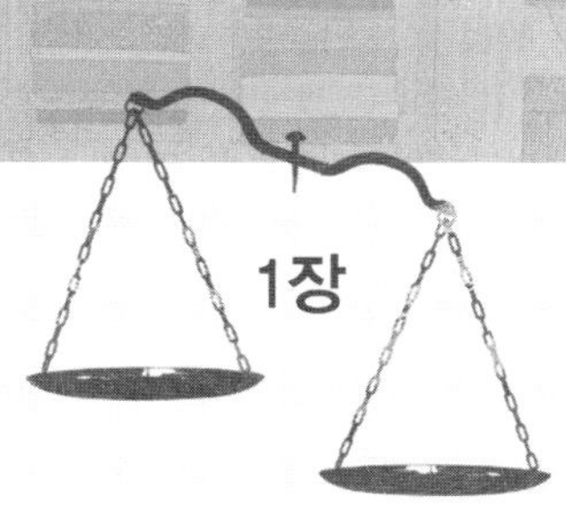

1장

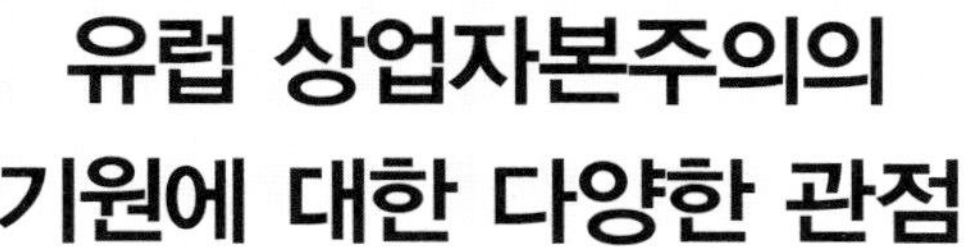

유럽 상업자본주의의 기원에 대한 다양한 관점

세계 자본주의의 기원을 중세 서유럽에서 찾는 이론적 관점은 크게 네 가지로 나뉜다. 이 장은 그러한 네 가지 관점에서 정교하게 다듬어진 주요 주장들을 비판적으로 검토하고 그것의 사회경제적, 정치적 변화 과정의 역사를 다시 생각한다. 이 장에서 다루는 네 가지 주요 관점은 정통 마르크스주의와 내가 "브레너주의Brennerism"라고 부르는 네오-마르크스주의, 근대화 이론, 끝으로 세계-체제론이다. 오늘날 모든 사회과학에서 근대성을 설명하기 위해 널리 사용되는 이 각각의 관점은 상업자본주의의 등장을 다루는 부분에서 각자 고유한 문제점들이 나타난다.

정통 마르크스주의

정통 마르크스주의는 흔히 자본주의의 출현을 분석하는 이론적 관점으로 쓰였지만 이러한 접근 방식은 여러 문제를 수반한다. 첫째, 이 관점은 역사의 발전 과정을 결정론적이고 "단계적"으로 본다. 이를테면 부르주아 혁명 뒤에 자본주의 시대가 도래하고 결국 변증법적 지양으로 끝난다. 둘째, 여기서는 사회경제적 하부구조가 상부구조를 결정한다. 셋째, 유럽 중심의 용어, 예를 들어 아시아적 생산양식 같은 것을 써서 역사를 고정화한다.(Coquery-Vidrovitch 1981) 넷째, 정통 마르크스주의가 그리는 착취 구조는 특정한 분석 단위 — 대개의 경우 국민국가 — 안에서 프롤레타리아와 자본가라는 두 계급 사이의 피할 수 없는 엄혹한 계급투쟁으로서 그 틀을 짠다.(Takahashi 1976, 74)[1] 그리고 끝으로 중요한 것은 정통 마르크스주의가 시장을 생산 영역 외부에 있는 부차적 지위로 격하시키는 대신 생산수단을 "먼저 분석할 대상"으로 본

다는 사실이다.(Tomich 1993, 223; Rigby 2004, 499)

정통 마르크스주의가 예로부터 근대성을 경제적 관점으로 바라보는 방식은 대개 자본주의와 근대 사회의 기원을 산업혁명과 더불어 18세기로 거슬러 올라가 잡는다.(Baradat 1988, 137~161) 마르크스주의자들은 봉건제에서 자본주의로 **진정한** 이행이 일어난 것은 바로 이때라고 생각한다.(Banaji 2007) 한때 마르크스가 "우리는 14세기나 15세기 초에 지중해 지역의 소도시 여기저기에서 처음으로 자본주의적 생산이 발생한 흔적들을 발견한다"고 인정했지만(1977, 876) 대다수 마르크스주의자는 "근본적으로 자연경제"라고 여겼던 중세와 마찬가지로 16세기도 간단하게 처리하고 넘어갔다.(Mandel 1962, 124)[2] 마르크스주의자들은 기껏해야 자본주의의 뿌리를 찾아 1640년대의 영국으로 거슬러 올라가는데(Cantor 1973, 294) 산업 시대 이전의 사회경제적 불평등 때문에 발생하는 투쟁들을 분석하기 위해 **계급**이라는 개념을 사용한다.(Godelier 1993)

브레너주의(브레너식 접근 방식)

1970년대에 네오-마르크스주의의 한 변종인 "브레너주의"가 무대에 등장했다. 브레너주의는 기존의 정통 마르크스주의와 달리 중세에 강하게 몰두했다. 그러나 브레너주의도 이전의 마르크스주의 이론들과 마찬가지로 여러 문제가 있다. 특히, 전통적인 마르크스주의에서 벗어나지 못한 채 주어진 영토 단위(국민국가) 안에서 피착취계급(농민)과 착취계급(귀족) 사이의 계급투쟁 및 생산양식을 지나치게 강조한다.(Brenner 1977)[3] 계급투쟁과 생산양식에 대한 이런 과도한 집착은 무역 유통의 영향을 최소화하면서 도시 중심의 생산보다는 특히 농업 생산을 지나치게 중요하게 다룬다. 이러한 접근 방식의 또 다른 문제는 귀족층을 이른바 "비생산적 소비"에 빠져 "경제 외적인 강제를 통한 잉여 착취"에 몰두하는 계급에 지나지 않는 것으로 바라본다.(Brenner 1985, 232)[4] 브레너는 영국 귀족층의 경제적 성공을 프랑스 귀족층과 비교하며 설명했다. 프랑스 귀족층은 계급 그 자체를 누리는 것으로 끝났지만 영국 귀족층은 자신들의 이익을 위해 무엇을 해야 하는지 아는 계급이었다.(Byres 1996, 67) 영국의 귀족계급은 "매우 강력한 계급 응집력"을 가지고 있는 것으로 묘사된다.(Brenner 1985, 258)[5]

브레너는 또한 "프랑스의 절대왕정"과 "영국에서 토지에 대한 자본가 계급의 전형적 관계 발전"을 나란히 비교함으로써 마르크스주의의 길을 따른다.(Brenner 1985, 275, 284~299) 그러고 나서 그는 다음과 같이 주장한다.

> 1) 그것은 마침내 "농업혁명을 관장하는 귀족자본가 계급의 등장"(Brenner 1985, 299)을 초래하고 그 이후 "산업혁명으로 소용돌이치듯 상승 발전"(327)하는 정통 마르크스주의의 단계적 역사 발전으로 가는 전주곡[6]이 되거나 2) 어떤 영토 단위(영국)가 왜 다른 영토 단위(프랑스)에서는 성취하지 못한 경제적 "도약"을 이룰 수 있었는지를 설명하는 근대화 이론의 한 특수한 변종이 된다.[7]

어느 쪽이든 자본주의는 이제 어느 특정한 시점에서 한 국가의 특징이 된다.

브레너주의의 또 다른 문제점은(브레너가 사회의 "생산 기반"이라고 본) 농민을 노예의 지위로 크게 격하시켰다는 사실이다.[8] 그는 봉건 농민의 전형적인 모습을 "단순히 시장의 명령에 종속되는 것을 피하기 위해 전문화와 교역에 대한 의존"을 거부하는 인물, 그리고 하찮은 "비생산적 소비"에 더욱 몰두하기 위해 농민들로부터 더 많은 것을 쥐어짜내고 싶어 하는 전형적인 귀족들과 끊임없이 계급투쟁을 벌이는 존재로 그린다.(Brenner 1986, 31) 브레너는 이렇게 계급투쟁에 집착한 나머지 시장의 중요성을 간과한다.

확실히 일부 농민들은 부분적으로 영주나 국가 관료들의 강압적 요구 때문에 발생한 금전적 필요성을 해결하기 위해서 시장에서 생산물을 팔아야만 했다고 주장할 수 있다. 일부 농업 생산자들은 이런 식으로 자신들이 생산한 물품의 일부를 판매함으로써 타인의 "경제 외적인 강제" 때문에 발생한 그들의 의무를 이행하는 데 필요한 현금을 마련하기 위해 "시장으로 가야" 했다.(Aymard 1993, 292~293; Gutnova 1990, 111)[9] 그러나 봉건제는 왜 시장이 나타나는 것을 막았을까? 브루스 캠벨Bruce Campbell에 따르면(1995, 133) 농민 생산자들은 대개 "그렇게 해야 할 필요가 있다면 생산을 증대시키고 전문화하고 시장에서 거래에 참여한다. 봉건제는 다양한 형태의 지대를 통해서 농민들의 잉여생산물을 착취함으로써 농민들이 그렇게 하지 않으면 안 되게 만들었다." 농민들은 실제로 국내 시장(Derville 1996, 123~126)과 국제 시장(Theon 1988b, 277~279)에서 모두 충분한 상품을 생산했다. 그렇다고 당시 강제적인 착취에 맞선 농민의 힘과 저항을 부정하거나 얕봐서는 안 된다.(Hanawalt 1986, 23~47; Hilton 1987; Imsenand Vogler 1997) 그러나 게로Guérreau가 특별히 언급한 것처럼 "영주와 농민 사이의 권력 관계를 중세를 움직인 원동력으로 보는 것은 불합리하다."(1980, 108)[10] 엡스타인Epstein의 지적을 보자.

> 시장 구조는 한 사회 경제 발전의 성격과 속도를 결정한다. 이에 비해 소유

> 관계는 시장 구조를 결정하는 하나의 중요한 요소이기는 하지만 소유 관계라는 (구체화된) 구조만으로 경제 발전 과정을 추론할 수는 없다. (…) 영세 농민이 자기 땅에서 자급자족할 수 있느냐 없느냐로(그리고 봉건 영주나 지주들에게 지대를 지불할 의무가 있느냐 없느냐로) 그의 경제 전략을 추론할 수는 없다. 오히려 영세 농민의 경제 전략은 그가 시장에 어떻게 접근할 수 있는지에 달려 있다.(1992, 22)

이러한 농민의 실제 역할과 더불어 당시 서유럽의 인구통계학적 변화의 중요성이나(Seccombe 1992, 136~139) 시장의 존재 자체와 점증하는 영향력이 야기한 강력한 역동적 충격을 과소평가해서는 안 된다. 실제로 11세기와 13세기 말 사이에 영국에서 시장과 관련된 직업에 종사하는 사람의 수는 자급자족하는 농민의 수보다 훨씬 빠르게 늘어났다. 또한 농촌 경제 안에서도 전문화가 일어났다.[11] 경제사가 스눅스Snooks는 중세 영국의 토지대장에 나온 자료들을 자세히 조사한 결과 11세기 영국 경제의 40퍼센트가 시장 활동과 관련되어 있었고(여기서 **시장**은 "영국에서 모든 주요 경제 활동을 결정"한 부문임) 나머지 60퍼센트가 자급자족과 관련이 있었다.[12] 이러한 결과는 당시 시장의 힘이 매우 제한된 역할밖에 하지 못했다고 주장하는 통념과 배치되는 내용이다.(Snooks 1995, 39) 마침내 에드워드 1세는 1275년 "양모 수출에 세금을 부과하기 시작"하면서 관세액을 인상했다. "이러한 무역 관세 부과는 곧바로 어떤 다른 세입원보다도 더 안정적으로 왕실 재정을 지탱하는 기반이 되었다. 영국 국왕은 이것을 담보로 해서 이탈리아 상인에게서 돈을 빌리기도 했다."(Britnell 1995, 14) 카젤Cazel에 따르면(1966, 104) 에드워드 1세가 집권한 동안, 왕실이 외국 상인들로부터 거둬들인(영국과 교역할 수 있는 허가를 받는 대가로 받은) 세입은 자신의 지배 지역에서 징수한 전체 세입과 거의 맞먹을 정도로 크게 늘어났다.(Mann 1980, 179) 따라서 브레너가 주장한 것들, 즉 개별 봉건영주들이 "옛날부터 내려온 관습"에 따라 관리되던 영지에서 생산되거나 다양한 경제 외적인 수단들을 통해서 소작인들로부터 착취한 잉여생산물을 마구 낭비했다는 주장 같은 것에 대해서 심각하게 의문을 제기하지 않을 수 없다.(Snooks 1995, 47)

물론 일정한 영토 단위 안에서 얼마 되지 않는 소수의 집단(귀족)이 다수 집단(농민)에게 엄청난 재정적 부담을 지운 반면 농촌 지역에 재투자는 거의 하지 않았다는 사실을 완전히 부인할 수는 없다.(Maddicott 1975; Theon 1988b, 636~637) 또한 "경제 외적인 강제에 의한 잉여 수탈"(Brenner 1985, 232)이 일어나지 않았다고도 말할 수 없다.[13] 그러나 강력한 도시들이 그들의 배후에 있는 지방을 지배하면서 봉건영주들이 그랬던 것처럼 농촌지역을 수탈했다.(Harvey 1991, 19; Nicholas 1971, 93; Epstein 1992, 124~133; Hilton 1974, 212) 따라서 중세의 권력관계를 분석하면서 도시를 제외할 수는 없다.(Cherubini 1990, 129~130) 브레너는 "봉건시대의 착취자를 모두 영주"와 동일시함으로써 도시의 중요성을 간과했다.(1986, 28) 브레너는 봉건제에서 자본주의로 이행하는 과정에서 발생하는 모든 "사회경제적 변화에 대한 설명"에서(1985, 1986) 카츠Katz 같은(1989, 74~75) 다른 마르크스주의자들과 마찬가지로 교역과 도시의 중요성을 검토하지 않음으로써 도시를 단순히 수동적인 존재로 축소시킨다.(Boone 1996b, 162)[14]

그러나 무엇보다도 브레너가 봉건제의 경제 성장에 대해서 지나치게 단순하게 설명한 것을 산산이 부수는 것은 도시와 농촌의 분업과 서로 다른 시장에 접근하려는 도시들 사이의 경쟁이다.(아래 참조) 많은 중요한 시장이 대개 도시 지역에 있었고 많은 농민이 이러한 시장 활동에 참여하고(그것이 자발적으로 교역을 하도록 유도되었는지 생산물을 팔기 위해 어쩔 수 없는 선택이었는지 상관없이) 있었다는 사실은 부인할 수 없다.(Fritze 1985, 21~22) 그러나 브레너와 그의 추종자들은(Wood 1999) 시장의 중요성을 부차적 지위로 격하시킴으로써 중세 도시들과 그곳에 형성된 시장의 결정적인 중요성을 완전히 간과한다.

근대화 이론

근대화 이론[15]은 자본 축적을 가능하게 하는 토대를 만들었다고(Landes 1998, 516; Lal 1998; Park 1995; Tawney 1926; Weber 1930; Werner 1988; Stark 2005)[16] 하는 "근대적"(즉 정신적 또는 종교적) 가치관의 등장 또는 유럽이 이후 수세기 동안 '세계의 나머지 지역'을 지배할 수밖에 없게 만든 기술 혁신을(Ashtor 1992, IV; Gimpel 1976; Jones 1981, 45~49; Labal 1962, 32~39; White 1962) 바탕으로 탄생했다. 어느 쪽이든 간에 이 이론 역시 문제가 있다.

우리는 자본주의의 등장과 동시에 나타난 선대제先貸制, putting-out system(상인이 독립된 수공업자들에게 원료와 도구, 임금을 미리 지급하고 필요한 물품을 생산하는 체계로 12세기 후반부터 서유럽의 직물업에서 나타나기 시작함—옮긴이)의 지속적인 성장을 설명하는 발전/근대화 모델을 구축할 때, 거기에 나오는 개념들을 박제화하지 않도록 주의해야 한다. 역사적으로 잘못 해석한 개념들이 언제 어디서 불쑥 튀어나올지 모르기 때문이다.[17] 근대화 이론의 탄생 때부터 전형적으로 잘못된 역사 인식 가운데 하나는 오늘날 많은 학자가(Farr 1997, 24) 중세의 상인 단체들과 동업조합을 마치 사회경제적 침체, 쇠퇴, 옛날 유물과 같은 말로 취급하는 것이다.(Boone 1994, 3~5; Lisand Soly 1997, 228; Munro 1994,

IX, 44) 동업조합과 상인 단체들은 모두 걸핏하면 이러한 잘못된 역사적 인식의 희생자가 된다. 주로 그들 단체가 "자본주의로의 이행 과도기"에 꿰맞춰지는 반면에—근대화 이론에서 "진정한 진보"로 인정받는—자본주의는 "근대성"을 서유럽에 이식하면서 동시에 "망해가는" 르네상스 이전의 중세 구조를 대체한 것으로 묘사된다.(Boone 1994, 4) 전통적인 근대화/발전 이론의 이러한 고전적인 사례는 근대 경제학을 세상에 널리 퍼뜨린 애덤 스미스에게서 시작된다.

> 동업조합의 목적 가운데 하나는 경쟁을 없애는 것이었다. 동업조합은 어느 한 도시에 있는 상인들의 조합으로, 그들은 서로 연합하여 자신들이 생산한 물품의 가격과 임금, 판매 기준과 조건을 통제하고 제조를 독점했다.(1976, 69, 139)

그 뒤로 줄곧 동업조합은 규제와 금지로써 "진보로 나아가는 길"을 가로막은(그것은 근대화 이론에 따르면, "자유" 시장 안에서 국부가 증가하는 것을 저해하는 요소다. Stabel 2004, 188)**18** 낡은 중세의 유물이며 "사회적으로 비효율적인 담합"(Hickson and Thompson 1991, 127)으로 묘사되었다. 그러한 잘못된 인식을 하게 된 것은 15세기 말부터 동업조합이 중앙집권화 과정에 맞설 힘이 없었다는 사실 때문이었다. 끝으로 19세기에서 20세기까지 자유주의 산업 국민국가는 언제나 앞선 중세 직인들과 동업조합의 공적을 인정하기보다는 자체의 활기찬 역동성을 보여주는 데 훨씬 더 관심이 있었다.(Braunstein 1994, 23) 확실히 자본주의가 이런 "오래된 전근대적" 세계의 한가운데서 탄생할 수는 없었을 거라고 주장한다.(Boone 1994, 4)

근대화 이론을 주장하는 사람들에게 16세기는 어떤 새롭거나 중요한 일도 일어나지 않은 것처럼 보인다. 그들은 마르크스주의에서 보는 것처럼 18세기 말과 19세기 초의 산업혁명을 근대성이라고 하는 문을 활짝 열어젖힌 역사적 분수령으로 인식한다.(Cantor 1973, 298~301) 또한 마르크스주의자들과 마찬가지로 근대성을 이해하기 위해서 영국을 가장 먼저 주목한다.(Wrigley 1988) 따라서 산업혁명 이전의 경제에 대한 경제사학자의 근본적인 관심사는 실제로 경제가 근대화되는 것을 막은 제한 요소들이 무엇인지 알아내는 것이다.

말할 것도 없이 중세 경제사의 이러한 정체된 해석은 많은 학자가 일반적으로 근대 이전의 세계의 상태에 대해서 공유했던 가정들과 역사 논쟁의 과정에 큰 영향을 미쳤다. 근대 이전의 세계를 이해하기 위해서는 당시의 토지 이용 가능성, 인구 증가와 같은 요소들만 있으면 된다고 생각하고[19] 상업화, 전문화, 기술의 변화는 부차적인 요소로 여겼다.(Britnell and Campbell 1995, 8) 유감스럽게도 **봉건제**와 **중세** 같은 용어들은 "우리가 악惡을 떠올릴 때 상상할 수 있는 모든 것을 암시하는 말로 격하"되고 말았다. 많은 사람이 아직도 중세 하면 무지와 후진성, 총체적인 "저개발"을 연상하는 것은 바로 이런 이유 때문이다.(Pernoud 1992, 16)[20] 학자들은 그렇게 해서 "전통적인 중세 사회를 봉건적이고 계층적이며 매우 보수적이고 종교적인 모습"으로 계속해서 설명하고 "중세 경제"를 차야노프Chayanov가 묘사한 수동적이고 자족적인 농민(구소련의 농업경제학자 알렉산더 차야노프에 따르면 농민들은 가족이 필요한 만큼만 생산하고 그것이 충족되면 생산할 필요성을 못 느낀다고 주장함—옮긴이)들이 지배하는(Fryde 1998, 207) "자급자족 경제"(Bois 2004, 41)로 그린다.

우리는 기술 진보와 역동성, 창의성과 관련해서 중세의 노동 형태들을 마치 "근대" 세계와 근대 이전을 나누는 중요한 차이인 것처럼 무시하지 말아야 한다. 중세의 노동 형태들이 지닌 역동성과 혁신은 실제로 그것들이 결코 보수적이고 정체된 비생산적인 경제적 실체들의 화신이 아니었음을 보여준다.(Boone 1994, 16) 사실상 산업혁명 이전(19세기 이전)의 시장은 보통 알고 있는 것보다도 훨씬 더 복잡하고 다양했다. 중세 도시 사회와 정치 기구들의 중심에 동업조합이 있었다. 따라서 우리는 근대화/발전 이론이 찬미하고 개념화한(Wallerstein 1984, 179~180) 산업혁명의 개념뿐 아니라 **농업혁명**이라는 용어(Verhulst 1989b, 71~95; 1990, 17~28)[21]에 대해서도 다시 생각할 필요가 있다. 불행하게도 근대화 이론은 동업조합의 하부구조를 간과할 뿐 아니라 이따금 중세 전반을 "산업혁명 이전의 음울하고 무기력한 망각의 구렁으로 밀어 넣으면서"(Dyer 1991, 7) 자유방임주의 경제가 모든 것을 휩쓸고 가버리기만을 기다리는 시기로 단순하게 처리하고 끝맺는다.[22] 또 근대화 이론은 농업혁명과 산업혁명을 단계적 관점에서 강조하는 마르크스주의 이론처럼 중세와 마찬가지로 16세기 근대 이전 시기에 대해서도 시큰둥하게 생각한다. 따라서 근대화 이론은 근세에 형성된 도시들 사이의 연결망과 거기서 그들이 자립 성장한 의미를 제대로 읽지 못한다. 많은 마르크스주의자와 근대화 이론가가 "산업혁명이 근대 경제성장의 원천이 아니라"(North and Thomas 1973, 157) 오히려 산업혁명 이전으로 거슬러 올라가 찾아봐야 하는 서로 다른 여러 과정이 만들어낸 결과였다는 사실을 잊어버리는 경향이 있다.

핀들레이Findlay(1992, 160~161)가 그것을 적절하게 지적한다.

> 오직 영국만이 국내에서 토종 기술로 산업혁명을 통해서 근대 산업 세계를 열 수 있었다고 주장하는 견해는 근본적으로 잘못된 것이다. 그것은 "체제적" 관점이 아니라 "일국적" 관점이기 때문이다. 우리는 근대라는 결

과를 개별 국가나 정부 차원이 아니라 유럽 또는 서구 전체라는 커다란 하나의 차원에서 봐야 한다.

대다수(당연히 유럽의) 학자가 지금도 여전히 산업혁명을 1인당 소득이 증가했다는 점에서 진정한 성장을 가져온 중요한 역사적 분기점으로 주목하고 있지만(Grassby 1999, 63; Vries 2003) 그것이 이미 18세기보다 훨씬 앞서 일어났다는 역사적 증거는 많다.(Jones 1988, 38; Van der Wee 1988, 343~344; Snooks 1994) 더글러스 노스Douglass North(1979, 251)가 말한 것처럼 "많은 경제사가가 산업혁명으로 지속적인 경제성장이 이뤄졌다고 하는 신화를 만들어냈지만 사실 그것과 관련해서 새로운 사실은 전혀 없다." 일부 학자들은(O'Brien 1990, 1991, 1992) 산업혁명 이전에 국제 교역으로 발생한 이익을 드러내놓고 무시한다. 이것은 근대화 이론이 오랫동안 제국주의를 부정한 것처럼 당연한 일이다.(Omvedt 1972) 그러나 실제로 서유럽의 중심부는 바로 높은 부가가치를 가진 상품들을 생산할 수 있었기 때문에 산업화를 이루는 게 가능했지만 그 주변부의 산업화 과정은 순탄치 않았다. 이미 알다시피, 주변부의 생산은 중심부에 원재료를 공급하는 쪽으로 나아간 반면에 주변부의 시장은 중심부에서 생산된 완제품에 문호를 개방해야 했다. 따라서 지속적인 성장을 말할 때 국내 시장의 중요성이 과소평가되어서는 안 되지만, 원재료의 공급 원천과 고부가가치를 지닌 서비스와 완제품의 소비자로서 해외 시장과 지역 간 교역 또한 어떠한 경제 성장을 논할 때도 없어서는 안 될 핵심 요소다.(Van der Wee 1988, 321, 337) 이러한 사실은 심지어 18세기 이전에도 마찬가지였다.[23]

세계-체제론

세계-체제론은 유럽에서 자본주의적 세계-경제가 등장하게 된 것이 국제 분업과 국가 간 연결 체계를 만들어낸 정복 및 식민지 건설을 통해 지역들이 서로 합병된 것과 큰 관련이 있다고 설명한다. 동시에 근대성이라는 개념과 산업혁명에 부여된 중요성의 실체가 무엇인지도 폭로한다. 세계-체제론은 근대화 이론이나 정통 마르크스주의와 달리 [봉건제에서 자본주의로] "이행"하는 문제를 효과적으로 다루지는 않지만 적어도 중세를 재평가한다. 이 이론은 "자본주의적 세계-경제가 언제 어떻게 처음으로 탄생했는지, 자본주의로의 이행이 왜 다른 곳이 아닌 봉건 시대 유럽에서 발생했으며 그 이전에 자본주의로의 이행은 왜 실패했는지 같은 문제들을 다시 제기"(Wallerstein 1979, 135)해야 하기 때문에 중세 유럽을 통째로 무시하지는 않는다.

세계-체제론이 지닌 또 하나의 긍정적 요소는 "노동의 착취가 발생하는 것은 생산과정에서 노동이 노동력으로부터 이탈한 것과 임금 때문뿐 아니라 기본적으로 세계-체제를 구성하는 경제들 사이에서 상품이 교환되는 가격 때문"(Bowles 1988, 434)이라는 사실을 강조함으로써, 계급투쟁의 역사를 이른바 "특히 인구통계학적 변동과 교역과 시장의 증가로부터 파생되는 객관적인 경제력"(Torras 1980, 253)과 대비시킨 "브레너 논쟁"을 극복할 수 있는 방법을 제시한 것이다. 이러한 의미에서 세계-체제론은 생산을 중요하게 여기는 마르크스주의의 관점과 시장에서의 상품의 순환을 중요하게 여기는 애덤 스미스주의의 관점을 통합함으로써 자본주의의 등장을 설명하려고 한다.[24]

토머스 홀Thomas Hall이 말한 것처럼 "세계-체제론은 1500년 이전의 자본주의 이전 단계들에는 전면적으로 적용될 수 없다"(1996, 444~449)는 주장에 동의

하는 학자가 많다. 그렇다면 당연히 이런 의문이 생긴다. 16세기 이전에는 자본주의 체제가 없었는가? 이 질문에 대한 대답은 **공간적** 전제조건, 즉 세계의 어느 한 부분에서 봉건제로부터 자본주의로 이행하는 기간이 있었고 그 안에서 다양한 체제가 하나의 단일한 세계-체제로(즉 유럽이나 서아시아를 중심으로 한 세계-경제로) 수렴했다는 사실에 동의하는지 그렇지 않은지, 또는 **시간적** 전제조건, 즉 봉건제에서 자본주의로의 이행이 1450년과 1650년 사이에 일어났다는 사실에 동의하는지 그렇지 않은지에 따라 달라진다. 먼저 세계-체제론의 시간적 전제조건부터 살펴보자.

시간적 전제조건

아마도 세계-체제론 학자로 세상에 가장 널리 알려진 이매뉴얼 월러스틴에 따르면 자본주의는 16세기 유럽에서 봉건제가 위기에 빠지면서 발전했다. 새로운 단일 생산양식이 근대 세계-체제의 등장과 함께 탄생한 것이다. 월러스틴은 스스로 "세계-경제의 탄생기"(1974, 37)라고 부른 16세기에 대해서 장황하게 서술했음에도 불구하고 그가 봉건제에서 자본주의로 이행하는 것에 대해서 요약 설명한(1974, 37) 내용은 여전히 만족스럽지 못하다. 코르넬리스 테르라우브Cornelis Terlouw가 특별히 언급한 것처럼 말이다.

> 이 오랜 이행 과정 동안 봉건제는 자본주의로 천천히 바뀌면서 대체되었다. 이것은 적어도 200년 동안 봉건제와 자본주의가 하나의 세계-체제 안에서 공존했다는 것을 의미할 수 있다. 따라서 월러스틴은 스스로 명백

> 하게 부인하는 것(하나의 세계-체제 안에 두 개의 생산양식이 공존하는 것)이 1450년과 1650년 사이에 실재했음을 암묵적으로 가정한다. 바로 그 긴 기간에 여러 생산양식이 하나의 단일 체제 안에 공존했다는 것을 인정한다면 세계-체제의 역사 가운데 언제 어느 때나 여러 개의 생산양식이 동시에 존재할 수 있다고 말하는 것은 대단하지는 않지만 논리적으로 전혀 나무랄 데가 없다.(1992, 57~58)

월러스틴은 마르크스처럼 오늘날 자본주의 세계-경제가 어떻게 움직이는지에 관심이 더 많다. 그러나 이러한 관심은 이론적으로 약간 적절치 못한 의미를 함축하고 있다.

> 월러스틴은 오늘날 세계-체제가 어떻게 등장했는가에 관심을 집중시킴으로써 세계-체제들 사이의 시간적 경계를 적절하게 이론화하지 못한다. 현존하는 세계의 단일성에 대해서 지나치게 집착한 나머지 과거에 상이한 여러 사회 체제가 서로 뒤엉켜 있었다는 사실을 외면한다.(Terlouw 1992, 57)

물론 월러스틴은 이 문제를 잘 알고 있었다.[25] 그러나 어느 특정 시점에서(자본주의가 다른 생산양식들을 대체했다거나 자본주의의 논리가 지배적인 것처럼 보인다는 의미에서) 자본주의로의 이행이 완결된 것으로 묘사하는 것은 곤란하다. "1650년에도, 1750년에도, 그리고 1950년에도 유럽 전역의 자본주의적 세계에서 '비자본주의적' 행동양식으로 추정되는 사례들을 발견하는 일은 아주 쉽기" 때문이다. "[비자본주의적 행동양식과 자본주의적 행동양식의] 혼합은 생산양식으로서 자본주의 체제의 본질이다."(Wallerstein 1980, 32) 한 체제가 다른 체제(들)를 언제 상당 부분 대체하는지(통합하는지) 정확하게 적시할 수 있는 사람이 누가 있겠는가?

멀리 거슬러 올라가 5000년 전부터 오늘날에 이르기까지 일용품 중심의 대량 교역과 사치품 중심의 소규모 교역 사이의 차이를 전혀 구별하지 않는 것은 봉건제에서 자본주의로의 이행이 일어나지 않았다고 주장하는 것과 다를 바 없어 보인다. 예를 들면, 프랑크와 길스Frank and Gills(1991; 1992; 1993년a; 1993b; 2000)는 중세에, 실제로는 심지어 16세기에도 자본주의로의 이행은 없었다고 주장한다. 그들은 1500년 무렵에 어떠한 급격한 단절이나 이행도 일어나지 않았다고 생각한다.(Frank 1990, 243; Frank and Gills 1993b, 297) 대신에 그들은 자신들의 주장을 "가능한 한 역사 전반을 관통하는" 것처럼 보이게 만들기 위해서 5000년 전에도 세계-체제가 존재했음을 증명하려고 한다.(1993b, 45) 하지만 그럴 경우 역설적이게도 "역사" 서술은 "고정화"되고 만다. 즉, 아득한 옛날부터 사람들과 부족들은 교역을 통해서 서로 관계를 맺었으며 일부는 수탈을 당하는 반면 일부는 이익을 챙겼다고 주장한다. 예를 들면, 프랑크와 길스는 "심지어 기원전 4000년이나 기원전 3000년에도 청금석을 캐던 고대 아프가니스탄의 광부들과 수메르 도시국가의 직물 노동자들이 하나의 세계 경제-체제 안에서 분업을 통해서 서로 연결되어 있었다"(1993b, 299)고 확신한다. 그들의 이론에 따르면 인류는 지금까지 언제나 하나의 자본주의적 세계-체제 안에서 살아왔다.(아마 앞으로도 그럴 것이다?)[26] 그들의 주장은 두말할 것도 없이 다소 극단적이며 세계-체제론을 주장하는 사람들 가운데 소수파로 남아 있다. 월러스틴은 프랑크나 길스와 달리 적어도 이행이라는 개념을 사용한다. 하지만 유감스럽게도 세계-체제론을 둘러싼 혼동은 거기서 끝나지 않는다.

월러스틴이 **중심부**와 **주변부** 같은 개념을 16세기 이전 시기에 적용하지 않는 것은 그가 원거리 교역의 영향력을 중요하게 생각하기 때문이다.(Wallerstein 1990, 221) 그가 값비싼 상품(사치품)과 일용품(대량 무역)이라고 둘로 나눈 것은(많은 세계-체제론자가 그것을 따른다) 특히 1500년 이전의 상황에 대해서는 심각하게 문제를 제기할 수밖에 없다.(Schneider 1991, 48) 무엇보다도 먼저 사치품과 일용품은 무엇을 기준으로 나누는가? 교환되는 상품의 양에 초점을 맞추는가, 아니면 상품의 특성에 중점을 두는가? 그리고 만일(포도주[27]나 설탕[28], 소금[29]처럼) 한때 사치품이었던 것이 세월이 흐른 뒤 시장 수요가 늘어나면서 대량으로 거래되는 상품이 된다면 이렇게 사치품에서 일용품으로 바뀌는 "결정적인" 이행기는 언제 일어나는가?[30] 다시 말해서 "사치품"이 언제 "일용품"으로 바뀌는가?(Wallerstein 1993, 294)

더 나아가 1500년 이전에 상품을 그렇게 둘로 나누는 것이 어느 정도까지 분석에 도움이 되는가? 유럽이 부유해진 것을 사치품 수요의 증가로 설명할 수 있을까?(Cheyney 1962, 10) 당시 유럽의 성장을 분석할 때 일용품의 대량 무역이 이뤄졌을 거라고 생각하지 않고 사치품 무역의 중요성과 영향력을 그대로 유지하는 것은 불가능할까? 특히 1500년 이전에 사치품 무역이(그리고 그것이 수반하는 엄청난 이익이) 대량 무역에 참여하고 투자한 상인이나 가문들에게 필수적이었던 타인 자본의 유치를 끌어낼 수 있었을까? 그리고 일반 생필품의 대량 무역을 더 늘려서 이러한 "봉건제에서 자본주의로 이행하는 시대"[31]에 자본주의가 실제로 확대되기 위해서는 이러한 타인 자본 유치가 필수적이라고까지는 아니더라도 필요했다고 주장할 수는 없을까? 1300년 무렵, 이미 이탈리아에서는 페루치 가家와 바르디 가家 같은 귀족 가문들이 운영하는 중세의 "거대 기업"이 직물(사치품)과 대량 곡물(일용품) 무역에 투자하고 엄청난 이익을 거두었다.(Hunt 1994, 244; Britnell 1993, 123; Wolff 1959; Bradley 1994,

57~58; Papacostea 1973, 601; Balad 1989, IV; balletto 1977; Yver 1968, 104~126)[32] 체이스-던Chase-Dunn과 홀Hall(1997), 모델스키Modelski와 톰프슨Thompson(1996)은 1500년 이전에 다양한 형태의 원거리 교역이 주기적으로 이뤄진 것과 그것이 의미하는 중요성을 인정하지만 월러스틴이 주장하는 것만큼 사치품과 일용품 무역의 구분이 중요하다고 생각하지는 않는다.

따라서 중세에 산업 생산이 "분산적이고 소규모로 주로 사치품 시장을 중심으로 이뤄졌으며"(Wallerstein 1974, 123) "지역 경제권이 대개 '좀 더 큰 지역의'(즉, 중거리 지역) 공급원에 의존하거나 기대지 않았기 때문에 중거리 경제권 안에서의 분업은 존재하지 않았다"(Wallerstein 1993b, 5)고 주장하는 것은 지나친 과장이라고 말하지 않을 수 없다. 그러한 생각은 마치 중세 무역이 "제한된 지역 안에서 상품들이 이동하는 역내 무역과 교환"에 불과했고 "[반면] 원거리 교역은 지배층을 위해 생산된 귀중품들로만 이뤄진"(Wolf 1982, 32; Mandel 1962, 127) 것처럼 보이게 만든다. 비록 곡물과 직물의 역내 생산과 소비가 여전히 중요했지만(Munro 1998, 275) 중거리 경제권과 국제 시장도 중세 서유럽 경제에서 중요한 자리를 차지했다. 도시국가들의 (도시 프롤레타리아 계급의 소비를 위한)[33] 곡물 무역과 직물 시장에 대한 의존은 그러한 사실을 여실히 보여준다. 실제로 1250년경부터(Slicher vanbath 1963, 156) 발트 해 연안국들에서 북유럽 저지대 국가들로, 14세기에(Fourquin 1979, 317) 영국으로까지 곡물을 수출하고, 또한 흑해 지역에서(Manolescu 1981; Balard 1989, VI) 제노바(Karpov 1993; Unger 1980, 183; Day 1981, 637), 베네치아(Nystazopoulou 1973, 560), 몽펠리에(Reyerson 1998, 269)와 같은 도시로 곡물을 수출한 것은 도시 체계가 지닌 **본질적인** 특징이었다.(van Uytven 1985) "동유럽"에서 북유럽 저지대 도시들(Tits-Dieuaide 1975, 150~166; Sosson 1977, 102~111; Lewis 1978, IX, 33~35; Samsonowicz 1975, 668)과 때로는 이탈리아에 있는 도시들까지

(Balard 1975, 21~30; Favier 1996, 172~173) 운송되는 원재료(모피, 목재, 소)와 곡물의 양은 점점 늘어났다. 반면에 "[서유럽의] 도시 대부분에서 동유럽으로 향하는 수출품도 계속해서 늘어났다."(van Uytven 1983, 181; Berza 1941, 419~420; Bratianu 1944, 47; Nystazopoulou 1973, 563; Giurescu 1976, 592~594 참조)

16세기부터 세계-체제를 그 이전의 소체제mini-systems(원시 농경, 수렵 사회에서 볼 수 있는 자급자족의 소규모 호혜적 생산양식—옮긴이)나 세계-제국worl-empires(로마 제국에서 변경 지역이 로마의 중심 지역으로 공물을 바쳤던 것처럼 집중화된 권력체계가 주변지역에서 중심지역으로 자원을 재분배하도록 강제하는 생산양식—옮긴이)과 비교해서 **근대적**으로 보는 것은 지리적으로 멀리 떨어진 지역들이 무역을 통해서 서로 연결되면서 하나의 분업 체제로 편성되었기 때문이다. 어떤 학자들은 서유럽의 도시와 동유럽과 흑해 지역의 농촌 사이에 형성된 분업 체제를(Balard 1983, 45, 51) 결국 "동유럽의 중앙 지역이 완제품과 교환될 원재료를 제공하는 유럽 중심부의 식민지와 다름없는 부속지역"(Rowan 1994, 197~198; Turnock 1988, 209; Asdracha and Mantran 1986, 348; Scammell 1981, 87; Tits-Dieuaide 1975, 160)으로 전락한 "주변부화"의 시발점으로 본다. 이것은 헝가리의 무역적자(Malowist 1974, 348)에서 아주 잘 나타나듯이 헝가리가 북유럽 저지대 국가들로부터 엄청나게 많은 직물을 수입했기 때문에 일어났다.(Abraham-Thisse 1998, 133) 또한 폴란드에서도 서유럽의 도시국가들에서 끊임없이 직물을 수입함으로써 사회경제적인 관점에서 장기적으로 국내 직물 산업이 발전할 수 없었다.(Malowist 1957, 578; Wyrozumski 1981, 301; Kloczowski 1996, 471~473) 물론 이것은 정치적으로 폴란드 도시 부르주아 계급의 힘이 한정되어 있었고(Wyrozumski 1978, 37) 서유럽의 도시 부르주아처럼 강력하게 성장할 수 없었기 때문이다. "폴란드의 제조업자들은 경제적으로 앞선 서유럽과 거래에 몰두했고 그것은 곡물 생산을 지배하고 있던 폴란드 귀족의 정치적 특권을 강화했다."(Gieysztor 1978, 211) 거꾸로 말하면 정치적으로 막강했던 폴란드 귀족은 폴란드를 서유럽의 주변국으로 전락시키는 사회경제적 정책을 시행할 수 있었다.(Samsonowicz 1981; Bogucka 1985, 101; Makkai 1975, 236~238; Samsonowicz and Maczak 1985) 13세기와 14세기부터 발트 해 지역은 북유럽의 저지대 국가들에 있는 주요 도시에 식량과 원재료(예컨대 목재)를 제공하는 공급처로서 점점 더 중요해졌다.(Verhulst 1963, 74~75; Gunst 1989, 62; Malowist 1974, 330~333) 이러한 유럽의 분업은 16세기와 17세기에 더욱 심화되었지만 월러스틴이 지적한 것처럼(1974) "동유럽은" 그 이전 시기에 "이미 어느 정도 경제 발전을 이루고 있었던 것이 틀림없었다."(Malowist 1974, 356~357)

나는 1300년에서 1500년 사이에 유럽 국가들 간에 분업 체계가 형성되었다고 하는 것이 동유럽에서 "일방적으로 농업 생산이 증가하는 쪽으로 발전하고"(Tarvel 1990, 71) 서유럽의 도시들에서 비농업 노동자들의 수가 늘어난 것(Wunder 1983, 270~271; Pàl Pach 1994, IX~XI; Van der Wee 1988, 338) 사이의 관계를 잘 설명하고 있다고 생각한다. 따라서 폴란드 기능공의 대다수가 서유럽 도시들의 기능공들과 달리 전문화되어 있지 않았다는 사실은 그리 놀라운 일이 아니다.(Samsonowicz 1988, 180) 동유럽과 서유럽을 "똑같이" 볼 수 없는 것은 틀림없지만 그럼에도 중세 말이 "동유럽과 서유럽이 농업 발전에서 서로 다른 길을 걷게 된 중요한 전환점"(Rösener 1994, 106)이었던 것은 분명하다. 그때부터 동유럽과 서유럽 사이의 무역수지는 서유럽에 유리한 방향으로 흘렀다.(Samsonowicz 1975, 665) 이러한 분기점을 형성하게 된 중요한 이유는 서유럽의 도시들이 동유럽의 도시들보다 더 강력했기 때문이다.(Kahan 1973, 97)

따라서 동유럽이 "서유럽의 곡물 창고"로서 부각되고 "서유럽 시장 체계로" 통합된 것은 13세기와 14세기부터 시작된 "오랜 진화의 결과였다."(Loewe 1973, 23, 25) 스쥐Szúcs이 지적한 것처럼 서유럽의 도시국가들은 14세기 중반 봉건제의 위기를 가장 먼저 겪었지만 또한 거기서 가장 먼저 벗어났다. "그들은 유럽 중앙과 동유럽에서 새로운 시장뿐 아니라 철광석 생산지를 발견할 수 있었기 때문이다. **엘베 강 동쪽에 위치한 지역들은 서유럽이 회복하는 동안 오래도록 그 대가를 대신 지불해야 했다.**"(1985, 70, 저자 강조) 유럽 내에서 분업의 출현은(Samsonowicz 1996, 50~52; Szúcs 1985, 74; Bauer and Matis 1988, 101) 체계적으로 식민지 주변부를 구축하는 과정의 일환이었다.(아래 참조) 이것은 거꾸로 자본주의의 등장을 설명하는 결정적 요소라고 말할 수 있다. 즉, 단일 국민국가 내에서 "내적" 변환을 통해 자본주의가 나타났다는 주장은("일국 자본주의" 현상) 매우 어리석고 주제넘은 말이다.[34]

그러나 결국 자본주의로의 이행이 1500년경에 일어났다고 하는 월러스틴의 주장은(세계-체제론이 아닌) 다른 문헌들을 살펴보면 확실치 않은 구석이 더 많다는 것을 금방 알 수 있다. 많은 학자는 중세 말을 **이행**기(특히 1300년과 1520년 사이, Ferguson 1962)나 **가속**기(특히 1270년에서 1520년 사이, Fossier 1991, 337~441)로 묘사한다. 심지어 일부 학자들은 1100년과 1350년/1500년 사이의 기간을 설명하기 위해 "상업혁명"이라는 용어를 쓰는데 그때 자본주의의 시대가 시작되었다고(장기적으로 "(오늘날의) 서구가 출현"하게 되었다고) 주장한다. 그러나 이러한 용어를 쓰는 사람들은 다양한 형태의 기술 혁신(White 1962; Mokyr 1990; Balard 1991, 113~123; Carus-Wilson 1941)이나 농업 발전과 특정한 계급 관계의 결과(Brenner 1985, 11~12)로 발생한 잉여 수탈이 존재했는지를 매우 중요하게 여기며 논쟁한다.[35]

스누스는 봉건제가 쇠퇴한 시점을 11세기에서 13세기 사이까지 거슬러 올라가서 찾는다.(1996, 191, 304) 프랑스의 농업사학자 알랭 데르빌Alain Derville도 농촌 지역에서 자본주의로의 이행이 일어난 것이 1150년경이라고 말하면서(1995, 243~250) 스눅스의 주장에 동의했다. 도시[36]와 농촌[37]의 생산과 교역에 초점을 맞춘 여러 연구는 일용품과 사치품 문제를 다룰 때와 마찬가지로 중세 말에서 16세기에 이르기까지 모든 차원에서 역사적 연속성이 있음을 명확하게 보여준다. 따라서 이것은 봉건제에서 자본주의로 이행하면서 발생한 정치, 경제, 기술의 진화 과정을 설명한다.[38]

심지어 특히 끊임없이 자본을 축적하고자 애쓰는 합리적 추구와 같은 인간 심성의 변화도 중세로 거슬러 올라가서 그 뿌리를 발견할 수 있다.(Le Men 1977, 160~190; Jorda 2002)[39] 마르탱Martin은 이것을 두고 "『자본론』이 나오기 600년 전에 이미 마르크스가 존재했다! 인생에서 실패했느냐 성공했느냐는 얼마나 많은 자본을 축적했느냐에 달렸다"(1996, 357~370)고 말했다. 자크 르 고프Jacques Le Goff는 13세기에 고리대금업을 둘러싸고 벌어진 신학적 논쟁을 "자본주의가 탄생하기 위한 진통"(1988, 9~10)이라고 생각했다. 그는 "자본주의를 선동하는 사람들은 고리대금업자들, 즉 시간을 파는 미래의 상인들이었다. 고리대금업자들이 13세기의 경제와 사회를 자본주의로 향해 나아갈 수 있게 한 원동력은 자신들이 지옥에 떨어지지 않고 연옥에 갈 기회가 있었기 때문"(1988, 93)이라고 설명한다.[40]

비록 교회가 고리대금업을 금지했지만 "교회의 고리대금업에 대한 단죄는 자본주의가 발전하는 데 아무런 족쇄 역할도 하지 못했다."(Le Goff 1979, 25) 12세기와 13세기, 교회가 어떻게 생각하든 도시를 다스리는 많은 당국자는 비록 "고리대금업을 적극적으로 변호하지는" 않았지만 "그냥 모른 체했다."(Erner 2005, 471) "종교회의가 고리대금업을 교회법에 반하는 행위라고 비난했지만 그것은 실제로 경제계에 거의 어떠한 공포도 불러일으키지 못했다."(Wyffles 1991, 870~871) "중세에 돈을 빌리는 행위는 가난한 사람이든 부자든 매우 빈번했기" 때문이었다. "고리대금업은 여전히 교회법으로 금지되었지만 고리대금 거래를 감출 수 있는 온갖 교활한 수단이 있었다."(Duboulay 1970, 59; Little 1978, 180~183 참조) 그러한 위장 수단들 가운데 하나는 "거래를 가장해서" 돈을 빌려주는 행위였다.(de Roover 1969, 29)

> 중세의 법률가들과 그들을 찾는 고객들은 이자 지불을 은폐함으로써 교회법을 피해가는 데 대단히 능숙해졌다. 교회 자체가 돈을 빌리기도 했고 빌려주기도 했다. 또, 교회는 이자를 주지 않는 척하면서 이자를 주기 위해 개발된 교묘한 속임수도 썼다. 요약하면, 돈을 빌리고 빌려주는 일은 매우 널리 퍼져서 경제생활에서 없어서는 안 될 필수 요소가 되었다. 따라서 아무리 신학적으로 반대를 해도 대부 행위를 막을 수 없었다. 신학자들이 계속해서 고리대금업의 도덕적 문제점을 상세하게 지적했지만 14세기경에 이르면 교회가 실제로 고리대금업을 처벌하는 일이 눈에 띄게 줄어들었다. 심지어 이자율을 낮추는 것을 허용하기 위해 교회법을 바꾸기까지 했다.(Barnett 1998, 60)

리틀Little에 따르면 "이전에는 일탈된 행동이었던 것, 당연히 별로 중요하게 생각하지 않는 것이 [13세기 중반에는] 누구나 인정하는 것으로 바뀌고 있었다. 따라서 동시에 당국자의 관점에서도, 특히 상인 출신들이 당국자의 지위에 오르는 예가 꾸준히 늘어나면서 그러한 행동을 일탈된 것이라고 정의내리기가 점점 더 어려워졌다. 이러한 현상은 도시의 귀족 계급에게 자명했고 성직자 집단에서도 마찬가지였다."(1978, 212) 물론 돈을 빌려주는 일은 중세 시기보다 앞서 유럽 이외 지역에도 있었으며 서유럽에만 있는 독특한 현상은 아니었다.(Habib 1964) 부아Bois가 지적하는 것처럼 "연옥에 들어간 한 명의 고리대금업자가 자본주의를 창조할 수는 없다. 하나의 경제 체제가 또 다른 경제 체제로 바뀌기 위해서는 오랜 세월이 흘러야 한다."(2000, 30)

14세기 초로 거슬러 올라가서 자본주의의 발생과 관련된 또 하나의 중요한 발전은 서유럽에 있는 교회와 시청사에 기계식 시계가 등장한 것이었다.(Barnett 1998, 80) 실제로 "서구의 상인과 금융업자들에게서 나타나는 합리적인 태도는 기계식 시계가 설치된 것과 밀접한 관련이 있었다. 자본주의적 심성으로 충만한 그들은 시간의 가치를 소중하게 여겼다."(Gimpel 1976, 170)[41] 따라서 "시간을 측정하는 역사적 혁명"이 시작되었고 그것이 "지식과 상거래, 산업에 미치는 영향력은 멀리까지 퍼져나갔다."(Gimpel 1976, 165; Pernoud 1992, 140) 시간은 이제 잘게 쪼개지고 합리화된 상품이 되었으며(Le Goff 1991, 46~79; Martin 1996, 168~174) 시계는 점점 더 **노동을 통제하는** 중요한 도구가 되었다. "모든 곳에서 노동자들은 시간을 측정하는 새로운 기계, 즉 휴대용 회중시계와 교회나 시청의 종탑에 달린 괘종시계에 종속되어야 했다. 그때부터 시계는 사람들이 언제 얼마만큼 일하고 쉴지를 정밀하게 결정했다."(Rossiaud 1998, 471)[42]

그렇다면 15세기 중반, 쟈크 쾨르(Mollat 1988)나 13세기 말, 장 부아네브로크(Espinas 1933; Bernard 1976, 311; Koenigsberger 1987, 223~224)와 제노바 '자본가' 시몬 드 구알테리오(Face 1969, 75~94) 또는 심지어 12세기 중반의 기욤 카드(Derville 1994, 52~54)와 같은 상인들의 "기업가 정신"이 모두 자본주의의 등장과 관련이 있다고 주장할 수는 없는가? 버나드의 주장에 따르면 다음과 같다.

> 14세기와 15세기의 대규모 상거래와 국제 금융은 자본주의적 특성이 더욱 분명해졌다. 중세 교역의 규모와 거래량은 오늘날의 무역과 비교하면 무시해도 좋을 정도로 작았지만 그 사실은 큰 의미가 없다. 하지만 당시의 인구수와 다른 경제 부문의 상대적 중요성을 감안하면 매우 중요한 의미가 있었다. 실제로 어떤 때에는 총 톤수로 따져서 16세기 전반에 스페인 세비야와 아메리카 대륙 간 교역량을 넘어섰다.(1976, 309~310)

경제사학자 히튼Heaton은 "중세 경제는 자본주의적이었는가?"라는 질문에 이렇게 답한다. "14세기의 상인들은 전문 지식, 통찰력, 재정 상태에 대한 자세한 정보를 가지고 복합적으로 사업을 수행하고 있었다. 13세기에 교회나 귀족들이 대규모의 토지를 경영할 때도 그들의 자본주의적 정신과 조직 혹은 기술에는 전혀 부족함이 없었다."(1948, 185~187) 나는 베버가 말하는 자본주의 **정신**의 등장을 강조하거나 "유럽 팽창을 '특별하고' 다르게 만든 것이 유럽 사회만의 독특한 종교와 문화 요소들 때문"(Phillips 1998, 243)이라는 주장에 동의하지 않지만 교육 분야에서 새로운 상업적 심성이 생겨난 것은 틀림없었다.(Dahl 1998, 67~68; Wolff 1989, 58~59; Prevenier 1994, 13; 1996, 353) 그렇다면 자본주의의 여러 특징 가운데 16세기에만 고유하게 나타난 것은 무엇인가?

"이행기"라는 개념은 적어도 처음에는 두 개의 생산양식이 공존하다가 마침내 하나의 생산양식이 다른 생산양식을 지배하는 것으로 이해될 수 있다. 만일 두 개의 생산양식 가운데 하나가 살고 다른 하나가 죽는다고 분석하고 싶다면 어느 시점까지는 두 개의 생산양식이 모두 함께 작용하고 있었음을 인정해야 한다. 그렇지 않다면 봉건제가 16세기에 유럽에서 그냥 사라졌다고 말할 수밖에 없다. 그러나 브리트넬Britnell이 말한 것처럼 "이행은 기존의 전통적인 설명들이 의미하는 것보다 훨씬 더 오랜 과정이 필요하다."(1993b, 359) 봉건제와 그러한 사회 구조들 가운데 일부가 19세기에 훨씬 더 생생하게 살아 있었다고 주장하는 것은 왜 안 되는가? 월러스틴은 근대의 자본주의적 세계-경제가 1450년 이전과 16세기 이후에는 세상에 나타나지 않았다고 주장한다. 그러나 그는 "1300년에서 1450년 사이에 유럽에서 봉건제의 위기는 그 특정한 지역에서 자본주의적 세계-경제가 등장함으로써 해결되었다"(1984, 23)고 말함으로써 1450년 이전에 유럽에서 중대한 변화가 일어났음을 매우 잘 알고 있었다. 월러스틴은 중세 말에 이미 어떤 자본주의적 특징들이 있었다는 것을 인정했지만 1300년과 1500년 사이에 유럽에 존재했던 매우 중요한 역사적 연속성에 대해서는 전혀 주목하지 않는다.

> 1150년에서 1300년 사이에 지중해 지역에서처럼 [자본주의적 세계-경제로의] 이행이 시작되고 있는 것처럼 보였던 때가 역사상 여러 차례 있었던 것은 틀림없다. 그리고 그러한 상황은 여러 지역에서 서로 다른 시기에 비슷한 방식으로 일어났다. 그러나 다양한 이유 때문에 앞서 일어난 이행 과정은 모두 유산되고 말았다.(1979, 142)

이것은 매우 중요한 주장인데 유럽과 달리 그 밖의 다른 지역들은 자본주의의 등장을 목격하지 못했다는 것을 의미하기 때문이다. 또한 이것은 1150년과 1300년 사이에 발생한 사건들이 1450년 유럽에서 자본주의가 등장하는 것에 영향을 미치지 못했다는 의미도 된다. 월러스틴은 그것을 단순히 "유산"[43]했다는 말로 간단하게 처리하고 넘어간다.

실제로 역사에서 과거와 그렇게 완전히 단절되었던 적이 있는가?[44]

1500년 이전에, 좀 더 정확히 말해서 1100년과 1350년 사이에[45] 유럽에는 이미 자본주의의 특징들이 여러 가지로 강력하게 모습을 드러냈고 그것들의 중요성이 점점 커졌다는 사실에 비추어볼 때 봉건제가 어느 날 갑자기 완벽하게 새로운 자본 축적의 체제로 대체되었다고 생각하는 것보다는 오히려 그것이 서서히 위기의 늪으로 빠져들었다고 생각하는 것이 타당하지 않겠는가? 달리 말해서, 봉건제는 쇠퇴기를 고통스럽게 겪으면서 서서히 몰락했고 마침내 자본주의의 "논리"가 봉건제를 대체하게 되었다고 보는 것이 마땅하지 않은가? 이렇게 볼 때 역사적 연속성은 매우 큰 의미를 갖는다.

14세기에 이미 합법적인 화폐시장이 있었다. 그 안에서 금융업과 무역업을 하는 기업들은 지점들을 두고 지폐 통화를 주고받았으며 모든 시장과 마찬가지로 수요와 공급의 법칙에 따라 움직이고 계절이나 일정한 주기별로 경기 변동을 거듭했다.(Bernard 1976, 327) 경제사가 존 데이John Day가 다음과 같이 지적한 것처럼 말이다.

> 14세기 중반, 상업자본주의는 이미 경제력을 행사하는 수단인 상거래 조직을 완성했는데 그것들은 외환, 예금은행, 위험보험, 국가 재정, 국제무역회사, 상업 부기처럼 이후 400년 동안 시장에서 작동될 요소들이었다.(1987, 199)[46]

브로델Braudel이 말한 "세계-경제économie-monde"라는 개념에 따르면 상업자본, 산업자본, 금융자본[47] 같은 자본주의의 다양한 형태가 13세기에 이탈리아의 피렌체[48]에 존재했으며 그 이후로 그것들의 경제적 지배력은 강화되었다. 브로델은 월러스틴과 달리 **자본주의**라는 용어를 중세에 적용하는 데 주저하지 않으며[49] 세계-체제론에 나오는 개념들(예컨대 주변부, 반주변부, 중심부 등)을 그 시대에 적용하는 것에도 망설이지 않는다.[50] 실제로 자본주의의 기원에 대해서 논의할 때, 16세기 이전에 그러한 세계-체제론의 용어들을 사용하지 못할 이유가 대체 어디 있단 말인가?(De Wachter 1996, 51~57)

월러스틴은 자본주의가 언제 시작되었는지에 대해서 말할 때 "통합된 생산 과정을 포함하는 기축적基軸的 분업(생산 형태가 주변부-반주변부-중심부로 공간적으로 나뉘고 그에 따라 노동 형태도 분할된 생산양식—옮긴이)"이 근본적으로 자본주의 체제를 정의하는 필수 조건이라고 생각한다.(1993, 294) 11세기 말부터 플랑드르 지역의 정력적인 상인-기업가들[51]은 대규모 수출을 목적으로 표준화된 직물 제품을 생산하기 시작했다.(Verlinden 1976, 104; Ammann 1954)[52] 이러한 수출 산업은 반숙련 노동자와 비숙련 노동자들을 대량으로 고용하는 거대한 분업 체계를 바탕으로 점점 발전했다.[54](Van der Wee 1988, 320; Heers 1965, 57) 한 예로서, 12세기부터 플랑드르 지역의 직물 산업은 양모를 추출하는 과정에서 최종 직물을 생산하는 과정에 이르기까지 모든 공정이 전문가들에게 맡겨져 세분화되었다.(Munro 1988, 1~27; Cardon 1999) 하나의 제조 공정 안에서도 더 세분화되는 일 역시 있었다. "예를 들면, 직물을 염색하는 사람들은 특정한 색깔에 따라서 무리가 나뉘었다."(Van der Wee 1975, 204; Heers 1976, 219 참조) 브로델은 이렇게 새로 형성된 분업 체계가 널리 확산된 덕분에 13세기에 경제가 부흥할 수 있었다고 굳게 믿는다.(1992, 315) 직물 산업을 비롯해서 광산업[54]에서도 분업 체계가 확산되면서 사회 계층화와 양극화가 크게 심화되었다.[55] 피혁과 금속 산업(납, 주석, 구리, 청동, 은, 금, 철과 금속 완제품) 또한 그로부터 영향을 받았다. "금속노동동업조합은 13세기 초에 이미 수십 개의 독립된 직종으로 나뉘었다."(Braudel 1992, v.2, 315) 금속노동은 농경 사회에서 시간제로 잠시하던 2차 직종이었던 것에서 점차 벗어나서 철강을 다루는 전문노동자들의 정규 직종으로 탈바꿈하기 시작했다. "중세 유럽은 금속의 대량 생산을 목격했다. 금속 생산은 사업 특성, 노동 형태, 시장 기능을 고려할 때 단순히 소수의 직인들이 생산하는 형태로 해석될 수 없다."(Braunstein 1994, 23)**56** 철강을 거래하는 상인자본가들은 처음에는 제철소에 투자하고 그 뒤에는 제철소를 빌려서 직접 운영했다.(Pounds 1994, 327)**57**

동시에 13세기 중반, 유럽에서는 경제가 성장하면서 대규모 토지 개간 사업이 일어났고 인구는 꾸준히 증가했다.**58** 도시가 점점 팽창하면서 식량 수요는 더욱 커졌고(Mackenney 1987, 78~79) 따라서 바다를 막아 농토를 만드는 간척사업의 중요성은 매우 커졌다. 특히 바닷물이 드나드는 거대한 강어귀를 농지로 개량하는 일은 매우 중요했다. 바다를 막아 육지로 만든 땅은 돌도 없는 평지로 농사짓기에 아주 좋은 비옥한 토지였다.(Ponting 1993, 125) 그러한 간척 사업은 플랑드르 지역과 네덜란드(특히 퇴적물이 많이 쌓인 유기질 토탄 지역)**59**에서 매우 활발했는데 실제로 가장 큰 간척지를 일군 지역은 이탈리아 북부였다.(Pounds 1994, 170) 습기가 많고 비옥한 이탈리아 북부의 포 강 유역과 북유럽 저지대 지역에 있는 간척지들을 개발하는 데도 투자가 이뤄졌다.(Alberts and Jansen 1964, 74~79; Te Brake 1985) 14세기 밀라노나 베네치아의 상인들과 벨기에의 브뤼주나 이프르의 시민들에게 당연히도 토지는 취득해서 개량하고 거기서 이익을 얻을 수 있는 상품과 같은 것이었다.(Pounds 1994, 109~110; Ponting 1993, 154) 따라서 간척 사업(Verhulst 1990b, 54~55)은 자본 형성의 중요한 한 요소가 되었다.(Smith 1991, 100)

그렇다면 새로운 영역의 "통합incorporation"—세계-체제론의 정의에 따르면, "비자본주의적 지대가 자본주의적 세계-체제로 흡수되고 그 체제 밖에 있던 영토의 주민들이 식민지화, 정복, 경제적 또는 정치적 지배를 통해서 체제 안으로 편입되는 역사적 과정"을 의미(Dunaway 1996, 455)—은 이 논의의 어디에 적합한가? 12세기, 대륙 간 교역과 밀접한 관련을 맺고 있던 동부 지중해의 레반트 지역에서 십자군 전쟁에 따른 기독교 국가들의 탄생이나 이베리아 반도의 영토회복운동(1492년에 완료)은 스페인이 아메리카 대륙이라는 신세계를 정복한 것보다 작은 규모이긴 하지만, 그것 못지않게 세력을 확대하고 다른 지역을 정복, 지배, 수탈한 것으로 **동일하게** 해석될 수 있지 않을까?[60]

동지중해 지역의 베네치아 같은 도시국가들(Wolff 1986, 214~215; Luzzatto 1954, 117~123; Dennis 1973)이나 흑해 지역의 제노바(Balard 1978, 1992; Scammell 1981, 162)가 식민지를 개척한 것이 정치적 이유뿐 아니라 경제적 이유에서 비롯되었다는 것은 틀림없는 사실이다.(Day 1985; Astuti 1970)[61] 예를 들면, 20세기 제3세계의 정치적, 경제적 종속을 연상시키는(Oikonomidès 1979, 130) 이탈리아 도시국가들의 "비잔틴 제국에 대한" 지속적인 "식민지화"는(Thomson 1998, 63~96) "서유럽의 직물 산업에 없어서는 안 되는"(Verhulst 1998, 110; Dahl 1998, 40) 명반과 이탈리아의 롬바르디 지역과 독일 서부 지역의 직물 및 양초 산업에 필수 요소인(Mazzaoui 1981, 43~44, 102~103; Ashtor 1992, II, 263~264) 면화, 또는 유럽의 비누와 유리 산업에 꼭 필요한(Ashtor 1992, II, 269; Jacoby 1997, IX, 69) 값싼 알칼리 석회 같은 원재료의 획득과 분리될 수 없다. 이러한 과정이 2세기 동안(1150~1350) 지속되면서 한때 엄청나게 강력한 세력을 구가하던 비잔틴 제국은 "이탈리아의 도시국가들이 득세하면서 생산과 상업의 잠재력을 잃고"(Angold 1985, 37) 점점 쇠약해져갔다. 따라서 비잔틴 제국은 어쩔 수 없이 점점 더 지역 간 분업 체계 속으로 빨려 들어가는 처지에 놓였다.[62]

라이오우Laiou는 당시 시장을 지배하던 이탈리아인들이 "비잔틴 제국이 자체 제조 기술을 개발하는 것을 허용하지 않았다. 12세기와 13세기 초까지 번성했던 모레아 지역(그리스 본토 남부 펠로폰네소스 반도의 중세 명칭—옮긴이)의 직물 산업이 쇠퇴하기 시작하고 그 이후 비잔틴 제국의 나머지 대부분 지역도 같은 길을 따랐다는 사실은 무시할 수 없는 중요한 사건이며 결코 우연이 아니었다"[63]고 주장한다. 그리스의 유리 산업은 13세기에 서유럽이 경제적 호황을 누리는 동안 "서유럽으로부터 유리를 수입함으로써 붕괴되었다."(Laiou 1982, 15) 반면 비잔틴 제국의 지역들은 "점점 전문화된 생산 형태를 띠면서 콘스탄티노플의 영향권에서 멀어지며 지중해 세계의 다른 지역들과 밀착되기 시작했다."(Pryer 1997, 206) 이러한 상황 전개는 이탈리아 도시국가들이 시행한 특별한 정책과 밀접한 연관이 있었다. 자코비에 따르면(1994, 558) 베네치아 정부는 "산업 발전을 촉진하기 위해 특별히 직물 기술자들을 중심으로 특정한 전문가 집단의 이민을 적극 추진했다." 반면 식민지 지역에서는 베네치아와 경쟁을 벌일 만한 어떠한 산업도 허용하지 않았다.(Scammell 1981, 122) 따라서 "많은 [이탈리아] 정부가 선주들에게 베네치아를 빠져나가려는 기술자들을 배에 태우지 못하게 압박하고 다른 지역으로 이주한 기술자들을 중죄로 위협한 것"(Ashtor 1992, VIII, 20)은 당연한 일이었다. 제노바에서도 마찬가지로 "식민지 지역에 경쟁력 있는 공장을 세우려고 하는 어떤 시도도 금지하는"(Lopez 1964, 527) 엄격한 법령이 제정되었다.

장기적으로 볼 때 도시국가와 식민지 사이의 국제 수지 관계는 도시국가들에 유리했다.(Balletto 1976, 123) 리처드는 심지어 14세기 말에 베네치아와 같은 도시국가는 "점점 상업 강대국에서 식민지 강대국으로 바뀌어가면서 식민지 수탈을 통해 부를 늘려가고"(1977, I, 23) 있었다고 주장하기까지 한다. 유럽에서 상업자본주의적 주요 도시국가들이 자리를 잡고 "성장을 거듭"하게 된 것은 도시국가들의 산업을 위한 식량과 원재료의 공급처로서(Jacoby 1979, I, 45; Balard 1985, 259)뿐 아니라 시장으로서 구실을 하는 식민지 주변부를 끊임없이 (재)생산한 것과 떼려야 뗄 수 없는 불가분의 관계가 있다. 당시 이러한 동지중해 지역의 식민지 형태와 나중에 건설된 대서양 지역의 식민지 형태 사이에는 많은 유사점이 있다.(Balard and Ducellier 1995, 1998; Balard 1989, 1990; Verlinden 1970)[64]

이러한 유사점들이 존재한다고 할 때 근대가 1500년경에 시작되었다고 주장하는 근거는 과연 무엇이란 말인가?(Verlinden 1984)[65] 이러한 비판은 월러스틴의 세계-체제론뿐 아니라 (근대의 시작을 1400년경으로 보는) 아리기Arrighi에게도 해당된다.[66] 베네치아는 실제로 아리기(1994)가 지적한 것처럼, 아마도 최초의 "자본주의 국가의 초기 형태"였는지도 모른다. 하지만 왜 그는 자본주의의 기원을 설명하기 위해서 이탈리아의 도시국가만을 보는가?(Cistozvonov 1978; Meyer 1981, 58) 따라서 상업자본주의라는 개념은 서유럽 도시국가 간 체제 전반에 걸쳐서 중세 말에 적용될 수 있으며(Chaunu 1969, 311) 그것의 역사적 연속성 또한 부인될 수 없다.(de Vries and van der Woude 1997, 159~165; Huntand Murray 1999; van Uytven 1974) 결국 세계-체제론이 제시한 [자본주의의 기원에 대한] 시간적 전제조건은 다시 생각할 필요가 있다. 이제 세계-체제론이 주장하는 공간적 전제조건, 즉 유럽 내부에서 자본주의가 발생했다는 주장을 살펴보자.

공간적 전제조건

월러스틴은(1984, 23) 봉건제에서 자본주의로의 이행이 유럽 대륙에서 발생했다고 주장한다. 그러한 결론은 다음과 같은 의문을 제기한다. "이행은 내부의 변화에 따른 것인가, 아니면 외부의 변화에 따른 것인가?" 월러스틴은(1974, 1980) 유럽 내부에서 이행이 발생했다고 주장하는데 그것은 유럽이 다른 지역(즉 16세기 식민지들)에 영향력을 끼치고 그에 따라 유럽 전반에 걸쳐 경제 발전이 이뤄졌다는 사실과 일치했다.(1983) 그러나 자본주의의 등장을 유럽, 특히 북서유럽의 특정한 변화나(Sweezy 1976; Takahashi 1976, 74) 영국과 프랑스의 "내적 모순"(Dobb 1976, 59; Brenner 1985)에만 초점을 맞춰 설명할 수는 없다. 따라서 16세기 이전에 유럽에 영향을 끼친 외부 요소들을 분석함으로써 세계-체제를 이해하려는 다른 연구들도 나타났다. 예를 들어, 아부-루고드Abu-Lughod는 13세기와 14세기에 존재했던 지역들이 서로 연결되어 하나의 체제를 구성했다고 주장한다. "이 모든 지역 단위는 서로 교역하고 다른 지역에 무역을 중개하는 일뿐 아니라 세계 시장의 위기에 대처하기 위해 국내 경제를 재정비하기 시작했기" 때문이다. 이러한 상호 의존 관계의 영향력은 매우 커서 한 지역이 몰락하면 따라서 다른 지역도 몰락했다. 한 무리의 서로 연결된 지역들을 비교하고 그들이 생산하고 교환하는 공동의 상업망을 분석할 때 "서양의 발흥을 (…) 단순히 유럽 사회 내부의 특징 덕분이라고만 돌리는 것은 (…) 잘못된 일이다"(1989, 355~361)라고 주장하는 아부-루고드의 주장에 전적으로 동의할 수밖에 없다. 국민국가를 유일한 분석 단위로 삼는 관점을 허무는 이러한 일관된 전체적인 접근 방식은 세계-체제론이 자본주의의 기원을 설명하는 데 매우 중요한 요소 가운데 하나다.[67] 그러나 여전히 의문은 남는다. 왜 자본주의적 특징은 유럽에서만 생겨나고 예컨대 서아프리카 같은 데서는 생겨나지 않았는가?(Sanderson 1996, 512)[68]

중세의 도시국가 간 체제

어쩌면 중세 유럽 내부에서 일어난 어떤 특정한 현상이 그 밖의 다른 곳이 아니라 바로 유럽에서 자본주의가 나타나도록 자극했을 수도 있다. 비록 세계-체제론자들 가운데 일부가 유럽에서 자본주의가 출현한 이유로 **그 바탕에 문명이 있었기** 때문이라고 주장하지만 나는 유럽의 도시국가 간 체제가 더 중요한 원인이라고 생각한다.[69] 그래서 여기서 나는 자본주의가 서유럽에 나타나기 시작한 것은 12세기 말부터였다는 새로운 이론적 틀을 제안한다.[70]

앞서 논의한 것처럼 16세기에 나타난 대부분의 자본주의적 현상, 이를테면 임금 노동, 산업의 전문화, 복잡한 분업, 계급투쟁, 무역을 통한 이윤 획득(생산수단을 소유한 기업가들이 전문화된 생산과 경쟁에 열중하고 있었다는 사실에서 알 수 있듯이), 복잡한 금융 기법, 끊임없이 더 많은 자본 축적을 위한 철저한 주변부 약탈 체제 구축과 같은 일들[71]은 이미 중세 서유럽의 도시들에서 명백하게 일어나고 있었다. 이러한 자본주의적 특징은 1100년 이후부터 유럽에서 점점 더 분명하게 드러났다. 봉건제와 자본주의의 완벽한 혼재는 약 1350년까지 지속되었다. 마침내 자본주의의 논리가 봉건제의 논리를 제압하게 만든 위기가 발생하기 전까지 이 모든 일은 도시국가 간 체제 안에서 일어났다. 나중에 등장한 도시국가 간 체제와 마찬가지로 중세에도 끊임없이 경쟁이 있었다. "단일한 중앙 정치 조직이 없는, 달리 말하면 중심이 여럿인 정치 구조가 당시 대부분의 지역 공간을 지배"(Mandalios 1996, 283)했기 때문이다. 도시국가 체제가 지닌 정치적 특성의 중요성을 당시 존재했던 상업자본주의라는 경제 체제와 함께 인식할 때 세계-체제론은 "정치적 과정을 경제적 인과관계의 부수적 현상으로 보려고"(Zolberg 1981, 255) 한다는 비판을 무력화시킬 수 있다.

힉스Hicks의 주장에 따르면 "유럽 문명이 도시국가 시기를 거쳤다고 하는 사실은 유럽의 역사와 아시아의 역사가 서로 다른 길로 들어서는 가장 중요한 열쇠다."(1969, 38) 나는 유럽의 중세 도시국가 체제에 초점을 맞출 때 유럽의 도시를 어떤 균질한 것으로 보지 않는다. 당시 유럽의 도시는 매우 다양한 형태로 존재했기 때문이다.(Delumeau 1998) 그러나 유럽 전역에 걸쳐 도시들은 어느 시점에서 매우 높은 수준의 자치권을 확보했고, 때로는 나중에 귀족 계급이 된(Stouff 1992; Boone 2005, 12) 소수의 (상인) 엘리트들이(Prevenier 2002) 지배하는 독립된 국가 형태를 띠기도 했다. 이것은 예컨대 중국(Deng 1999, 108, 199)이나 이슬람 도시들(Udovitch 1993, 792; Labib 1974, 237; Abulafia 1987, 405)처럼 상인들이 유럽과 같은 수준의 막강한 정치력과 군사력을 가질 수 없었던 곳과 분명하게 구별되는 것이다.

실제로 12세기에서 15세기까지 도시국가 간 체제는 12세기 이전의 유럽의 특징인 지역 중심의 자급자족적인 생산이나 16세기 세계-경제를 형성할 더욱 커다란 국제적인 상품의 흐름과 비교할 때 지역 간 교역이 활발했다는 특징이 있었다. 그러나 "16세기 초를 특징짓는 자산의 상업적 개발이 지닌 여러 측면은 흥미롭게도 200년 전에도 이미 나타났으며 그때 오히려 상거래 규모가 훨씬 더 컸을지도 모른다"(Britnell 1998, 115)는 사실을 잊어서는 안 된다.[72] 따라서 나는 12세기에 유럽에서 어떠한 질적 변화가 일어났으며 각 지역을 서로 연결시킨 무역망 안에서 정치적으로 도시국가 간 체제가 어떻게 형성되었는지를 분석하고자 한다. 16세기에 마침내 국제적 — 실질적인 대륙 간 — 무역망을 갖춘 국가 간 체제인 자본주의적 세계-경제를 등장시킨 것은 바로 이런 요소들이었다.[73]

12세기와 14세기 사이에 일어난 상업의 전문화가 국가 형성 과정과 연관해서 볼 수 있는 지역 발전(Britnell 1995, 16, 24)과 지역 시장의 성장(Malanima 1983, 1986)의 한 특징이었다고 한다면 중세에 이미 자본주의가 발생했다는 주장을 분석하기 위해 지역에 대한 연구들(Derville 1996; TeBrake 1985; De Wachter 1996; Terlouw 1996 등)을 살펴보는 것은 당연한 일이다. 또 브레너의 접근 방식에 따르면, 계급 구성이 시간이 흐르면서 어느 정도까지 끊임없이 변했는지 알 수 있으며 중세에 이미 봉건제 논리로 말하는 경제 권력에 대한 법적 기반은 점점 의미를 잃어간 반면, 자본 축적은 점점 늘어나는 상인-기업가들의 논리가 되었다는 것도 알 수 있다. 이와 관련해서 또 하나의 매우 중요한 논점은 어느 특정 지역의 귀족과 농민 사이의 역학 관계와 근세 유럽의 지리적, 사회경제적, 지정학적 현실 속에서 그 지역이 자리 잡고 있는 위치 사이에 특별한 상관관계가 있다는 것이다.[74] (12세기에서 15세기까지의) 중세 도시국가 간 체제가 특수한 정치 구조를 가졌다는 것은 틀림없어 보인다. 지역 권력(즉, 과두 정치로 1200년부터 상업자본가 계급이 됨; Derville 1997, 125; Boone 1997, 44)은 가난한 사람들을 통제하기 위한 정교한 구빈 정책을 고안해냈다. 가난한 사람들은 대개 "자신들의 하찮은 임금이나마 위험에 빠뜨리고 싶은 생각이 없었으며" (Blockmansand Prevenier 1978, 56) 따라서 그들의 종속 상태는 영원히 지속될 수밖에 없었다.(Gonthier 1978, 340)[75] 그렇다면 도시 폭동을 일으킨 "주모자들 가운데 소득과 지위를 잃은 특정한 범주에 속한 직인들이 있다"는 사실은 그리 놀라운 일이 아니다. "소요를 일으킨 사람들은 빈민이 아니라 자신들의 재산이 위협을 받는다고 느꼈던 일정한 수준의 재산을 가진 집단이었다."(Blockmans and Prevenier 1978, 56~57; Rotz 1976 참조) 앞서 말한 도시 상인 엘리트들이 지배하는 정부 정책은 실제로 도시 노동자의 임금 상한선을 결정했다. (저지대 국가에 있는 도시국가의 경제적 근간이었던) 직물 생산과 관련해서 "[도시국가의] 집정관은" 고용주에게 유리하게 임금을 결정하면서(Prevenier 1978, 418) "기업가들과 긴밀한 결탁 관계를 맺고 있었다."(Brand 1992, 17; Jansen 1982, 176 또는 Van der Wee 1975, 208 참조) 이러한 상황은 이탈리아의 도시국가(Mollat 1986, 200)나 독일의 도시국가(Halaha 1983; von Stromer 1991, 44)도 마찬가지였다.[76] 네덜란드 대부분 지역에서 기존의 지배층은 동업조합이 강력한 압력집단으로 성장하는 것을 막을 수 있었다. 심지어 백작 윌리엄 3세는 1313년에 동업조합 결성을 금지하기까지 했다.(Brand 1992, 25)[77]

직물 산업의 엄격한 임금 통제 정책은 놀라운 일이 아니었다. 당시 국내와 해외 시장은 모두 경쟁이 심했기 때문에 상인들이 이윤을 남길 수 있는 유일한 방법은 생산을 늘리면서 동시에 임금을 낮추는 것이었다.(Carrère 1976, 489) 이것은 결국 천을 바래고 다듬는 축융공들과 천을 짜는 직조공들을 착취하는 것으로 이어졌다. 그들은 호경기에도 빚을 내지 않고는 먹고살 수 없는 사람들이었다.(Brand and Stabel 1995, 203~204, 219; Boone and brand 1993)[78] 일반적으로 말해서 중세의 노동계급은 착취하기 좋아 보일 때면 언제라도 데려다 쓸 수 있는 (대개는 계절적) 잉여 노동 집단이었다. 게다가 아이들까지 일을 시킬 수 있었기 때문에 그 수는 계속 늘어났다.

> 직인들은 끼닛거리와 잠잘 곳을 마련하기 위해 [일하는] 수많은 소년소녀가 있는 공방에서 일했다. 직인들은 또한 일터에서, 특히 미숙련공이 많은 분야에서 이 아이들이 자신들의 경쟁자임을 무의식적으로 인식하지 않을 수 없었다.(Epstein 1991, 120)

쉽게 착취할 수 있다는 이유로 직물 산업에서 숙련도가 낮은 일을 수행하는 아이가 많았지만 여성들도 — 비록 전면적이지는 않았지만 — 가장 밑바닥 일자리에서 일할 때가 많았다.(Pelizzon 1999 비교) 12세기에 크레티앵 드 트루아가 쓴 소설을 보면 직물 공장에서 일하는 어린 여성노동자가 자신들의 노동조건에 대해서 불평하는 장면이 나온다.

> 우리는 줄기차게 비단옷을 짠다. 하지만 우리가 입는 옷은 늘 그 모양이다. 우리는 언제나 가난하고 헐벗은 모습이다. 그리고 언제나 배고프고 목이 탄다. 더 배불리 먹을 만큼 충분한 돈을 절대로 벌 수 없다. 우리는 아주 적은 양의 빵밖에 받지 못한다. 아침에도 얼마 안 주지만 저녁에는 그보다 더 적다. 먹고살려면 하루에 1파운드를 벌어야 하는데 우리가 받는 노임은 기껏해야 4데니어밖에 안 된다. 그것으로 충분히 먹을 것과 입을 것을 살 수 없다. 우리가 겪는 고통은 일주일에 20수밖에 못 버는 것이 전부가 아니다. 우리는 늘 가난하지만 우리의 수고로 돈을 버는 사람은 부자다. 우리는 먹고살기 위해 밤새 뜬눈으로 일한다. (…) 우리가 겪는 수모와 상처는 너무도 커서 당신에게 그것의 5분의 1도 말할 수 없다.(Ackerman 외, 1977, 88~89)**79**

13세기에 일부 상인들은 또한 생산과정 전반을 장악하기 위해 힘을 모을 줄 알았다.(Hodgett 1972, 137~156; Derville 1972, 360~361 비교) 그들은 옷을 만들기 위해 원재료를 사고 제조과정을 관리, 감독했으며 시장에 최종 완성품을 내다 파는 일까지 관장했다.(Haquette 1997, 882)**80** 자본주의가 북유럽 저지대 국가의 직물 산업뿐 아니라 점점 넓어지는 유럽 시장을 두고 경쟁하고 있던 이탈리아의 도시국가들[81]에서도 강하게 뻗어나가고 있었다는 점을 놓치지 말아야 한다. 이것은 더 큰 세계-경제 체제의 일부였다.(Abu-Lughod 1989, 356~361)

덧붙여 시장의 재구성과 기업가의 의도적인 정책 덕분에 자본은 지속적으로 "도시 중심부에서 농촌으로 재배치되었다."(Heers 1963, 121~124; Saeyand Verhoeve 1993, 107) 농촌은 "도시보다 더 풍부하고 값싼 노동력을 제공했으며 생활비도 적게 들고 실제로 생산에 따른 세금도 면제되었을 뿐 아니라 특정한 동업조합이나 도시의 규제에서도 벗어날 수 있었다."(Munro 1994b, 378; Geremek 1994, 116 참조)[82] 16세기까지 지속된 이러한 자본 재배치, 즉 농촌 지역에 대한 투자(Prevenier, Sosson, Andboone 1992, 164~166)는 또한 풍차나 수차를 이용하는 기계와 같은 기술 투자를 늘렸는데 도시의 동업조합들은 대개 그러한 투자에 반대했다.(van Uytven 1976, 93)[83] 이러한 "저임금 지대로의 [자본의] 이동과 지역 내에서의 투자 분산의 확대"(Van der Wee 1993, 205~208)는 도시 프롤레타리아와의 직접적인 경쟁 관계를 조성했다.(Brand and Stabel 1995, 220) 따라서 브뤼셀과 이프르 같은 대도시의 동업조합들은 어리석게도 "도시 주변의 농촌 지역에 있는 베틀을 파괴하는 호전적인 원정대"(Van der Wee 1993, 209)를 조직하기도 했다.[84] 그러나 동업조합은 기껏해야 반경 3.2킬로미터 안에 있는 변두리 농촌 지역의 경쟁 상대만을 제거할 수 있을 뿐이었다.(Thoen and Verhulst 1986, 54)[85]

도시의 울타리를 넘어 선대제의 확대는 양모를 빗고, 정리하고, 실을 잣는 일과 같은 노동집약적 일에서 주로 일어났다.(Holbach 1993, 235~236) 도시 중심의 많은 산업이 바뀌고 있는 사회경제적 상황, 예를 들면 더 높은 품질의 상품을 생산하기 위한 전문화 등에 적응하려고 애썼지만(Munro 1977, 231) 많은 도시에서, 특히 곡식을 저장할 권리가 없는 도시들에서 미숙련 비조직 노동자들의 임금은 여전히 구조적으로 열악한 수준이었다.(Sosson 1979; de la Roncière

1982, 381~461; Blockmans 1983, 88) 도시를 기반으로 하는 대다수 미숙련 임금노동자는 날마다 "언제라도 해고"될 수 있으며 오랫동안 실업자 신세를 면치 못할지도 모른다는 끔찍한 두려움에 시달리고 있었다.(Jones 1997, 253) "고삐 풀린 자본주의의 약탈적 이윤 추구"(Macknney 1987, 29)를 감안할 때 직물 시장에 대한 도시의 의존성이 커질수록 도시는 사회적 불안정에 더욱 취약해졌다. 따라서 경제 침체기에 일어날 수 있는 사회적 불만의 폭발이 순식간에 극도로 폭력적인 상황으로 치달을 수 있는 것은 당연한 일이다.(Milis 1989, 68; Cohn 2004) 도시 중심부에서의 사회적 불만은 인플레이션의 영향을 받아 주로 임금(Epstein 1991, 116; Prevenier 1998, 83; Munro 1979, 111), 노동시간(Geremek 1968, 103~104), 현물 지급제도(Munro 2003, 2002)와 같은 혹독한 노동조건에 초점이 맞춰졌다.[86] 때로는 미약하나마 사회주의나 공산주의 형태를 띤 저항이 나타나기도 했다. 1225년에 프랑스 발랑시엔에서 일어난 직조공과 축융공들의 소요는 정부를 무너뜨리고 금권 정치가들을 약탈한 뒤 코뮌을 선포했다.(Carus-Wilson 1952, 399)[87]

피렌느Pirenne의 연구에 따르면(1939, 226~245) 14세기는 혁명의 기운이 무르익은 시기였다. 플랑드르 지역의 급진적인 사상은 무역망을 통해 주변 지역으로 급속히 번져나갔고 14세기 말 영국에서 일어난 와트 타일러의 농민반란에 영향을 미쳤다.(Pirenne 1947, 199) 비록 피렌느의 주장이 지난 20년 동안 사소한 문제로 비판을 받았지만[88] 중세의 생활, 노동 조건과 관련해서 발생한 사회적 분쟁의 중요성을 부인할 수는 없다.(Roux 1994, 102~117)[89] 피렌체에서 일어난 치옴피(소모공)의 반란은 아마도 뿌리 깊은 사회, 정치적 불만이 외부로 분출된 가장 확실한 사례 가운데 하나일 것이다.(Hay and Law 1989, 249~251; Stella 1993) 이러한 반란들에 나타난 대중적 요소는 부인될 수 없다.(Mollat and Wolff 1973, 7) 레스토쿠아Lestocquoy(1952, 131~137)는 13세기 후반에 나타난 사회 투쟁과

"평등주의 사회에 대한 기대"(Howell and Boone 1996, 322)가 1830년과 1848년 사이에 발생한 것들과 유사하다고 주장한다.[90] 그와 함께 당시에 "계급의식"도 존재했다는 사실을 무시해서는 안 된다.(Prevenier 2002)

시장 압박에 따른 국제 경쟁의 결과, 도시의 직물 생산은 (수요탄력성이 낮은) 고급 사치품 중심으로 이동한 반면 농촌의 직물 생산은 낮은 품질의 일용품을 대량 생산하는 역할을 담당했다.(Stabel 1997, 144; Abraham-Thisse 1993b, 172~173) 그러나 14세기에 "국제적인 도시망"은 어느 정도까지 완성되었고(Bartlett 1993, 176) "도시 간 전문 분화"의 흔적은 언제쯤 나타났는지(Van der Wee 1975, 205)와 같은 의문은 여전히 남는다. 지역 경제들끼리 서로 연결되어 있었던 것은 틀림없지만(Masschaele 1997; Kowaleski 1995; Wolff 1995, 65) 동시에 지역 고유의 "정체성"들이 형성되고 있었다.(Babel and Moeglin 1997) 국제 교역 또한 점점 더 중요해지고 있었다.[91] 그러나 아직까지 연구 과제로 남아 있는 것은 중세의 경제 규모와 경제 분화가 **장기적으로** 지역 간 불평등 발전을 야기하는 데 얼마나 큰 영향을 끼쳤냐는 것이다.(Ashtor 1978b; 1983, 375~433; Mokyr 1990, 44 혹은 Meyer 1981, 66)[92] 도시국가 간 체제가 장기적으로 서유럽의 경제사 발전에 끼친 영향을 알아내는 일은 반드시 필요하다. 궁극적으로 "봉건제의 변두리"에 존재하고 있던 중세 도시는(D'Haenens 1982, 42) "분업과 그것이 화폐 경제에 미친 영향"과 더불어 "봉건제 생산양식의 발효 과정을 초래했는데 그것은 장기적으로 봉건제의 파괴로 이어졌다."(Le Goff 1998, 15; Dobb 1947, 70; Tuma 1979, 89 참조) 따라서 중세 도시는 서유럽의 장기적인 역사를 연구할 때 반드시 필요한 주요 변수로서 다뤄져야 한다.[93]

잠정 결론

중세 도시는 나중에 국민국가처럼(Giddens 1981, 12, 148) 자본주의 발전에 필수적인 역할을 했다.(Crone 1989, 167) 장기적으로 유럽의 사회경제적 발전 과정에 결정적인 영향을 미친 것이 바로 도시국가의 정치 체제였다는 것이 내 견해다. 자본주의가 자라고 성장해서 마침내 세계-경제로 확대될 수 있었던 것은 바로 이러한 정치 체제 덕분이었다. 따라서 근세 도시의 의미를 부르주아의 "권력 용기容器"로 이해해도 좋을 것이다. 중세 유럽의 도시국가 체제의 지배층이 실험하고 시행했던 지배와 착취의 정책과 기법들이 나중에 16세기와 17세기 국민국가의 지배층에 의해서 끊임없는 자본 축적 수단으로 또다시 사용되었다.

다음 장에서 전개될 유럽과 비유럽 지역(중국, 인도, 북아프리카) 간의 비교 분석은 서로 다른 정치 체제가 그들의 사회경제사에 얼마나 큰 영향을 미쳤는지 새롭게 이해할 수 있는 안목을 제공할 것이다. 유럽 중심의 편견을 피하기 위해서는 중세에 비유럽 지역이 유럽에 끼친 영향을 주목해야 한다. 이는 "중세" 유럽의 "발전"은 "내재적 발전"이라는 주장(Delatouche 1989, 26)과 반대된다. 하지만 동시에 1000년과 1500년 사이에 유럽 대륙에서 일어난, 질적 변화에 기여한 특징들을 분명히 파악하기 위해서는 어느 정도 또 유럽 중심적이어야 한다.[94] 이러한 비교는 중세 전반에 걸쳐 유럽 이외의 다른 지역들이 교역이나 전쟁, 기술 혁신 차원에서 유럽보다 성공적이지 못했음을 보여주려는 것이 아니다. 또한 그것으로 비유럽 지역의 문명을 판단하려는 것도 아니다. 오히려 이러한 비교 분석은 유럽의 내적 발전과 외적 발전이 **동시에 서로 관계**를 맺고 발전했다는 관점이 과연 자본주의적 특징들이 유럽[95] 혹은 서아시아의 특정 지역에 나타나서 전 세계로 퍼져나간 이유와 과정을 설명하는 분석 기반을 얼마나 잘 제공할 수 있을지 살펴보려는 것이다.

나는 1500년 이후에 "대항해 발견"(Sée 1928, 41)[96]과 뒤이은 "비유럽 지역"에 대한 교역과 착취 증대에 따른 이익 때문에 자본주의적 논리가 강화되었다는 사실에 이의를 제기하지 않는다.[97] 또한 1500년 이후의 국가 간 체제의 등장이나 헤게모니가 바뀌었다는 사실(Arrighi 1994)을 부인하지도 않는다. 그렇다면 우리는 세계-체제론에서 말하는 일반 개념들을 어떻게 수용하고, 또 중세 말에 자본주의가 출현했다는 사실을 어떻게 설명할 수 있을까?[98] 상업자본주의가 16세기 이전에 이미 유럽에서 성숙되고 있었다는 사실을 인정한다면 1492년(콜럼버스의 신대륙 발견—옮긴이) 이후에 진정한 **세계**-체제로 발전했다는 주장은 역사적으로 전혀 반론의 여지가 없다. 다만 다시 숙고하고 좀 더 연구를 보완해야 할 부분은 자본주의가 세계-경제로 확대되기 전 중세 유럽에서의 자본주의 등장에 관한 것이다. 이러한 자본주의의 등장은 [이미 중세 유럽에서 나타나기 시작한] 임노동의 착취, 계급투쟁, 자본의 재배치, 도시 중심부의 농촌 주변부에 대한 수탈, 노동비용 절감과 끝없는 자본 축적을 위해 기술을 발명(예컨대 풍차와 수차를 이용한 기계)함으로써 이뤄낸 노동력 대체, 신성한 세계에서 이성이 지배하는 세계로의 전환과 같은 현상에서 확인할 수 있다. 요약하면 오늘날 자본주의에서 볼 수 있는 근대적 특징들은 중세에서 그 뿌리를 찾을 수 있다. "중세의 전성기인 고중세시대가 펼쳐지면서 유럽 사회는 1인당 실질 국내총생산 대비 인구 증가율이 엄청나게 높았다." (Snooks 1996, 305) 이러한 자기 지속적 경제 성장이 이뤄진 것은 바로 중세 서유럽의 도시 관계 안에서였다.(van Uytven 1987, 127)[99]

그러나 이렇게 거듭되는 성장은 한 도시국가와 주변 농촌 지역 안에서 고립되어 나타나는 현상이 아니었다. 따라서 서유럽이 내재적 특성만으로 경제 도약의 계기를 마련했다고 주장하는 것은 지나친 과장이 아닐 수 없다. 도시 관계 전반(즉, 영국 남부 지역, 저지대 국가, 프랑스와 독일 일부 지역, 이탈리아 북부 지역)에 걸쳐서 광업, 직물 생산, 유리 제조, 조선 등과 같은 산업 활동이 매우 활발해짐으로써 근본적으로 "식량과 토지 수요"가 크게 늘어났고(Hatcher 1969, 217) 지역 간 무역망은 확대될 수밖에 없었다.(Richard 1974; Weczerka 1982)**100** 따라서 도시 경제의 성장은 아부-루고드(1989)가 지적한 것처럼, 국제 원거리 교역이 의미하는 중요성을 파악하지 않고는 제대로 이해될 수 없다.**101** 또한 중심부의 끊임없는 자본 축적은 수많은 주변부(값싼 노동력과 원재료, 시장을 제공하는 해외의 식민지 혹은 신식민지)의 개척과 떼려야 뗄 수 없는 관계다. 게다가 비록 "경제학자들은 지금까지 기업 경제의 통상적인 거래에서 사기와 강제가 중요한 요소가 아니라고 여기기 때문에 그것들을 습관적으로 배제해"왔지만(Stigler 1982, 24) — 이것은 "경제학자들이 대개 경제 영역에서 폭력의 사용을 진지한 고려의 대상으로 삼지 않는" 이유를 설명한다. "그들은 폭력이 지속적으로 경제적 이득을 얻기 위한 '진정한' 혹은 '기초적인' 기반일 수 없다고 생각하는 것처럼 보인다."(Findlay 1992, 159) — 자본주의의 역사적 현실은 그것이 사실과 다르다는 것을 입증한다.**102**

앞서 설명했던 것처럼 근대화 이론, 정통 마르크스주의, 브레너주의, 세계-체제론은 모두 중세에 자본주의가 등장했다는 것을 설명하기에는 일정한 문제점이 있다. 이러한 논의들 사이에서 공통적으로 반복되는 주제는 중세의 "후진성"이다. 자본주의의 옷을 입은 근대성에 의해 일소될 "위기에 빠진 봉건제", 정체된 직인 경제에 대한 것이다. 이러한 주제는 자칫 잘못하다가는 "봉건" 시대와 "자본주의" 시대라는 이분법적 논리에 빠지기 십상이다.(Heers

1992, 35~36) 유감스럽게도 브리트넬이 지적한 것처럼 "인류가 정식으로 역사 교육을 시작한 이래로 교육적 전통으로 굳어진 중세와 근대의 구분"은 지금까지도 이어지고 있다.(1998, 113) 하지만 우리는 이제 중세를 아무런 편견 없이 바라보려고 애써야 한다. 자본주의가 싹트는 초기 형태와 특징들이 어떻게, 왜, 얼마만큼 생겨나고 성장해서 16세기에 스스로 모습을 바꿀 수 있었는지 알아야 한다. 이러한 이행과정을 설명하는 데 가장 중요한 당시의 정치와 경제 구조를 이해하기 위해서는 국민국가라는 한정된 분석 단위를 뛰어넘어야 할 것이다.(Subrahmanyam 1998, 42) 그럴 때 비로소 우리가 오늘날 살고 있는 복잡한 자본주의 세계-경제의 진면목을 더 잘 이해하게 될 것이다.

중국과 유럽의 정치경제 비교

호기심 많은 독자라면 중세 유럽에 대해서 알면 알수록 다음과 같은 의문이 떠오르기 마련이다. 그럼 중세 중국은 어떠했는가? 중국은 오래전부터 세상에서 가장 오래되고 찬란한 문명 가운데 하나로 인정받아왔다. 중세 중국은 어쩌면 사회경제나 정치, 군사 면에서 당시 세계 어느 지역보다도 가장 발전된 곳이었는지도 모른다. 1100년경, 중국에는 1억 명이 넘는 사람이 살았고 100만 명이 넘는 거주민이 있는 대도시도 많았다.(Elvin 1973, 159; Kracke 1969, 11) "중세 중국은" 유럽의 어떤 문명보다도 더 빛나는 "엄청난 경제 성장을 이룩했다."(Hall 1988, 22) 중국 경제는 매우 높은 수준의 화폐 경제였던 것이 틀림없다. 예를 들면, 1160년에 이미 지폐(회자會子)를 발행하고 사용했으며 서면 계약과 상업 신용장, 수표, 약속어음, 환어음 등을 주고받았다. 군사적으로 말하면 중국의 황제는 유라시아 대륙을 통틀어 가장 강력한 군주였을 것이다. 12세기에 중국 황제는 100만 명에 가까운 군사를 쉽게 움직일 수 있었다. 이에 비해 12세기 말, 영국 왕 리처드 1세는 "세금을 걷기 위해 300명의 기사로 상비군을 조직하려고 했지만" 그것을 추진할 마땅한 수단이 없어서 "[그의 시도는] 흔적도 없이 사라지고 말았다."(French 1999, 230)

1000년경 사회경제, 군사, 기술의 발전 면에서 중세 중국과 유럽 국가를 비교한다면 중국이 우위에 있었다는 것을 누구라도 인정할 것이다.(Lippit 1987, 37~38; Deng 2000) 심지어 당시에 세상을 가장 널리 여행했던 사람들(Ibn battuta in Gibb 1994, 814) 사이에서도 중국은 세상에서 가장 부유한 나라였다. 그러나 그로부터 800년 뒤 정치, 군사, 경제, 기술 전반에 걸쳐 전 세계를 지배한 것은 유럽이었다. 따라서 중국 제국이 왜 당시에 서유럽이 주변부를 정복하고 종속시키고 철저하게 수탈했던 것처럼(사회경제적, 군사적으로) 발전할 수 없었는지, 혹은 그럴 의지는 있었는지를 반드시 확인해야 한다. 자본주의의 출현을 이해하기 위해 오직 유럽만을 연구하려는 사람들은 아직까지 이러한 의문에 답을 주지 않았다.(Duplessis 1997; Lachmann 2000; Jorda 2002)[1] 이에 대한 대답을 찾기 위해서는 당시에 중국이 직면한 구조적 제한 요소들(지리, 풍토, 인구통계학, 지정학적 요소)을 깊이 파고 들어가야 할 뿐 아니라[2] 정부기관, 정치적 선택 그리고 중국 제국이 어떤 특정한 내적, 외적 도전에 직면했을 때 당국의 책임 있는 엘리트들이 어떤 길을 따랐는지도 탐구해야 한다.

송나라 시대의 중국 사회경제 혁명(900~1280년경)

대개 송나라 시대(960~1279)를 "중국의 최대 전성기"(Fairbank 1992, 88)[3]라고 부른다. 900년에서 1280년까지 아시아에서 거래되는 상품의 물량과 교역망의 크기는 당시 유럽과 비교할 때 상대가 안 될 정도로 엄청나게 컸다. 중국에서 인도, 인도네시아, 심지어 동아프리카까지 원거리교역은 수세기 동안 지속되고 있었다. 당나라 시대(618~907) 중국의 항해술은 큰 배(약 550톤)를 타고 페르시아 만까지 멀리 교역할 수 있을 정도로 발전해 있었다.(Ray 1993, 111) 그러나 당시에 교역하던 상품들은 대개 귀금속, 진주, 무소뿔, 거북 등딱지, 자패紫貝 껍데기와 같은 사치품들이었다.[4]

10세기 이전에 인도양에서 무역중개인 구실을 한 이들은 아랍인들이었다. 그러나 그 이후부터는 200톤에 가까운 정크선을 타고 항해하는 중국인들이 늘어나면서 중국이 인도양을 지배했다.[5] 비록 일부 사람들은 송나라 시대에 중국 상인들이 인도양에서 주로 사치품을 수송했다고 주장했지만(예컨대 Lewis 1978, XI, 462) "쌀, 도자기, 후추, 판재, 광산물"과 같은 일용품도 해상을 통해서 대량으로 수송했던 것으로 나타난다.(Shiba 1983, 104; Ray 1993, 111~126)[6] 송나라 시대에는 해운과 선박 임대 사업을 함께 하는 합작회사가 "매우 일반화된" 상황이었고(Deng 1997, 102; Shiba 1970, 27, 198~200) "코멘다commenda(자본을 대는 상인과 해상 운송을 하는 상인이 따로 있으며 이익은 공유하는 제도—옮긴이)와 소키에타스 마리스societas maris(자본가와 해상 운송을 하는 상인이 공동으로 출자하는 제도—옮긴이)의 초기 형태"도 운영되고 있었다.(Shiba 1983, 108) 비록 송나라 시대에 이룩한 경제적 번영의 뿌리는 당나라 말로 거슬러 올라갈 수 있고(Balazs 1969, 16) 인도양과 중국해 사이의 해상교역은 언제나 중요한 의미가 있었지만(Aubin 1964) 중국 정부가 교역으로 걷은 세금 수입은 송나라 때 전례 없는 최고 수준에 이르렀다. 12세기 중반, 중국 정부의 현금 수입 가운데 20퍼센트가 해상교역의 관세 수입이었다.(Chen 1991, 217)

송나라 시대 들어 항해술이 끊임없이 향상되고(Shiba 1970, 5~6) 중국 정부가 대규모 조선 사업을 벌이기로 결정하면서(Dawson 1972, 167) "상품 구성의 변화"(Chen 1991, 220~221)에 이어 "교역이 급격하게 늘어나기" 시작했다.(Hall 1985, 194) 송나라 시대에 백성들은 "점점 시장에 팔기 위한 농업에 눈을 돌리거나 농업 이외의 영리를 추구하는 쪽으로 방향을 전환"했다.(Shiba 1975, 39) 송나라와 원나라 시대에 걸쳐(1279~1368) "당장 필요한 물질적 생존수단"의 생산과 이러한 일용품의 대량 수송은 해상교역에서 가장 중요한 일이 되었다.(Kai 1991, 232)[7]

교역이 그만큼 번창한 것은 중국 정부가 직접 나서서 교역을 육성한 결과였다. "해외 여러 나라와 교역 관계를 촉진하기 위해 적극적인 해외 교역 정책이 만들어졌다."(Ma 1971, 33) 결론적으로 "송나라 시대에 국가와 상인 단체들과의 관계는 중국 역사의 어느 시기보다도 더 긴밀했다." "상업에 대한 정부 관료들의 태도는 비난하던 쪽에서 찬성하는 쪽으로 바뀌었다."(Ma 1971, 90, 125) 이것은 아마도 비록 정부 관료들이 본디 "어떤 형태의 교역 활동에도 참여하지 못하도록 금지되었지만 그들 가운데 다수는 사적으로 상업 활동에 개입해서 자신들의 특별한 지위를 이용해 영리 사업을 수행했다"(Ma 1971, 129)는 사실과 연관이 있었을 것이다.[8]

송나라 시대에 중국의 부의 원천은 상공업이었다.(Gernet 1982, 323) 송나라 초기에 국가 수입은 대개 농업에서 거둬들인 세금에서 나왔지만 "북송 시대 중반부터는 무역에서 나오는 수입이 점점 더 많아지기 시작했다."(Shiba 1970, 45) 12세기 말, 중국 정부의 전체 수입 가운데 약 70퍼센트가 차, 소금, 포도주에 대한 간접세에서 나왔다고 추정하는 사람들도 있다.(예컨대 Deng 1999, 316) 송나라는 북방 유목민 세력의 침입이 점증하는데도 불구하고(Cartier 1982, 495~496) 농민들을 강압으로 수탈하여 그것으로 연명하는 정부가 아니었다. 그것보다는 오히려 교역을 증진시켜 국가를 유지하려 애썼다. 상업을 중시하는 활동은 송나라 시대에 급격히 늘어났는데 당시 교역의 확대는 도시 개발을 늘리고 광산, 도자기, 소금과 같은 산업에서 분업을 촉진시켰다. 이러한 도시 개발과 분업의 확대는 유럽의 직물과 광산업에서 볼 수 있는 것과 동일한, 하지만 그보다 훨씬 더 큰 규모의 자본주의적 특성으로 발전했다.(Cheng 외 1992) 이것은 저장浙江, 관둥關東, 푸젠福建에서의 상업 활동이 "유럽 여러 나라보다도 훨씬 더 큰 규모로"(Gernet 1982, 326) 일어났다는 사실로 확인된다. 따라서 이 기간의 생활수준은 중국이 유럽보다 훨씬 더 높았음이 틀림없다.(Needham 1969, 171)[9]

이와 같은 국제 교역의 급성장은 유목민족의 점증하는 위협과 관련이 있었다. 유목민의 위협은 "송나라가 교역 확대를 통해서 국부를 증진시키기 위해 중상주의 정책을 써야만 하는"(Shiba 1983, 110) 조건을 만들었다.[10] 이러한 관점에서 당시 중국 정부는 매우 성공적이었다. 참파와 시리비자야와의 교역은 번성했고 세계의 다른 지역과의 상업적 접촉도 점점 더 긴밀해졌다. 특히 아라비아(Chou 1974, 103), 필리핀(Hall 1985, 227), 동남아시아(Willmott 1966, 23), 남아시아(Dawson 1972, 174), 동아프리카(Chittick 1970, 99; Wheatley 1959, 37; Wheatley 1975), 그리고 심지어 이집트(Scanlon 1970)까지 두루 접촉했다.[11]

13세기와 14세기에 비록 세계 최강은 아니었지만 중국의 해군력이 매우 우수했던 것은 우연이 아니었다.(Lo 1955) 중국의 해군력이 이렇게 증강된 것은 북방 유목민의 침입에 따른 직접적인 결과였다.(Dars 1992, 10~11) 여진족이 북송을 정복(1126~1127)한 뒤, 대상 행렬은 중앙아시아를 통과하는 교역로를 지나갈 수 없었다.(Hall 1985, 196) 송나라(남송)는 마침내 자신들의 "마지막 남은 훌륭한 아시아 방목지"로부터 단절되고 말았다. 따라서 중국 정부는 "도무지 대책을 세울 수 없는 말(군마)의 부족 사태를 강력한 해군 양성으로 대응할"(Smith 1991, 306) 수밖에 없었다. "남송이 북쪽 적과의 사이에 있는 모든 수로를 지키기 위해서 해군력을 증강한 것"은 바로 점증하는 유목민들의 침입 위협 때문이었다. "이러한 해군력 구축은 나중에 중국 경제에 도움이 되는 기술과 숙련된 인력을 낳았다."(Hall 1985b, 46; Dawson 1972, 164) 제르네Gernet의 연구에 따르면 "중국은 북방의 변경에서 강력한 세력으로 떠오른 거대한 제국 때문에 북쪽과 북서쪽으로 더 이상 나아갈 수 없게 되자, 바다로 눈을 돌리고 무게중심을 동남아 해양 지역으로 이동시켰다."(1982, 328; Lo 1969, 22 참조) 여진족과 몽골족의 침략 위협이 점점 거세지자 남송 정부는 북방의 군사 위협에 대응하면서 국가 재정을 늘리기 위해 교역을 활성화하지 않을 수 없었다. 대규모 기병대 양성이 더 이상 가능하지 않다는 것이 밝혀진 이상, 남송이 북방의 위협에 맞서 취할 수 있는 전략은 강성 해군을 키우는 길밖에 남은 게 없었다. 중국 정부가 교역을 중시하게 된 또 하나의 이유는 (국가가 운하를 건설하고 그곳의 안전 운행을 보장함으로써) 상인들을 보호하고 상거래에 들어가는 비용을 줄일 수 있기 때문이었다. 그것은 이후 국내 시장 형성에 기여했고(Modelski and Thompson 1996, 163; Elvin 1996, 25) 중국은 급격한 성장을 이룰 수 있었다.(Curtin 1984, 110)

1127년 이후 남송에서 일어난 경제적 번영(농업 전문화, 상업화, 도시화 확대, 산업화)의 일부로서 12세기와 13세기에 북송에서 남송으로의 전례 없는 엄청난 대규모 이주(Dars 1992, 35; Elvin 1973, 113~179)와 그것이 해상교역의 증대에 끼친 영향을 살펴볼 필요가 있다.(Ebrey 1996, 141~144) 남송이 북방의 유목민들과 전쟁을 벌이면서도 이룩한 경제적 번영은 북쪽에서 남쪽으로 엄청나게 많은 유민이 흘러 들어오게 했으며(Shiba 1970, 181) 따라서 온갖 종류의 일용품에 대한 수요도 급등하고(Lippit 1987, 39) 다양한 기술 혁신도 뒤따랐다.(Jones 1988, 77)[12] 예를 들면, 13세기 푸젠에서는 "쌀과 대마 재배를 중심으로 하는 자급자족 경제에서 사치품을 비롯해 석기, 도자기, 금속제품과 같은 다양한 완제품을 생산하는 수출 중심의 경제로" 지역 경제가 "바뀌었다."(Clark 1995, 70) 그 지역은 상업화가 많이 진전된 상태여서 "양쯔강 유역의 장난江南과 광둥廣東처럼 쌀을 많이 생산하는 지역에서" 쌀을 수입해야 했다.(Clark 1995, 70)

송나라 시대에 상인들은 엄청난 이익을 남겼지만 제국은 여전히 특정한 경제 영역에 대해서 통제권을 확실히 행사하고 있었다. 교역은 남송이 살아남기 위한 필수 요소였기 때문에 국가는 여러 경제 활동에 직접 개입하기 시작했다. 남송 정부는 새로운 시장을 개척하기 위해서 해상 해외무역을 촉진했을 뿐 아니라(Hui 1995, 31) "운송, 농업 대출, 도매업, 심지어 소매업에 이르는 중요한 경제 기능을 통제하기 위해" 정부 관리를 "지방에" 파견했다.(Smith 1991, 308) 또한 로Lo의 연구에 따르면,

> 송나라 시대에 해외무역은 민간 경영 아래서 번창했을 뿐 아니라 지방 관리와 왕실 신하들도 운송과 제조 회사의 지분을 가지고 있었으며 정부 자체가 국내 교역과 다양한 생산 기업을 독점 운영했다.(1969, 24)

남송 정부는 서유럽과 달리 소금, 술, 차, 향료와 같은 아주 이익이 많이 남는 상품들에 대한 독점권을 가지고 관련 산업을 지배했다.(Shiba 1970, 111) 중국 정부는 "스스로 운송과 유통을 감독할 수 없는 경우를 빼고는 민간 기업이 이러한 물품 교역에 뛰어드는 것을 허용하지 않았다." 하지만 이러한 정부의 규제에도 불구하고 "민간 무역업자들은 12세기와 13세기에 걸쳐 번성기를 누렸다."(Gernet 1962, 77, 81)

11세기와 12세기를 중국의 상업혁명 시대라고 해도 과언은 아니다.(Fairbank, Reischauer and Crajg 1973, 132; Elvin 1978, 79) 그 한 예로 송나라 시대의 동전은 동아시아뿐 아니라 동남아시아의 많은 지역에서도 널리 통용되는 화폐였다.(von Glahn 1996) 이러한 상업혁명은 분업과 지역 특화, 해외무역을 바탕으로 이뤄졌으며 당시 서유럽보다도 훨씬 더 두드러졌다. "전문화된 상근 노동자를 고용한" 공장들이 여러 지역(예컨대 산둥山東, 허베이河北, 장쑤江蘇)에 있었는데 "그 가운데 장쑤의 한 도시에는 3600명의 임금노동자가 있었다. 이렇게 큰 기업들은 정부가 운영했다."(Gernet 1982, 320; Fu Chu-fuand Li Ching-neng 1956, 239 참조) 남송 제국의 부유한 재정은 수많은 사회경제적 발전을 이루는 원동력이었다. 정부 당국은 "스스로 상인과 생산자로 변신해서 지방 관리들이 운영하는 작업장과 상업 기업들을 설립하고 군대를 유지하기 위해서 철저하게 국가 독점을 발전시켰다."(Gernet 1982, 323) 예를 들면, 정부는 무기와 화폐 주조, 건축자재 생산을 직접 추진했다. 그 결과 철 생산이 크게 늘어났다.(Hartwell 1966) 커틴Curtin

이 언급한 것처럼 "중국의 철강 산업이 생산 규모를 늘릴 수 있었던 것은 거대한 국내 시장이 있었기 때문이기도 했다."(1984, 110) 중국 정부는 또한 도로와 운하를 건설하고 지폐를 찍어냈다. 그리고 "중국 통화가 제국의 국경을 넘어서 빠져나가는 것을 막기 위해서 엄격한 통화 관리"(Filesi 1972, 9) 정책을 썼다. 중국 제국은 유럽과 달리 국내 시장을 안정화시킬 수 있었다.

이 시대에 원거리교역의 무역수지는 의심할 여지 없이 중국에 흑자를 안겨줬다.(Lo 1958, 154) 중국에서 수입하는 물품은 (면직물을 빼고)(Ray 1996, 52) 대개가 말, 모피, 보석, 향신료, 약재, 일부 사치품과 같은 원재료였다.(Deng 1997b, 271) 반면에 중국이 수출하는 물품은 대개가 차, 납, 주석, 기타 귀금속(Balazs 1972, 63; Deng 1997b, 272~273)과 함께 도자기, 견직물, 서적, 예술품, 철강제품과 같은 가공된 일용품들이었다.(Fairbank, Reischauer and Crajg 1973, 136) 당시 중국에서 가장 큰 배의 무게는 550톤 가까이 나갔다.(Chen 1991, 218)[13] 1437년에 중국 배를 타고 중국을 여행한 니콜로 데 콘티는 중국인들이 당시 유럽의 어떤 배보다 훨씬 더 큰 2000톤급 배들을 만들고 있었다고 주장했다.(Chang 1974, 349)[14] 따라서 15세기 중반까지 중국의 항해 기술력은 유럽보다 훨씬 우월했다.(Chang 1991b, 21)[15]

송나라 정부가 해상무역에 의존하게 된 것은 12세기부터 상인들의 사회 신분이 상승하면서 나타난 결과였다.(Ma 1971, 125) 심지어 클라크Clark는 중국 사회에 전에 없던 "문화적 변화가 일어났는데 지배 계층들 사이에서 상인과 상인 출신들을 인정하기 시작한 것"(1995, 71)이라고까지 주장한다.[16] 이것보다 훨씬 더 충격적인 사실은 송나라 시대에 "고갈된 국고를 충당하기 위해 부유한 상인들이 돈을 주고 관직을 살 수 있었다. 그들은 관복을 입을 권리를 얻음으로써 독특한 고급관리의 지위를 잠식했다."(Dawson 1972, 176)[17]

그러나 남송은 그들이 이룬 온갖 성취에도 불구하고 자본주의적 사회로 이행하지 못했다. 남송이 이룩한 뛰어난 사회경제적 발전이 아시아 전체를 아우르는 강력한 정치력과 군사력으로 성장하지 못했기 때문이다.(Ma 1971, 86; McKnight 1971, 182; Morton 1995, 103)

중국과 몽골

중국의 두드러진 사회경제적 성장도 13세기 말 몽골이 중국 전역을 정복하고(Davis 1996) 원나라(1279~1368)를 세우는 것을 막을 수 없었다. 몽골은 전례 없는 강력한 "철의 규율과 중앙집권적 지배"(Barfield 1994, 174)로 무장한 대규모 기병 병력 덕분에 중국을 끊임없이 정복하며 그들의 세계 제국을 차근차근 이룩해나갈 수 있었다. 로진스키Rodzinski에 따르면, 몽골에게 정복당한 모든 나라와 백성들에게 "침략의 결과는 너무도 참혹했다."(1984, 128) 몽골이 정복한 지역은 엄청난 파괴의 고통을 겪어야 했는데 특히 중국 북부와 중앙 지역이 심했다.(Smith 1992, 670~672; Roberts 1996, 171; Mote 1999, 450) 페르시아(Lambton 1988; Marshall 1993, 53~57)[18]와 "트란스옥시아나Transoxiana(중앙아시아의 아무다리야 강과 시르다리야 강 사이 지역으로 지금의 우즈베키스탄, 타지키스탄, 카자흐스탄, 키르기스탄 주변 지역—옮긴이)"도 상황은 마찬가지였는데, 고고학 연구에 따르면 트란스옥시아나 지역은 몽골이 침입하기 전에 전체 인구의 30퍼센트가 도시에 살았다고 한다.(Garcin 외 2000a, 170) 존스Jones는 "몽골이 죽인 중국인이 3500만 명에 이르며 이는 13세기 중국 전체 인구의 3분의 1이었다"고 추산한다. "몽골의 침략으로 죽은 중국인의 수가 무척 많아 광범위한 지역에 걸쳐 정상적인 경제생활을 영위하기는 어려웠을 것이다."(1988, 109~110)[19] 심지어 몽골의 송나라 침공을 "자본주의의 위기"라고 부르기도 했다.(Jones 1988, 110)[20] 스미스Smith는 "1276년 몽골의 침략으로 송나라가 무너진 뒤 (…) 중국은 과거의 역동성을 회복하지 못했다"(1991b, 27~28)고 주장한다. 반면 뷰엘Buell은 몽골의 침략을 "몽골 주변에 정착한 국가와 제국들이 전에 전혀 경험해보지 못한 대재난"(1992, 2)이라고 여긴다. 따라서 나중에 중국 경제가 쇠퇴한 것을 몽골 탓으로 돌리는 견해가 일반적이다.(Jones 1988, 113)

몽골의 송나라 정복이 중국이 자본주의로 이행하지 못한 유일한 원인일 수는 없지만 중요한 변수인 것은 부인할 수 없다.(Hartwell 1962, 162; Gernet 1962, 18) 그러나 1250년부터 1350년까지 몽골 제국이 세계-체제에서 중심 역할을 했다고 보는 아부-루고드(1989) 같은 일부 학자는 그러한 해석에 이의를 제기한다. 그렇다면 누가 몽골 제국의 세계 지배로 이익을 봤는가라는 아주 중요한 질문에 반드시 답변이 있어야 할 것이다. 단기적으로 몽골의 지배자들이 군사 정복으로 많은 이익을 얻은 것은 틀림없고 상인들도 몽골의 확고한 지배 덕분에 보호와 거래 비용을 크게 줄일 수 있었다.(Rossabi 1990, 356) 그러나 장기적으로 볼 때 유럽인들이 가장 큰 수혜자가 아니었을까?

서양 상인들은 몽골의 평화 시대 덕분에 직간접적으로 엄청난 이익을 봤다. "몽골의 평화 시대는 서양의 경제 발전에 유리한 정치적 환경을 마련해줬다."(Nystazopoulou 1973, 570) 발라르Balard도 다음과 같이 그 사실을 확인했다. "몽골의 칸 제국 통합은 유럽의 라틴계 민족들에게 흑해 지역의 비잔틴 문명이 물려준 경제적 유산을 전달해주는 계기가 되었다."(1992, 29) 처음에 몽골 제국을 위해 세금을 걷는 청부인으로 "고용되어" 다른 어떤 집단보다 많은 이익을 본 사람들은 터키의 이슬람 상인과 위구르족 상인들이었다.(Endicott—West 1989,

146; Allsen 1989, 116; Brose 2002)[21] 또한 일부 서유럽 상인들은 몽골의 지배 아래서 관직을 얻어 수혜를 입었다.(Richard 1976, XXX; Togan 1991, 219) 그러는 동안 또 다른 서유럽 상인들은 아시아 지역으로 깊숙이 들어가서 큰 이익을 봤다.(Lopez 1975, 83~186) 몽골의 평화 시대 덕분에 중앙아시아는 보기 드문 정치 통합의 시대가 유지되었고(Adshead 1993, 78) 그 결과 "유럽의 무역상들이 물밀듯이 그 지역으로 유입되었다."(Ray 1991, 83) 그들은 대개 이탈리아 상인들이었는데 그 가운데 가장 유명한 사람이 마르코 폴로다. 그 밖에 유럽의 국가사절단과 직인, 선교사들도 걷잡을 수 없이 몰려왔다.(Needham 1954, 188; Morton 1995, 120~121; Rossabi 1997, 81; Dauvillier 1953, 70~71; Richard 1976, XXIII; Ryan 1998)[22]

(유럽 도시국가들의 생존에 매우 중요한) 상인 보호와 상품 거래 비용이 감소하는 동시에 항해술이나 화약 기술과 같은 많은 지식이 점차 동아시아에서 유럽으로 이전되었다.(Needham 1995; Chou 1974, 115; Needham 1964, 236) 유럽인들은 지정학적으로도 이집트에 있던 이슬람 세력이 약화되면서 간접적인 경제 이득을 챙겼다. 예를 들면, 페르시아와 메소포타미아 지역을 지배했던 몽골의 일-칸국은 1262년과 1320년 사이에 당시 그들과 전쟁 중이었던 이슬람의 맘루크 왕조에 맞서 동맹을 맺기 위해(Amitai-Preiss 1995) 서유럽에 약 15차례에 걸쳐 사절단을 파견했고(Boyle 1977, XIII) 서유럽도 잃어버린 십자군의 전초기지들을 탈환하기 위한 공동 원정대를 편성하기 위해 일-칸국에 외교사절들을 보냈다.(Paviot 2000, 315) 그러나 이러한 동맹 관계는 장기적으로 지중해 동부의 근동 지역에 대한 유럽 세력의 약화로 실현되지 못했다.(Sinor 1956, 51) 1260년 몽골이 메소포타미아와 시리아 지역의 침공에 이어 이집트의 맘루크 왕조를 무너뜨리는 데 실패했지만 그 덕분에 동지중해 연안에 있는 여러 십자군 전초기지의 함락이 지연될 수 있었다. 무엇보다도 몽골이 두 차례에 걸쳐 비잔틴 제

국이 붕괴되는 것을 막았다는 것은 중요한 사실이다. 한 번은 1240년대 셀주크 왕조의 침략을 막아낸 것이고 다른 한 번은 1402년 오스만 제국을 패퇴시킨 것이다.(Morgan 1989, 201~202)[23]

같은 기간 몽골은 버마, 베트남, 일본, 자바, 중앙아시아를 침공했고(Dars 1992, 328~343) 그에 따른 국가 재정의 어려움은 중국인들이 고스란히 부담해야 했다.(Dreyer 1982, 14) 예를 들면, 몽골과 동맹 관계에 있는 유목민들이 정복한 유라시아 대륙 전반에 걸쳐 정교한 역참驛站들이 그물망처럼 연결되었고 그 덕분에 몽골 제국의 여러 지역이 서로 신속하게 연락할 수 있게 되었다.(Rossabi 1994b, 450) 이러한 역참은 "근대 이전의 세계에서 가장 크고 효율적인 통신망으로 알려져" 있는데(Alef 1967, 4) 수많은 외국 상인에게 안전을 보장하고 숙식을 제공하면서 교역 비용을 줄일 수 있게 도와줬다.(Rossabi 1990, 354) 하지만 결국 그러한 역참들을 유지하는 비용은 특히 북중국(Schurmann 1967, 72)과 또한 정도는 덜하지만 남중국(Mote 1994, 661)에 살고 있던 "정착민들에게 엄청난 부담이었다."(Allsen 1983, 264)[24] 따라서 유라시아 대륙을 가로지르는 교역이 증가하고 동남아시아와의 대규모 해상무역이 끊이지 않으면서(Ptak 1998; Christie 1998) 몽골의 원나라 아래서 중국 농민들에 대한 수탈은 점점 늘어났다. 몽골의 지배자들이 중국인들에게 점점 더 많은 세금을 거둬들여 그것으로 "자신들이 필요로 하는 상품들과 교환할 수 있는 엄청난 잉여"(Schurmann 1967, 5)를 창출한 것은 전혀 우연한 일이 아니다.

몽골 지배자들의 수요가 점점 커지고 규모의 경제로 성장하면서 거래 비용도 감소하고 "중국 전역에 걸쳐 그동안 따로 통용되던 지역 통화를 대체하는 지폐도 발행"되었지만(Schurmann 1967, 8) 경제 상승은 지속될 수 없었다. 처음에는 농민들에 대한 착취가 강화되면서 다음과 같은 현상이 일어났다.

> 몽골인들이 쓸 수 있는 잉여가 늘어나고 따라서 상업을 더 크게 확장할 수 있는 기반이 공고해졌다. 하지만 장기적으로는 농업 생산량이나 생산성이 모두 증가하지 못했기 때문에 지속적인 상업 확장의 물질적 기반은 부족해졌다.(Schurmann 1967, 8)

또 다른 큰 문제는 "거의 모든 교역이 외국 상인의 손아귀에 들어갔고"(Rodzinski 1979, 185) 교역에서 발생하는 이익 중 많은 부분이 중국 밖으로 빠져나간다는(Dars 1992, 49) 사실이었다.

몽골 제국은 마침내 제국의 전형적인 특징인 지나친 영토 확장 때문에(Collins 1992, 379) 내란에 따른 전쟁이 늘어나고 그것을 진압하는 효과가 약화되면서(Unger 1987, 107) 점점 무너져갔다. 결국 몽골은 자신들이 정복한 피지배 민족들을 극도로 수탈한 나머지 마침내 그들의 반란에 직면하는 시점에까지 이르렀다.[25] 1367~1368년 동안 피로 얼룩진 전쟁과 폭동의 세월이 흐른 뒤,(Mote 1988) 결국 몽골의 원나라는 중국에서 물러났다. 몽골이 오랫동안 중국을 지배한 결과는 매우 부정적이었다.(Dawson 1972, 209; Dars 1992, 46~48) 몽골의 중국 지배는 "중국 경제가 더 크게 발전할 수 없게 만든 조건이었을 뿐 아니라 실제로는 오히려 중국 경제를 퇴조하게 만든 원인"이었다.(Rodzinski 1979, 184) 그러나 서유럽에게는 유라시아 대륙의 그러한 "평정"이 이로울 따름이었다. 서양은 동양과 접촉이 늘어나면서 동양의 우월한 항해 기술[26](예컨대 나침반)과 화약(Ling 1947; Goodrich and Chia-Shêng 1946), 인쇄(Morton 1995, 104; Chou 1974, 115; Drège 1994), 그 밖의 많은 기술(Needham 1969, 213)을 습득하게 되었다.[27]

중국 대륙은 원나라에서 명나라(1368~1644)로 바뀌었지만 아직도 몽골의 지배력은 남아 있어서 티무르(15세기 초에 그가 죽을 때까지)와 오이라트(특히 15세기 중반)가 다스리는 몽골은 중국을 계속해서 위협했다.(Wang 1991, 61) 중국 황제들은 반복되는 유목민들의 중화 세계 침입을 막고 몽골의 지배에 대항해서 봉기를 일으키다 엄청난 시련을 겪은 수많은 농민을 안정되게 살 수 있도록 하는 데 역점을 기울였다.(Mote 1977, 197)[28] 따라서 명나라는 다시 중요한 방위 요충지가 된 만리장성 주변 지역을 지키는 데 많은 노력을 기울여야 했기 때문에 해군력 강화에는 그다지 힘을 쏟지 못했다.(Mote 1999, 610~611) 최근 들어 학자들이 명나라 초 유명한 정화의 해상 원정대를 주목하고 있는 것은 좀 뜻밖이 아닐 수 없다.[29] 그러나 "중국의 해양, 원양 활동의 절정기는 명나라 때가 아니라 송나라와 원나라 때"(Deng 1997, 57)라는 것을 유의해야 한다.[30] 더 나아가 짧은 기간 진행된 정화 원정대의 성격과 목적은 다시 일어서는 중국 제국이라는 큰 틀에서 해석되어야 한다.

명나라 시대의 중국과 유럽: 갈림길

15세기 초 정화의 해상 원정이 경제적 중요성을 지니고는 있지만(Fairbank 1953, 34~37) 그것이 교역권이나 시장 독점권을 차지할 목적으로 수행된 것은 아니었다. 오히려 그 원정은 정치적 중요성이 더 컸다.(Wang 1970b, 375~401; Morton 1995, 128) 즉, 중화 세계의 주변에 살고 있는 "야만족"들을 조공 무역 체계(Rossabi 1983 참조)로 끌어들이기 위한 것이었다. 이것은 유럽인들이 상업 교역로를 확보하고 시장에 접근하고 지배하기 위해 (도시)국가 간 경쟁을 치열하게 했던 것과는 아주 판이하게 다른 모습이다. 그들은 스스로 "영국 해海"와 같은 노골적인 영토 개념을 내세운다. 15세기 말, 영국의 헨리 7세는 존 캐벗에게 그가 바다에서 발견할 수 있는 모든 땅을 "찾고 탐험하고 정복하고 점령해서 마침내 소유"하라는 임무를 내렸다.(Mollat 1988b, 16~17) 이것은 정화가 명나라의 영락제에게서 받은 임무와는 완전히 달랐다. 아부-루고드에 따르면 "그러한 강력한 힘의 과시는 중국이 천하를 호령하는 위치에 다시 올라섰으며 '세계의 중화'가 되었음을 '야만족' 국가들에게 보여주기 위한 것이었다."(1989, 343)

> 야만족들이 갖고 싶어 하는 비단과 도자기, 칠기 같은 물품들을 파는 것은 중국의 문화적 우월성을 명백하게 보여주는 것이라고 생각했다. (…) 중국 문화 그 자체가 중국의 가장 훌륭한 상품이었다. 동시에 그러한 고가품들은 중국 문화의 우수함을 증명했다.(Finlay 1991, 6)[31]

놀라운 사실은 "명나라 원정대가 새로운 영토를 정복하거나 해상교역로를 독점하려고 원정에 나서지 않았다"는 것이다.(Finlay 1991, 8) 그들이 그렇게 하려고 마음먹었다면 쉽게 이룰 수 있었는데도 말이다.(Mote 1999, 616)[32] 오히려 정화 원정대가 중요하게 생각한 것은 (중국의 부와 국력을 과시함으로써) 만천하에 중국의 외교와 문화적 위신을 세우는 것이었다.(Dawson 1972, 230)[33] 그러나 조공무역 체제는 "중국 경제의 심각한 유출"을 초래했다. "명나라는 값어치 없는 공물을 받는 대가로 엄청난 양의 화폐를 하사해야 했다. 중국 황실이 외국인들이 공물이라거나 중국의 속국이라고는 전혀 '생각'하지 않으면서 바치는 가치도 없는 물품을 받고 느끼는 만족의 대가라고 하기에는 지나치게 값비싼 명예였다."(Serruys 1975, 35)

이러한 상황은 유럽의 작은 도시국가(나중에는 국민국가)들이 중세 말부터 이미 구축된 주변부로부터 끊임없이 자본을 축적할 목적으로 직접 정복하고 정치적으로 지배하고 상업적으로 수탈하는 외교 정책을 체계적으로 고안하고 수행하기 위해서 원정대를 보냈던 것과는 달라도 많이 달랐다.**34** 그러나 중국은 "변방의 작고 상대적으로 미개한 공국들의 의례적 복종과 의식적 교역, 형식적 승인을 자신이 그들의 주인이라고 하는 응축된 우월하고 강력한 문명을 배경으로 수세기 동안 발전시켜온 것이라고 생각했다."(Finlay 1991, 7) 물론 유럽인들도 서로 충돌하는 "이교도" 혹은 "이단자"들과 비교할 때 자신들이 종교적으로 우월하다고 여겼다. 하지만 유럽의 도시국가 간 체제에서는 영토 개념이 주로 경제적 수탈을 배경으로 형성되었다. 예를 들면, 1204년 베네치아는 비잔틴 제국이 내부 투쟁으로 크게 힘을 잃자 그들의 부를 손에 넣기 위해 십자군을 이용했다.(Cheynet 1996)**35** 한자동맹은 발트 해에서 교역을 독점하기 위해서 네덜란드와 전쟁을 했다.(Abraham Thisse 1988, 136~137)**36** 또한 지중해 지역에서는 교역로(Budak 1997, 166)와 시장(Hocquet 1999, 509) 확보 그리고 군사 전략과 상업적으로 중요한 식민지 섬들의 유지(Argenti 1958; Balard 1983; Pistarino 1990, 245~280)를 위해 도시국가들끼리 혈전을 벌였다.**37** 따라서 특별히 다른 이유가 없다면 이러한 유럽의 도시국가들에서 "상인들의 독점 이윤 추구"(Spruyt 1994, 123)는 가장 중요한 존재 이유였다.**38**

월러스틴이 지적한 것처럼 "투르크족이 동방으로 진출했을 때 유럽에서 포르투갈 원정대를 떠올린 제왕은 아무도 없었다."(1974, 60) 또한 베네치아의 총독이 죽은 뒤에도 도시국가들은 자신들의 생명선(즉, 식민지와 동방 시장)에 접근하기 위한 치열한 경쟁 정책을 되돌릴 수 없었다. 하지만 정화 원정대를 파송한 중국 황제(Wang 1970, 376) 영락제가 죽은 뒤에는 한 차례 원정을 빼고는 모든 원정이 중지되었다. 15세기 중반 "명나라 황실의 일부 지주-관료들은 원정 계획을 중단시킬 수 있었고 따라서 해상 활동은 철저히 줄어들었다."

(Findlay 1992, 4) 1435년 여덟 살짜리 황제가 왕위를 계승하자,

> 유교 관료들이 전보다 훨씬 더 많이 정책을 담당하게 되었다. 보물을 실어 나르던 배들은 낡아버리고 조선소에는 일하는 사람들이 보이지 않았다. (…) 한 세대 만에 중국인들은 보물선과 같은 큰 선박을 건조하는 기술을 잃었고 중국의 민간 선박들은 말라카 해협 너머로 진출하던 것을 중단했다.(Finlay 1991, 12)[39]

이러한 명나라의 정책은 해상무역을 적극적으로 촉진하고 발전시켰던 남송과 몽골의 원나라 정책과 완전히 단절되었다.(Deng 1997; Hui 1995, 31~32; Ptak 1993, 8; Ray 1993, 111) 송나라는 오로지 정치적으로 살아남기 위해서, 몽골은 일본과 자바로 군사 원정대를 파견하기 위해서 해상무역을 적극적으로 추진했다.[40] 송나라는 상인들을 위해 해안가에 창고와 등대를 세우고(Dawson 1972, 166) 조선업자들에게 다양한 재정적, 기술적 지원을 아끼지 않았다. 따라서 조선업자들은 국가가 부르면 언제라도 그들의 배를 군사적 목적에 지원할 준비가 되어 있었다.(Lo 1969c, 68~91) 송나라에서 상업의 확대와 국가 방위는 동전의 양면이었다. 필레지Filesi에 따르면 "몽골은 중국을 침략한 뒤 송나라가 해군을 영토 확장과 정복의 수단으로 이용한 사례를 알고 그것을 곧바로 따라 했다."(1972, 26) 나중에 몽골의 귀족은 상인들을 위한 "재정 지원과 보호" 정책을 시행했다.(Schurmann 1967, 6)[41] 따라서 명나라 때 정화의 유명한 해상 원정대는 예외적인 사건이라고 봐야 마땅할 것이다.[42]

페어뱅크Fairbank에 따르면,(1965, 51) 당시 중국 상인들은 국가가 군사력을 지원할 만큼 중요한 존재로 인식되지 않았다. 중국 정부, 특히 정부 관료들은 상

인들을 체계적으로 개발하고 지원할 돈이 있다면 그것으로 차라리 농업 부문을 지원하겠다는 생각이었다. 당시 현실은 이것보다 더 심각했을 수도 있다. 니덤Needham의 지적을 보자.

> 중상주의 사회체제는 중국 문명에서는 결코 생겨날 수 없었다. 중국 황실의 고위관료들이 가지고 있는 기본 생각은 부유한 상인들의 가치체계와 정반대였기 때문이다. 실제로 자본 축적은 있었을 수 있지만 항구적으로 생산 산업 부문에 속한 기업에서 자본을 축적하는 일은 유교 관료들이 지속적으로 금지했다. 그와 같은 사회적 행위들이 자신들의 우월한 지위를 위협할 수도 있었기 때문이다. 따라서 중국에서 상인 동업조합은 유럽 문명의 도시국가에서 볼 수 있는 상인 동업조합의 지위와 영향력에 결코 이를 수 없었다.(1969, 197)[43]

중국은 거의 100년에 걸친 몽골의 지배가 끝난 뒤 천하에 중국의 국위가 재건되었음을 상징적으로 다시 알리고 싶어 했다.(Chen 1991, 226) [정화의 해상원정으로] 그러한 목적이 완수되자 적어도 국가 운영의 책임이 있는 지배층의 관점으로 볼 때 더 이상 이 문제를 진전시키는 것은 아무 의미가 없었다.(Wang 1970, 224~225) 스눅스가 지적하는 것처럼 "자기 나라보다 미개한 세계로 세력을 확장하는 것은 거기서 얻는 이익보다 비용이 훨씬 더 컸다. 따라서 그 일은 중단되었다. (…) 이때부터 중국은 점점 내향적이고 고립적이며 기술적으로도 뒤떨어지는 모습을 보였다."(1996, 318)

하지만 마지막에 한 말은 좀 과장되었다. 1450년 중국은 당시 모습을 드러내기 시작하던 유럽의 국민국가들과 비교할 때 실제로 매우 강력한 힘이 있었다. 하지만 중국이 원하는 모든 것을 정복할 정도로 강력한 것은 아니었으며[44] 유목민의 침입에 맞서 북방 변경을 방위하는 일이 "농업과 토지를 중시하는 중국 관리들"의 주관심사였다.(Mote 1999, 652) 그러나 여기서 주목할 것은 국가 운영에 책임이 있는 지배층, 특히 유교 관료들이 외국에 개입하는 일을 강하게 반대했다는 사실이다.(Mote 1999, 615) 그들이 볼 때 "거기에 들어가는 엄청난 비용에 비해 돌아오는 대가는 하찮았기" 때문이다.(Willetts 1964, 38) 중국이 스스로 중화中華라고 부르며 부와 기술력에서 모두 뒤떨어진 주변의 다른 부족이나 왕국보다 "물질과 도덕 면에서 우월"하다고 주장한 것을 감안하면 중국이 그러한 확장 정책을 통해서 과연 무엇을 얻을 수 있었겠는가?(Fairbank 1968, 15)[45]

중국 정부는 남방에서(주로 관둥과 푸젠) 대규모 이주민이 연쇄적으로 유입되면서 물품 수요가 급증했지만 "해외" 중국인들(즉 무역상)에게 어떠한 지원이나 보호도 제공하지 않았다. 또한 "중국 왕조의 버림받은 백성"들을 도와주려는 정치적 의사도 없었다.(Sun 2001, 72; Hudson 1964, 354 참조) 오히려 1371년 이후로 명나라는 "점점 늘어나고 있던 화교 집단인 민간 해상 상인들을 '강도' '도적' 혹은 '해적'(Chang 1991b, 26)이라고 부르며 그 규모를 줄이려고" 했다.(Hui 1995, 35) 교역을 위해 배를 건조하고 해외로 진출하고 싶어 했던 모든 중국인은 법의 보호를 받지 못했다.(Mote 1999, 720) 1410년 심지어 중국 황실은 "자바의 조공 사절단에게 자바에 있는 중국인들을 중국으로 송환할 수 있도록 도와달라고 요청하기"까지 했다.(Chang 1991b, 17) 이에 반해서 유럽 국가들은 자국민이 교역을 하는 곳이면 어디든 보호를 아끼지 않았으며 그들이 곤궁에 빠지면 그것을 빌미로 다양한 군사 개입도 서슴지 않았다.[46]

당시 중국이 사회경제적으로 발전하기 위해 가장 중요한 요소는 아마도 자국 상인들에 대한 국가의 지원이었겠지만 정부 당국은 전혀 그런 조치를 취하지 않았다. 명나라와 청나라(1644~1912)에 걸쳐 중국 상인들은 "교역을 위해 해외로 나갈 수" 없었다. "해외에서는 국가가 상인들의 행동을 마음대로 규정하고 바라는 대로 통제할 수 없었기 때문에"(Mancall 1968, 81) 그들이 해외로 나가는 것을 승인하지 않았다. 앞서 말한 것처럼 명나라 초에는 "해외무역을 국가가 독점했기" 때문에 민간인들이 배를 건조하는 것이 금지되었고 "많은 상선이 당국에 의해서 파괴되었다." 또한 명나라 황제들은 "군함과 병기 제작을 금지했다. 지방에 있는 함대들을 없애는 것과 함께 대형 군함은 그보다 구조가 열등하고 바닥이 넓적한 소형 바지선으로 서서히 바뀌었다."(Chen 1991, 226~227)

1567년에 명나라 정부가 일부 해외 민간사업을 합법화하기 시작했지만(Chang 1991, 246) 명나라 시대 전반에 걸쳐 해외무역은 여전히 법 밖에 있었고(Huang 1969, 99; Lippit 1987, 39) 해상무역과 관련된 법은 중국 연안 전역에 걸쳐 엄격하게 실시되었던 것으로 보인다.(Ptak 1999, Ⅲ, 33; Demel 1994, 98; Ng 1997, 224) 그럼에도 불구하고 중국의 광대한 해안선을 고려하고 모든 것을 철저히 통제하면서 원활하게 움직일 수 있는 전제 정부는 존재 불가능하기 때문에 해상무역을 금지하는 조치는 (몽골의 국경선을 따라 행해지는 무역도 마찬가지로) 완벽하게 시행될 수 없었고 오히려 불법적인 해상 밀수가 대규모로 지속되었다.(Deng 1997b, 270)[47] 따라서 중국은 기존에 생각해왔던 것과는 달리(Kennedy 1989, 8~9; Baechler 2002, 116) 외부 세계와 완전히 "단절된" 것은 아니었으며 중국과 이웃 국가 사이에 교역도 실제로 그렇게 급격하게 줄어들지는 않았다.(Ptak 2004, I, 275)[48] 하지만 그렇다 해도 해상무역 금지 정책은 다음과 같은 결과를 낳았다.

a) 수입과 수출을 통해 확보할 수 있었을 엄청난 국가 재정 수입을 날렸다.(Huang 1969, 99)
b) 일부 중국 상인과 선원들이 처벌의 공포 때문에 귀국을 주저했다.(Reid 1999, 63)
c) 해안 지역의 경제에 심각한 악영향을 끼쳤다.(Ts'ao 1982, 232)[49]
d) 해상교역 전반에 걸쳐 규모의 제약이 발생했다.(Sun 2000, 137)
e) 더욱 중요한 것은 중국 상인들에게 반드시 필요한 정부 지원이 없었다.(McNeil 1998, 229)

유럽 국가들이 막 해외로 확장하려던 것과 달리, 15세기 중반부터 중국의 상업 활동은 상대적으로 작은 지역으로 점점 한정되고 있었다.(Hall 1985, 197) 민간(불법) 교역이 늘어나고 있음에도 중국 상인들은 말라카 해협 너머 서쪽으로 더 멀리 나아가는 것을 멈췄다.(Ptak 1991, 211; 1999, V, 148; Bouchon and Lombard 1987, 54) 상인들에게 그러한 조치를 강요할 수 있는 강력한 중앙집권 세력이 없었던 유럽에서는 감히 상상도 할 수 없는 일이었다. 이러한 규제는 이전에 송나라와 원나라가 "해양 수송과 교역을 장려하는 정책"(Chen 1991, 218)을 시행했던 것과는 크게 대조되는 조치였다. 14세기 말, 몽골이 중국에서 쫓겨난 뒤 명나라 황실은 더 이상 상인들이 필요하지 않다고 생각했다. 명나라 초, 중국은 몽골인들을 내쫓으면서 그 밖의 다른 외국인들도 모두 추방하고(Petech 1962, 558; Phillips 1998, 112) 영토 안의 지배를 강화했다.(Dardess 1973, 169)[50] 이후에도 일부 외국 무역상들이 중국을 돌아다니며 왕래를 계속했지만 명나라와 청나라가 이 외국 무역상들을 대하는 태도는 과거 송나라와 원나라가 대하던 태도와는 완전히 달랐다.(Lopez 1943, 181) 실제로 과거에 몽골이 특정 지역

에서 세금을 거두기 위해 활용했던 외국 상인들은 중국인의 강력한 외국인 혐오라는 반발에 직면했다.[51]

그러나 이러한 추방 정책은 단순히 "동양적 전제정치"의 문제가 아니었다. 많은 학자가 장기적인 사회경제적, 기술적 발전을 설명하기 위해 "어느 정도 자율성이 있고 서로 경쟁하는 지역 경제 권력 네트워크들의 다양성"(Mann 1986; 1988, 18; Findlay 1992, 4; Chirot 1985, 183; Snooks 1996, 318)에 대한 중요성을 여러 차례 강조했다. 여기서는 "정치의 분권화"가 자본주의로 이행하기 위한 "필요조건이지 충분조건이 아니었다"(Hall 1988, 24)고만 말하고 끝내자. 예를 들면 피어슨Pearson은 다음과 같이 확신했다.

> 매우 독특하고 효율적인 행정조직을 지배하고 있던 중국 정부는 혁신과 경제 변화를 막는 정책들을 시행할 수 있었다. 그렇다고 교역도 없고 실제로 성장도 없었던 것은 아니다. 하지만 전반적으로 중국 정부는 성장을 가로막는 정책들을 시행하는 능력이 매우 뛰어났다.(1991, 68~69)[52]

이러한 장해 현상은 명나라뿐 아니라 사회경제적 부흥을 이룬 송나라 때에도 나타났다. 송나라 때 국가 개입이 늘어나고 "관료기업가"(선리재자善理財者)의 권력이 커졌다는 사실이 그 사례였다. 그들은 때로는 "단기적으로 급격한 경제 성장을 촉진하지만 장기적으로 타락한 관료주의적 정신으로 세금을 지나치게 많이 거두는"(Smith 1991, 308)[54] 여러 종류의 국가기관들을 양산하는 데 열중했다. 따라서 중국의 민간 상인들이 자본을 축적하기 위해서는 국가가 설치해놓은 장해물을 어느 정도 빠져나가지 않으면 안 되었다.(Serruys 1975, 50)

반면에 유럽의 도시국가들과 이제 막 태동하기 시작한 국민국가들은 자국의 무역상들을 힘 닿는 데까지 지원했다. 예를 들면, 베네치아는 "단순히 국가 재정 수입을 늘리기 위해서뿐 아니라 사회경제 계급으로서 베네치아 상인의 소득 확대를 위해서 체계적으로 국가 권력을 사용한 상업공화국"이었다. 제노바와 베네치아 같은 전형적인 도시국가의 경우, "상업과 국가 권력은 서로 뗄 수 없을 정도는 아니었지만 매우 밀접하게 맞닿아 있었다."(Curtin 1984, 116) 대개 인도양에 포르투갈과 네덜란드가 진출하면서 보여준 공격적인 교역 정책은 그 이전 아시아의 평화로운 교역 형태와 극명하게 대조를 이뤘다.(Lewis 1978, VII, 264; Curtin 1984, 128)[54]

상인들이 지배하고 있던 유럽 정부들은 상업적 제국주의를 바탕으로 자본주의 체제로 가는 길을 닦았지만[55] 중국에서는 그런 일이 일어나지 않았다.(Fairbank, Reischauer and Craig 1973, 195 참조) 중국 상인들이 스스로를 하나의 사회계급으로 인식하지 못했던 것은 이념 때문이었던가(Southall 1998, 155), 아니면 문화나 종교 때문이었던가? 동아시아 지역이 근본적으로 부를 축적하는 경향이 유럽만 못했던 것은 틀림없다. 그러나 아부-루고드가 지적한 것처럼 "[중국 상인들은] 유럽 상인들과 달리 국가를 이용해서 자신들의 이익을 증진시킬 수 없었다."(1989, 340) 따라서 고도로 착취적인 자본주의 체제를 시행할 수 없었다. 동아시아에서 상인들이 정부 조직을 지배하지 못했다는(강력한 영향력도 행사하지 못했다는) 사실은(Wang 1990, 401~402; Pearson 1991, 76) 장기적으로 심각한 결과를 초래했다. 중국 남부에서 동인도에 이르는 동남아시아 전역에 걸친 경제 성장과 화폐시장화는 "정치적·조직적 필요성이 아니라 지리적·생태적 고려에 따라" 결정된 지역 간 분업에 파묻혀버렸다.(Lieberman 1990, 86) 중국 제국이 유럽과는 매우 다르게 해상무역에서 발생하는 이익을 포기하고 따라서 실제로 상인들을 방기할 수밖에 없었던 이유를 설명하기 위해서는 (Wong 2002, 457) 소수의 상인-기업가들이 막강한 권력을 휘둘렀던 유럽의 도시 국가 체제와 중국의 도시 체제를 비교해야 한다.

유럽이 중국보다 더 도시화되고 상업화된 것은 아니었지만 상인-기업가들이 군주에게 끼치는 정치적 영향력은 중국과 비교할 수 없을 정도로 컸다. 예를 들면, 영국 왕 에드워드 3세는 이탈리아 사업가들의 조건부 재정 지원이 없었다면 프랑스를 상대로 전쟁을 수행할 수 없었을 것이다. 또한 카를 5세는 독일 은행가들의 결정적인 지원이 없었다면 신성로마 제국의 황제가 되지 못했을 것이다.[56] 유럽의 군주가 중세부터 16세기까지 시도하려 했던 주요한 군사 작전의 대부분에서 국제적인 은행가들이 결정적인 역할을 한 것은 맞지만(Brady 1991, 145; McNeill 1992, 119; van Gerven 1999, 191) 그보다 훨씬 더 중요한 것은 국민들로부터 거둬들인 세금이었다. 대개의 경우 이러한 세금 징수는 상인-기업가들이 막강한 정치적 — 심지어 군사적 — 영향력을 휘두르고 있던 지방 의회나 도시 동맹이 담당했다.(Bois 2000, 125; Nicholas 1997b, 103~105)[57] 그런데 상인들이 강력한 군주의 재산 몰수에 대항하면서 지속적으로 권력을 유지할 수 있었던 것은 바로 도시국가의 제도적 구조 덕분이었다. 좀 더 추상적으로 말하면 국가의 의사결정제도에 상인들이 직접 참여할 수 있었다는 사실이다.(Chirot 1985; Van Caenegem 1991, 133)

중국에서는 사정이 전혀 달랐다. 농민들은 봉기를 일으켜 왕조를 무너뜨릴 수도 있었지만 상인계급은 황실은커녕 지주 귀족에게도 대항할 줄 몰랐다. 중국의 상인들은 유럽과 달리 자신들의 장기적인 정치력을 확보할 제도적 장치를 만들어낼 수 없었다.[58] 하지만 그들이 끊임없이 자본을 축적하고 그것을 보존하려면 그러한 제도적 장치는 반드시 필요했다. 도시국가는 바로 그러한 제도적 장치 가운데 하나다.(Boone 1996, 167~169)59 덩Deng은 그것을 다음과 같이 요약한다.

> 상인계급은 유럽에서 도시를 건설하고 제도를 확립하는 데 적극적으로 참여했다. 하지만 중국에서는 국가 권력이 도시를 세웠다. 따라서 중국은 도시국가의 역사를 갖지 못했다. 중국이 독자적인 부르주아 계급을 만들어내지 못한 주요한 원인 가운데 하나가 바로 그것이다.(1999, 199)

이제 비록 중국 도시들이 "상업적"이기보다는 "정치적"이었다는 생각을 버렸을 테지만(마치 서유럽 도시들에 상업적 요소만 있을 뿐 정치적 요소는 전혀 없었던 것처럼) 중국의 대도시들은 대개 "황실을 대변하는 관리들이 지배했는데, 특히 사법과 재정 문제와 관련해서는 더욱 그러했다. 그리고 유럽의 도시들과 달리 중국의 도시들은 해방과 자유라는 개념이 전혀 구현되어 있지 않았다."(Balazs 1969, 16)60 송나라 때부터 중국 제국에서 부와 정치권력, 사회적 지위는 실제로 지주귀족을 지칭하는 또 다른 이름이었다.(Eberhard 1965) 하지만 유럽에서는 기생 지주계급이 무척 강력해져 위협 세력이 되면 상인계급이 군주와 동맹을 맺고 지주계급에 대항할 수 있었다.(Feuerwerker 1984, 301~316)

중국에 "등장한 '도시 부르주아'는 그들 고유의 문화를 창조했다"(Shiba 1975, 42)는 말은 매우 적절하다고 할 수 있다. 상인과 직인들이 "도시 거주민의 다수"(Shiba 1970, 127; Lippit 1987, 36)를 차지했다. 따라서 도시라는 정체성이 생겨난 시기를 명나라 때라고 보는 것은 당연하다.(Zurndorfer 1983, 308~309) 그러나 "중세 유럽의 동업조합과 달리, 중국 도시에 있었던 [동업조합인] 행行은 정치적으로 그다지 강력하지 못했다. 그들은 언제나 국가의 통제 아래 있었다."(Ma 1971,

83; Gernet 1970, 85 참조) 결과적으로 "중국의 상인 동업조합은 유럽 도시국가에 있던 상인 동업조합이 누렸던 그러한 지위와 영향력에 한 치도 다가가지 못했다."(Needham 1969, 197) 마커야오馬克垚는 다음과 같이 명확하게 결론을 내린다.

> [서양의] 중세 도시는 정치적으로 독립된 실체로 존재하고 행동했기 때문에 시민을 육성할 수 있었다. 중국의 도시민들은 사회 집단으로서의 시민의 역할을 하지 못했다. (…) 중국의 직인과 상인들은 군주에 의존하면서 그의 지배를 받는 힘없는 계층이었다.(1992, 66~67)

따라서 중세에 중국이 유럽보다 발전했음에도 장기적으로 볼 때 중국 제국은 "중앙집권의 독재체제가 역사 발전에 부정적인 영향을 끼쳤다."(Ganquan 1992, 82) '도시의 공기는 자유를 준다'라든가 '시민에 대한 법적 명확성' '구속받지 않는 재산권'과 같은 개념들은 — 본질적으로 서양의 도시 제도와 이후의 자본주의적 발전과 연관되어 있는데 — 중국에는 전혀 맞지 않았다.(Schurmann 1956, 516; Needham 1969, 185) 중세 유럽의 도시들과 비교할 때 거대한 중국의 도시들은 농촌을 사회경제적으로 지배했다.(Ganquan 1992, 81) 하지만 정치적으로 독립된 상인-기업가 부르주아의 성장은 일궈내지 못했다.(Wong 1999, 221; Maddison 1998, 22)[61] 사마르칸트와 부하라 같은 중앙아시아의 웅장한 도시들이나(Ashrafyan 1998, 340) 심지어 오스만 제국의 도시 중심부까지도(Aricanli and Thomas 1994, 27) 상황은 마찬가지였다.

중국의 사례에서 보는 것처럼 상인 엘리트가 (도시)국가의 정치, 경제, 군사를 완전히 지배했는지 그렇지 않은지[62], 그리고 지주나 황제들 심지어 농촌의 귀족들이 경제 외적 강제와 지나친 관세나 세금 징수로 자신들의 힘을 제한하려고 하는 것을 걱정할 필요 없이 정치-군사 영역과 상업 영역에 재투자하거나 중요한 구조적 전략을 수행할 수 있었는지 없었는지를 밝히는 일은 매우 중요한 문제다. 중국에는 그러한 도시국가 — "자본 축적을 위한 최초의 정박지"(McNeill 1992, 120) — 가 존재하지 않았다.(Needham 1969, 185, 196) 중국의 왕조마다 "수도"로 정해진 도시가 달랐지만(Chan 1992, 648) 그들 수도가 정치적으로 독립된 실체로 존재한 것은 아니었다. 예를 들면 북송의 수도 카이펑開封은 중국 제국의 행정과 정치의 중심이었다. 그곳은 동시대의 콘스탄티노플과 비견될 수 있는 도시다. 하지만 그것은 도시국가가 아니었다. 카이펑의 시민들은 "자신들의 이익을 대변할 독립된 조직으로서 시정부가 없었다. 그들의 동업조합은 정부의 감독을 받아야 했다."(Kracke 1975, 53)**63**

수도를 한 지역에서 다른 지역으로 옮기는 것은 중국 전역은 아니지만 해당 지역에 엄청난 사회경제적 영향을 끼쳤다.(Hartwell 1967; 1982, 379~386) 명나라가 마침내 몽골로부터 중국 북부지역을 되찾자 중국의 관심은 남부 지역에서 북부 지역으로 이동했다.(그것과 관련해서 해상무역에 대한 관심도 사라졌다.)**64** 결국 중국 제국은 (유럽의 도시국가들과 달리) 언제나 국가 재정 수입의 대부분을 토지에 대한 과세로 채웠으며 "기본적으로 자급자족" 경제였다.(Findlay 1992, 159)**65** 따라서 중국 정부는 유럽의 도시국가나 중상주의 시대의 국민국가들이 한 것처럼 상인들을 지원해야 할 근본적인 필요성을 느끼지 못했다. 변경 유목민들의 위협이 어느 정도 진정되자 중국 상인들은 명나라가 집권하기 전에 누렸던 상대적 중요성조차 없어졌다.(Schurmann 1967, 7) 명나라에서 청나라에 이르기까지 해외무역은 "기존의 정치 체제에 잠재적 위협"이 되었다. "당시 중국의 크기와 국내 교역의 규모를 볼 때 중국이 국내에서 손에 넣을 수 없는 물건은 거의 없었다."(Lippit 1987, 43)

이제 서유럽이 동아시아보다 훨씬 더 상업화되었다고 계속해서 주장하는 것은(Chirot 1994, 70) 옳지 않아 보인다. 중요한 것은 중국 제국이 "자본주의 없이 상업화"를 이뤘다는 사실이다. 그러한 결과가 초래된 것은 "전쟁을 일삼던 유럽 국가 체제가 대규모 금융과 생산, 해외무역과 같은 활동을 민간이 지배할 수 있도록 허용하고 요구함으로써 마침내 자본주의를 탄생시킨 반면" 중국은 "그러한 활동을 모두 국가가" 통제했기 때문이다.(Marks 1997, 12) 강력한 상인 집단과 같은 민간인 이익단체가 국사나 대외정책을 결정할 수 있다는 생각은 중국의 국가 경영 개념과는 전혀 맞지 않았다.(Gernet 1997, 20) 오히려 중국 상인들은 그들의 목적에 맞게 국가를 조작할 수 없었기 때문에(Wong 1983, 248~251) 국가를 자신들의 상업적 이익을 증진시키기 위해 이용할 수 있는 수단이 아니라 스스로 이익을 추구하는 시장에서의 성가신 경쟁자로 맞서야 했다.(Dawson 1972, 236)[66] 더 나아가 중국 제국이 정치적, 군사적 확장을 꾀할 때마다 "정부는 새롭게 편입되는 국경선을 따라 주변부에서 중심부로 자원을 빼내오는 것이 아니라 오히려 중심부에서 주변부로 자원을 이동시켰다."(Wong 1997, 148) 대개 유럽의 중상주의 역사와는 반대되는 일이 일어났다.

또한 중국이 다른 나라들을 사회경제적으로 종속시켜 식민지로 만들고 수탈하는 전략을 치밀하게 전개하고 추구하며 실행할 수 없었던 이유 가운데 하나가 국가 자원을 고갈시키고 중국을 지속적으로 거대한 파멸의 대상으로 만든 끊임없는 전쟁이었다는 사실을 잊지 말아야 한다. 중국의 군사 활동은 "정복보다는 방어 중심"이어야 했다.(Snooks 1996, 320) 이렇듯 중국에서 전쟁이 끊이지 않은 것은 — 대개는 변경 지역이었지만 때로는 중국 안에서도 일어났다 — 유럽에서는 작동하지 않은 두 가지 중요한 변수 때문이었다. 끊임없는 농민 반란과 변경 주변에 사는 유목민들(그 가운데 흉노족, 거란족, 위구르족, 여진족, 탕구트족, 몽골족이 가장 잘 알려짐)이 일으킨 파괴와 전쟁이 바로 그것이었다.(Wang 1970, 222; Di Cosmo 2002)[67] 중세와 근세 중국에서 대규모 농민 반란이 일어난 횟수는 반란이 별로 일어나지 않았던 중세 유럽과 비교할 때 엄청나게 많았다.(Deng 1999, 363~376)[68] 강력한 중국 정부는 기근(Hsü 1972)과 그에 따른 사회 불안(Wong 1983, 248)을 막기 위해 운하를 건설하고 대규모 식량 교역을 권장했지만 중과세에 시달리던 농민들은 조직적으로 무장 봉기를 일으킬 수밖에 없었다. 이러한 농민 반란을 진압하는 것이 반드시 올바른 정책은 아니었다. 봉기는 하늘이 황실에 위임한 통치권이 사라졌음을 의미하는 것으로 해석될 수도 있었기 때문이다. 농민 반란에 뒤이은 정치, 군사적 혼란은 상인들이 중요한 정치적 역할을 할 수 없게 만들었다.[69]

브로델Braudel은 자신의 저서 『물질문명과 자본주의에 대한 보론』에서 "중국 정부는" 전제적 국가 통치 때문에 "자본주의가 확산되는 것에 대해서 끊임없이 적개심을 보였다"(1977, 72)고 주장했다. 하지만 이 주장은 수정되어야 한다. 중국 정부는 근대적 의미에서 전제국가가 아니었다. 당시 중국 정부의 시장경제와 경제 성장에 대한 지원은 매우 확고했기 때문에 "명나라 황제들이 경제 성장을 적극적으로 막았다는 점에서 당시 서유럽의 대다수 지배자와 다르고"(Bonney 1995, 3) 명나라가 "세계 교역을 중단하고 경제적으로 뒤처지면서 자본주의로 가는 길이 끊겼으며"(Sanderson 1994, 52) "인도와 중국과 같은 통일 제국들은 경제 발전의 가능성을 무너뜨렸다"(Macfarlane 1988, 191)고 주장하는 것은 잘못이다. 그러나 그러한 중국 정부의 지원이 "시장 조작을 통한 부의 축적"(Wong 1999, 225)을 용인한 것은 아니었다. 그보다는 오히려 중국 관료들이 "상업 거래를 지원한 것은 맞지만 상인들이 부를 축적하도록 도와주지는 않았다"(Wong 1997, 137)는 사실이 중요하다. 중국은 "토지에서 거둬들인 세금으로 유지되고 상인계급의 이익에 대해서는 거의 관심이 없는 관료들이 지배하는 거대한 대륙 제국"(Hudson 1970, 167)이었기 때문에 중국 정부가 "시장 거래의 원칙은 지원하면서 시장의 독점 세력으로부터 구매자를 보호하려고 애쓴 것"(Wong 1997, 139)은 지극히 당연한 일이었다. 따라서 서유럽에서처럼 남을 희생시켜서 부를 축적하려는 상인들의 열망은 좌절되고 말았다.(Wong 1983, 251) 서유럽은 "설탕과 노예로 상징되는 유럽식 경제 확장의 약탈적 특징"(Wong 2002, 453~454) 때문에 대륙과 해양 식민지 양쪽에서 모두 중국과 달랐다.[70] 무엇보다도 "중국은 유럽과 통치 방식이 근본적으로 달랐기"(Hung 2001, 474) 때문에 중국의 지배계급은 자본주의 사회 구축과 분리될 수 없는 "축적된 부와 그러한 부의 추구가 초래할 수 있는 파괴적 결과"(Wong 1997, 146)를 막는 데 성공할 수 있었다.[71]

유럽 자본주의에 대한 결론

20세기의 근대화 이론과 애덤 스미스 학파의 역사관이 근대 자본주의 세계-경제의 기원을 경제 발전 과정 속에서 자연스럽게 등장한 것으로 보지만 자본주의의 역사 현실은 그것이 틀렸음을 보여준다.[72] 도시망의 범위, 상품의 유통, 여러 도시에서의 분업, 도시의 크기는 유럽에만 있는 고유한 요소들이 아니었다. 오히려 실제로 이런 요소들을 변수로 한다면 유럽은 유라시아 대륙과 비교할 수 없을 정도로 빈약하다. 그런 점에서 스타브리아노스 Stavrianos의 판단은 옳다.

> 중세 서유럽 도시들은 중국이나 인도, 중동의 도시들과 비교할 때 인구와 교역량에서 매우 하찮았다. 그러나 도시의 자치권이나 정치적 영향력의 증대에서는 단연 앞섰다. (…) 시민들이 권력과 자금력을 확보하면서 국왕은 그들이 단일한 코뮌을 만들 수 있도록 허락하는 왕실 면허장을 줬다. 코뮌은 자체 인장을 가지고 계약을 하고 자치 시청과 법원이 [재판관 선거제도와 함께] 있으며 성벽 밖에 자기 영토가 있는 단체로서 행동할 권리가 있었다.(1999, 233)

그러나 앞서 검토한 것처럼, 중국의 "정치와 사회 구조는 자본주의 발전에 유리하지 않았다."(Rodzinski 1979, 162) 부유한 상인계급인 도시 부르주아의 정치 권력은 자본주의 체제를 구축하기 위한 필수 조건이었다.

유럽에서는 노예가 탈출해서 체포되지 않고 도시에서 1년하고 하루를 살면 자유인이 되었다.(하지만 얄궂게도 그들은 다시 도시의 상인 기업가들에게 착취당하는 처지에 놓였다.) 노예가 자유인이 될 수 있는 이런 가능성은 귀족의 경제 외적 강제를 기반으로 한 "원시적 축적"이 지속될 기본 토대를 무너뜨림으로써 서유럽의 사회 구조를 바꿨다.(Rietbergen 1998, 133) 12세기부터 유럽의 많은 농민은 영주의 땅을 경작하는 대가로 고정된 금액을 지불함으로써 부역 의무를 줄이거나 심지어 폐기할 수 있었다.(Cherubini 1990, 124~125) 그러나 이러한 현상은 결국 인플레이션 발생으로 영주의 영향력을 훨씬 더 약화시켰다.(Bozorgnia 1998) 따라서 영주들은 도시 기반의 성공한 상인계급의 부에 점점 더 의지할 수밖에 없었다.[73] 그러나 중국에서는 그것과 전혀 딴판이었다. 원나라 시대에 "실제로 지대는 수확한 곡식의 일정량이 아니라 일정 비율로 계산해서 받았다. 따라서 농민들은 수확량 증가에 따른 이익이 거의 없었다."

(Schurmann 1967, 26) 하지만 그것은 "지대소득자"(그들이 영주이든 국가이든) 처지에서 보면 농민을 계속해서 자기 손아귀에 움켜쥐고 상인과 귀족들이 동맹을 맺을 가능성을 차단하는 방패막이였다. 더군다나 중국의 쌀이 유럽에서 생산하는 밭작물보다 생산성이 훨씬 높았기 때문에 중국의 잉여농산물 생산은 유럽보다 더 컸을 것이다.(Palat and Wallerstein 1999, 25) 이것이 바로 명나라 시대 중국 정부와 귀족들이 유럽처럼 바다를 통한 해외무역(과 정복)에 따른 세금 수입에 주목하지 않은 까닭이었다.

14세기 초, 유럽의 대도시들은 "국가가 마지못해 부여한 사법과 행정권을 상인 엘리트의 손에 집중시킨"(Holt and Rosser 1990, 8) 정치 구조를 열었다. 상인 엘리트들은 도시의 정치권력과 시민의 세금으로 조성된 공금을 자신들의 이익을 위해 썼다.(Boone 1984, 104) 따라서 특히 자본주의적 착취와 계급 형성이 싹트기 시작한 곳이 원거리교역 시장을 향해 수출에 박차를 가하던 대도시들이었다는 것은 당연한 사실이다.(Friedrichs 1975, 45) 이러한 유럽 도시국가의 정치 구조가 끼친 영향력은 매우 컸다. 14세기 초에 유럽 대륙 전역에 에스테이트(중세 유럽의 신분제를 의미하는 말로 프랑스의 신분제 의회인 삼부회를 the three estates라고 함—옮긴이)라고도 하는 "전국적인" 자문기관(의회)이 등장했는데 도시 엘리트의 정치적 이해를 대변하는 중추기관이 탄생하게 된 배경도 바로 당시 유럽의 정치 구조 덕분이었다.(Rietbergen 1998, 135~136; Smith 1991b, 61~62) 장기적으로 이 대의기관은 도시 기반의 상인 부르주아의 교섭력을 강화했다.[74]

내 생각으로는 유럽에서 귀족들의 정치권력을 제한한 것은 중국의 지주 귀족들과 비교할 때 그들의 상대적 빈곤이었다. 그들이 돈을 빌리거나 금융업자에게 기대는 것은 구조적으로 피할 수 없는 상황이었다. 중국과 달리 군사력으로 거대한 제국을 건설할 수 없었기 때문에 "군주로서 현금이 필요할 때 그가 할 수 있는 가장 일반적인 일은 자신이 다스리는 도시나 시민들에게 돈을 빌리는 것이었다."(van Uytven 1996, 220) 이것은 결국 도시국가의 정치와 경제, 사법에 대한 책임을 맡고 있는 도시 기반의 엘리트들에게 재정적(동시에 정치적, 군사적) 지원을 받는 대가로 각종 면허와 특권들을 부여함으로써 군주의 정치권력을 약화시키는 결과를 초래했다.(Blanks 1998, 188)[75] 대개 이런 지원은 특정한 세금의 증가에 대한 대가로 온갖 특혜 형식으로 조건부이기는 하지만 도시 엘리트들의 법적 자율성이 증대하는 것을 의미했다.(Benevolo 1993, 60)[76] 귀족들의 계속되는 소모전 — 그들은 상인들에게 돈을 빌리지 않고는 전쟁을 수행할 수 없었다(Strayer 1977, 274) — 은 또한 부르주아의 영향력 증대를 도왔다. 도시국가는 서유럽의 기존의 역학 관계에 균형을 잡아주는 아주 중요한 매개체였기 때문이다.(Blockmans 1983)[77]

다만 여기서 우리는 전형적인 동양적 전제정치와 유럽의 자유시장을 지향하는 민주적 도시공동체를 서로 대비시키는 더욱 정교해진 새로운 도식적 사고방식에 빠지지 않도록 조심해야 한다.(von Sivers 1993; Soullière 1984; Vries 2003, 28) 유럽의 귀족 전체가 다른 지역의 귀족들보다 덜 "전제적"이었다고 볼 수는 없을 것 같다.[78] 오히려 유럽 내에서 "극도의 권력 분산"(Crone 1989, 156)은 자신들의 약점 — 아시아의 강력한 군대는 몽골의 침입으로 알 수 있는 것처럼 언제라도 유럽의 군대를 쉽게 공략할 수 있었다 — 이자 강점으로서 중요한 변수라는 것을 입증했다. 스타브리아노스(1999)와 핀들레이(1992)가 지적한 것처럼 유럽의 황제들 가운데 국가 정책으로 이베리아 반도에서 원정을 온 배들을 퇴각시키도록 명령을 내릴 수 있는 사람은 아무도 없었다. 귀족층의 힘이 약해지고 분권화하면서 경제 외적 강제를 통한 원시적 자본축적이 불가능해지자 유럽의 도시국가 체제를 이끄는 엘리트들은 더욱더 끊임없이 자본을 축적(하고 자기 회사에 재투자)하기 위한 전략을 구축하고 수행하는 데 매진했다. 도시 상인 엘리트들이 도시에 식량을 공급하고 동방과 교역을 하기 위해서는 도시국가 안팎의 주민들을 착취하지 않을 수 없었다.

13세기와 14세기 대부분의 기간 동안 유럽 도시 내부와 농촌은 분업을 계속해서 확대했다. 동업조합 안에서의 전문화도 마찬가지로 확대되었다. 이러한 현상이 몽골의 평화시대(1250~1350) — 카헨Cahen(1983, 201)은 이 시기를 유라시아 교역 관계의 "황금기"라고 불렀다 — 에 발생한 것은 우연의 일치였다. 거래 비용과 보호 비용의 급격한 감소는 서유럽 도시국가들이 시장을 확대할 수 있는 절호의 기회를 제공했다. 그 결과 유럽 도시의 산업 대부분은 분업을 확대했다.(Ma 1999, 45)**80**

대다수 학자는 중세의 국제 직물 교역을 때때로 간과하거나 과소평가하기도 하는데, 이는 그들이 대개 금괴 유통이나 향신료 교역에 주목하는 경향이 있기 때문이다. 그러나 국제 시장에서 직물은 향신료보다 가치가 더 큰 적도 있었음을 잊지 말아야 한다.(Malanima 1987, 351) 14세기, 서유럽 도시들은 동양과 교역하면서 지속적으로 금괴를 유출했고 그에 따른 무역수지 불균형을 해소하기 위해서 중동(또 어느 정도는 동아시아)으로의 직물 수출이 매우 중요했다.(Day 1978, 5, 39; Cahen 1970, 36; Spuford 1988, 146~147)**81** 중동과 동아시아로의 직물 수출이 없었다면(Lopez 1943, 176; Lopez 1977, 450) — 특히 몽골의 지배 아래서 그 지역의 직물 수요는 매우 컸고(Allsen 1997) 대개 화폐 같은 교환수단 구실도 했다(Serruys 1982) — 서유럽의 지속적인 성장은 지연되었을 것이다.(Stwarns, Adas and Schwartz 1996, 468; Wolffe 1982, 509)**82** 따라서 흑해 지역의 유럽 상인들과 중동과 동아시아 시장 사이의 "활발한 교역"을 과소평가해서는 안 된다.(Di Cosmo 2005,

392)

13세기와 14세기 들어 유럽 상인들은 아시아와 경제적, 문화적 교류가 점점 더 많아지면서(Togan 1991, 218) 아시아를 바라보는 생각들이 바뀌었다.(Bouchon 1991, 311~318) 그들은 13세기 이전의 동아시아를 포함한 비기독교 세계를 극도의 혼란에 빠진 곳으로 여기고 상징화했지만 몽골이 점점 영토를 확장하면서 그곳이 "온갖 부와 경이가 가득한 보고 (…) 욕망의 세계"(Mattoso 1988, 105)라고 생각하기 시작했다. 몽골 제국이 다소 안정기에 접어들었던 1250~1340년 동아시아는 상인들에게 엄청난 기회를 제공했다.[83] 14세기 전반기는 "유럽 상인들이 몽골 아시아로 침투하는 황금 시대"라고 볼 수 있다.(Richard 1977, I, 17)[84] 따라서 몽골의 평화 시대로 촉진된 동양의 사치품에 대한 욕망 증대는 유럽의 도시 상인 엘리트들이 식민지 착취(Verlinden 1970; Balard 1989)와 부등가교환, 임금노동자 착취, 그리고 이어진 개발되지 않은 영토에 대한 상업화와 예속, 수탈을 기반으로 한 지속적인 성장 전략을 쓰도록 자극했다.

이것은 서유럽에만 있는 고유한 특징이었다. 도시국가들은 중세 시대 전반에 걸쳐 다른 지역에도 있었지만[85] 서유럽 이외의 도시국가들은 상인들이 제도적으로 막강한 정치권력을 보유한 국가 간 체제로 이행하지 못했다. 실제로 유럽의 민간(그러나 국가가 지원하는) 식민지 기업들은 유럽에 비해서 평화로운 아시아의 자유시장 경제와 첨예하게 대비되었다.(Needham 1970; Thomaz 1988, 31; Chang 1991b, 24) 따라서 도시국가 간 체제에서 국가 간 체제로의 질적 전환은 봉건제에서 자본주의로의 이행 논의와 분리될 수 없다. 유럽에서 국민국가가 등장하기 시작하면서 상인계급은 관료와 행정 조직에서 핵심적인 자리를 노릴 수 있었을 뿐 아니라(Prak 1992, 192; Galland 1998) 중상주의 국가 권력을 이용해서 자신들의 식민지와 자본주의 전략을 유지할 수 있었다.[86] 비록 많은 중국 상인이 송나라와 원나라 때 동남아시아 전역에 걸쳐 교역 활동을 했지만 그들은 중국 제국의 지원을 받지 못했다.(Wills Jr. 1993, 87) 이것은 "해상무역을 하는 유럽의 상인들이 국가 지원을 받는 거대 무역상들이었던" 것과는 대조적인 현상이었다.(Hui 1995, 28) 국가의 지원은 유럽 상인들이 아시아와 교역하고 장기적으로 그곳을 식민화하는 데 없어서는 안 될 필수적 요소였다.(Andrade 2004, 443~444)[87] 유럽 상인들이 이러한 국가 지원을 받지 못했다면 "주요 교역 거점들에 있는 아시아 상인들과 관계를 맺었을 테고 그들이 구축한 교역망에 참여할 수밖에 없었을 것이다."(Rothermund 1991, 7) 그러나 포르투갈과 네덜란드, 마침내 영국 상인에 이르기까지 유럽 상인들은 모두 국가의 지원에 힘입어 그것과 완전히 다른 길을 택할 수 있었다.(Vries 2003, 59~60)

포르투갈 정부는 중국과 달리 "해외 교역을 장려해 교역에 참여하는 국민들에게는 혜택을 줬다."(Ptak 1994, 44) 네덜란드도 상황은 마찬가지였는데 17세기 초 "네덜란드 정부는 상인들이 교역하는 곳이 어디든지 그들의 부를 늘리는 데 크게 관여했다"(Wertheim 1993, 50) 택Ptak은 근세 포르투갈 정부를 "인도국을 세워 국제 교역과 정치 무대에서 입지를 높이고자 하는 일종의 거대한 기업체"(1994, 44~45)라고 부르는 데 주저하지 않는다. 장기적으로 볼 때 포르투갈 정부는 아시아에서의 활동으로 큰 이익을 얻지 못했다. "아시아 각국 왕실의 파산과 부채는 그 나라의 국고와 교역에 대한 통제권을 모두 외국의 상인-은행가들에게 넘겨줬기" 때문이다.(Pearson 1988, 34) 달리 말하면, 제노바와 피렌체 자본가들은 포르투갈의 대서양 탐험에 자금을 지원하고(Unger 1997, 513; Melis 1969) 숙련된 선원과 항해 전문가들을 제공함으로써(Verlinden 1969) 동아시아로 가는 항로에 대한 베네치아와 맘루크 왕조의 독점을 무너뜨렸다. 따라서 "이탈리아 상인들이 콜럼버스의 대항해가 있기 전까지 동아시아로 가는 새로운 교역로를 찾는 데 전혀 무관심했다"고 주장하는 것은 틀린 말이다.(Grzybowski 1969, 219) 아메리카 대륙의 발견을 이끈 것은 바로 동방 시장을 개척하기 위한 도시국가들 사이의 경쟁과 점점 세력을 확장하고 있던 오스만 제국의 위협이었다. 여기서 더 중요하게 생각해야 할 것은 포르투갈의 식민화와 정복 방식이 앞서 말한 이탈리아의 지중해 공략 방식과 연속선상에 있다는 사실이다.(Pearson 1991, 106; Scammell 1981; Verlinden 1984) 유럽의 상인자본가들이 국가의 정치와 경제 권력을 자신들의 이익을 위해 이용할 수 있었던 방식은(Baskin and Miranti 1999, 29~88) 당시 서유럽 이외의 국가들이 인도양에 접근했던 방식과는 매우 큰 차이가 있다. 중세 말, 이집트에서 인도양으로 향하는 교역을 지배하여 유럽 상인들보다 훨씬 더 많은 부를 축적했던 카리미(이란) 상인들이 그 좋은 예다. 우리는 실제로 그들을 "상인자본가"로 생각할 수 있지만(Garcin 외 2000b, 120) 그들은 정치권력이 없었기 때문에 결국에는 더 이상 성장하지 못하고 소멸하고 말았다.(Arenson 1996, 117) 이란 상인들은 이집트 국가를 자신들의 통제 아래 두지 못했고 나중에는 결국 이집트 국가의 반감을 샀다.(Labib 1970, 214; Fischel 1958, 172~173; Ashtor 1992, VI, 322)**88** 일부 비서구 해양 세력의(이를테면 맘루크 이집트 왕조와 중국 명나라) 자국 해외상인에 대한 지원 의지나 때때로 능력 부재는 그들보다 더 규모가 작고 세력이 약한 유럽 국가들이 "인도양 해안을 따라 포진해 있던 잠재적으로 중요한 소규모 상업과 군사 전략 거점들"을 차지할 수 있게 했다.(Keswani 1970, 544) 해상에서의 유럽 국가들의 군사적 우위, 특히 "대륙의 가장자리에 있는 무역거점과 군사 요새들의 네트워크"(Malefakis 1997, 173)의 확대는 마침내 그 어느 때보다 효과적인 상업 독점을 초래했다.(Reid 1992, 458) 대륙 중심의 거대한 아시아 제국들로서는 믿기 어려웠겠지만 이러한 점증적인 작은 상황 전개는 유럽이 세계를 지배하는 서곡에 다름 아니었다.(Katz 1989, 90) 이러한 정책의 차이는 근본적으로 중국과 서유럽 국가들의 계층적 사회 구조의 차이로 설명될 수 있는데 이것은 당시에 서유럽이 중국보다 기술과 부의 축적 면에서 열세였음에도 자본주의의 요람이 된 이유를 명확하게 밝혀준다.

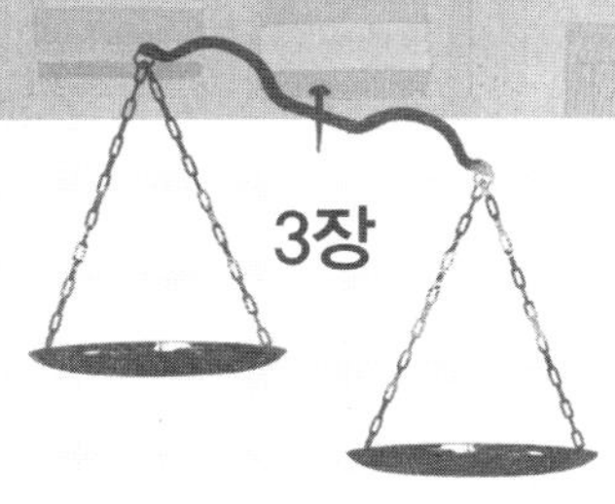

3장

남아시아와 유럽의 정치경제 비교

남아시아 지역의 무역과 상품의 흐름

지난 30년 동안 점점 많은 학자가(Prakash 1971, 203; Subrahmanyam 1994, 12~13) 남아시아를 대개 경제적 자족을 이룬 아亞대륙으로 보고 대외 교역은 주로 고가의 사치품에 한정되어 있었다고 주장하는 음울한 전통적 견해에(Gopal 1965, 157; Palat 1998, 283, 447) 문제를 제기했다.[1] 1000년에서 1400년까지 남아시아의 원거리교역에 대한 자료가 부족하다고 해서(Wijetunga 1968, 497) 그것이 바로 그 지역에서 해외 교역이 중요하지 않았음을 입증하는 것은 아니다. 오히려 중국과 아랍의 자료들은(Jain 1990, 71~72; Gibb 1994, 813) 10세기에서 13세기까지(Hall 1980, 111) 남아시아 아대륙에서 "해외 교역의 확대가 매우 중요한 요소였으며 동시에 그 지역의 경제 성장을 반영했다"(Indrapala 1971, 101)는 것을 분명하게 보여준다. 결론적으로 남아시아 아대륙은 "서아시아와 동남아시아 및 동아시아를 이어주는 통로 구실"을 했다.(Prakash 1998, 12)

굽타 왕조 이후의 심각한 경제 침체기(600~900년경)가 끝난 뒤 남아시아 반도의 일부 지역(특히 서남부)은 11세기에 "급격한 도시 성장과 해상교역의 급증" 시기를 맞았다.(McPherson 1993, 107; Indrapala 1971, 102) 이러한 교역의 증가는 "역내 시장에 한정되지" 않았다.(Jain 1990, 35)[2] 말라바르와 구자라트 해안 지역은 11세기부터 아라비아 반도와 활발한 교역을 통해 이익을 냈다. 남아시아 해안 지역에서 동아프리카에 이르는 교역은 적어도 11세기부터 — 북쪽으로는 이집트에서(Gotein 1954) 남쪽으로는 킬와와 소팔라까지(Newitt 1987; Pearson 1998) — 매우 중요한 위치를 차지했다.[3]

남아시아의 다양한 지역에 걸쳐 온갖 일용품이 유럽처럼 대량으로 널리 거래되었다. 곡물, 설탕, 기름, 소금, 도자기, 가죽, 목재, 금속류, 쌀[4] 그리고 무엇보다 중요한 직물[5]이 꽤 먼 거리까지 대량으로 운송되었다.(Jain 1990, 57~70) 예를 들면, 남아시아에서 아덴으로 나가는 교역품 가운데는 "쌀, 콩, 참깨, 비누, 방석, 베개, 식탁보, 말라바르 해안 지역에서 만든 아라비아 직물"이 있었고 반대로 남아시아로 유입되는 교역품 가운데는 "아라비아산 말과 꼭두서니 뿌리에서 짜낸 염료"가 있었다.(Shihab 1996, 25~26)[6] 일부 교역품은 단순한 보따리 장사가 아니라 대형 무역상들이 취급했다.(Meilink-Roelofsz 1970, 152; Gunawardana 1987, 88; Chandra 1997, 196) 최근에 밝혀진 고고학 연구에 따르면 12세기부터 15세기까지 남아라비아 해안 도시들과 남아시아 그리고 심지어 일정 정도 동아시아 사이의 상업적 연관성은 과거에 파악했던 것보다 훨씬 더 긴밀했던 것으로 나타난다.(Hardy-Guilbert 2004; Rougeulle 2004; Bing 2004)

또한 11세기부터 급격하게 "빨라진 교역 속도"는(Gommans 1998, 8~9) 자바(Varadarajan 1987, 105), 중국(Guy 2001)에 남아시아의 무역상들이 나타났고 도시화 현상이 다시 눈에 띄게 활발해졌으며(Kulke 1995, 13) 여러 군데 남아시아 상인 단체들이 점점 활발하게 움직였던 것으로(Champakalakshmi 1996, 224, 312) 미루어 확인할 수 있다. 해안 지역에 사는 수많은 사람은 오로지 해상무역에 기대어 살았다.(Gibb 1994, 803; Chakravarti 2000) 그러나 국제 교역의 영향은 그러한 해안 도시들에만 한정되지 않았다. 남인도의 여러 항구에서 거래된 다양한 생산물, 즉 향수, 진주, 쌀, 견과류, 향신료, 목화 같은 것들(Bouchon 1999, 82~85)은 다양한 내륙 지역으로 전파되었고 또 반대로 내륙에서 생산된 상품들이 해안 지역으로 운송되기도 했다. 촐라 왕조 시기에 "남인도 내륙 지역은 상업 활동이 활발했으며 외국 상인들이 요구하는 상품들을 제공하는 긴밀하게 조직된 교역망들"이 갖춰져 있었다.(Hall 1977, 208)

남아시아에서 일을 시킬 때 점차 강제 노동이 아니라 대개 "임금을 지불하는 것으로 대체"(Sharma 1965, 243)하기 시작한 것은 신용 제도와 은행업이 점점 더 정교해지던(Jain 1990, 201~207) 11세기와 12세기 동안이었다. 이러한 경제 상황은 남아시아 아대륙의 남북으로 확대되면서 점점 인도양 전역에 영향을 끼치기 시작했다.(Palat 1988) 인도양 지역은(포르투갈이 침입하기 전까지)[7] 직물 교역이 다른 곳에 비해서 상대적으로 평화롭게 이뤄졌는데 이러한 상황 덕분에 분업이 확대되면서 지역이 점점 더 하나로 통합될 수 있었다.(Gibb 1994, 827) 이것은 구자라트(Jain 1990, 63), 벵골(Ray 1993), 심지어 최남단의 여러 지역(Hall and Spencer 1980, 131)에 대한 사례 연구에서 밝혀진 것처럼 직물업에 종사하는 노동자들이 매우 폭넓게 분업화되어(재봉사, 직조공, 염색공) 있었다는 사실에서 명확하게 나타난다. 남아시아의 직물 산업은 당시 유럽보다도 훨씬 더 발전된 기술을 보유하고 있었다.(Ramaswamy 1985b; Vanina 1989, 279)

구자라트와 벵골 지역은 지대가 비옥하고 수공예 솜씨가 빼어날 뿐 아니라 해외 교역도 번창한 곳이었다.(Bouchon 1999, 90) 구자라트의 무역상들이 중동과 아프리카 교역에서 큰 역할을 했다면 벵골의 치타공은 중국과의 교역으로 번창한 항구였다. 실제로 남아시아 아대륙 남부에는(Karashima 1992, 174~176) 주로 13세기에서 14세기 것으로 추정되는(Jacq-Hergoualc'h 외 1998, 283) 중국 도자기 그릇의 조각들이 많이 출토된다. 도시화는 13세기 들어 급진전했다. 델리는 세계에서 가장 큰 도시 가운데 하나가 되었고[8] 물탄, 라호르, 카라, 캄베이 또한 크게 성장했다. 수차례에 걸친 몽골의 침입은 북서쪽에 있는 일부 도시들에 악영향을 끼쳤지만(Chandra 1997, 64~73) 일반적으로 말해서 1200년에서 1400년 사이는 환어음 사용 및 공동 무역의 폭넓은 보급(Islam 1996, 238~239)과 동시에 물레와 베틀을 이용한 수공품 생산과 상업의 성장으로(Ramaswamy 2002) 특징화되는 도시 경제의 번영기였다. 벵골에서는 직물, 포도주, 종이, 설탕을 생산했고(Ray 1993, 83) 중국(Ray 1993, 92)과 이집트(Goitein 1973, 190)에서 생산한 비단을 수입했다. 송나라와 원나라 때 벵골에서 중국으로의 면직물 교역 또한 중요했다. 15세기 초, "벵골의 배들이 중국으로 면직물을 실어 날랐다. 벵골은 중국과 말라카의 중계 역할을 담당함으로써 말라카가 중계항으로 성장하는 데 크게 기여했다."(Ray 1993, 130~132)

앞서 말한 교역을 기반으로 축적된 상당한 부, 그리고 남아시아 역내와 도시들 사이의 교역과 상업 규모를 감안할 때[9] 왜 자본주의가 그 지역에서 "자연발생적으로" 등장하지 못했는지 의문을 제기하는 경우가 많다.(예컨대, Habib 1995b) 그동안 식민지주의가 — 상업자본주의 단계이든 산업자본주의 단계이든 — 남아시아의 자생적인 "자본주의의 출현 가능성"(Washbrook 1988, 63)에 끼친 영향력에 대해서 많은 연구가 있었다. 일부 학자는(Pearson 1976) 포르투갈의 인도양 침입 행위를 지역 경제 전체와 관련된 중대한 조치가 아니라 인접 지역을 바로 도발할 수 있는 힘이 있을 때면 언제든지 교역로와 시장에 영향을 미치는 단순한 "해적질"로 이해한다.(Perlin 1980, 274)[10] 16세기부터 포르투갈이 수세기 동안 이슬람 상인들이 지배해왔던 레반트 지역의 향신료 — 유럽 상인들이 볼 때 이익이 매우 많이 남는 상품 — 교역을 가로채려고 했다는 것에는 의문의 여지가 없다. 그러나 그러한 야심찬 노력은 대부분 실패로 끝나고 말았다(Meilink-Roelofsz 1964, 189)[11] 스틴스고르Steensgaard(1974)와 레이드Reid(1993) 같은 학자들은 네덜란드 동인도회사와 같은 유럽의 특허회사들의 아시아 교역망 침투가 초래한 근본적인 변화와 그들이 17세기 동남아시아의 상업 교역로를 독점 지배하는 데 성공한 것을 지적했다.[12] 그러나 실제로 1250년에서 1650년까지 유럽은 대부분의 아시아 시장에서 이래라저래라 할 지배적 위치에 있지 않았다. 물론 예전에 생각했던 것보다는 많은 유럽 상인이 동양의 시장들을 왕래할 수 있었지만 "본토의 강력한 아시아 국가들"(Meilink-Roelofsz 1972, 172)을 만나면 그들이 누릴 수 있는 행동의 자유는 극도로 제한되었다. 유럽 상인들이 이 기간에 남아시아 아대륙에서 직면한 또 다른 문제는 그들이 제공하는 상품들을 남아시아 사람들이 별로 좋아하지 않는다는 것이었다.(Richards 1993, 198) 실제로 유럽 국가들이 더욱 직접적으로 남아시아에 대한 식민지 지배를 확립하고 생산량을 할당할 수 있었던 18세기 말까지 서유럽에서 남아시아로 오는 화물 가운데 적어도 80퍼센트가 은과 금으로 만든 것이었다.(Meyer 1982, 301; Attman 1991) 물론 그러한 문제들을 우회하는 방법이 한 가지 있었다. 그것은 점차 그 지역에 대한 영향력을 확대하는 것이었다.[13]

인도양 연해 지역의 다양한 열도와 군도에 대한 유럽의 식민지 권력의 정착은 우연히 일어난 일이 아니었다. 그것은 오히려 비잔틴 제국이 주변의 섬들을 식민지화했던(그리고 동방으로의 불균등한 금괴 유출에 따른 대응으로서) 논리의 복사판이었다.[14] 이러한 논리는 유럽 국가들이 추구하는 신중상주의 정책으로 정당화되었다.[15] 인도양 지역 전체, 특히 동남아시아 시장으로 수출되는 남아시아의 엄청난 직물 생산은 본질적으로 동남아시아에서 생산되는 향신료의 대량 수입과 연관되어 있었다.(T'ien Ju-kang 1981) 이 향신료들은 처음에 남아시아에서 전량 소비되다가 나중에는 중동과 서유럽으로도 재판매되었다.(Sen 1962, 92) 유럽 상인들은 수지를 맞추기 위해서뿐 아니라 향신료와 "거기서 기대되는 엄청난 이익"(Sen 1962, 93)을 얻기 위해서 아시아 역내 교역에 몰두할 수밖에 없었다. 그러나 유럽인들이 그러한 이익을 얻으려면 해상교역로 확보와 물류의 흐름을 지배하기 위한 해군 기지 및 전략 거점들이 필요했다.

이 기간에 육상을 통한 교역량과 해상을 통한 교역량을 비교하는 것은 불가능하지만 아무래도 해상 수송이 육상 수송보다는 운송비가 싸기 때문에 아마 대부분의 상품(특히 대량의 일용품)이 배로 운반되었을 것이다.(Tampoe 1989, 114; Krishna 2000, 44) 어쩌면 "바다를 지배하는 자가 대부분의 교역을 지배했다"(Jain 1990, 90)는 말이 사실이었을 것이다. 그렇다고 특정 지역에서 육상교역의 중요성을 무시해서는 안 된다.(Stargardt 1971) 따라서 아시아에서 "원거리교역은 1400년 이전에 이미 대부분 바다를 이용했다"(Wink 1988, 43)[16]고 주장하는 것은 지나치게 과장된 이야기다. 또한 보르사Borsa가 주장하는 것처럼(1990, 9) 유럽이 17세기 초에 이미 "아시아 역내 무역에서 지배적인 몫"을 차지했다고 하는 것도 의심스럽기는 마찬가지다. 아시아 무역에서 유럽이 차지하는 부분은 1800년대 초까지 아주 미미했기 때문이다.(Wink 1988, 65) 이러한 제한된 교역은 주로 유럽이 육상교역로는 물론이고 모든 주요 해상교역로를 효과적으로 지배하지 못했기 때문이다.[17] 그럼에도 불구하고 서구의 식민지주의가 400년에 걸쳐 서서히 그 지역을 압박하면서 악영향을 끼쳤다는 사실을 부인할 수는 없다.(Habib 1995, 22)[18]

서구의 식민지주의가 초래한 비극적인 결과를 인정한다고 하더라도 여전히 의문으로 남는 것이 있다. 남아시아는 유럽 열강들이 침입하기 전에 과연 어느 정도까지 상업자본주의 체제에 근접했을까? 이 질문에 답하기 위해서는 남아시아 국가들의 정치 체제의 고유한 특성과 서로 다른 사회계층 간의 다양한 권력 관계를 살펴봐야 한다.

남아시아의 국가와 국가 구조

아시아적 생산양식과 관련된 정통 마르크스주의 모형(Gough 1981)은 남아시아의 시장 영역을 언제나 한정된 것으로 가정했다.(Pryor 1980) 그래서 어떤 틀에 박힌 자본주의 이전의 사회의 전형으로 예시해야 했다.(Subhramanyam 1994, 7월) 그러나 올리어리O'Leary(1989)가 마르크스주의와 비트포겔Wittfogel(1957)에 대한 비평에서 아주 잘 지적한 것처럼 그러한 국가 이미지, 전통적으로 **동양적 전제**라고 부르는 것(Breton 1982, 454; Pavlov 1983)은 이제 역사의 쓰레기통 속으로 들어가야 한다.

하지만 그렇다고 역사적 유물론을 폐기해서는 안 된다. 오히려 그것은 최근 들어 서양의 발흥(Lal 1998; Landes 1998; Stark 2005), 또는 비서구 사회의 실패(Morris 1967)를 설명하는 문화적, 종교적 얼개로 다시 각광받고 있다. 오늘날 인도의 이미지를 과거에 투영해서 당시 인도가 소중히 여겼던 문화적 가치 때문에, 또는 "사상의 자유와 과학의 부재" 때문에 장기적으로 발전할 수 없었다고 주장하는 것은 아무 의미가 없다.(Habib 1974, 79)[19]

그동안 주류 사회학계에서는 막스 베버가 주장한 것처럼 카스트 제도의 **문화적 가치**가 남아시아 아대륙의 근대화를 막았다고 하는 방향으로 논의를 진행해왔다. "전통적으로 계층에 따라 직업을 차별하고 대대로 세습되는 인도 사회의 카스트 제도는 (프로테스탄트 윤리와 개인주의를 경험한 유럽과 달리) 시민 도시공동체의 출현을 저해했다."(Weber 1958, 84) 기존의 계급 구조를 수용하는 종교가 역동적인 사회 변화를 방해했다는 베버의 주장(1958b) 이후로, 카스트 제도의 수용과 관련된 문화적 가치의 특수성은 남아시아 반도에서 기술 변화가 억제되고(Qaisar 1982, 138), 자본주의와 근대성이 출현하지 못한(Moore 1966; Hall 1985; Baechler 1988, 2002, 174~183) 이유를 설명하는 주요 변수가 되었다. 남아시아의 고유한 종교, 문화적 가치가 카스트 제도를 뒷받침하고 그 제도가 사회경제적 발전을 가로막는다는 주장이 지금도 반복되고 있다.(Subrahmanyam 1996, 24~30) 남아시아 사람들을 유럽의 경제적 인간(Madan 2001)과 근본적으로 다른 인류학적 인간 — 특히 남아시아에서는 위계적 인간(Dumont 1966) — 이라고 묘사하는 것은 이런 식의 추론이 낳은 또 하나의 어처구니없는 결과다.(Subrahmanyam 1996, 22~23; Washbrook 1997, 415~416) 많은 학자는 그동안 아주 빈번하게 남아시아 문화의 규범적 틀에는 서유럽과 정반대로 개인이라는 개념이 없다거나 "물질적 축적이나 교환이 사회적, 정신적 목표에 종속되고 교환은 이익보다는 연대를 위해 이뤄지며 상품 생산은 종교적, 사회적 의식에 통합된다"고 주장했다.(Mukerji 1983, 8) 여러 의례적 주권 형태(촐라 왕조와 비자야나가르 왕국의 경우처럼)와 고유한 문화적 특성들이 중요한 것은 사실이지만(Stein 1985, 396) 그것들을 평가할 때는 "물질문명과 정신문명이라는 이분법을 전제"로 해서 그것을 인위적으로 재구성하지 않도록 주의해야 한다.(Thapar 2000, 51)[20]

이렇게 종교와 문화적 가치를 서양과 비서양을 구분하는 주요한 특징으로 강조하는 것의 문제점 가운데 하나는 남아시아 사회가 본질적으로 "정체되어" 있으며(Srinivas 2002, 187) 통치 체제가 허약하고 미개발된 상태라 자본을 축적하기 위한 전략을 수행할 수 없다고(Vink 2004, 66) 예단하는 것이다. 따라서 근세 아프리카 국가들의 유형론을 바탕으로 한(Southall 1956) 슈타인의 분절分節 국가(국왕의 정치적 통치권은 국왕이 직접 다스리는 중앙에만 한정되고 지방은 국왕과 의식, 혈연, 친족 관계로 맺어진 지방 지배자들이 다스리는 국가—옮긴이) 모형(1980, 1995)이 통치자들을 정치적 관점이 아니라 순수하게 의례적, 상징적 관점으로 자신들의 권위를 행사하는 것으로 그리는 것은 그리 놀라운 일이 아니다.(Christie 1986, 68; Veluthat 1993, 250~254)[21] 마찬가지로 기어츠Geertz의 동남아시아 정치 구조 모형은(1980) 종교와 문화적 가치가 실제의 물질적 조건보다 훨씬 더 중요한 취약한 통치 체제로 그려진다. 기어츠의 평가가 특히 아시아의 교역을 상거래 규모가 작은 소시장 경제bazaar economy로 설명하는 것에 이르면 특히 이의를 제기하지 않을 수 없다.(1967, 372) 이러한 주장들은 사실 관계가 틀렸을 뿐 아니라(Christie 1986, 69; Kathirithamby-Wells 1990) 이러한 "인류학적" 접근 방식은 남아시아의 통치 체제를 실질적으로 국가가 없는 것으로 몰고 가는 경향이 있다.(Kulke 1986, 4; Chattopadhyaya 1995, 225) 이것은 결국 유럽의 국가 형성 과정은 매우 독특한 역동성을 띠는 것처럼 보이게 하는 반면 남아시아와 동남아시아의 역사적 경험은 신분계급이 국가보다 더 중요한 것으로 격하시킨다.(Inden 1990, 208~209) 심지어 브로델의 이론을 따르는 레이드Reid 같은 사람도 최근 들어 다음과 같이 주장했다.

> 네덜란드의 군사력이 그들보다 앞서 진출한 이베리아 반도 국가들의 군사력보다 훨씬 강력했다고 해도 그들은 그 힘을 상징적 승리를 위해서가 아니라 철저하게 계산된 상업적 이익을 위해서 썼다. 비록 그것이 계획된 의도에 따른 것이 아니라고 하더라도 실제로 그들은 남아시아의 통치자들이 경제적, 군사적 관심에서 상징적, 정신적 관심으로 돌리도록 유도하여 네덜란드의 야심과 충돌하지 않게 했다.(1999, 176)

많은 사람이 남아시아 내부에서 여러 다른 정치적, 사회경제적 궤적들을 그린 것에 대해서 설명할 때 근세 남아시아 국가의 이러한 특성을 결정적 요소로 생각했던 것은 분명하다. 그러나 남아시아의 국가 형성 과정에 대해서는 지금까지 학문적으로 일치하는 견해를 찾아볼 수 없다.(Subrahmanyam 2002; Champakalakshmi 2002) 실제로 대부분의 이론적 논의들은 "인도식 봉건제"의 인정(Sharma 1965, 1995; Yadav 1973, 1974; Thakur 1989; Veluthat 1993; Jha 2000; Mukhia 2000), 앞서 말한 분절국가의 수용(Stein 1980), 또는 베버가 주창한 상대적으로 무력한 가산家産국가(영토가 군주의 사유재산인 국가—옮긴이) 모형의 변종(Blake 1979; Hardy 1986; Sinopoli 2003, 38~62) 같은 주제를 주로 다룬다.[22] 근본적으로 국가의 통치 체제가 매우 허약하다는 가정에 "사로잡힌" 남아시아의 발전에 대한 이미지는 동양적 전제정치라고 하는 전통적으로 서양의 잘못된 역사적 현실 인식에서 나온 것이다.(Madan 1979) 그러한 사고는 "인도 문명을 근본적으로 정태적이고 전제적이며 세계사의 주류 바깥에 있다"(Thapar 2000, 6)고 본다.

> 노략질 위주의 원거리 원정을 강조하는 것은[가장 대표적인 것이 11세기 촐라 왕조가 벵골과 동남아시아, 실론 섬으로 원정을 간 사례] 대개가 통합력이 약한 정치 체제를 상쇄하고 보완하기 위한 것이 분명했다. (…) 하지만 이러한 원정은 단기적인 약탈에 불과했다.(Spencer and Hall 1974, 59)

촐라 왕조의 "약탈적 군사 행동"(Heitzman 1997, 235)이나 동남아시아에서의 그와 유사한 행위는(Hagesteijn 1989, 59, 91) 얼핏 보기에 대단한 것 같지만 촐라 왕조 자체의 국가 형성이 상대적으로 미약했기 때문에 단순한 종속관계를 만드는 것으로 한정되었다고 주장한다.(Wink 1990, 318~327) 촐라 왕조는 그것을 통해서 기껏해야 일시적으로 약탈 지역에 대한 명목적이고 의례적인 주권을 주장하거나 이따금 인근 지역으로부터 조공을 받는 정도였다.(Spencer and Hall 1974, 59) 촐라 왕조와 나야카 집단(인도 구자라트에 있었던 비자야나가르 왕조의 영주 집단—옮긴이)의 일시적인 약탈적 확장은 "극도로 분산된 사회-정치 체제의 다양한 구성 요소를 하나의 공통된 방향으로 묶어주는 것"으로서(Spencer 1976,

406) 남아시아 국가들의 내재적 한계를 보여주는 증거라고들 말한다.

그러나 무엇보다 중요한 것은 남아시아의 통치 체제의 특징이나 기능이 아니라(Inden 1990, 265) 누가 국가 기구를 지배하고 특정한 목적을 이루기 위해 그것을 사용하느냐 하는 것이다. 예컨대, 서유럽에서는 도시국가들과 전쟁을 해야 하는 것은 군주제 왕조였지만 규모의 경제와 영토 확장, 군사 혁신을 통해 더 많은 힘을 축적할 수 있기 전까지는(1200~1450) 군주들이 전쟁을 효과적으로 수행할 수 없었다. 근세 남아시아의 통치 체제도 제한되어 있기는 마찬가지였지만 그들이 맞서야 하는 것은 도시국가가 아니라 조직된 지방 귀족(나타르nattar)의 연합체(나두nadu)였다. 남아시아 국가들은(실제로 꽤 강력했지만 — 촐라 왕조보다 비자야나가르 왕조가 더 강력했다 — 전제적이지는 않았다) 서서히 나타르라는 지방 권력층을 약화시킬 수 있었다. 그들은 농촌의 나두 조직을 해체하고(Chibber 1998) 상대적으로 잘 조직된 중앙 행정조직**23**과 강력한 상비군을 육성했다.(Ludden 1985, 74) 북부 지역도 상황은 마찬가지였는데 거기서 델리 왕조는 "중앙에서 징집하고 관리되며 급료를 지급하는 강력한 상비군"을 유지할 수 있었다.(Nizami 1985, 73) 점점 부상하고 있던 서유럽 국가들의 통치 체제와 마찬가지로 중앙에서는 자신들에게 저항하던 지방 출신 엘리트들을 관직이나 역할, 세비, 새로운 신분으로 회유하여 실질적으로 국가 구조에 편입시켜야 했다. 그들은 단기적으로는 강제로 새로운 주권을 받아들여야 했지만 장기적으로는 확대된 국가 통치 체제에 의존할 수밖에 없었다.(Chibber 1998, 28) 똑같은 과정이 유럽에서도 일어났지만 거기서는 도시 상인들이 제 발로 스스로 자본주의 국가의 가장 중요한 권력 구조 속으로 들어갔다.(Ptak 1992; Issacs and Prak 1996) 불스트Bulst는 힘들고 어려운 인물 연구를 통해서 중세 말 프랑스에서 "대부분의 왕실 관리, 특히 감독관과 징세관들이 부르주아 출신이었다"고 결론짓는다.(1996, 115) 근세에 국가 생성 과정에서 가장 큰 수혜를 받은 집단이 있었다면 그것은 부르주아들이다.(Bove 2004, 589, 632) 브래디Brady에 따르면, "15세기 말 막시밀리안 황제는 행정 관료로 귀족보다 시민을 더 좋아했다."(1997, 249)**24** 그러나 남아시아에서는 "상인들이 국가 권력에 전혀 다가가지 못했다."(Parthasarathi 1998, 94)

게다가 남아시아의 통치 체제는 오래전부터 대부분이 국가 관료였던 귀족들에게 징세 권한을 부여해왔음에도 불구하고(Ojha 1993, 35) 강력한 권력을 가진 상층의 사회 계급으로부터 지속적인 충성을 보장받을 수 없었다.(Richards 1993, 294)**25** 비록 남아시아 아대륙이 동남아시아보다는 지역을 넘어서는 권력의 응집도가 더 높았던 것이 사실이지만, 임시로 귀족들에게 분여지分與地를 위탁하고(이크타iqta) 토지(하라즈kharaj), 말(가리ghari), 소(차라이charai)에 대한 세금을 거두게 했던 델리 왕조의 정책도(Habib 1978, 295~296) 외세의 압력이 거세지자 국가가 상대적으로 급속하게 무너져 내리고 해체되는 것을 막지 못했다.(Heitzman 1997, 218)**26** 남부 지역에서는 "비자야나가르 황제들이 이크타 제도를 자기 형편에 맞게 변형해서 나얀가라 제도라는 이름으로 실시했다."(Kulke 1995, 32) 하지만 국가는 이렇게 임시로 나눠준 분여지를 장기적으로 관리할 수 없었다.**27** 따라서 "귀족들에게 나눠준 토지를 상속할 수 있도록 보장했고 그것은 머지않아 정치권력의 분산을 초래할 수밖에 없었다."(Kulke 1995, 32)**28** 수백 년 뒤, 무굴 왕조도 기존의 분여지 제도를 개선해서(자기르jagir) 매우 정교한 서열제도(만사브mansab)와 결합하여 시행했지만 그다지 큰 성공을 거두지 못했다. "만사브다르 제도는 분여지 제도가 지닌 구조적 결함을 제거하지 못했다. 이 제도는 분여지를 나눠주는 기간을 엄격하게 적용했는데 그것은 결국 농민들을 거의 무제한으로 착취하는 방향으로 나아갔고 따라서 농촌 불안과 전체 사회의 위기가 초래되었다."(Kulke 1995, 32)[29] 13세기와 14세기 그리고 17세기에 중과세 때문에 일어난 농민 반란은(Stein 1985, 401; Palat 1986; Nandi 1987, 274~275) 남아시아의 다양한 "제국" 체제를 붕괴시킬 정도로 큰 규모였다.(Habib 1985, 49; D'Souza 2002, 12) 남아시아의 제국 체제는 한편으로는 앞서 말한 농민 반란을 유발시킨 세금 증가와 다른 한편으로는 더 많은 군비 지출과 과세를 요구하는 영토 확장 사이에서 옴짝달싹 못하고 있었다.(Palat 외 1986, 178)

치바Chibber(1998)는 남아시아 농민들이 시장을 중요하게 생각하지 않았고 근본적으로 위험을 회피하는 태도를 취했다는 (브레너의) 근거 없는 주장에 따라 결국에는 남아시아가 자본주의로 이행하지 못했다고 간단하게 결론을 내리고 만다. "수공업 생산이 엘리트들의 소비 덕분에 급속도로 증가했으며 따라서 내생적 성장 궤도를 만들어낼 수 없었다"(1998, 32)는 그의 주장 또한 설득력이 없기는 마찬가지다. 생산된 직물의 대부분이 인도양 전 지역으로 수출되었다는 사실을 무시했기 때문이다. 그것보다는 오히려 남아시아의 상인들이 서유럽과 달리 제도화된 권력구조와 의사결정 과정에서 배제되어 있었다는 주장이 더 설득력 있다.[30] 남아시아 북부 지역 상인들의 정치적 지위는 남부 지역 상인들보다 훨씬 더 미약했다(Mahajan 1963, 90~100) 남아시아에서 세금은 대개 지방 권력자들이 거둬들인 데 반해서 상인들의 영향력은 극히 제한되어 있었다. 예컨대, 과세는 군주의 특권으로서 군주는 과세 대상이나 세율과 같은 제도화된 조건에 종속되지 않았다.(Shanmugam 1987, 8, 141; Vanina 1989, 274) 남아시아의 상인들이 서유럽과 달리(1장 참조) 권력을 가지지 못했다는 증거는 직물 산업에서 그들이 노동 과정을 강력하게 지배하지 못했다는 것에서도 잘 볼 수 있다.(Palat 1988, 263)

18세기 말 인도에 대한 아라사라트남Arasaratnam의 연구는(1980, 267) 그 시기에도 이미 직조공들이 노임을 현금으로 미리 받았으며 생산 과정에서 많은 부분을 직접 통제하고 있었다는 확실한 증거를 보여준다. 파타사라티 Parthasarathi도 이러한 사실을 확인한다.(2001) 그는 다음과 같이 매우 적절하게 관련 내용을 요약했다.

> [인도의] 직조공과 상인들은 어느 편이든 언제라도 계약을 자유롭게 해지할 수 있었다. 그러나 직조공들은 해지 비용을 지불하지 않은 반면에(그들은 그냥 상인들에게 선금으로 받은 노임을 돌려주기만 하면 되었다) 상인들은 해지할 경우 선금으로 준 노임을 벌금으로 떼였다. (…) 직조공들은 선금을 자기 맘대로 정할 수 있었고 완성된 직물을 아무에게나 팔 수 있었다. 따라서 그들은 가격을 정하는 데 큰 영향력을 행사했고 그것은 당연히 상인들에게 불리했다. 또한 이러한 불평등한 계약 조건 때문에 상인들은 직물의 품질 기준을 강력하게 요구하기 어려웠고 부채 상환을 위한 제도화된 법적 체계의 미비로 상인들이 부채를 회수하는 것도 극도로 힘들었다.(1996, 97)

파타사라티는 마침내 18세기에 "상인들은 남인도의 정치 질서 안에서 국가로부터 외면당했다. 남인도의 상인들은 유럽에서 상인들의 경제적 권력이 정치적 권력의 후원을 받았던 것과 달리 정부 권력에 한 치도 다가가지 못했다"(1996, 98)고 말한다. 실제로 그들은 정치권력을 장악하려는 시도를 거의 하지 않았다.(Chakravarti 2004, 315) 심지어 남아시아의 정치와 경제가 19세기 초까지 매우 역동적이었다고 주장했던 수브라마니암Subrahmanyam과 베일리Bayly조차도 남아시아에서 "상인 동업조합이 경쟁자들에 대항해서 생산을 조정하거나 상업 활동 지역을 정하고 방어했다는 것을 입증하는 증거가 없다"(1988, 406)고 말한다. 라마스와미Ramaswamy(1985b, 81, 144)와 홀(1980, 115)은 남아시아에 선대제가 있었는지에 대해서 다소 모호한 태도를 취한다.[31] 그렇지만 홀은 촐라 왕조 아래서 "상인들이 직인들의 노임을 좌지우지하거나 그와 관련해서 생산 기준을 정하거나 가난한 직인에게 벌금을 부과했다는 증거는 없다"고 주장한다. 카이사르Qaisar도 같은 주장을 하는데 "17세기에 생산과정에 대한 상인 자본의 지배력은 미미"했다고 말한다.(1982, 131) 알라비Alavi는 그것을 훨씬 더 구체적으로 설명한다.

> 인도 체제만의 고유한 채권자(상인)와 직조공 사이의 관계는 상인들이 직조공들에게 재료와 심지어 장비들을 직접 구입해서 제공하는(대개 직접 직조공들을 고용하기도 하는) 영국의 선대제와 매우 다르다. [인도에서는] 상인들이 생산을 조직하거나 장비를 제공하지 않고 노임만 선불로 지급하기 때문이다.(1982, 49)

남아시아에서 "일할 때 쓰는 장비는 직인의 것이었다"는 사실은 명백하다.(Habib 1980, 38) 근세 남아시아에서 "투자자본가"의 정치와 경제(특히 금융) 권력을 과소평가해서는 안 되지만 중앙 정부에서 중요한 정치적 역할을 하거나 직물노동자들에게 권력을 휘둘렀던 상인들이 있었다고 하더라도(Dasqupta 2000, 68) 당시 남아시아에 유럽과 같은 선대제가 전반적으로 존재하지 않았다는 사실에 비추어볼 때 그것은 일반적인 현상이라기보다는 예외적 상황으로 봐야 할 것이다.(Pearson 1998, 102)

점점 확대되고 있던 세계 분업 체계 안에서 서유럽을 중심부 지역으로 만든 것은 바로 이러한 변수(상인 권력)였다. 서유럽에서 국가와 부르주아 사이의 매우 특이한 동맹 덕분에 프롤레타리아에 대한 상인들의 지배력이 증대되고(Crone 1989, 167) 이어서 해외 식민지 정복에 따른 — 처음에는 지중해 지역에서, 그리고 나중에는 신세계에서 — 뜻밖의 경제적 이익으로 국가 재정이 증대되었다는 사실은 왜 특정한 통치 체제가 마침내 세계를 지배할 수 있었는지를 설명해준다.[32] 하지만 그렇다고 이것이 "활기차고 역동적이며 따라서 세계를 지배하는 서양과 대비되는 의미에서 영원히 변치 않는 정체된 동양의 이미지"라는 주장을 되풀이하는 것은 아니다.(Chakravarti 1998, 98)[33] 그러나 남아시아의 상인들이 가내수공업 노동자들을 효과적으로 프롤레타리아로 만들고 인도양 지역 내의 나머지 지역들을 주변부로 만들 수 있는 제도화된 정치권력 구조를 갖추지 못했다는 것은 틀림없는 사실이다.

비록 상인과 귀족 지배층 사이에 산발적인 접촉이 있었고(Pearson 1972, 125) "대신"으로서 특정한 지배자를 섬겼던 상인들도 있었다는(Buchon 1999, 219) 기록도 있으며, 특히 유럽의 상인들과 비교할 때(Digby 1982, 135; Chandra 1997, 196) 이 남아시아 상인들이 "엄청난 부자"였다는 증거도 충분하지만(Gopal 1965, 142; Pearson 1972, 122; Buchon 1973, 42; Krishna 2000, 88, 108), 국가와 상인의 이해관계가 서로 결합된 "유럽적 융합" — 그것의 논리적 귀결이 네덜란드 동인도회사였다[34] — 과 같은 일은 전혀 일어나지 않았다. 확실히 "일부 상인들은 왕실 차원에서 정치적 활동에 직접 참여하기 위해 자신들의 정치권력을 사용했다."(Pearson 1972, 128) 그리고 "비록 당시 상인들이 귀족 계급에 진입하거나 귀족 직분을 수행하고자 하는 의지나 기회가 부족했던 것은 사실이지만 그래도 그들은 영향력이 매우 컸다. 돈이 바로 권력이었기 때문이다."(Pearson 1972, 129) 물론 일정 정도 근세 세계는 남아시아를 포함해서 어느 곳이든 돈이 권력과 영향력을 의미했다.(Bayly 1983; Datta 2003, 263~264) 그러나 그렇다면 "어느 곳에서 돈의 힘이 다른 곳보다 더 강력하게 위세를 떨쳤던 이유는 무엇인가?" 유럽 상인계급의 권력은 1장에서 설명한 것처럼 다양한 방식으로 제도화되었다. 남아시아 아대륙에서 그러한 제도화가 이뤄지지 못한 이유는 "남아시아 국가들이 대개 상인들을 중앙의 행정에 참여하도록 요청"하기는 했지만(Beaujard 2005, 457) 장기적으로 볼 때 "그들을 지배하는 권력과 권위를 가진 사람들은 생산 활동에 종사하는 사람들(**특히 상인계급**)을 단순한 돈줄로 생각했기" 때문이다.(Prakash 1972, 280; 저자 강조) 반대로 "상업을 통해서 부를 축적한 사람들이 정치권력을 얻기 위한 기반을 마련하기 위해서 토지를 구매하는 경우는 거의 없었다." (Thapar 1974, 119) 상인들은 정치권력을 이용해서 어느 정도 귀족층이나 제국의 관리들의 부당한 착취를 막을 수 있었지만 남아시아에서 이러한 일이 있었는지는 분명하지 않다.(Spodek 1974, 462; Mahapatra 1987, 259) 이것들은 중세 말 어떤 "경제 단계에서 서양의 갑작스런 성장이 '동양의 부'를 세계적 차원에서 착취하는 것으로 방향을 정했는지" 분석할 때 고려해야 할 아주 중요한 변수들이다.(Hodgson 1963, 247)

남아시아와 유럽 엘리트들의 전략

인도양 연안 지역에도 풍요로운 도시국가들이 동아프리카 해안 지역에서(Pearson 1998) 인도네시아 군도까지(Kathirithamby-Wellsand Villiers 1990) 산재해 있었지만 상인-기업가와 귀족층이 동맹을 맺고 지배하던 유럽에 있던 도시국가들과는 매우 다른 모습이었다. 말라카와 호르무즈 같은 도시국가들은 해상무역의 "주요 항구들을 지배"했지만(Subrahmanyam 1993, 13~16) 서유럽의 도시국가들과는 근본적으로 달랐다.(Aubin 1973, 145)[35] 심지어 메이링크-레로프스Meilink-Roelofsz는 세계에서 가장 상업화된 지역 가운데 한 곳이었던 동남아시아 상인 공동체의 위상에 대해서 다음과 같이 인정했다.

> 중세 말 유럽의 거대 상인들과 비교할 수 있는 방법이 없다. 동남아시아의 다른 지역과 마찬가지로 말라카의 상인들은 완벽하게 군주의 지배 아래 있었다. 군주는 상인들의 재산을 마음대로 처분할 수 있었다. 때때로 동남아시아의 상인들은 무력으로 정치권력을 잡는 경우도 있었다. 하지만 그들은 중세 유럽 사회의 고유한 특징이며 마침내 유럽 정치 발전에 결정적인 영향력을 끼쳤던 그 모든 자치권과 시민적 자유가 없었다.(1970, 152~153)

남아시아 내부는 국내와 지역 차원에서 어느 정도 제도화된 권력 집중이 이뤄져 있었고(예컨대 나두나 나가람) 자치권이 있는(말라카나 캘리컷, 호르무즈 같은) 인도양 지역의 항구 도시국가들이 있었다.(Pearson 1987, 13; Subrahmanyam 1995) 그곳의 상인계급은 어느 정도 행정력을 보유했다.(Hall 1978, 83, 90)[36] 상층계급으로의 사회적 이동이 특정한 "자영직인공동체"에서 일어난 것은 틀림없지만(Kanaka Durga 2001) 이들 계급은 다른 집단을 희생해서 자신들의 지역적 기반(예컨대 항구 도시)을 늘리는 쪽으로 역량을 집중할 줄 몰랐다.(Aubin 1973, 145) 남아시아에는 제도화된 자치권을 가진 유럽의 도시국가 같은 구조가 없었다.(Heesterman 1980, 87) 따라서 유럽에서 볼 수 있는 상인 공화국은 나타나지 않았다.(Bouchon and Lombard 1987, 61; Pearson 1987b, 82) 일반적으로 말해서 남아시아 국가들의 정치 영역과 경제 영역의 관계는 서유럽 국가들보다 훨씬 더 멀었

다.(Bouchon 1999, 88, 223)[37]

남아시아 아대륙에 대해서 잊지 말아야 할 중요한 사실 가운데 하나는 이렇듯 상인들의 권력이 미약했던 반면에 귀족층의 권력은 유럽보다 훨씬 더 강했다는 것이다. 예를 들면, 실제로 어디에 살든 농촌을 기반으로 하는 모든 귀족이 경제 외적 강제를 통해 나머지 사회 계층(귀족의 입장에서 볼 때 농민, 상인, 성직자)에게서 가능한 한 많은 부를 수탈하는 것은 아주 당연한 현상이었다.[38] 유럽의 귀족들은 도시를 기반으로 하는 상인계급과의 관계에서 상대적으로 취약했기 때문에 아주 예외적인 경우에만 그런 현상이 일어났다. 예컨대 덴마크 왕 발데마르 4세는 네덜란드 상인들과 한자동맹 연합군에 맞서 9년 동안 모든 자원을 동원해서 싸웠지만 결국에는 1370년에 경제적으로 우월한 적들에게 굴욕적인 슈트랄준트 평화협정을 체결하고 말았다.[39] 서유럽 전역에 걸쳐 모든 도시국가의 시민들은 대개가 무장하고 전투 훈련을 받았다. 이러한 상황은 다른 도시국가들에 맞서고(Putseys 1994) 그리고 더 중요한 것은 인근의 귀족층과 지역 군주들의 경제적 요구에 대항해서 자신들의 특권(독점권)과 도시의 자치권을 지키는 것과 밀접한 관련이 있었다. 그러한 도시 민병대는 군주에 대해서는 자본의 힘을 상징적으로 과시하고(Powers 1971; Van Gerven 1999) 귀족층에 대해서는 제도적 권력을 행사할 수 있는 중요한 수단으로 구실했다.(Zylbergeld 1984; Boone 2005 참조)[40] 에리베라파티나erivirapattinam(중세 남인도에 있던 무장된 상인도시—옮긴이)에서 확인된 것처럼(Abraham 1988, 111~112) 중앙아시아와 남아시아의 도시민들은 중국 제국보다 더 많은 자치권을 행사했는데 그들을 유럽의 도시국가와 같다고 과장해서 말하는 사람도 있다.(Barendse 2000, 209~210) 하지만 중앙아시아와 남아시아의 도시 대부분에 사는 주민들은 스스로 무장을 하거나 그 과정에서 장기적으로 제도화된 정치

권력을 획득할 가능성이 없었다.(Aigle 2005, 102)41 이러한 시민들의 비무장 상황은 앞으로 귀족층이 지배하는 거대한 제국적 통치 체제가 등장할 것을 예고하는 것이었다.42 중세 남아시아에서는 대다수 "이슬람과 힌두 국가의 일반 국민들이 정치권력 투쟁에서 소외되었고 대개는 그것의 희생자였다."(Shokoohy and Shokoohy 2005, 338)

그럼에도 "인도 해안 지역의 유럽 식민지들이 처음에는 작은 규모에서 점점 거대한 교역 중심지로 뻗어나가며 성장할 수밖에 없었다"는 유럽 중심주의적 가정이 사실은 "당시 인도 세계의 역동성과 끊임없는 변화"를 명백하게 무시한 것이라는 문제를 제기하지 않을 수 없다. 18세기에 비록 "인도의 상업 활동이 쇠퇴하고 있었다는 사실은 부인할 수 없지만" 그렇다고 당시에 여러 유럽의 (식민지) 열강들이 지배했던 항구들이 남아시아 항구들의 교역망을 능가했을 것이라고 목적론적으로 전제할 수는 없는 노릇이다.(Arasaratnam 1989, 75~94) 그러나 (힘이 없는 귀족층과 동맹을 맺은) 대개의 경우, 유럽의 무장한 상인 부르주아들은 자신들의 도시국가 국경을 넘어 세력을 확대하게 되자 주로 기병과 보병에 의지하던 유라시아 육상 세력을 해상 공격으로 포위하고 급습하여 얻은 이익을 챙겼다. 이러한 초기 주요 사례는 서구의 용병들이 비잔틴 제국을 철저하게 착취하고 약탈한 것에서 볼 수 있다.(Burns 1954) 그러나 보다 먼 원거리 해역에서는 무역 회사들이(기후 차이 때문에 발생하는) 높은 사망률과 규칙적으로 계속되는 탈주 문제로 훨씬 더 어려웠다.(De Vliegher 1999) 게다가 남아시아 내륙 깊숙이 정복하는 과정은(그리고 이어지는 생산지의 대규모 변형은) 막대한 시간과 역량, 값비싼 비용을 대가로 치러야 했다. 따라서 16세기에 이미 유럽의 해군력이 "스스로 통제할 수 있을 정도로 인도양 일대를 지배"할 수 있었고 "고대 인도양 체계는 새로운 식민지 지배자들에 알맞게 조정되었다"(Nag 1987, 157)고 주장하는 것은 지나친 과장이다.[43] 유럽인들이 16세기와 17세기에 걸쳐 "기존의 복잡한 아시아 해상교역망을 엮는 새로운 가닥으로 등장"했다고 한다면(Reid 1999, 155) **언제** 유럽 열강들이 인도양 세계 경제에서 주도권을 잡을 수 있었는지, 혹은 그것을 세계-체제라는 용어를 써서 설명할 수 있는지를 둘러싸고 많은 논쟁이 있다. 인도양 지역은 언제 "통합"되었고 마침내 언제 "주변화"되었는가?(Wallerstein 1987)[44]

포머런츠가 "대분기大分岐"라고 말한(2000) 동아시아와 남아시아에 대한 유럽의 식민지 지배는 상대적으로 최근에(18세기 말에서 19세기 초) 일어난 현상이며(Kieniewicz 1981) 따라서 인류 역사에서 부차적인 사건에 불과하다고 볼 수 있다.(Frank 1998) 오늘날 산업혁명을 유럽 열강이 세계에 식민지를 건설하는 분수령으로 보는 전통적 시각이 널리 인정받고 있는 것이 사실지만 그것은 일정 부분 잘못된 생각이다.[45] 유럽의 (제국주의적) 아시아 식민지 건설은 역사적으로 매우 독특한 사건이기 때문에 서구의 아시아 침략과 다른 지역의 침략 사이의 유사성은 무시되어야 한다고 생각하는 학자들도 있다. 그것은 간접적으로 서구 열강이 20세기 중반까지 세계의 대부분을 지배하게 된 것은 거의 **우연**이었다는 가정을 인정한다. 실제로 수브라마니암은 "남아시아가 자본주의적 세계-체제에 '통합'됨으로써 유럽의 자본주의 핵심 국가들은 다시 한 번 승리할 수밖에 없었다"고 냉소적으로 말한다.(1996, 24) 그는 심지어 부등가교환이 남아시아 지역에 존재했는지조차 의심스럽다고 주장한다.(1989, 146) 당시 존재했던 식민지 모델이 여러 유형이었음을 주목하면서 그 식민지 모델들의 사회구조가 어떻게 "붕괴되고 해체되어" 유럽의 헤게모니 증대에 기여했는지 살펴보는 것은 당연한 일이며(Perlin 1983, 90) 또한 "유럽 밖에 있는 세계의 국가와 사회의 성격" 차이가 어떻게 "유럽에 대한 그들의 대응 방식에서도 커다란 차이를 만들었는지" 명심하는 것은 당연한 일이지만(Pearson 1988, 31) 역사학이라는 이름을 빌려 단순히 그것이 "권위 있는 문헌 기록이 아닌 피상적인 2차 자료"라고 헐뜯음으로써 어떤 서양 이론을 비판하는 것은 문제가 있다.(Subrahmanyam 1989, 142)**46**

내가 말하고자 하는 것은 산업혁명 이전에 — 피어슨에 따르면(1988, 45) 1750년보다 훨씬 이전에 — 아시아는 이미 주변부로 이행 중에 있었다는 사실이다. "유럽의 회사들은 서서히 아시아의 교역 관계와 지역 경제를 서유럽 중심의 국제 분업과 상품 유통으로 파괴하면서 지배하기 시작했다."(Perlin 1983, 60)**47** 그러나 유럽이 마침내 인도양의 해상교역로를 지배했다고 해서 그것이 아시아가 "정태적"이거나 근본적으로 "내륙 중심적"임을 의미하는 것은 아니다.(Chakravarti 2004) 따라서 포머런츠가 19세기 이전에 아시아 도시를 중심으로 하는 교역망의 크기, 교역량, 도시에 축적된 부의 규모가 유럽과 비교할 때 어마어마했다고 주장하는 것은 틀린 말이 아니다.(2000) 장기 지속(페르낭 브로델이 주장한 구조주의적 역사 관점으로 특정한 사건이나 일시적 국면을 초월한 역사의 하부구조를 구성하는 장기적 시간 개념—옮긴이)의 관점에서 볼 때 "세계의 해상교역을 주도한 대륙은 유럽이 아니라 아시아였으며"(Chakravarti 1998, 99) 당시 교역에 종사했던 상인들 또한 유럽 학자들이 한때 주장했던 것처럼 "단순한 행상인"이 아니었다는 사실은 의문의 여지가 없다.(Pearson 1987b; Guo 2004, 96) 오히려 오늘날까지 세계 인구의 소수에 불과한 유럽인들이 아시아 교역로를 지배하고 아시아 대륙 대부분을 식민지로 만들 수 있었다는 사실이 더 놀라운 일이 아닐 수 없다.

이러한 교역로들을 지배하고 마침내 인도양 지역을 철저하게 식민지화하고 정복하려는 유럽의 시도는 골드스톤Goldstone이 지적한 것처럼(1998, 267) "매끄럽고 한결같은 과정"이 아니라 오히려 매우 어렵고 장황한 일이었다. 16세기 초, 코르테스 같은 유럽의 탐험가는 겨우 600명의 병사만 거느리고 아즈텍 제국을 멸망시켰고 피사로 원정대는 훨씬 더 적은 병사들로 더 큰 잉카 제국을 분할했지만(Williamson 1992, 17~28) 인도양 지역의 제국들은 그와 유사한 규모의 침입은 견뎌내기에 충분할 정도로 강력했다. 따라서 대서양의 섬들과 브라질에서 발생한 철저한 정복과 식민지 건설은 남아시아에서 좀처럼 일어날 수 없었다.(Subrahmanyam 1988, 139~140) 유럽의 입장에서 볼 때 남아시아의 내륙 지역은 본래부터 가용 자원이 제한되어 있고(Desai 1969, 504~505) 사파비 왕조, 무굴 제국, 비자야나가르 왕조의 강력한 군사력 때문에 착취할 수 있는 주변부로 쉽게 재편하거나 통합할 수 없는 미개척지였다. 따라서 유럽인들이 이익을 내려면 개별적으로 평화롭게 교역하면서 돈을 벌기 위해 집단적으로 군사력을 행사하는 것(예컨대 인도양 지역에서는 여권 제도를 통해서)을 적절하게 조합해야 했다.[48] 후자의 경우는 상인들이 가장 많이 이용하는 해상교역로에 대해서 폭력을 써서 실제로 독점 지배하는 것을 의미했다.[49] 그러나 아마도 유럽의 해상 지배 전략 가운데 가장 중요한 것은 "아시아의 군주들은 자신들에게 유리한 환경임에도 불구하고 해상에서 공격을 받는 자국 상인들을 전혀 보호할 줄 몰랐다"는 사실이었다.(Labh 1996, 9) 장기적으로 볼 때, 아시아 상인들에게 결정적인 문제점은 "해외 국가들에게 어떤 정치적 영향력을 행사할 수 있을 정도로 충분히 강력한 중앙 권력이 부재"했다는 것이다.(Coedès 1964, 12) 실제로 아시아 국가들의 해군력이 이처럼 약하지 않았다면 유럽의 특허 회사들은 카르타스 제도(16세기 포르투갈이 인도양에서 시행한 해상 통행료 징수 제도—옮긴이)를 강제로 시행할 수 없었을 테고(Pearson 1987) 유럽의 해적선들이 남아시아의 선박들을 노략질하도록 놔두지 않았을 것이다. 흥미롭게도 유럽 해적들에게 노략질당한 남아시아 상인들의 보상 요구는 "유럽 회사들의 해군력이 남아시아 국가들보다 더 우월했기 때문에 받아들여지지 않았다."(Prakash 1979, 47) 국가 재정이 "귀족들을 살찌우고 군비 증강에 쓰였던" 강력한 무굴 제국 시대에도 상황은 마찬가지였다.(Ludden 1999, 107) 따라서 다양한 남아시아 통치 체제들은 유럽 상인들이 교역을 위해 본토에 나타날 때마다 그들에게 앙갚음할 수 있었지만 인도양에 많은 해군 원정대를 파견하고 지휘하는 유럽 국가들에게 노골적으로 보복하는 것은 불가능했다.[50] 쵸두리Chaudhuri는 남아시아 국가들의 이러한 해군력 부재를 이해하기 어렵다고 말한다.

> 인도 아대륙의 역대 왕조들은 광활한 육지를 정치적으로나 경제적으로 지배하는 일에 전념했고 해외 식민지 사업을 해상교역을 위해 당연히 필요한 것이라고 생각해본 적이 전혀 없었다. 그러나 인도는 지리적 형세로 보나 전반적인 교역량과 상품의 가치로 볼 때 인도양에서 상업의 중요한 역할을 했다. 따라서 인도가 근대 이전 시기에 해상 권력에 관심이 없었다는 사실은 매우 이해하기 어려운 일이다. (…) 거대한 인도의 왕국들은 수도가 모두 바다에서 멀리 떨어진 곳에 있었던 것으로 미뤄볼 때 해상을 지배하는 일에 정말 관심이 없었음을 알 수 있다.(1985, 15)

그러나 귀족층이 국가 권력을 이용해서 막강한 해군을 구축하고 유럽의 침략을 막아낼 생각을 하지 않은 이유를 알게 되면 그러한 이해하기 어려운 "수수께끼"는 금방 풀린다. 그것은 그들이 단순히 그렇게 하는 것에 관심이 없었기 때문이다.(Flore 1997, 36~37) 비록 남아시아와 동남아시아의 일부 귀족과 심지어 무굴 제국의 황제들도 때때로 상업 활동에 직접 참여했지만(Chandra 1987; Sun 2000, 193) 국가 재정 수입의 대부분은 언제나 육지에서 충당되었다.(Wink 1988, 54; Palat 1988, 318; Veluthat 1993, 186)[51] 남아시아 북부(이른바 델리 왕조와 무굴 제국의 중심부)만 그런 것이 아니었다. 남아시아 남부(Palat 1988, 71), 사파비 페르시아 왕조와 오스만 제국에서도 "토지는 그들의 기본적인 재원이었다. 관세 수입은 국가 재정에서 아주 작은 일부만 차지했을 뿐이다."(Wink 1988, 57; Pearson 1987b, 79) 남아시아 국가 재정의 토지 의존도가 이렇듯 높은 것은 13세기 영국의 모습과 매우 상반된다.(Cazel 1966, 104) 무역 진흥 정책을 통해 재정 수입을 늘렸던 중세 도시국가들과 비교하면 훨씬 더 대조적인 모습이다.[52] 도시국가의 제도적 자치 덕분에 지역 지배자들의 착취를 제한할 수 있었다.(Borsa 1990, 10) 예를 들면, 1923년 제노바의 해상무역에서 징수된 세금 액수는 "과세대상 소득이 약 400만 제노바 파운드에 이르렀고 이는 전년도 프랑스 왕실 재정 수입의 10배에 해당되는 금액이었다"(Lopez 1975, 45)고 추산된다.

물론 이것이 한편으로는 역동적인 "중상주의" 교역 국가와 다른 한편으로는 반중상주의 성격을 지닌 정태적인 농업 중심의 "내향적" 국가라는 이분법적 사고를 되풀이하자고 주장하는 것은 아니다.(Subrahmanyam 1993, 19; Matthee 1999, 89) 또한 샌더슨Sanderson처럼(1994, 41) "거대한 관료제 제국들이 상업 활동을 억누른다"고 주장하는 것도 틀린 말이다. 하지만 불행히도 이러한 주장은 서구 사회과학계에서 끊임없이 반복되고 있다.[54] 제국이 근본적으로 교역을 싫어하는 것으로 생각해서는 안 된다.(Bang 2003, 204) 남아시아의 농촌 영주들도 서유럽과 마찬가지로(Verhulst 1967b) 다양한 방식으로 농업생산성 증가와 상업 활성화를 통해 경제 성장을 도모했다.(Sastri 1966, 328~333) 델리 왕조와 촐라 왕조 모두 다양한 국가기반시설 구축 사업(이를테면 간선도로, 숙박시설, 도로, 다리, 운하, 수로, 댐, 저수조, 기타 관개시설)을 계획하고 지원했다. 이러한 사업들은 대륙을 오가는 상인들에게 어느 정도 안전을 제공하면서 상업을 활성화하는 데 큰 구실을 했다.(Habib 1982, 83~84; Nizami 1985, 90; Karashima 1984, 20) 델리 왕조에서는 강도와 공갈협박범들을 잡아들이고(Sarkar 1978, 20) 경찰과 우편 부서를 만들어(Sinha and Ray 1986, 234) 상업 활동을 지원했다.[54] 광활한 제국을 안전하게 여행할 수 있는 것에서 얻는 상업적 이익을 과소평가해서는 안 된다.(Lewis 1976, 461) 비록 남아시아 국가들의 정치적 안정은 중국보다 떨어졌긴 하지만 말이다. 비자야나가르 왕국도 직인과 상품 생산을 독려했고(Chibber 1998, 20) 내륙수송로를 정비해서 국가 재정 수입을 늘렸다.(Sinopoli 2000, 388)[55] 동남아시아에서도 이와 비슷한 정책들을 찾아볼 수 있다.(Hall 1992, 212)

유럽이 외부 세계를 체계적으로 주변부로 만들 수 있었던 것은 유럽의 부르주아 계급이 제도화된 권력을 장악하는 데 성공하고[56] 그것을 바탕으로 특정한 정책들을 채택한 덕분이었다. 그러나 남아시아의 상인계급은 그러한 중상주의 전략을 택하고 실행할 수 없었다. 말라카 같은 동남아시아의 (도시) 국가들을 빼고는(예컨대 Reid 1993, 71~73) 장기적으로 막강한 권력을 행사할 수 있는 제도적 틀을 구축하는 데 실패했기 때문이다. 홀과 스펜서가 주장한 것처럼 "남아시아는 중세 유럽과 비교할 수 있는 사회정치적 도시 '운동'이 확산되지 못했고 기존의 도시와 농촌의 봉건권력을 직접 대적하고 무너뜨릴 시민계급이 나타나지도 않았다."(1980, 147) 그렇다고 남아시아 상인들이 수동적이었다는 것은 아니다. 비교적 규모가 큰 상인 조직들[57]은 당시 사회에서 여러 중요한 구실을 했다. "국왕과 왕실 관료들의 신임을 얻어 세금, 통행료 같은 각종 과징금을 징수하기도 했고 (…) 기존 종교 체제의 보호를 등에 업고 매우 특수한 경우의 소송을 중재하기도 했다."(Wijetunga 1968, 506~507) 그러나 그들이 수행한 역할 가운데 가장 중요한 것은 드넓은 인도양 지역을 항해할 때 자신들의 재산을 보호해줄 무장 군단(때로는 용병이라고 부르기도 한다)을 유지하는 일이었다.(Indrapala 1971; Spencer 1976, 413; Abraham 1988, 78) 또한 이러한 상인 "군단"은 남아시아 국가들을 약탈하는 원정에서 "정규" 왕실 군대를 돕기도 했는데 귀환할 때는 왕실 정규군과 전리품을 나누었다.(Hall 1980, 193) 그럼에도 불구하고 이러한 "거대한 상인 조직체"는 제국[촐라 왕조] 권력의 지배 아래 있었기 때문에(Palat 1988, 55) 중세 말 서유럽과는 비교할 수 없을 정도로 세력이 약했다.[58]

위태로운 변경의 충격

남아시아에서 "제국 확장은 주로 농업의 확대를 의미했다."(Heesterman 1991, 40) 남아시아 상인계급은 정치적으로나 군사적으로 권력을 확보하지 못했기 때문에 유럽의 침입자들이 본국의 지원을 받으며 남아시아 지역으로 몰려오면 올수록 그들의 지위는 점점 더 약화되었다.[59] 코로만델 해안(인도 남동부 벵골 만 일대 해안—옮긴이) 지역의 남아시아 상인들은 "자유롭고 안전한 활동만 보장받을 수 있었다면"(Arasaratnam 1986, 143) 유럽의 여러 합자회사와 충분히 경쟁할 수 있었을지도 모른다. 그러나 앞서 말한 금괴의 흐름과 유럽 상품에 대한 아시아인의 무관심을 생각할 때, 당시 현장에 있던 유럽 상인들은 인도양에서 서양의 상품들을 경쟁력 있는 가격으로 제공할 수 없는 상황에서 단순히 평화로운 교역을 통해서는 기본적인 이익도 내지 못할 수 있음을 깨닫고 뭔가 대처하지 않으면 안 되었을 것이다.(Vink 2004, 51) 유럽 상인들은 이러한 상황을 극복하기 위해서 "적절한 폭력 사용"(Prakash 1998, 82)을 통해서 강압적인 사업 환경을 조성하려고 치밀한 노력을 기울였다. 그 결과 그들은 "독점적 소유권 주장"을 쉽게 실현할 수 있었다. 다시 말하면 유럽 상인들이 자신들에게 유리하게 가격을 정할 수 있는 위치에 도달한 것이다.(Arasaratnam 1969, 481) 1614년 얀 피터르스존 쿤(네덜란드 동인도제도의 총독—옮긴이)은 동인도회사의 이사들에게 보낸 편지에서 이렇게 썼다.

> 각하 여러분은 아시아에서의 교역이 여러분 자신의 무력의 보호와 우위 아래서 추진되고 유지되고 있다는 사실을 아셔야 합니다. 그러한 무력 유지에 드는 비용은 교역에서 발생하는 이익으로 충당되고 있습니다. 따라서 전쟁 없이는 교역할 수 없으며 교역이 없다면 전쟁도 일어날 필요가 없습니다.(Reynolds 1974, 145)

이윤을 추구하는 영국 상인들은 인도양 유역을 철저하게 군사화하고 인도양 연안의 전략 거점들을 정복하는 것이 논리적으로 당연한 정책이라고 생각했다.(Heesterman 1991, 46) 그것은 전쟁과 상업이 동전의 양면과 같은 "이중적인 일"이었던 중세 도시국가 시절부터 있었던 일이었다.(Maire-Vigueur 2003, 268)

남아시아 국가들이 해군력 방위 강화와 다양한 국가기구 정비, 지정학적 선택에 대해서 관심을 갖지 않은 것은 유목민의 방랑 생활이라는 중요한 역사적 배경을 바닥에 깔고 이해해야 한다. 앞서 언급한 것처럼, 유목민족의 습격은 중국 제국에 끊임없는 위협이었다.(Barfield 1989) 그것은 15세기 초에 마침내 중국 제국이 주요한 해상 원정을 포기하게 된 중요한 요소였다. 유목민의 침입이 남아시아 북서쪽 변경에서도 마찬가지로 가공할 위협이었다는 것은

많은 역사적 증거를 통해 알 수 있다.(Chandra 1997, 19~73)

"문명화된" 농업 국가들과 "야만적인" 유목민들의 끊임없는 갈등이라는 엄밀한 이분법은 사람들을 오도할 가능성이 크다. 둘 다 "서로 반드시 팔아야 할 상품들을 거래하기 위해서는 서로를 필요로 했기" 때문이다.(Hourani 1991, 101) 유목민들은 주변의 제국들과 지속적으로 상호 교류했다.(Golden 1998, 20) 그러한 관계는 당시의 역사적 사정에 따라 평화적으로 이뤄지기도 하고 적대적으로 이뤄지기도 했다.(Khazanov 1984) 예컨대, 남아시아에서 중앙아시아로의 매우 수익성 높은 육상교역은 그 지역에서 활동하는 유목민들이 없었다면 상상할 수 없는 일이었다. 또한 유목민들 자신도 남아시아 반도의 부유함에 매력을 느끼고 있었다.

> 유목민들은 인도의 주권과 부에 대한 잠재적 참여자로서의 그들의 역량으로 볼 때, 힌두쿠시 산맥 뒤에서 가만히 빈둥거리고 있을 사람들이 아니었다. (…) 아프가니스탄의 공식 역사 기록을 보면 그들의 이민의 주요 동기가 힌두(인도)의 이교도들에 맞선 이슬람교도들의 성전이라고 기술하기를 좋아한다. 그러나 그들의 가장 대표적인 고전인 『쿨라사트 알-안사브Khulasatal-Ansab』에서는 이 점에 대해서 부의 분배를 언급하면서 부유한 인도라는 미끼의 유혹에 빠진 것도 이민의 동기 가운데 하나라고 설명한다.(Gommans 1991, 55)

18세기 초 유목민들의 잦은 대공세가 중앙아시아의 사파비 제국에서 남아시아의 무굴 제국에 이르기까지 엄청난 영향을 끼친 것은 사실이지만(Bayly 1988) 그것은 그 특정한 세기만의 현상이 아니었다.(Roberts 1980, 415) 오히려 그것은 중앙아시아에서 늘 있었던 일이었다.(Singh 1988) 하지만 서유럽은 10세기 마자르족의 침입 이후로 더 이상 그런 공격을 받아본 적이 없었다.(Wendelken 2000, 244; Crone 1989, 150; Wink 1997, 24)**60** 인도 아대륙의 북부 지역에 대한 유목민의 계속된 위협이 어느 정도였는지는 1186년에 라호르, 1193년에 델리를 점령한 터키계의 고르 왕조와 앞서 언급한 가즈나 왕조의 역사에서 잘 볼 수 있다.(Wolpert 2000, 108) 북서부 변경 지역의 몽골군의 강력한 군사력은 그것을 훨씬 더 잘 보여준다. 이러한 위협은 (당시에 몽골에게 점령당한) 이웃에 있는 아프가니스탄으로부터의 위협에 직면해 있던 일투트미시 술탄 시대부터 매우 심각한 상황이었다. 또한 기야스-우드-딘 발반 술탄 시기(1266~1287)에도 몽골에 맞서 방위태세를 유지해야 했다. 아대륙의 북서부 변경에서의 끊임없는 위협과 일상화된 군사 충돌은(Chaudhuri 1990, 274~275) 점점 더 확대되어 심지어 알라-우드-딘 술탄(1296~1316) 치하의 델리를 위협했고(Wolpert 2000, 114), 또한 가장 강력한 술탄이었던 모하메드 이븐 투글루크 때에도 또다시 공격을 받았다.(Sinha and Ray 1986, 240) 이렇게 되풀이되는 유목민 침입의 영향은 13세기와 14세기에 걸쳐 신기술의 도입과 광범위한 확산을 설명할 때(Habib 1980, 17) 과소평가할 수 없는 아주 중요한 요소다.(Jackson 1999)

모하메드 이븐 투글루크 치하(1325~1351)의 델리의 술탄들이 데칸 고원에서 멀리 남쪽의 타밀나두에 이르기까지 힌두 왕국들을 여러 차례 습격한 것은 유목민의 침입과 불가분의 관계가 있었다. 계속되는 유목민(예컨대 몽골)의 침입에 맞서 스스로를 지켜야 했던 델리 술탄들은(Wink 1997, 202~211) 거꾸로 자신들이 제국의 바깥 주변을 습격해야 했다. 전쟁을 통해 얻은 노획물은 국가 재정 수입의 큰 부분을 차지했기 때문이다.(Sinha and Ray 1986, 280)**61** 그들은 이러한 침략을 통해 상대적으로 약한 지역을 국가 구조로 통합하거나 적어도 이웃 국가와 부족들을 강제로 속국으로 삼기도 했다.(Jackson 1999; Wink 1997, 158) 따라서 알라-우드-딘과 이븐 투글루크 치하에서 이슬람의 서부로의 세력 확장은(Sinha and Ray 1986, 226~244) 제국 형성의 측면(제2수도가 잠시 동안 데칸 고원에 세워졌던 것처럼)뿐 아니라, 반복되는 몽골의 침입을 막아야 하는 델리 왕조가 군비 확충을 위해 쓰일 전리품을 쉽게 얻기 위한 방법으로 세력 확장을 꾀했다는 측면으로도 이해되어야 한다. 당시에 포로로 잡힌 몽골 병사들은 델리 왕조의 병사로 강제 징용되는 경우가 많았다.(Chaudhuri 1990, 275)

델리 왕조는 이븐 투글루크 때 가장 넓은 영토 확장을 이뤘는데 그는 주기적으로 몽골에 맞서 군사 작전을 감행했다.(Jackson 1975, 142~143) 그러나 이러한 점진적인 영토 확장은 그의 생애 후반기에 여러 전선에서 전쟁을 수행하느라 제국이 붕괴하면서 급속하게 끝을 맺었다.(Asher and Talbot 2006, 51)**62** 남부 지역에서는 데칸 고원이 힌두의 반란 때문에 1330년에서 1347년까지 다시 독립을 맞았고 투글루크의 후계자 피루즈 샤는(1351~1388)은 그 지역을 다시 탈환하는 것을 포기할 수밖에 없었다.(Wolpert 2000, 118) 인도 아대륙 북부 지역의 델리 왕조 세력은 티무르가 이끄는 몽골의 침입으로 델리를 약탈당하고(1398~1399) 마침내 붕괴했다. 이러한 파괴로 델리 왕조에 통합되어 있었던 구자라트, 자운푸르, 말와 같은 광활한 지역이 또다시 독립을 맞이할 수 있었다.(Wolpert 2000, 119) 단기적으로 본래 아프가니스탄계였던 로디 왕조(1451~1526)는 아프가니스탄으로부터 계속된 인구 유입 덕분에 델리 왕조의 영토 일부를 되찾을 수 있었다.(Shokoohy and Shokoohy 2005, 353)**63** 그러나 초기에 왕조의 군사력을 강화시켰던 유목민들의 이주 물결은 나중에 왕조를 망하게 하는 원인이 되었다. 이들 유목민이 일으킨 여러 차례의 반란은 마침내 (무굴 제국의 시조) 바부르가 이끄는 몽골군의 침입을 초래했다. 바부르는 티무르의 후손으로 다른 유목민들에 의해서 사마르칸트 근처에 있는 고향에서 쫓겨난 뒤 아프가니스탄에서 대규모 군사 작전을 일으켜 1526년 4월 21일, 파니파트 전투에서 로디 왕조를 무너뜨렸다.

유목민들이 많은 국가를 멸망시키는 데 기여한 역할과 함께 그 국가들이 유목민들을 소멸시키려고 애썼던 것도 간과되어서는 안 된다. 강력한 아시아 국가들의 정권은 대개의 경우 "[유목민들이] 영구 정착하도록 강제하고 회유하거나 아니면 자기 나라의 지배권 밖으로 그들을 추방하고" 싶어 했다.(Chaudhuri 1990, 266) 유목민들을 내쫓는 것은 오히려 때때로 수월했지만 스텝 지대와 남아시아, 이란의 변경 지대, 심지어 어느 정도 중국에 이르기까지 유목민들의 견고한 구조는 많은 국가가 그들을 흡수하는 것을 어렵게 했다.

> 전통 국가들은 유목민들을 방치하는 전략을 썼다. 그들 지역 내부에서 부족 간의 갈등과 자원의 부족 때문에 최소한의 지배 이상의 어떤 시도도 할 필요가 없었다. 따라서 유목민들은 자신들의 생활양식을 더욱 개발하지 않을 수 없었다.(Crone 1993, 367)

"위태로운 변경"(Barfield 1989)의 항구적 평화는 변경 지역의 유목민들을 확실하게 복속시킬 수 있는 강력한 힘이 없는 한 불가능했다. 게다가 유목민들은 매우 빨리 이동할 줄 알았고 광활한 지역에 여기저기 산재해 있었다. 끝으로 유목민과 경계에 있는 국가들은 상대적으로 "초원지대에서 발생하는 잉여의 빈곤"(Humphrey and Hurelbaatar 2005, 20) 때문에 유목민들을 지배하기 위해 막대한 경제적, 군사적 비용을 투자할 만한 가치가 없었다. 그러나 반대로 (몽골이 중국을 지배한 것처럼) 노골적인 정복을 통해 한 국가를 점령한 유목민의 침략도 그 문제를 해결할 수 없었다. 손더스Saunders가 지적한 것처럼 "순수한 유목생활로는 제국을 유지할 수 없었다."(1977, 59) 따라서 유목민들이 (원나라의 경우처럼) 한 나라를 지속적으로 지배하고자 한다면 정착 사회로 동화되는 것은 반드시 필요한 조건이었다.

> 정복지에 남게 된 유목민들은 자기 고향을 떠나 정복한 나라의 국민들과 통합되는 사회경제적, 정치적 과정에서 오히려 희생자로 전락했다. 그것은 아직까지 고향을 떠나지 않고 남아 있는 유목민들도 앞으로 그 과정을 되풀이할 수 있다는 것을 의미했다.(Crone 1993, 367)[64]

이러한 문제를 해결할 대안은 제국을 건설하는 과정에서 한편으로 국가 구조의 형태를 취하면서 다른 한편으로 여러 부족이 연합체를 만들어 둘 사이에 동맹 관계를 형성하는 것이었다. 14세기 말에 델리를 약탈한 티무르와 18세기 초 페르시아의 나디르 샤 아프샤르의 침략이 그 대표적인 사례다.(Bayly 1988, 7) 그러나 부족연합체는 구조적으로 "중앙 정부의 장기적인 요구를 감지하지 못했기"(Crone 1993, 70) 때문에 좋은 정부를 구성하는 데 기여하지 못했다. 동맹은 약탈과 전리품 확보가 가능할 때 존재했던 일시적인 해결책일 뿐이었다. 그들은 이러한 동맹 관계를 통해서 부족연합체가 일으킬 수 있는 폭력을 동맹의 기반을 제공하는 국가 구조의 외부로 흘려보낼 수 있었다. 그러나 대개 이러한 동맹 관계는 그 관계를 유지시켰던 군주가 죽으면 금방 와해되었다.(Paul 2004, 1092)

당시 남아시아 아대륙의 제국 형성 과정에서 나타난 고유한 특징은 침략과 노략질을 통한 부의 획득이었다.(Spencer 1976; 1983) 이러한 빈번한 침략과 델리 왕조의 점증적이고 지속적인 "화폐 경제의 성장"(Chandra 1997, 161)과는 별도로, "국가 수입의 주 원천은 주로 토지에서 거둬들인 세금이었는데 많을 때는 전체 생산량의 절반까지 징수했지만 대개는 평균 5분의 1 정도를 징세했다." (Sinha and Ray 1986, 280) 도시 경제는 꽤 성장했지만 아직도 상대적으로 노예 노동에 크게 의존했으며(Habib 1978, 293, 297) 서유럽처럼 선대제 생산 체제를 갖추지 못했다.65 따라서 유럽 국가들과 달리 산발적인 약탈과 공납을 통한 수입과 정기적으로 토지에서 거둬들이는 세금은 상업에서 징수하는 세금보다 국가 재정에서 더 중요한 비중을 차지했다.(Thapar 1966, 206) 이것은 장기적으로 국가 정책과 경제 발전에 커다란 영향을 끼쳤다.(Habib 1980, 38)

이러한 남아시아 변경 지역의 위태로운 상황과 더불어 14세기 초 (주로 이븐 투글루크 지배 아래서) 남아시아 대륙 전체를 통일하려는 여러 차례의 시도는, 17세기 말 무굴 제국의 황제 아우랑제브 시대에도 같은 종류의 시도가 있었지만 결국 실패하고 말았다. 여전히 강력한 영향력을 발휘하고 있던 힌두 귀족층의 충성을 받아내는 데 성공하지 못했기 때문이다. 델리 왕조는 1200년에서 1530년까지 아프가니스탄과 라호르로부터의 유목민들의(주로 몽골계였지만 다른 유목민 부족들도 있었다) 침입으로 끊임없이 위협을 받으면서 또한 조공 납부와 관련해서 라지푸트족의 강력한 저항에 직면한 까닭에 견고하고 지속적인 중앙집권체제를 구축할 수 없었다. 이븐 투글루크의 델리 왕조가 그런 확고한 중앙집권체제를 이뤄내지 못하면서 이후 "인도 중부와 남부의 일반 상황"(McPherson 1993, 107)은 결국 정치적으로 분열된 상태를 지속하게 되었다.

남아시아 아대륙 전체를 하나로 묶는 통일된 제국을 건설하지 못하면서 풀기 힘든 문제가 발생했다. 남아시아는 장기적으로 중국처럼 상인을 배출할 수 없게 되었고 도시는 자치권이 제한되면서 유력한 농촌 귀족들(나타르nattar 또는 치티라메리chittiramëli)의 군사력에 맞설 역량을 갖출 수 없었다. 농촌 귀족들은 나두라는 네트워크를 통해서(Heitzman 1997, 16) 지방 시장의 중심 역할을 하는 상인조직(나가람)을 지배했다. 이러한 농촌 귀족층의 권력은 그들 자신의 왕조를 세우려는 시도로 나타나기도 했고 제국 체제에 자신들을 편입시키려고 하는 것에 강하게 저항하는 모습을 드러내기도 했다. 특히 제국이 지나치게 팽창하려고 할 때면 더욱 그런 현상이 두드러졌다.(Palat 1988, 86) 제국은 대개 기본적으로 지배하려는 속성이 있기 때문에[66] 세계 제국 건설을 꿈꾸는 국가 체제에서 과도한 세력 팽창 현상은 당연히 일어날 수밖에 없다.

예를 들면 원시산업화(산업화로 진입하는 초기 단계인 농촌의 가내공업을 의미함—옮긴이)의 실패에 대한 빗나간 논쟁들(Coleman 1981; Perlin 1983)과 달리, 남아시아 지배층이 왜 제국 건설과 식민지 정복에 실패했는가 하는 문제는 반드시 밝혀져야 할 중요한 논점이다. 남아시아 아대륙 국가 체제의 가장 중요한 특징 가운데 하나는 농촌 귀족층의 위상이 막강했다는 점이다. 그러나 남아시아에서 왕위 계승은 확실히 문제가 많았다. 몽골 제국에서 (막스 베버가 말한 의미로) 아주 막강한 영향력을 지닌 칸이 죽을 때마다 왕위 계승 문제[67]가 불거졌던 것처럼(Allsen 1996)[68] 남아시아 아대륙 또한 중앙집권체제를 공고히 하려는 군주의 직계 후손들과 왕국의 특정한 일부 지역을 자기 지배 아래 두고 싶어 하는 귀족층 사이에 권력투쟁이 되풀이됨으로써 매우 심각한 정치적 불안과 갈등을 겪었다.(Saberwal 1995, 41)[69] 전쟁의 부정적 영향을 지나치게 과장해서는 안 되지만(서유럽도 봉건적 군사 혼란을 겪었다고 하는 것처럼) 남아시아가 제국 건설에 성공했을 때(Veluthat 1993, 19; Pouchepadass 1996, 706~707) 끊임없이 원심적 경향을 보이는 것은 "잘 조율된 주권 분배"(D'Souza 2002, 11)의 결정체인 이른바 **지배 피라미드**를 불안하게 만드는 또 하나의 요인이었다. 게다가 남아시아 귀족층의 군사력은 대개 유럽 귀족층의 군사력보다 훨씬 더 규모가 컸기 때문에(Jackson 1999, 239~240) 귀족층이 중앙 정부에 더 큰 피해를 입힐 수 있었을 뿐 아니라[70] 상인계급이 제도화된 권력을 획득하는 것을 막을 수 있었다. 근본적으로 "남인도에서 상인 자본의 세계는 사원 중심 도시에 종속되었다."(Heitzman 1997, 115) 끝으로 비자야나가르에는 나얀카라nayankara라는 제도가 있어서 중요한 장수들에게 땅을 하사하고 나야카nayaka(지역 영주나 총독)라는 특권적 신분을 부여했다. 이 제도는 제국의 주변에 확산되어 있던 일종의 군사적 봉건제와 닮았는데 중앙 권력이 강할 때는 비교적 무난하게 잘 운영되는 것처럼 보이다가도 제국의 권력이 약화되면 나야카들은 하사받은 봉토를 준독립적인 세습지로 전환할 수도 있었다.(Sinopoli 1994, 227; Karashima 2001, 41) 그러한 현상은 특히 제국의 왕위 계승이 위태로울 수밖에 없는 상황이 되풀이되는 동안 더욱 극심했다.(Karashima 1992, 72; Pouchepadass 1996, 715)[71] 제국의 지배자들은 지방 권력자들을 의식해서 군사적으로 중요한(그러나 반드시 경제적으로 더 유익한 것은 아니지만) 지방에는 왕실 사람을 총독으로 임명하여 지방 귀족층을 견제했다. 그러나 대체로 그러한 대응은 성공하지 못했다. 북부의 이슬람 왕국들처럼 왕위 계승을 받지 못한 후손들이 왕위 계승을 인정하지 않거나 심지어는 반란을 일으키거나 피트나(모반)를 꾀하는 경우가 많았기 때문이다.(Wink 1984)

유럽도 사라센, 바이킹, 유목민족인 마자르족의 잇따른 침입으로 카롤링거 왕조가 여러 개의 작은 영토로 쪼개진 뒤 비슷한 왕위 계승 분쟁을 겪었다. 그러나 900년에서 1100년까지 거듭된 정치권력의 분할은 결과적으로 "자치적인 도시 군락"(Anderson 1974, 422)이 등장할 수 있는(Szúcs 1985, 26) 정치적 공백 상황을 만들어냈다.[72] 이것은 장기적으로 정치적, 사회경제적 발전의 분기라는 관점에서 보면 매우 지대한 결과를 초래했다. 서유럽의 도시국가들은 인도양 지역과 달리 내륙의 배후지와 반식민지 형태의 주변부의 희생을 대가로 자본을 축적하는 전략을 통해 서서히 경제 발전을 이룩할 수 있었다. 또한 이런 전략을 수행하기 위한 재원을 마련하고자 공채를 발행한 것은 나중에 중상주의 국가에서도 똑같이 써먹었다.[73]

결국 유럽은 인도를 식민화하고 "저개발" 지역으로 만들 수 있었는 데 반해서 인도는 왜 유럽을 그렇게 하지 못했을까?(Chattopadhyay 1972, 189~190) 내 견해로 그 대답은 흔히 말하는 1757년(영국의 동인도회사와 프랑스의 지원을 받은 벵골 태수가 이끄는 인도군이 충돌한 플라시 전투에서 영국이 승리하여 인도를 식민지화하는 길을 연 해—옮긴이)이나 1857년(영국의 동인도회사가 고용한 인도 용병인 세포이가 반란을 일으킨 해—옮긴이)의 사건들에 있지 않고(Markovits 1992) 사람들이 대개 무시했지만 주변화를 이룰 수 있게 하는 데 아주 중요한 구실을 한 이러한 사건들의 조합에 있다. 그것은 실질적으로 식민지 합병의 전조였다.[74] 크론Crone(1989, 15)이 정확하게 지적한 것처럼 대부분의 산업화 이전 사회에서 "대다수 사람은 농민임에 **틀림없었고**" 사회 전반의 경제 성장은 대개 어느 정도 한계가 있었고 산발적이었다.(Wrigley 2004; Lal 1999, 211~221) 그러나 주변화 과정은 이러한 상황을 바꿨다. 주변부 지역을 식민지로 만들되 산업화는 막는 치밀한 정책은(Habib 1985) 서구 열강들이 장기적으로 경제 성장을 할 수 있는 여건을 마련했다.[75] 그렇다고 이것이 원재료(예컨대 농산물)의 생산과 수출이 단기적으로도 이익이 되지 않는다고 말하는 것은 아니다. 예를 들면, 16세기에 동유럽과 서유럽 사이의 무역 수지는 실제로 서유럽이 적자였다. 이것은 바로 장기 지속의 중요성을 잘 보여준다. 더 높은 부가가치를 지닌 상품을 생산해서 그것을 주변부 지역에 파는 것이 **장기적으로 볼 때** 훨씬 더 성공적인 경제 전략이라는 것은 서유럽과 동유럽의 관계에서 명료하게 확인할 수 있다.

결론

남아시아가 유럽과 같은 사회경제적 역동성이 없었다는 주류 학계의 유럽 중심주의적 전제는 비판받아 마땅하지만 그 두 지역이 서로 분기되는 분명한 차이점이 존재했다는 사실은 반드시 인정해야 한다. 남아시아에서도 개인 자본가들이 등장했으며 오랜 기간에 걸쳐 두드러진 경제 성장을 이룩했다는 것은 틀림없는 사실이다. 그러나 그러한 자본주의적 체제는 남아시아 아대륙의 근본적으로 다른 정치 구조 때문에 형성된 것이 아니었다.[76]

남아시아는 지리적 조건으로 볼 때 인도양 지역의 중심이었다.(Sastri 1972, 1) 그리고 여러 곳을 돌아다니는 코로만델 해안 지역의 "용감한 상인(비라 발란지가르vira valanjigar)"은 의심할 여지 없이 동남아시아 지역에 엄청난 문화 충격을 안겨줬다. 11세기와 12세기에 걸쳐 힌두 문명의 영향을 끼쳤고 13세기에서 15세기까지 이슬람교를 널리 전파했다.(Stein 1965, 50) 20세기 일부 학자의 국수주의적인 주장을 감안하더라도 이러한 성공한 교역 상인들은 동남아시아 지역을 주변부로 철저하게 약탈하기 위해서 이들 지역을 식민지로 만들려고 하지 않았다. 예컨대 촐라 왕조 때의 원정은 원정지를 주변부로 만드는 것은 물론이고 영구적인 영토의 합병도 추진하지 않았다.(Kulke and Rothermund 1998, 117, 127)

남아시아에 인접하고 있는 많은 다른 사회가 그 지역에서 매우 다양한 상품을 거래하고 있었음에도 불구하고 사회경제적 통합의 신호들이 나타나지 않았다고 하는 키에니에비츠Kieniewicz(1991, 85)의 주장은 어느 정도 옳은 말이다. 예를 들면, 몽골의 평화 시대 쇠퇴가 유럽에(또한 어느 정도는 중국에도) 중요한 영향을 끼쳤지만 남아시아의 상업화가 진행되는 속도를 늦추지는 못했다. 따라서 남아시아를 단일 세계-체제에 속한 하나의 특정한 지대로 포함시킨 아부-루고드의(1989) 13세기 세계-경제에 대한 설명은 지나친 과장이다. 사실은 아부-루고드의 견해와 반대로 이 특별한 지역이 14세기에 사회경제적으로 쇠퇴했다는 충분한 증거도 없으며(Arasaratnam 1984, 112~113) 또한 도시화의 쇠퇴 현상도 나타나지 않았다.(Barendse 2000, 182) 이것은 1400년에 "세계 모든 지역을 하나로 묶은 단일 세계 경제 체제"가 아직까지 존재하지 않았다는 것을 의미한다.(Frank 1999, 26) 남아시아가 완벽한 "자족적 교역 체계"였다고 주장하는 것은 과장일 수 있을지 모르지만(Abulafia 1994, 7) 금괴 유출이 상대적으로 적은(Bouchon and Lombard 1987, 67) 별개의 역사 체계였다는 것은 명백하다.(Palat and Wallerstein 1999)

따라서 남아시아 지역에 대해서 유럽 중심주의적으로 기술된 많은 저작은 수정되어야 한다. 예컨대, 이제는 더 이상 아시아의 교역 상인들을 단순한 행상으로 설명할 수 없으며[77](Pearson 1987c, 24~25; Guo 2004, 96) 근세 아시아의 상품 유통을 양으로 보나 질로 보나 그 밖의 다른 지역보다 덜 중요하다고 얕볼 수도 없다.(McPherson 1993, 217 참조) 적어도 인도양의(카리브해 지역이 아니라) 관점에서 볼 때, 세계가 18세기 말까지 권역별로 중심이 분산될 수밖에 없었다는 점에서 어느 정도 "재정립"은 당연할 것이다.(Frank 1998) 그러나 아시아가 태곳적부터 1800년까지 어떤 종류의 세계-경제(또는 세계-체제)의 중심이었다고 주장하는 것은 전혀 다른 말이다. 그것은 유럽 중심주의적 오류를 중국 중심주의나 시대착오적인 중앙아시아주의로 대체하는 것에 불과하다.(Krader 1992, 116) 리카도 뒤센Ricardo Duchesne(2003, 202)은 반反유럽 중심주의를 유럽이 그 밖의 지역과 다른 점이 전혀 없었다는 생각을 조장하기 위해 만들어낸 명시적 이데올로기라고 적절히 언급했다. 그러나 프랑크(1998)와 홉슨Hobson(2004)은 자본주의와 근대성이 특별히 유럽에서 출현했다는 주장을 부정하기 위해서 암이 퍼지려면 어디선가 암이 발생해야 한다는 사실을 부인하려고 한다. 그들은 스스로 자의적인 시대구분을 하는데, 이를테면 "동양의 세계화"가 이뤄진 시기를 프랑크는 지금으로부터 5000년 전(즉 기원전 3000년)이라고 하고 홉슨은 서기 500년이라고 한다. 이것은 그들이 비판하는 유럽 중심주의 학자들의 행태와 동일한 모습이다.[78]

"유럽을 지방화"(Chakrabarty 2002)하려는(유럽에서 일어난 일을 보편적인 일반 현상이 아니라 특정 지역의 특수한 현상으로 보기 위해서—옮긴이) 반유럽 중심주의 연구는 좋은 의미로 보면 자기 자신을 객관적이고 편향되지 않은 보편주의자로 위장하는 편협한 사회과학계에 많은 오류 수정이 필요하다는 것을 인정해야 한다고 촉구한다. 그러나 잘못하면 수디프타 카비라지Sudipta Kaviraj(2005, 501)가 말한 것처럼 반유럽 중심주의는 "토착주의로 반전"되는 문제가 발생할 수 있다. 폴록Pollock(1998, 48)이 "균질화하는 보편주의와 게토화(고립화)하는 개별주의" 사이의 인식론적 함정이라고 특성을 부여한 반유럽 중심주의는 스킬라와 카리브디스 사이의 좁은 길(스킬라와 카리브디스는 모두 그리스 신화에 나오는 바다의 괴물들로 매우 곤혹스럽지만 극복하지 않으면 안 되는 상황을 의미—옮긴이)처럼 어렵지만 반드시 지나가야 할 길이다. 중세와 근세 유럽이 당시 세계의 다른 많은 지역과 여러모로 유사했으며 그 지역들보다 "더 발전된" 지역이 아니었다는 것은 틀림없는 사실이다. 그러나 유럽은 세계의 다른 지역들과 분리되거나 고립된 "자족적" 지역으로 남지 않고(Duchesne 2006, 79) 그곳에 자본주의가 나타날 수 있게 한 고유한 특징들을 보여줬다. 하지만 그렇다고 해서 이것이 다양한 비유럽 지역에 자본주의의 출현을 막는 어떤 공통된 특징들이 있었다거나, 혹은 그들 지역에 각기 고유한 특징들이 있었음에도 불구하고 모두가 동일한 구조적 문제 때문에 자본주의적 세계 체제에 "편입"되지 못했음을 입증하는 것은 아니다.

남아시아와 동아시아가 모두 서유럽에서 흘러나오는 막대한 금의 최종 종착지였지만 장기적으로 볼 때 남아시아와 동아시아가 그러한 "유출"로 큰 이익을 보지는 못했다.(Tucci 1981, 125) 중국과 남아시아 국가들은 그들의 주변부 지역을 대상으로 자본주의적인 고도의 노동 착취 체제를 추구하지 않았기 때문이다.(Pomeranz 2000, 268, 289)

이러한 고도의 노동 착취 체제는 바로 오늘날까지도 이어지고 있는 세계 자본주의적 선대제의 주요 특징 가운데 하나다. 금 유입의 의미를 지나치게 깎아내릴 이유는 없지만(Richards 1983; von Glahn 1996) 그렇다고 그것을 세계사의 중요 동인이라고 해석해서도 안 된다.(Frank 1998) 오히려 중국이나 남아시아가 궁극적으로 다른 지역을 희생양 삼아 "발전"하지 않았고 그들이 자신들의 고유한 중상주의 정책을 쓰지 않은 이유가(Dale 1994, 137~139) 바로 유럽 국가들과는 전혀 다른 비유럽 국가들의 국가 체제(그리고 그들 각각의 사회 구조) 때문이라고 설명하는 것이 타당할 것이다. 그러한 사실은 결국 그들의 미래에 엄청난 영향을 끼쳤다.(van Santen 1991, 93; Parthasarathi 1996, 90)

싱Singh의 말을 바꿔 말하면(1993, 339), 남아시아에서 자본주의 이전의 생산양식의 해체와 다른 국면으로의 이행은 세계의 다른 지역과 마찬가지로 서구의 식민지주의가 그 지역을 엄습하면서 발생했다. 1000년에서 1500년까지 남아시아 지역에서 교역의 급격한 증가와 분업의 심화는 새롭게 등장하는 자본주의적 질서의 증거로 해석될 수 없다.(Chibber 1998, 31, 33) 유럽 자본주의의 개입이 없었다면 자본주의의 토착적 발전은 전혀 기대할 수 없었을 것이다.(Mukhia 2002, 238) 특히, 앞서 말했듯이 상인계급이 기존의 국가 구조 내부에서 직면했던 제약 사항들을 고려할 때 더욱 그렇다. 자본주의의 발전에서 비非시장적인 권력의 유무에 따른 이러한 제약 사항들은(Ludden 2002, 238) 결국 자본주의 체제의 등장과 발전을 뒷받침하는 법체계의 발전을 제약했다.(Saberwal 1995; Kuran 2003, 438 참조) 남아시아 지역은 전혀 정태적이거나 침체되어 있지 않았고 어느 모로 보나 경제적, 기술적으로 유럽에 뒤지지 않았다. 하지만 국가 통치 체제가 종교적 군사 엘리트층이 지배하는 전형적인 조공국가였기 때문에 자신들의 이익을 확대하기 위해 권력을 휘두를 수 있는 강력한 토착 상인계급이 생겨날 수 없었다. 이러한 현실이 장기화되면서 결국 서유럽 열강들은 서서히 수출 무역을 지배하게 되었고 인도 상인들은 뒷전으로 물러설 수밖에 없었다.(Sharma 1998, 290; Dasgupta 2000, 72) 그리고 마침내 식민지 건설에 성공하면서 남아시아의 미래 세대의 역사는 극적으로 바뀌고 말았다.

4장

서유럽과 북아프리카의 정치경제 비교

북아프리카와 수단 지역의 여러 국가(1200~1500년경)

13세기와 14세기 사회경제사에 대한 많은 연구에서 나타나는 중요한 문제는 널리 알려진 이집트 말고는 아프리카에 대한 연구가 전혀 없다는 사실이다.(Abu-Lughod 1989) 유럽 중심주의 사관에 내재된 잘못된 생각 가운데 하나는 "아라비아 과학이 중세에 스페인 남부와 시칠리아에 영향을 끼친 것 말고는 20세기에 유럽 외부에서 유럽에 결정적인 영향을 끼친 사례는 없었다"는 견해다.(Blockman 1997, 30) 따라서 그것은 유럽이 스스로 발전했다는 사실을 암묵적으로 인정한다.(예컨대 Delatouche 1989, 26) 유럽의 정치경제를 남아시아와 중국과 비교했듯이 유럽의 "발흥" 또한 13세기에 점점 유럽과 상호의존적 관계로 발전했던(Abulafia 1994, 4) 북아프리카 지역(마그레브와 사하라 남부 제국들)과의 교역 관계를 살펴보지 않고는 설명될 수 없다는 것이 내 생각이다.

지난 10년 동안 몽골의 평화 시대 아래서 동양과의 교역 관계와 교역로에 많은 관심이 쏟아졌지만(Humphreys 1998, 455) 중세 지중해 지역 유럽의 상업 관계에서 북아프리카가 차지한 중요한 역할은 놀랍게도 마치 그 시대와 그 지역에 관심 있는 극히 일부 전문가들에게만 의미가 있는 것처럼 역사의 쓰레기통에 버려진 채로 주목받지 못했다.(Devisse 1974, 204; Lacoste 1974, 1) 아프리카 대륙을 무시하지 않을 경우, 세계-체제론은 대개 주변화가 시작되는 시점을 16세기로 잡는다.(Rodney 1982; Wallerstein 1974)[1] 북아프리카와 서아프리카 수단 지역의 여러 국가의 정치경제를 서유럽과 비교할 때 비로소 자본주의가 왜 아프리카 대륙에서 열매를 맺지 못했는지 설명할 수 있다. 특히 "자세히 살펴보면 유럽에서 자본주의를 발생시킨 모든 요인이 사실은 그보다 훨씬 이전에 이슬람 세계에 존재했었다"(Shatzmiller 1994, 405)는 사실에 이르면 더욱 흥미롭지 않

을 수 없다.[2]

772년, 이브라힘 알-파자리는 이미 가나를 "황금의 땅"이라고 부르면서(Burman 1989, 112) 북서아프리카가 지중해 이슬람 국가들에게 금괴 수출 지역으로서 중요한 구실을 했음을 암시했다. 아프리카 왕국들은 또한 차드 호수, 니제르 강, 세네갈 강 인근에서 포획된 노예 수출로도 유명했다.(Brett 1978, 505~506) 마그레브의 직물 생산이 이슬람 세계의 가장 생산성이 낮은 산업이었고(Serjeant 1972, 177) 12세기 중반까지 교역의 대부분이 지역 내에 매우 한정되었지만(Vanacker 1973, 674) 사하라 남부 지역에서의 수요 발생이 직물 생산의 한 요인이었던 것은 사실이다. 사하라 사막을 가로질러 유통된 또 다른 상품으로 소금이 있었다. 적어도 10세기부터 이슬람 상인들, 특히 이프리키야[3] 출신의 상인들은 마르레브에서 가나로 소금을 가져가 팔았는데 그들은 아프리카 지역을 이슬람교로 개종시키는 데도 큰 구실을 했다.(Brett 1969, 2001, 251~254)[4]

사하라 사막을 횡단하는 상업 활동은 8세기부터 서서히 늘어났다.(Kaké and M'Bokolo 1978, 67; Devisse 1988) 북아프리카에서 11세기와 12세기까지 경제가 가장 발전한 곳은 주로 이프리키야였는데 유리와 직물을 생산해서 남아프리카로 수출했다.(Serjeant 1972, 178; McDougall 1985, 7) 그러나 무라비트 왕조의 모로코가 시질마사 같은 곳에서 생산된 직물과 말들을(Levtzion 1973, 178; Fisher 1972; Abulafia 1987, 469) 중요한 상업 중심지인 아우다고스트로 수출했다.(Vanacker 1973, 661; McDougall 1983, 271)[5] 이러한 상업 활동은 금괴 교역을 새롭게 고조시켰고 그 결과 **디나르**라는 유명한 아프리카 금화를 탄생시켰다.(Brett 1969, 358; Levtzion 1973, 41, 129)

가나가 쇠퇴하기 시작하자 말리 제국(13~15세기)과 송가이 제국(15세기 이후)이 서아프리카의 맹주로 자리 잡았다.(Paulme 1957, 563~564; Cissoko 1984; Niane

1984b) 말리 제국의 지배 아래 역내 교역은 크게 성장했다.(이를테면 건어물, 참마, 기장, 곡물, 채소, 가축, 말라게타 향신료.) 국제 교역은 (주로 수단 중부의) 노예, (주로 수단 서부에서 금가루나 금화 형태로) 금(Levtzion 1973, 175; Hopkins 1973, 60), (특히 팀북투, 젠네의) 직물을 수출하고 반면에 구리 완제품, 소금, 향신료, 산호, 주석, 납, 은[6]을 수입했는데 그 규모가 북아프리카 전체에 영향을 끼칠 정도로 엄청나게 증가했다.(Devisse 1972) 13세기부터 마그레브의 대상들은 니제르와 지중해 해안 지역 사이를 왕래하면서[7] 시질마사, 아흐메트, 메사, 테드시, 타루단트, 테이쥬트, 타가오스트, 마라케슈, 틀렘센 같은 도시에 야금과 직물 산업에 대한 수요를 활성화했다.

서아프리카에서는 면화, 비단, 양모, 라피아 직물 제품이 매우 전문화되고 활발한 분업으로 생산되고(Garcin 외 2000a, 216~217) 일부 제품과 짐승 가죽, 상아, 콜라나무 열매[8] 같은 일부 원재료도 북아프리카로 수출되고 있었지만 (Hopkins 1973, 48) 그 지역이 북아프리카의 주변부였다고 볼 수는 없다. 오히려 서아프리카는 이러한 산업 덕분에 노예나 금과 같은 값비싼 상품을 남쪽으로부터 얻을 수 있었다.(Magelhaes-Godinho 1969, 101; Levtzion 1977, 347; Idris 1984, 111) 세계를 두루 여행했던 이븐 바투타는 서아프리카에서 가장 큰 상업중심지 가운데 한 곳인 시질마사를 출발한 지 두 달 만에(Messier and Fili 2002) 말리 제국의 서부 지역인 왈라타에 도착했는데 그곳 사람들이 비교적 부유하고 이집트에서 생산한 고급 직물을 입고 있는 것을 봤다.(Burman 1989, 122) 실제로 몇몇 지역은 점점 서로에 대한 의존성이 커졌다. 예를 들면, 소금은 사치품이 아니라 필수품이었다. 수단은 극도로 높은 기온 때문에 소금 부족이 커다란 문제였다. 특히 식품 보존이 매우 중요한 지역에서는 더욱 그러했다. 소금이 오직 일부 지역에서만 생산되었기 때문에 하루에 25~30킬로미터를 이동할 수 있었던 대규모 대상들이 사하라 사막을 횡단해서 남쪽으로 소금을 수송해야 했다.(Garcin 외 2000a, 264) 가오 같은 일부 왕국에서는 소금이 매우 지배적인 역할을 해서 심지어 화폐로서 기능을 하기도 하고 "왕이 소유한 최고의 재산" 가운데 하나이기도 했다.(McDougall 1983, 275)

지리적 근접성, 문화적 친근감, 경제적 연관성에 비춰볼 때, 후後우마이야 왕조, 파티마 왕조, 그리고 그들의 정치적 후예들(무라비트 왕조, 무와히드 왕조)이 아프리카의 금 덕분에 "건설되었다"는 주장을 인정한다면(Coquery 1965, 41) 아프리카의 금이 서유럽(Watson 1967)과 이집트(Blanchard 2006)로 유입된 것이 그들 경제에 미친 영향을 과소평가해서는 안 된다. 사하라 사막과 모로코를 가로질러 수송된 아프리카의 금은 유럽 경제에서 매우 중요한 구실을 했다. 유럽 경제는 구조적으로 무역 적자였기 때문에 은은 대개 동양으로 흘러들어 갔고 금은

> 상업적으로나 정치적으로 국제 교역에서 중요한 금속으로서 모든 거래의 결제수단이 되었다. (…) 중세의 마지막 한 세기 반 동안 서유럽의 대다수 국가는 은화가 아무리 가치가 하락하고 보유량이 줄더라도 금화는 충분히 보유하고 있었다.(Spufford 1988, 283~287)

필립스Phillips가 주장하는 것처럼 "유럽 상인들은 고품질의 메리노 양모와 곡식과 같은 대량의 일용품들 때문에 북아프리카에 대해서 매력을 느꼈지만 무엇보다도 중세 유럽 경제 발전에 매우 중요한 구실을 한 금괴가 가장 매력적인 품목이었다."(1998, 140) 사하라 사막을 횡단하며 이뤄지는 노예무역도 중요하기는 마찬가지였다.(Meillassoux 1982) 수십만 명의 노예가 사하라 사막 이

남 지역(당시 많은 사람이 '흑인들의 땅'이라고 막연하게 불렀던 곳)에서 북아프리카로, 때로는 심지어 북아프리카에서 유럽으로까지 팔려나갔다.[9] 오스틴Austen(1987, 36)은 650년에서 1600년 사이에 거의 600만 명의 노예가 아프리카에서 이슬람 세계로 팔려나갔으며 그들 대다수가 사하라 사막을 횡단할 수 밖에 없었는데 그 가운데 약 20퍼센트가 도중에 죽었다고 추정한다.(Hopkins 1973, 81)[10]

지배층이 노예무역에서 발생하는 재정 수입에 의존하다보니 북아프리카 국가들은 늘 서로를 침략하는 전쟁 상태에 있었다.(Jacques-Meunié1982, 260~261)[11] 이러한 무력 침공은 세계의 여느 지역에서 일어나는 것과 다르지 않았다. 다만 침공하는 동기가 약간 독특하다는 것일 뿐이었다. 노예무역은 다음과 같은 얄궂은 결과를 초래했다.

> 노예무역은 생산의 가장 중요한 요소 가운데 하나인 노동력을 수출하는 데 목표를 둔 활동으로서 국가 생산력의 많은 부분을 투자하는 것인 반면 그 대가로 수입되는 상품은 대개의 경우 수입 지역의 성장 가능성에 전혀 도움을 주지 못하기 때문에 결국에는 경제 발전을 가로막았다.(Hopkins 1967, 154)

아민Amin(1972, 109)이나 할펀Halpern(1967, 106)은 16세기 이전 아프리카 사회의 "평등주의적 성격"과 "자율적 특성"은 칭송한 반면에 아프리카 대륙에서 일어난 노예무역의 중요성은 최소화했다. 하지만 나는 유럽이 식민지를 건설하기 이전의 아프리카를 "즐거운 아프리카Merry Africa"라고 부르는 신화는 되풀이하고 싶지 않다.(Cohen 1991, 116~117 참조)

노예, 금, 직물을 비롯해 차드 호수 북쪽 카와르 지역에서 생산되는 명반 같은 여러 다른 원재료들이 지중해 지역으로 수송되었다.(Vikor 1982, 123; Devisse 1996, 866) 그 과정에서 카넴 보노우 왕조가 다스리던 지역이 서서히 이슬람 지역으로 바뀌었다.(Cuoq 1984, 231~256; Lange 1980, 176~177) 또한 남아시아 연안 지역에서 화폐로 통용되던 자패紫貝 껍데기가 서아프리카에서도 쓰이고 있었다는 사실은 당시 서아프리카의 국제적 상업 관계가 매우 활발했음을 잘 보여주는 증거라고 하지 않을 수 없다.(Abulafia 1987, 470) 자패 껍데기는 11세기에 니제르에서 화폐로 통용된 이래로 점차 주요 통화가 되었다.(Johnson 1970; Fisher 1977, 283; Hogendorn and Germany 1988) 그러나 금이 여전히 가장 중요한 품목이었다는 것은 1375년 카탈로니아 지도를 보면 잘 알 수 있다.(Magelhaes-Godinho 1969, 29) 해마다 사하라 사막을 통해 이동된 금의 양은 4톤에서 10톤 사이로(Magelhaes-Godinho 1969, 119) 때때로 같은 무게의 소금이나 구리와 교환되었다.(Devisse 1996, 867, 869) 소금은 일용품이었지만 구리는 "귀금속"이었다. 구리는 상대적으로 그 지역에서 희귀한 금속이어서 유럽의 금처럼 교환 수단으로 쓰이기도 했다.(Herbert 1981, 122~123; Fisher 1977, 278)[12]

당시 남아시아와 달리 이 지역의 지배층은 농업에 대한 과세보다 교역과 수입품의 재판매(예컨대 소금)에 대한 세금 징수를 통해 더 많은 수익을 챙겼다. 농업은 기후 조건 때문에 상대적으로 잉여생산물이 거의 없었다. 따라서 토지 소유는 그다지 중요한 목표가 아니었다.(Mojeutan 1995, 17) 북아프리카와 서유럽 국가들에게 금이 중요했다는 사실을 생각할 때 금을 공급하는 지역이 대부분 말리 제국의 직접적인 통치를 받지 않는 지역이었다는 것은 매우 흥미로운 일이다. 실제로 그들이 획득한 금은 대개 "말리 제국에 느슨하게 부속된 지역이나 변경 밖에 사는 정령신앙을 믿는 사람들이 공물로 바친" 것들이었다.(Malowist 1966, 9) 예컨대, 아칸 같은 삼림 지역에 사는 사람들로부터 얻은 것이다.(Cuoq 1984, 122~123 참조) 따라서 남부의 금 생산지를 직접 지배하는 것보다 더 중요한 것은 시장과 교역로, 상업중심지들을 지배할 수 있는 능력이었다.(Levtzion 1973, 115)

사하라 사막과 수단 지역의 국가들이 있는 "서아프리카에서 가장 부족한 생산 요소는 토지가 아니라 노동력이었다."(Hopkins 1973, 24)[13] "(자본주의) 이행 논쟁"에서 주목하는 것처럼 "인구통계학적으로 노동력이 매우 부족한 경우, '자유' 임노동자들에게 들어가는 비용은 크게 늘어난다."(Gottlieb 1984, 30) 따라서 노예를 사서 부리는 비용이 노동자를 고용하는 비용보다 쌌다. 북서아프리카에서는 대량으로 노예를 사고팔았는데 — 가내 노동뿐 아니라 광산 노동, 상품 운송, 농사짓는 데도 썼으며(Levtzion 1973, 117; McDougall 1983, 276) 행정과 군대에서도 일부 자리를 얻기도 했다(Brett 1969, 354; Fisher 1977, 269) — 그것은 장기적으로 부정적인 결과를 초래했던 것으로 보인다. 홉킨스Hopkins가 강조한 것처럼 말이다.

> 경제 발전의 관점에서 볼 때 노예제의 최대 단점은 그것이 비효율적이라는 것이 아니라 (전반적인) 구매력을 저하시키고 유효수요를 소수의 사치품 소비자의 손에 집중시켜 시장의 확대를 제한한다는 것이다. 이러한 생각은 서아프리카의 지배층에게는 무의미한 것이었다.(1973, 25)

게다가 생태와 풍토라는 변수와 관련해서 상대적으로 낮은 인구밀도와 연계된 노예제 경제는 토착적인(내재적인) 기술 발전을 이룰 수 없게 했다.(Goody 1971) 기술 발전은 대개 기업가들이 상대적으로 높은 임금의 노동력을 유지하는 데 드는 비용을 상쇄하기 위해서 시도하는 것이기 때문이다. 경제가 성장하면 당연히 기술 혁신이 따르게 마련이지만 "새로운 발명은 기술 개발에 투자하는 것이 이익이 될 때 비로소 발생한다."(Beaujard 2005, 430) 노예제가 근본적으로 중요한 위치를 차지하는 정치경제체제(Meillassoux 1975, 1982; Levtzion 1985, 154)[14]는 본디 중요한 기술 혁신을 장려하지 않는다.(Shatzmiller 1994, 401; Austen 1987, 47) 기술 혁신은 자본주의 체제의 등장과 관련된 권력의 축적과 떼려야 뗄 수 없는 관계다. 비록 다양한 (세계) 제국들이 개별적으로 이룩한 기술 혁신들이 매우 인상적일 수 있을지라도 장기적으로 볼 때 그러한 기술 혁신은 새로운 기술을 가장 잘 전파할 수 있는 경제체제에서 가장 잘 돌아가기 마련이다. 임금노동자가 많이 있는 자본주의 체제에서는 임금 비용을 상쇄하기 위해서 자본주의 기업가들이 지배하는 사적 자본이 (끊임없이) 기술 장치와 혁신에 투자된다. 노예제 경제에서는 노예를 감시하고 강제하는 데 더 많은 역량을 투입해야 하기 때문에 기술 혁신을 추진할 특별한 동기가 없다. 피라미드의 건설은 당시 이집트가 상시적으로 기술을 개발하고 그 성과를 활용할 수 있다는 경제의 **구조적 능력**을 과시하기 위한 것이 아니라 노예제 국가가 창출할 수 있는 강제력을 보여주기 위한 것이다. 어쨌든 강제로 부릴 수 있는 노동력을 얻고 소유하고 관리하는 것에 주목해서 볼 때 북서아프리카의 지속적인 인적 손실은 "더 고도로 발전된 정치 조직체로 진화하는 것을 가로막았다."(Tymowski 1987, 63)[15]

따라서 북서아프리카 지역의 국가들은 조공이 지배적 양식이며(Amin 1991) 앞서 말한 중국 제국이나 델리 왕조보다 정치적으로 더 유약해서 오랜 세월 광대한 공간을 평정하지 못한(Picard 1997, 475) 까닭에 그들 국가를 "초기국가"라고 불러도 무방하다.(Tymowski 1987, 1991) 예컨대, 말리 제국은 "영토나 경계선이 아니라 사회계급으로 정의된 영향권"으로 규정되었고 "말리 제국의 군주는 그러한 영토를 지배하는 것에 관심이 없었다."(Trimingham 1962, 35) 따라서 과세 대상은 토지가 아니라 사람이었다.(Thornton 1998, 77~78) 이것은 결국 특정한 영토를 "점유"해서 그곳을 착취할 수 있는 주변부로 전환시키는 것보다는 약탈, 노예 축적, 가장 중요한 교역로 지배를 더 중시하게 만들었다.(Lacoste 1974, 3) 심지어 수단 지역의 국가 구조가 초기국가 형태를 갖추고 있었는지 그렇지 않은지 의문을 제기하는 학자도 일부 있다.

> 수단 제국은 멀리 떨어져 있는 종주국에 대한 신화적 인정 말고는 공통점이 거의 없는 특정한 형태가 없는 거대한 친족 집단이었다. 이러한 제국은 만데에서는 디야마나dyamana라고 부르는 촌락 국가의 형태를 넘어선 다양한 조공 집단들로 구성되었는데 말리 제국은 그것들을 보호령으로 지정하는 체제를 구축했다.(Trimingham 1962, 36)

그렇다고 팀북투[16] 같은 수단 지역의 주요 도시들의 운명이 왕조나 국가 체제가 바뀔 때마다 성쇠를 같이했음을 의미하는 것은 아니다.(Saad 1983, 11) 상인 부르주아 출신의 이슬람 학자 명망가들로 구성된 지배층이 다스리는 팀북투 같은 도시들은 그들에 대한 종주권을 주장하는 초기국가나 군주에 대해서 상당한 자치권이 있음을 분명하게 보여줬다.(Saad 1983, 224~233) 그러나 앞서 말한 상인계급에게 유리한 모든 조건이 갖춰져 있었는데도(Abulafia 1987, 405) 그런 큰 규모의 자치권을 가진 수단의 도시들은 서유럽에서처럼 도시국가로 발전하지 못했다.(Saad 1983, 23)[17] 따라서 중세 아프리카를 검토할 때 근본적으로 제기해야 할 중요한 문제 가운데 하나는 아프리카의 도시들이 중세 말 유

럽의 도시들과 얼마만큼 "본질적으로 다른지"를 살펴보는 것이다.(아래 참조)

홉킨스는 그러한 구조적 차이에 대해서 어느 것도 그다지 중요하다고 생각하지 않는다.

> 아프리카의 도시는 농민들이 머물 뿐 아니라 직인, 수송업자, 숙박업자, 상인과 같은 전문 인력들이 머무는 곳으로 온갖 종류의 상품들을 교환할 수 있는 중심지였다. 또한 행정과 종교의 중심지이기도 했다. 실제로 사하라 사막의 사바나 경계에 있는 일부 도시들은 교역에 집중했기 때문에 도시에 필요한 기본 식품의 공급을 전적으로 외부에 의존해야 할 정도였다.(1973, 20)[18]

'흑인들의 땅'에 있는 도시들이 경제활동을 왕성하게 했고(가오, 왈라타, 팀북투, 젠네의 번창한 모습이 금방 떠오른다) 때때로 도시의 기본적인 식량 수급 때문에 당시 서유럽의 도시들보다 원거리교역에 대한 의존도가 더 큰 적도 있었지만 대부분의 도시는 "구조적으로 취약하고 불안정했던 대초원 지대의 제국"(Trimingham 1962, 36)에 단단하게 복속되어 있지 않았다. 무라비트 왕조, 무와히드 왕조, 메리니 왕조에서 시질마사 같은 도시 시장을 지배하는 것은 북아프리카 지역의 주요 정치 세력으로서 왕조를 확대하는 데 — 사실은 존립 자체를 위해 — 무엇보다도 중요한 일이었다.(Lacoste 1974, 4) 그러나 초원지대의 유목민족의 압박은 말할 것도 없고 (왕조 내부의 분란에 따른)[19] 다양한 파벌의 도시에 대한 지속적인 권리 주장 때문에 도시국가의 출현은 매우 어려운 상황이었다. 북아프리카의 이들 초기국가에서 매우 부유한 민간 은행가나 금융업자들이 사회적으로 신분 상승을 하기 위해서는 코뮌을 만들거나 "부르주아"가 되기보다 기존 체제 내부에서 재무대신이나 궁내장관과 같은 고관대작이 되는 편이 더 쉬웠다.(Lacoste 1974, 5~8; Mojuetan 1995, 25)

팀북투 같은 주요 관문 도시는 "수단 지역 사람들을 위한 상업중심지"(Saad 1983, 26)라고 규정될 수 있었다. 이 상업중심지는 정치적 결정을 통해서가 아니라 지리적 기회와 경제적 필요 때문에 발전한 상업적 교차점, "합류 지점"(Cissoko 1984, 203)이었다. 그러나 그러한 도시는 인근 거주 지대와 모호한 관계를 끊임없이 유지해온 유목민들의 거듭되는 전쟁과 강도질 때문에 "많은 상업 활동이 다른 곳으로 방향을 트는 것"(Saad 1983, 30)을 막을 수 없었다. 예를 들어, 14세기 말리 제국이 경제적으로 번영하기는 했지만 그렇다고 초기국가의 구조적 유약함을 극복한 것은 아니었다. 주변의 가신들과 유목민 집단의 충성은 보잘것없었다.(Le Tourneau 1969, 59; Cuoq 1984, 83; Niane 1984a, 160~161) 마침내 뛰어난 지배자(수렵민/전사)가 나타나 역동적인 후계국가를 다스리는 강력한 왕조를 세울 때까지 정치적 분열은 끊이지 않았다.(Levtzion 1973, 47) "지배자 자신은 여러 부족집단의 연합체의 우두머리였지만 본질적으로 일개 부족장에 불과했다."(Lacoste 1974, 12; Iniesta 1994 참조) 대부분의 제국처럼 말리 제국도 왕위계승을 둘러싼 내부의 위기와 유목민들의 거듭된 침입으로 결국 붕괴되고 말았다.(Levtzion 1977, 384~385)[20]

이 관문 도시들은 서유럽의 도시들과 비교할 때 교역로의 중요성이 훨씬 더 컸다. 그들 도시 "자체가 이러한 교역로가 만들어지면서 생겨났다"(Anene 1965, 192)[21]고 해도 과언이 아니다. 그러나 그 도시들은 교역로의 변동이나 자신들에게 일용품을 공급하는 내륙에 산재된 배후지들을 지배하거나 관리하지는 못했다. 자신들의 특권을 지키기 위해 무장하고 훈련된 유럽의 도시국가 시민들과 달리 수단 지역의 군사력은 대개 초기국가의 지배자들과 그 주변에서 함께 사는 유목민들이 장악하고 있었다.(Mojuetan 1995, 24) 관문 도시의 번영에 중심 구실을 한 사하라 횡단 교역의 성패를 결정하는 것은 상인 부르주아가 아니라 바로 초기국가의 지배자와 유목민들이었다.(McDougall 1985, 28)**22** 강력한 무력을 보유한 유목민 세력은 또한 북서아프리카의 초기국가들이 발전할 수 있는 가능성을 제한했다.(Fisher 1977, 249; Lawless 1975, 50~53) "유목민 지역은 통치권과 종교적 권위에서 멀리 떨어져 있었기 때문에 종교적 저항이나 군사적 반란이 일어나기 좋은 환경이었다."(Zubaida 1985, 328)**23** 이러한 유목민 세력은 상업 교역로를 바꿀 수 있었을 뿐 아니라(Niane 1975, 201) "어떤 의미에서 북아프리카의 국가는 여러 부족이 지배자의 부족과 연합한 형태였기"(Lacoste 1974, 13) 때문에 기존의 국가 체제를 위협할 수도 있었다.

이러한 부족들 사이의 불안정성과 교역로의 변동에 덧붙여 유용한 해상운송의 부재는 경제 발전을 저해하는 더 큰 문제들을 야기했다.

> 상품의 역내 교역은 가능했지만 원거리교역은 이뤄지지 않았다. 상품 운송비가 다른 지역에서 생산될 수 있는 대체 상품과 경쟁할 수 없을 정도로 많이 들었기 때문이다. 역내 교역은 당연히 비용 절감을 위한 혁신과 더 세분화된 전문화의 도입을 정당화하기에는 소비자의 수와 구매력의 크기 면에서 시장이 너무 작았다. (…) 운반비용은 너무 크고 상대적으로 부유한 소비자의 수는 너무 적어서 공장에서 만든 제품을 대량으로 내다 팔 시장이 형성될 수 없었다. 따라서 원거리교역의 승수효과도 한정될 수밖에 없었다. (…) 게다가 인구가 적고 산재해 있었기 때문에 다른 지역에 비해서 운송비가 더 많이 들었다.(Hopkins 1973, 76)

더군다나 역내 교역로는 사하라 사막과 사헬 지역의 다양한 생태적 제약의 영향을 크게 받았다.(Tymowski 1987, 62; Thiry 1995) 대부분의 교역은 낙타, 말, 당나귀, 노예를 이용한 육상 운송이었지만 앞서 말했듯이 유럽의 상업혁명 발전에 결정적 구실을 했던 수로를 통한 운송도(Bautier 1989) 가능한 곳이면 어디서든 이용했다. 유럽에서 이것은 원거리에 일용품을 대량으로 운송하는 가장 싼 수단이었을 수 있지만 서아프리카의 강들은 곳곳에 위험한 급류가 있고 우기에는 홍수가 나고 건기에는 물이 마르는 곳도 많아서 대개 항해하기가 어려웠다. 이것은 결국 "다른 지역보다 훨씬 힘든 운송 환경"을 초래했다.(Austen 1991, 24)[24]

이러한 다양한 요인(교역로의 잦은 변동, 환경적 제약, 왕조 내부의 분란 등)은 장기적으로 경제 발전을 제한했다.(Karpinski 1968, 82) 수단 지역의 사례에서 보는 것처럼 교역로의 지배로부터 파생된 잉여의 대부분은 생산을 담당하는 산업에 재투자되지 않았다. "이익을 더 많이 창출할 수 있는 대안이 없었기" 때문이다.(Hopkins 1973, 77) 오히려 그 잉여의 대부분은 지배층들이 지중해와 중동 지역에서 들여오는 사치품들을 사는 데 쓰였다.(Mauny 1965, 178; Triaud 1973, 220) 대외교역으로 발생한 재정 수입 가운데 많은 부분이 외국의 무역 상인에게 다시 돌아가거나 북아프리카로 유출되었다.(Tymowski 1987, 63) 그 결과, "처음에는 수단 서부 지역의 국가 형성을 강력하게 자극했던 대외 접촉이 나중에는 그곳의 성장을 가로막는 장애물이 되고 말았다."(Tymowski 1994, 31) 더 나아가 사하라 사막 횡단 교역로 바깥 지역은 여전히 개발되지 않고 방치되었다. 15세기 초 유럽 상인들은 월로프족이 사는 지역의 역내 시장에서 거래되는 상품의 종류가 매우 한정되어 있었고(예컨대 면화, 피륙, 채소, 기름, 수수, 목기, 종려잎돗자리, 때때로 무기) 화폐를 사용하지 않았기 때문에 주로 물물교환 형식으로 거래되었다.(Levtzion 1973, 120; Tymowski 1991, 134) 또한 수단 지역의 여러 곳에서 볼 수 있었던 경제의 상대적 취약성, 무엇보다도 화폐 경제의 부재(Coquery 1965, 70)는 이웃 국가의 국민을 중요한 노예 자원으로 생각하게 만들었고(Tymowski 1991, 135~140) 마침내 "비참한 파괴적 전쟁과 사회 분열"(Brooks 1993, 57)을 초래하고 말았다.

북아프리카의 도시와 국가, 그리고 지중해 지역의 힘의 균형

북아프리카 경제는 10세기와 12세기 사이에 비약적인 발전을 이뤘다. 새로운 경작 방식과 관개기술의 발달은 농업 생산량의 대규모 증대를 가져왔다.(Shatzmiller 1994, 47; Watson 1983) 또한 북아프리카에서 시장의 발달이 "농업뿐 아니라 산업에서도 지역적으로 전문화되어 때로는 매우 먼 곳과 경제적으로 상호 의존하는 관계를 초래했다"(Rodinson 1978, 59)는 주장은 학자들 사이에 폭넓은 합의에 이른 사항이다.[25] 그러나 북아프리카는 이러한 경제 번영에도 불구하고 해군력이 날로 쇠퇴하기 시작했고 12세기에서 16세기까지 서유럽과 비교할 때 상대적으로 경제도 서서히 기울어갔다.(Shatzmiller 1994, 42)

지중해 지역의 이슬람 세력은 목재 자원의 부족으로 해군력 약화라는 불리한 상황에 직면했다.(Devisse and Labib 1984, 648; Agius 2001, 50~52)[26] 10세기에 다시 일어선 비잔틴 제국에게 크레타 섬과 키프로스 섬을 빼앗기고 11세기에 코르시카 섬과 사르디니아 섬, 시칠리아 섬마저 잃으면서 이슬람의 해군력은 더욱 무력해졌다.[27] 지중해 연안 지역을 가로지르는 (이베리아 반도와 팔레스타인 지역의) 이러한 핵심 전략 거점들[28]을 잃음으로써 이집트의 파티마 왕조나 아이유브 왕조 또는 무와히드 왕조를 비롯한 북아프리카의 후계 왕조(마린 왕조, 지얀 왕조, 하프스 왕조)의 해상 침탈에 맞서 싸우는 것은 불가능해졌다. 이것이 상업 활동에 끼친 영향은 엄청났다. "11세기에서 15세기까지 이슬람 해운업은 이전에 지중해를 횡단하고 교역하면서 얻은 모든 것을 잃고 말았다."(Pryor 1988, 135; Walker 1983, 45 참조; Heers 1973, 355) 이븐 할둔은 『역사서설』에서 "이슬람 사람들은 지중해 지역에서 이방인이 되었다"고 탄식했다.(Ibn Khaldoun 2, 46) 이슬람 사람들은 12세기부터 이슬람 지역의 항구들 사이를 여행할 때도 기독교인들의 배를 타고 다니기를 더 좋아했다. 속도가 빠르고 안전도도 더 높았기 때문이다.(Ragheb 1996, 182) 모든 독실한 이슬람 사람은 일생에 한 번은 꼭 성지를 순례하고 싶어 했다. 따라서 많은 이슬람 사람, 특히 튀니스나 모로코, 그라나다에서 오는 아랍의 순례자들이 유럽의 배를 타고 여행을 했다.(Ashtor 1981, 282) 유럽은 이것을 통해 매우 많은 양의 금을 얻을 수 있었다. 알렉산드리아가 이탈리아와 긴밀한 상업 활동을 펼쳤던 것을 감안할 때 이슬람 사람들이 성지 순례를 가는 도중에 알렉산드리아를 통과하면서 쓴 금의 일부가 또한 유럽으로 흘러 들어가기도 했을 것이다.[29]

비록 소소하기는 하지만 당시에 북아프리카에서 유럽으로 금이 흘러 들어간 또 다른 이유는 여러 이슬람 국가에 유럽 용병들이 있었다는 사실이다.[30] 12세기부터 지중해 지역의 이슬람 국가들은 유럽의 군사 위협에 수세에 몰리는 경우가 점점 더 많아졌다. 시칠리아 왕 로저 2세는 노르만 제국을 아프리카로 확장하면서 북아프리카 도시들의 상대적 취약성을 밖으로 드러냈다. 1143년 지젤리, 1144년 브라스크, 1153년 보네가 공격받고 약탈당했다.(Golvin 1957, 147) 그러면서 유럽 열강들은 일부 북아프리카 섬들(1135년 제르바 섬, 1145년 케르케나 제도)과 도시들(1143년 수스, 스팍스, 1146년 트리폴리, 1147년

가베스, 1148년 마흐디야)과 조공 관계를 맺었다.[31] 비록 시칠리아 왕국이 무와히드 왕조의 압력과 "이교도의 지배"에 대한 대중의 불만에 직면해서 결국 조공 관계를 유지할 수 없었지만(Abulafia 1985) 이 사건은 당시 지중해 지역에서 유럽의 해군력이 얼마나 큰 영향력을 키워가고 있었는지를 잘 보여준다. 유럽 열강과 이슬람 세력이 모두 해적질과 약탈행위를 시작한 것으로 알려져 있지만 12세기의 이러한 사태 전개는 13세기와 14세기 지중해 지역의 세력 판도를 서서히 바꿔나갔다.(Hrbek 1984, 80) 유럽 열강은 북아프리카 해안 지역을 침입해 약탈하고 전략 거점들을 점령할 수 있었다. 예컨대 1284년 아라곤 군대가 제르바 섬을 점령해 1335년까지 지배했다.(Julien 1964, 152) 심지어 육상에서 레반트 지역의 십자군 잔존 거점들을 무력으로 진압한 이집트의 맘루크 왕조도 1250년에서 1345년까지 세계 교역로가 재편되어 자신들의 영토에서 멀어지면서 불확실한 상황에 처했다.(Heyd 1959; Lapidus 1984, 23)[32] 북아프리카 이슬람 국가들은 아직 유럽에 복속되거나 식민지 종속 상태로 전락할 정도로 약하지는 않았지만(Gourdin 2000) 용병에 대한 의존 증대(Bovill 1968, 100)와 유럽의 "보호령" 체제의 등장(Fernández-Armesto 1987, 126~134)을 감안할 때 그들이 전보다 군사적으로 위협이 되지 않았다는 점에서 세력이 쇠퇴했다고 볼 수 있다. 당시 지중해 지역에서 이슬람 세력의 상대적 약화는 그 지역에서 벌어진 유럽의 노예 약탈에서도 확인할 수 있다.[33]

12세기와 13세기에 이탈리아 도시국가들은 북아프리카와 교역을 강화했다.(Krueger 1933, 1937) 점점 많은 이탈리아 상인이 북아프리카 연안을 따라 푼두크(중앙시장)를 열어(Bovill 1968, 103), 특히 시칠리아 섬에서 생산된 곡물, 구리, 염주, 포도주(Brunschvig 1947, 259~268; Bovill 1968, 105) 그리고 무엇보다도 중요한 직물(Levtzion 1973, 131~132)을 팔았다.[34] 교역 기회가 늘어난 제노바 상인들은

1160년대에 사하라 사막 횡단 교역로와 연결되는 관문국 역할을 했던 항구 트리폴리, 사레, 세우타로 교역을 확대했다.[35] 이탈리아 상인들은 후나인 항구를 통해서 사하라 사막 횡단 상업망의 중심지 가운데 하나인 틀렘센에서 상품들을 쉽게 얻을 수 있었다.(Levtzion 1973, 142; Bouayed 1988)[36] 이탈리아, 스페인[37], 프랑스 배들도 타운, 마자그란, 모스타가넴, 브레후크, 셰르셸, 알제를 정기적으로 오갔다.(Lawless 1975, 59) 그리고 사하라 사막 횡단 교역로가 서서히 바뀐 13세기 중반에는 유럽의 교역 상인들이 튀니스로 떼지어 몰려들었다.(Walker 1983, 37; Doumerc 1999) 14세기 초부터 유럽의 배들도 안파(오늘날의 카사블랑카)로 항해했다.(Abulafia 1994, 15) 유럽 상인들은 14세기에 지중해 교역로 대부분을 지배했기 때문에(Bouayed 1988, 329) 레반트 지역에서 수입한 향신료를 북아프리카에 되팔았다.(Abulafia 1998, 345) 따라서 이슬람 세력이 지중해 지역에서 힘을 잃는 것과 동시에 북아프리카의 이슬람 국가와 유럽의 기독교 국가 사이의 무역수지도 후자에게 유리하게 되었고 유럽으로 흘러 들어가는 금의 양도 점점 더 늘어났다.(Levtzion 1977, 369; Dufourcq 1965, 520)[38] 심지어 무역수지가 이슬람 국가에 유리한 지역에서도(아마도 13세기 초 이프리키야처럼) 점차 "유럽의 항해술이 더욱 발전하면서 제노바, 피사, 마르세유 상인들의 시장점유율은 점점 더 커졌다."(Perkins 1986, 46)

세우타는 12세기와 13세기에 이탈리아, 스페인, 프랑스 상인들이 피륙과 구리를 내다 팔고 그 대가로 세네갈에서 나온 금을 받던 항구로 가는 길목에 있는 주요한 중계항이었다.(Dufourcq 1955, 70) 그러나 그것보다 더 중요한 것은 당시 지역과 지역, 나라와 나라 사이를 연결하는 가장 큰 중계항 가운데 하나였던 이 교역의 중심지가 1230년대에 완전한 독립을 이뤘다는 사실이다. 어떠한 권력에도 구애받지 않은 세우타의 최고 부자 상인 가운데 한 명인 아호메드 알-하차흐 아브-르-압바스 알-하나스티Ahmed al-Hachah Abou-l-Abbas al-Hanasti가 여러 해 동안 세우타를 지배했다. 그러나 제노바는 자신들의 경제적 이익이 위협을 받자 세투아 항만으로 120척의 전함을 급파했다. 그들에 대한 세우타의 저항은 쓸모없는 짓이었다.(Dufourcq 1955, 87, 101) 세우타는 결국 짧은 독립의 시기를 끝내고 무와히드 왕조에 굴복했다.(Picard 1997, 503~504) 12세기 동안 지역의 상인 귀족이 독립을 유지했던 도시 트리폴리에서도 비슷한 일이 일어났다. 제노바는 또 한 번 경제적 이해관계를 맺고 있던 마그레브를(Jehel 1995, 92) 1355년 불시에 공격해 장악함으로써 자신들의 막강한 해군력을 과시했다. 북아프리카의 도시들도 여러 시기에 걸쳐 서유럽 도시들처럼 독립된 형태를 보여줬지만 지중해 지역에서 지속적인 세력을 확보하지는 못했다. 이것은 트리폴리를 탈취하고자 했던 아부 바크르 이븐 모하메드 이븐 사비트Abu Bakr ibn Muhammad ibn Thabit가 자신의 군대를 알렉산드리아에서 트리폴리로 이동시키기 위해 제노바의 배를 빌려야 했다는 사실에서도 잘 알 수 있다.(Brett 1986, 88~89)

이 시기의 도시 자치에 대해서 고려할 때 반드시 묻고 넘어가야 할 문제는 북아프리카 도시 공동체가 자기 도시를 방어하기 위해 시민을 동원할 수 있었느냐 없었느냐가 아니라(Brett 1995, 117) 그들이 항상 어떤 형태로든 군사 조직으로서 지원할 수 있었느냐 없었느냐다.(Brett 1986, 119) 상설 민병대나 무장한 동업조합의 부재는 이슬람 세계에 "도시국가"가 생겨날 수 없었던 한 요인이었다.[39] 그 밖에도 유럽 상인들의 침략, 이베리아 반도 귀족들의 확장 야욕(Malowski 1964; Rosenberger 1993), 북아프리카 도시들에 대한 지배를 유지하고자 애쓴 이슬람 지배자들의 행정(Hrbek 1977, 89), 도시로부터 강제로 조공을 거둬들이는 데 혈안이 된 내륙의 유목민들[40]이 모두 이슬람에 "도시국가"가 생겨나지 못하게 한 요인들이었다. "농촌 마을과 소도시들은 유목민의 확장 정책으로 사라졌고 대도시들만 도시 문명과 상업 활동의 고립된 오아시스로서 살아남았다"(Levtzion 1977, 360)는 사실을 볼 때 북아프리카 이슬람 도시들의 상대적인 정치적 유약함 때문에 그들의 사회경제 활동이 중요하지 않다고 생각해서는 안 된다. 예컨대 모로코의 도시 페스의 부와 영화는 그것과 정반대라는 것을 보여준다.(Ferhat 2000) 다만 "이슬람에서는 급여를 받는 직인들이 대개 생산수단을 가지고 있었기"(Shatzmiller 1994, 403) 때문에 선대제가 점차 주도권을 쥔 서유럽과 달리 상인의 영향력이 별로 강하지 못했다.(1장 참조) 역설적이지만 대부분의 이슬람 도시 지역, 특히 그곳의 엘리트층은 서유럽의 엘리트층보다 북아프리카에서 더 번창했음에도 불구하고(Garcin 외 2000a, 199) 그들의 정치적 권력은 정치 체제 내에서 그다지 강력하지 않았다.(Picard 1997, 508) 유도비치Udovitch는 북아프리카 도시의 이슬람 상인들이 상대적으로 정치적 권력이 약했던 것에 대해서 다음과 같이 자세히 설명한다.

> 중세 이탈리아 도시에서는 상인계급과 국가의 정체성이 실제로 동일했다. 상인들은 막강한 정치권력을 휘둘렀고 국가 기구는 여러 면에서 상인들의 이익과 요구를 대변하는 도구였다. [그러나] 당시 지중해 건너편의 이슬람 도시들은 사정이 전혀 달랐다. 중세 지중해 지역의 이슬람 도시들에서도 상업 거래는 매우 중요한 생활이었지만 상인 — 일반적으로 안정된 도시 사회 — 의 정부와 권력에 대한 관계는 그것과는 전혀 다른 질서였다.(1988, 53)

맞는 말이다. 그러나 그렇다고 이슬람 도시들이 전제 국가의 지배를 받았다고 말한다면 그것은 과장이다. 실제로 다음과 같은 주장은 대개 이슬람의 (동양적) 전제 정치가 어떤 이미지를 가지고 있는지를 잘 보여준다.

> 이슬람 도시는 시를 운영하는 자치 기관의 흔적을 전혀 찾아볼 수 없다. 어떤 예외적 특권이나 특별한 권리도 볼 수 없으며 시장을 감시하고 치안을 유지하는 것 말고는 다른 책임이 없는 무흐타시브muhtasib라는 관리만 있을 뿐 다른 행정관리나 집행관은 없다.(de Planhol 1980, 455)**41**

드 프라놀de Planhol에 따르면 "군주의 절대 권력을 완화할 수 있는 것은 아무것도 없다."(1980, 455) 그러나 실제로 지방 총독이 자치권의 대부분을 가지고 있었기 때문에(Jacques-Meunié1982, 276) 이슬람 제국의 지배자 칼리프도 "동료들 가운데 1인자"에 불과한 것으로 생각되었다는 것을 감안한다면(Cahen 1980, 532) 드 프라놀의 주장은 과장된 것이라고 하지 않을 수 없다. 오히려 유도비치가 지적한 것처럼

> 상인들은 (…) 대개 당국의 자의적인 간섭이나 개입 없이 사업을 할 수 있도록 허용되었다. [그러나] 그들은 자신들의 상업적 이익을 더 늘리고 증진하기 위해서 물리적, 군사적 자원을 이용할 수 있는 강력한 군주와 동일한 이해관계를 가지는 것은 절대 불가능했다.(1988, 72)

이것은 유도비치의 연구에서 매우 중요한 요소인데 샤츠밀러Shatzmiller는 북아프리카의 상업 쇠퇴를 살펴보면서 그 사실을 확인했다.

> 상인 개인도 이슬람 국가도 상인들의 항해를 발전시키고 보호하는 데 자신들의 자원을 써야 할 필요성을 느끼지 못했다. 통치자나 국가가 교역 활동을 위해 제공하는 정치적 지원이 얼마나 중요한지 잘 이해하기 위해서는 이탈리아 도시국가들이 지중해 교역에 얼마나 많은 자원과 정치력을 발휘했는지 비교해볼 필요가 있다. 이슬람 정치권력이 교역을 적극적으로 추진하지 않은 것이 역량과 수단이 없어서인지 아니면 의지가 부족해서인지를 불문하고 어쨌든 지중해 해안 지역에 있는 이슬람 국가들이 왕성하고 정교한 해상교역 체계를 쉽게 발전시킬 수 있었음에도 그렇게 하지 못하고 11세기부터 이탈리아 도시들의 지배와 개입에 손을 들게 된 이유인 것은 분명하다.(Shatzmiller 1994, 45)[42]

결론

북아프리카의 정치경제를 분석해보면 자본주의적 특성이 이슬람 세계에서도 나타나고 있었다는 것은 틀림없는 사실이다. 그러나 (서유럽에 비해서) 그러한 자본주의적 특성의 발전은 한정되어 있었다. "비록 부르주아 계층의 많은 개인이 국가의 최고위직을 차지하고 있었지만 하나의 계급으로서 정치권력을 획득하지 못했기" 때문이다.(Rodinson 1978, 52~55) 이 사실은 매우 중요하다. 부티에와 위지니디Boutillier and Uzunidis가 『기업가의 신화』라는 연구에서 지적한 것처럼 "개별 상인은 그들에게 안전 보장과 시장 접근, 심지어 자본 자체를 제공하는 국가의 지원 없이는 아무것도 하지 못했다."(1999, 10) 우리는 흑인들의 땅에서 부를 축적한 거상들을(Cuoq 1984, 91) 북아프리카의 카탈로니아 상인들(Dufourcq 1966, 58~62)이나 다른 유럽 상인들(Picard 1997, 456)에 비견되는 자본가라고 부를 수 있을까? 중세 이슬람 사회의 사회경제적 번영을 부인할 수 없는 것은 틀림없다. 그러나 **자본가**의 존재 여부가 장기적으로 지속적인 자본주의 **체제**의 성공을 가늠하는 기준은 절대 아니다.(Rodney 1982, 55 참조) 마르크스는 상인 자본의 발전이(즉, 상인 자본가의 존재가) **저절로** 자본주의적 생산양식을 창출하지는 않는다고 이미 지적했다.(Gottlieb 1984, 16; Coquery-Vidrovitch 1978) 그리고 비록 19세기까지 대도시들이 유럽 외부에 있었지만(예컨대 바그다드나 베이징) 그렇다고 해서 유럽이 "18세기 말까지 근동 지역의 대제국들이나 중국보다 열세이거나 그들의 주변부 지역이었다고 말할 수는 **없다**."(Chase-Dunn and Grimes 1995, 395) 우리는 도시의 규모가 아니라 해당 지역에서의 자본주의적 역동성을 더 중요하게 살펴봐야 한다. 북아프리카의 역동성은 아마도 당시의 유럽 상황과 단순하게 비교함으로써 가장 잘 드러날 수 있을 것이다.

1장에서 우리는 이미 이프르와 겐트 같은 도시들이 직물 생산을 독점하기 위해서 농촌 지역을 얼마나 철저하게 수탈했는지를 살펴봤다.(Nicholas 1971, 75~116, 203~221) 이탈리아 도시들이 내륙의 농촌 지역들(칸타도)을 종속, 지배하고(Perrot 1983, 93~97; Bowsky 1970, 225~255; Maire Vigueur 1988) 도시 외곽에 "방니유(교외郊外)"(Bochaca 1997)나 "크와르티(지구地區)"(Prevenier and Boone 1989, 93~97)가 생겨났다는 것도 이미 다뤘다. 그러한 약탈적인 자본주의적 권력 관계(Heers 1965, 82)는 중세 서유럽의 도시국가 간 체제의 본질적인 특징이었다.(Heers 1965, 82) 그 체제는 내적으로든 외적으로든 모두 약탈적이었다.[43]

실제로 도시와 농촌 지역 간 수직적 분업은 부분적으로 도시국가가 농촌을 "대외적으로" 지배한 것이었다. 예컨대, 도시국가는 스스로 자신들이 생산한 물품을 팔고자 했던 농민들과 외국 상인들을 중개함으로써(Adams 1994, 145,

154) 농촌 주민에 대한 부의 분배를 실질적으로 독점했다.(Stabel 1992, 352) 이러한 약탈은 도시의 배후지나 그보다 더 멀리 떨어진 농촌 지역(Hunt 1994, 244; Bautier 1992, VI, 224), 보다 정확히 말하면 "분산 배후지"(Horden and Purcell 2000, 116~122)에서의 곡물 생산에서도 확인할 수 있다.[44] 그러나 도시와 농촌 간의 분업은 아마도 가장 국제적인 특성을 띠는 직물 산업에서 가장 잘 볼 수 있을 것이다. 이 수출 산업은 반숙련 또는 미숙련 노동자들을 대량으로 고용하는 광범위한 분업을 통해서 힘을 얻었다.(van der Wee 1988, 320; Le Goff 1999, 1142) 당시 북아프리카의 사회경제적 역동성을 고려할 때 그 지역의 이슬람 도시에서 노동력의 18퍼센트가 직물 제조업에 종사했다는 사실은 특별히 이례적인 상황이 아니었다.(Shatzmiller 1994, 240) 그러나 이러한 직물 산업에 종사하는 노동력 비율은 도시와 농촌의 구분이 훨씬 더 명확했던 서유럽 도시국가들에 비하면 다소 낮은 편이다.[45] 도시 경계를 뛰어넘는 선대제는 유럽 도시에서의 일들이 노동집약적이었다는 것을 잘 보여준다. 도시에서 농촌으로의 노동의 재배치는 유럽 대륙 전체에 걸쳐서 상시적으로 일어났다.(Heers 1963, 121~124; Bois 2000, 135) 따라서 주변 농촌 지역의 값싼 노동력 착취는 도시국가를 지배하는 엘리트층의 상업 이익을 더 늘려줬다.

배후지에 대한 착취는 주민의 14퍼센트가 그 지역 전체의 부 가운데 67퍼센트를 차지했으며 생산 과정에서 상인-기업가[46]들이 훨씬 더 많은 자본을 축적할 수 있었던 피렌체의 사례에서도 잘 확인할 수 있다.

경쟁의 **위협**과 느닷없는 경제 위기의 현실은 도시의 비숙련 임금노동자들을 매우 열악한 상황에 빠뜨렸다. 따라서 도시의 정치 공동체에서 어떤 권한도 행사하지 못하는 (그라오grauw, 게멘gemeen, 라파이유rapaille, 치옴피ciompi 등으로 부르는) 가진 것 없는 최하층에 대한 무자비한 착취 체제, 도시 "내부"의 착취 기제가 완성되었다.(Van Nierop 1997, 278~279) 도시에서 주변 농촌 지역으로 폭력 행사가 점점 확산된 것이 경제적 이유 때문이라는 것은 과장이 아니다. 도시의 프롤레타리아 계급은 대개 상인-기업가들이 더 값싼 노동력을 착취하기 위해 농촌 지역에 자본을 이전하려는 것에 대해서 반발했다.

유럽 도시국가 내부의 사회적 폭발은, 특히 경제 침체기의 경우(Derville 2002, 135~141) 도시 체계가 사회적으로 양극화되었음을 잘 보여줬다.(Blockmans 1997b, 260)**47** 중세의 피렌체가 아주 좋은 사례다. "피렌체 가구의 85퍼센트가 소유한 부의 총합이 가장 부유한 가구 1퍼센트가 소유한 부와 같다."(Herlihy 1978, 138)**48** 이미 알고 있듯이 여성과 어린이를 포함해서(Stella 1993, 99~125) 저임금에 시달리는(Geremek 1994, 66) 하층 계급에 대한 이러한 착취는 도시국가 간 체제 아래서의 고도의 도시 분업 체계와 국제시장에서의 거래를 위한 직물 생산의 특화와 밀접한 관련이 있다.

이러한 착취의 내적, 외적 형태가 공생하며 작동한다는 것은 매우 중요한 사실이다. 중세의 "프롤레타리아"는 손쉽게 이용 가능한 잉여 노동력의(대개는 계절적) 원천이어서 적절한 때 착취할 수 있었다. 이 예비 노동력은 값싼 여성과 어린이 노동력으로 구성되어 있을 뿐 아니라 농촌에서 끊임없이 유입되는 가난한 이민자도 많았다.(Heers 1965, 69; Day 2002, 122~123) 그들은 대개 뱃사공, 축융공, 가죽을 무두질하는 일에 고용되었고(Thoen 1994, 350) "멸시와 적대적인" 대우를 받았다.(Geremek 1994, 69) 이러한 농촌의 비숙련 노동자들이 도시로 끊임없이 유입되지 않았다면 도시는 이른바 도시-묘지 효과urban-graveyard effect(전염병 같은 요인 때문에 도시에서 태어난 아이들이 농촌에서 태어난 아이보다 더 일찍 죽는 것과 같은 도시의 인구 감소 현상—옮긴이) 때문에 지속적인 성장은 물론이고 인구를 유지하기도 힘들었을 것이다.(Zientara 1981, 200)

이러한 외적, 내적 지배 형태를 고려할 때 도시들이 주변의 농촌 지역과 경제적으로 불가분의 관계를 유지했다는 점에서 도시들을 "봉건제의 바다에 떠 있는 비非봉건적인 자본주의의 섬"(Katz 1989, 88)이라고 부를 수는 없다. 또한 단순히 영주와 농민의 권력 관계가 중세의 가장 중요한 동인이었다고 주장함으로써 도시와 농촌의 관계가 지닌 의미를 무시해서도 안 된다.(Brenner 1985) 착취당하는 농민들과 착취하는 귀족들 사이의 계급투쟁 또한 지나치게 단순한 도식일 뿐이다.(Epstein 1991, 258) 봉건 영주들이 그랬던 것처럼(Epstein 1992, 124~133) 강력한 도시국가들이 그들의 농촌 배후지를 지배 — 베네볼로Benevolo가 "농촌의 식민지화"라고 했던(1993, 91) — 했고 그러한 지배가 수직적인(Coquery—Vidrovitch 1993, 32) 도시망에서 중심 역할을 지속하기 위해 중요했다는 점을 인정한다면 도시국가가 유럽의 봉건제 내부에서 한 중요한 역할을 인정해야 한다.(Rösch 1999, 112~113)

1350년 이후 서유럽에서 "봉건제의 부활"이 실패한 것은 귀족들이 그것을 원하지 않아서가 아니라 그것을 막는 강력한 도시국가들이 있었기 때문이다.(van der Woude 1982, 202) 도시국가들은 도시와 농촌의 관계를 구축했는데 그것은 중심부-주변부 관계와 여러 측면에서 비슷한 특징을 보여줬다.(Prevenier 1997, 196; Timberlake 1985, 14; Cuadrada 1991, 289) 도시로 몰려드는 값싼 노동력을 포함해서 주변부 지역의 저렴한 "원재료"의 확보와 지배(Wrigley 1978, 306), 매우 고도화된 강제노동과 따라서 자본주의적 기업가의 이익 증대, 그리고 더 높은 수준의 세금 징수[49]가 그런 특징들이라고 할 수 있다. 이것들은 모두 독립된 거대 도시국가들이 그들의 배후지들(Cherubini 1974; Lalik 1978, 15)과 나중에 가서는 해상 식민지들(Balard 1989; Balard and Ducellier 1998)과 수직적이며 변증법적인 관계를 유지하고 착취, 변용하는 데 이용했던 수단들을 구성하는 필수 요소들이었다. 그러나 "이슬람 세계"에서는 "도시와 농촌 간의 경계가 명확하게 그려지지 않았다."(Hourani 1991, 113)[50] 자본 축적을 용이하게 하는 정책을 지향하는 독립된 도시 제도는 아직 확립되지 않았다.(Picard 2000, 97~98) 대다수 이슬람 도시에서 서유럽 도시들과 비슷한 체계적인 식민지 전략을 시행하는 것은 꿈도 꾸지 않았다. 세우타처럼 유럽의 형태에 가장 근접한 도시도(Garcin 외 2000b, 80~81) 유럽과 경쟁할 수 있을 정도로 강력하지는 않았다.(Picard 1997, 347)[51] 대개 부유한 북아프리카 상인들은 정치권력과 군사력을 가진 사람들에게 영향력을 행사하려고 했다.(Thiry 1995, 461) 그러나 그러한 노력을 제도화하지는 못했다. 몇몇 북아프리카 국가가 서유럽보다 더 교역에 의존했고 거대한 대상 교역은 "자본주의적 영역"으로 구분될 수도 있었지만(Mojuetan 1995, 19) 자본주의로의 이행은 일어나지 않았다.

도시의 각종 사회 분쟁과 도시국가 간 체제의 노동자와 상인-기업가 관계에서 볼 수 있던 것들과 마찬가지로 서유럽의 도시와 농촌 사이의 중심부-주변부 관계 내부에 이미 배태되어 있었던 **지역의** 양극화는 직물과 금속의 더 폭넓은 역내(van Uytven 1983) 또는 지역 간(Ashtor 1983) 수출과 밀접한 관련이 있었다.[52] 도시 상인 엘리트들이 조장한 이러한 역내, 역외 원거리교역은 중세 후기 서유럽의 도시국가 간 체제의 경제적, 정치적 발전에 결정적 요소였다.[53]

매우 많은 인력이 직물 산업에서 활동했다고 볼 때, 도시에 필요한 식량을 공급하기 위해서는 인근 농촌 지역을 확고하게 장악할 수 있는 도시 **내부**에서의 고도의 분업 체계가 필요했다. 직물 산업이 갈수록 점점 더 세분화되면서 인근 농촌 지역은 생산과정에 서서히 통합되었다.(Kotelmikova 1976) 13세기와 14세기 초에 걸쳐 도시와 인근 농촌 지역의 분업 체계는 끊임없이 확대되었다. 유럽의 동업조합은 아랍 세계와는 달리 "상호부조와 엄격한 조합원 자격, 도제 제도로 표현되는 자치단체로 존재"(Hourani 1991, 135)함으로써 내부적으로 변함없이 전문화를 지속했다.[54] 유라시아 대륙에 몽골의 평화 시대가 도래한 결과 보호 비용과 거래 비용의 감소는 서유럽 도시국가들에게 전례 없는 시장의 확대를 가져다줬다. 따라서 유럽 도시에 있는 대부분의 산업의 분업 체계는 더욱 세분화되었다. 직물 산업의 경우, 서유럽에서 동유럽(Holbach 1993b, 175)[55], 중동(Bratianu 1944, 51; Ashtor 1978b; 1986, IV, VI, 580~583; 1992, II, 271), 흑해 지역(Nystazopoulou 1973, 563), 그리고 북아프리카 일부(Thiry 1995, 492)로의 수출은 매우 중요했다.(Stearns, Adas and Schwartz 1996, 468)

반면에 북아프리카와 수단 지역 국가들의 정치-경제 현실은 일종의 부족화部族化, 즉 "조직화된 무정부 상태"(Garcin 외 2000a, 117)라고도 부른다. 장기적으로 국가 형성이나 자본주의적 발전에 전혀 도움이 되지 않는 상황이었다.(Désiré-Vuillemin 1997, 196, 201~203) 이것은 동양적 전제정치나 절대주의의 모습이 아니라 오히려 그 반대였다. 부족주의는 상대적으로 제도화된 권력의 부재와 구조적으로 취약한 국가를 암시한다.(Mojuetan 1995, 8) 따라서 당시 마그레브의 다양한 정치 체제는 중상주의 정책의 실현은 꿈도 꾸기 어려웠으며 더 크고 지속적인 정치 체제로 발전하여(Kably 1986, 98) 마침내 그러한 체제를 구축한 엘리트들에게 결정적인 권력 수단이 될 "국민국가"로의 성장(Claudot-Hawad 2006)을 가로막는 끊임없는 난관에 직면할 수밖에 없었다.[56]

유럽의 예에서 확인된 것처럼 도시국가 내에서 중상주의 권력은 자본주의의 역동성 안에 내재된 "상업 제국주의"(Picard 2000, 118)의 발전을 위한 결정적 요소였다.[57] 반면에 15세기 초 헤라트가 대도시로 확대된 것은 지리적 위치가 새로운 "유목" 국가(티무르 제국을 가리킴—옮긴이)의 한가운데에 있었기 때문이다.(Garcin 1991, 303) 북아프리카 국가들에서도 어느 정도 이와 비슷한 역동성을 발견할 수 있다.(Chamberlain 1994, 47~48) 덧붙여 많은 도시국가의 해군력과 해상무역의 지배는 대개 그들의 대외 정책과 긴밀하게 연관되어 있는데 지중해 지역의 여러 도시국가가 해상을 지배하기 위해 노력한 것에서 잘 볼 수 있는 것처럼 그 중요성을 간과해서는 안 된다.(Mauny 1970, 241) 아프리카야의 하프스 왕조가 15세기 전반에 걸쳐 기독교인들에 맞서 전쟁을 벌이고 이슬람 해적들이 유럽 선박을 나포해 약탈한 이익 가운데 일부를 요구했지만 그렇다고 해적들을 실제로 지원하지는 않았다. "해적들은 국가와 무관하게 활동했으며 따라서 진정한 해군으로 발전하지 못했다."(Perkin 1986, 51) 대개의 경우 그들은 유럽 해군의 공격에 무기력한 모습을 보였다.(Valérian 2000, 134~135) 이것은 자국의 상인들이 해상교역로를 확고하게 지배하거나 유지할 수 있게 군사력을 지원하는 것이 얼마나 중요한지 알고 있었던 유럽 해군과 아주 크게 다른 점이었다. 그러나 부족들 사이의 반란과 유목민족의 침입으로 북아프리카 국가와 군주들이 이용할 수 있는 자원이 한정되어 있었다는 사실을 인정한다면 그러한 사정을 이해하지 못할 것도 아니다.(Mansouri 1995, 141~142) 당시 가장 강력한 통치 체제였던 무와히드 왕조조차 내부의 반목과 외부의 위협에 따른 압력을 이겨낼 수 없었다.(Laroui 1977, 185; Abun-Nasr 1987, 101) 원재료와 무거운 산업용품을 운반하기에 적합하고 여기저기 흩어져 있는 시장들을 서로 연결시키기에 좋은 운송수단이 선박이었다는 것을 고려한다면(Heers 1965b, 44~47), 상인이 건조했든 국가가 건조했든 필요한 규모의 선박이 없는 상태에서 자본주의 경제가 성립할 수나 있었을지 의문이 든다. 산업혁명 이전에 "이미 전 세계의 힘의 균형이, 특히 해상교역로의 지배 덕분에 유럽 쪽으로 급격하게 이동했다"고 하는 모즐리Moseley의 주장(1992, 538)은 지극히 당연하다. 많은 유럽 열강이 해운과 해상교역로 지배에 매우 열정적으로 매달렸다는 사실은 장기적으로 볼 때, 유럽이 아프리카 역내 경제에서보다 더 많은 상품을 더 싸게 제공할 수 있다는 것을 의미했다.(Miller 1988) 유럽의 해운 세력은 또한 영국이 서아프리카에서 화폐로 사용되던 자패 껍데기를 지불수단으로 인정하지 않고 엄청난 양의 동아프리카 자패 껍데기를 서아프리카 해안에 갖다 버림으로써 마침내 자패 껍데기의 화폐 기능을 소멸시켜버렸다.(Sider 1997)**58** 북아프리카에서는 상인들이 유럽에 비해서 상대적으로 정치권력이 없었기 때문에(Garcin 외 2000a, 273) 이러한 해상에서의 좌절은 결국 이슬람의 통치 체제의 약화와 유럽과 유사한 경제 확대의 가능성을 축소시키는 데 결정적인 기여를 했다.(Kably 1986, 166) 이탈리아 도시국가들이 군사, 정치, 경제의 이해관계가 서로 제도적으로 "융합"한 것은 틀림없는 사실이지만, 상인들의 권력이 미약했던 이베리아 반도의 군주들조차도, 예컨대 비잔틴 제국이나 북아프리카 국가들이 했던 것보다(Yarrison 1982) "해외에 나간 자기 백성들에게 더 강력하게 지원"(Pryor 1997, 207)하는 편이 유리하다고 생각했다. 이런 관점에서 볼 때, 1415년 (포르투갈의 엔리케 왕자가—옮긴이) 북아프리카의 세우타를 정복한 사건은 곧잘 주장되는 것처럼 근대로 넘어가는 길을 연 중추적 사건(Abernethy 2000)도 아니고 심지어 아프리카 식민지화의 서곡(Unali 2000)은 더욱 아니었다. 그것은 단순히 이베리아 반도의 국가들이 세력을 확대하기 시작한 것에 불과하며(Diffie and Winius 1977, 46) 서유럽 내부에서의 자본주의 출현에 관한 것으로만 이해될 수 있을 뿐이다. 서아프리카 해안에 포르투갈 선박들의 출현 증가는 시질마사 같은 도시들과 북아프리카 국가들의 장기적인 쇠락을 알리는 사하라 교역로의 재편과 동시에 맞물려 일어났다.(Daoulatli 1976, 83) 마침내 북아프리카 해안 지역의 이슬람 국가들은 더 이상 서유럽과 수단 지역 사이의 중개교역 기능을 수행할 수 없었다. 그들이 손에 넣을 수 있는 금의 양은 점점 줄었던(Lugan 2001, 90~91) 반면 베르베르족 노예의 수가 엄청나게 늘면서 카나리아 제도와 아조레스 군도, 규모는 약간 작지만 마데이라 제도에서는 사탕수수와 포도를 대규모로 재배하는 플랜테이션 경제가 번창했다.(Mojuetan 1995, 56) 마침내 직인들의 활동이 줄고 동시에 상인의 번영이 쇠락하면서 술탄 알-만수르가 이끄는 모로코 원정대가 16세기 말 수단 지역을 침공하게 된다.(Dramani-Issifou 1982) 그러나 그때는 이미 대서양을 가로지르는 근대 세계-체제가 완성되었고 자본주의적 역동성이 서서히 그러나 돌이킬 수 없게 서아프리카 국가들에 유용한 역사적 대안으로 영향을 끼친 상태였다.(Gallissot 1981, 20; Mojuetan 1995, 68)

결론: 중세 서유럽 도시국가는 정말 유럽의 기적을 이뤘는가?

따라서 중세 서유럽 도시국가들은 유럽의 기적을 이뤘는가? 유럽이 과거 그 어디서도 볼 수 없었던 독특한 역사 궤적을 그리게 된 것은 "역동적인 기술 전략"에 투자했기 때문이라거나(Snooks 1996) 유럽인들이 "중국, 이슬람, 힌두 문화의 지도자들의 독선적 보수주의와 날카롭게 대조되는 활발한 호기심, 그칠 줄 모르는 탐욕, 무모한 모험심에 고무되었기" 때문이라고(McNeill 1963, 578) 주장하는 학자도 일부 있다. 또 어떤 학자들은 서유럽에서 "합리성이 상대적으로 더 높은 평가를 받았다"고 주장하기도 한다.(Chirot 1994, 68) 반면 또 다른 학자들은 15세기에 "그리고 아마도 그보다 더 오래전부터 서양은 지구상의 다른 어떤 지역보다도 바퀴와 지레, 톱니바퀴장치를 이해하는 개인이 더 많았"고 따라서 그들의 "합리적 인식을 수량적 인식으로" 전환시킬 수 있는(Crosby 1997, 49, 53) 여건이 잘 조성되어 있었다고 주장한다. 이것은 결국 서양이 세계의 다른 지역들보다 기술적 우위에 설 수 있는 바탕이 되었다고 할 수 있을 것이다.(Cardwell 1994) 그러나 이 모든 가설을 인정한다고 하더라도 의문은 가시지 않는다.

이들과 다른 주장을 펼치는 홀튼Holton은 이렇게 말한다. "근대 자본주의는 정치 구조가 획일적이지 않고 내적 분화를 허용하는 상대적으로 분권화된 서양에서 더 잘 발전할 수 있었다."(1986, 134) 그러나 그러한 경쟁과 역동성을 단일한 원인으로 설명하는 것도 인정하기 어렵기는 마찬가지다. 그럼에도 이렇게 자주 반복되는 주장들은 서양 이외의 지역들이 변화나 국가 간 경쟁을 수용하거나 기꺼이 따를 능력도 의지도 없었던 것처럼 말한다.(Hymes 1997, 347) 이러한 주장은 마르크스주의 이론들이 흔히 주장하는 것처럼(Brenner 1985; Wood 1999) 서유럽, 특히 영국에서 계급투쟁은 "근대"(즉 자본주의) 세계로 가는 길을 마련했으며 따라서 "유럽 이외의 지역은 어떠한 역사적 시기에도 사회가 진화하는 데 아무런 중요한 역할을 하지 못했다"(Blaut 1993, 127~128, 149)고 하는 유럽 중심주의 사관에 다름 아니다. 중세를 논하면서 서양의 "우월성"을 암시하는 유럽 중심적 가설을 피하는 일은 매우 중요하다. 이것은 특별히 유럽연합이 자신들의 정치적, 사회경제적 통합을 정당화하기 위해 유럽이 마치 거의 1000년 동안 "즉자적"으로나 "대자적"으로 하나의 실체로서 존재했던 것처럼 오래전부터 역사적 단일체였음을 강조하는 연구에 경제적 지원을 아끼지 않고 있는 시점에서 더욱 중요한 문제다.(Blockmans 1997)

하지만 사실 자본을 축적하고자 하는 정신은(Weber 1930) 유럽뿐 아니라 다른 문명에서도 똑같이 존재했다. 조지프 니덤이 아주 적절하게 보여준 것처럼 중세 전반에 걸쳐서 유럽 이외의 지역은 유럽보다 훨씬 더 부유했고 군사적 능력도 더 뛰어났다. 13, 14세기 유럽은 기술, 군사, 사회경제적 문제에서 위대한 아시아 문명에 한참 뒤처져 있었다. 그럼에도 불구하고 장기적인 사회경제적 변화를 연구하는 학자들이 모두 최종적으로 직면하는 문제는 과연 1200년에서 1500년 사이에 유럽과 그 밖의 다른 세계를 구분짓는 가장 중요한 하나의 차이, 결과적으로 나중에 "서양의 발흥"을 초래케 한 그런 차이가 존재했느냐 그렇지 않느냐 하는 문제다.

목적론적인 경향이 있는 "독특한 예외주의"에 호소하지 않는 한 우리는 유럽의 **정치 영역**에서 무언가 중요한 "전환점"(Hourani 1980, 145)이 있었다고 생각하지 않을 수 없다. 유도비치에 따르면 "지중해 이슬람 세계의 상인들은 가톨릭 유럽 국가의 상인들과 비견될 수 있는 유기적으로 연결된 정치적 정체성을 지니거나 정치권력을 획득하지 못했다."(1993, 792) 이 주장은 앞서 설명하려고 했던 것처럼 유럽의 정치 구조가 유럽 이외 지역의 정치 구조와 달랐다는 것을 의미한다. 유럽의 상인 공동체와 동업조합은 정치적으로 독립된 도시국가 안에서 권력을 획득하기 위해 투쟁했다.(16세기 국가 간 체제의 선구적 형태, Arrighi 1994) 이러한 권력의 획득은 상인 엘리트들의 성공을 위한 필수요소였다. 그들은 국가의 하부구조를 자신들에게 유리하게 이용할 줄 알았다.(Kedar 1976, 58~80) 마침내 장기적으로 자본 축적의 성공 비결은 가급적이면 과세는 가난한 사람들에게 하고 자본을 쉽게 최대화할 수 있게 해서 상인들이 내는 세금을 억제할 뿐 아니라 국가의 자원을 이용해서 거래와 운송, 안전 비용을 최소화하는 것이다. 이렇게 권력을 축적하고 행사한 역사적 과정을 생각한다면 산업혁명 이전에 유럽이 유럽 이외의 세계와 비교할 때 얼마나 "발전"된 상태였는지를 따지는 오늘날 진행 중인 많은 논쟁이(Alam 2000) 어느 정도는 잘못된 것임에 틀림없다.

중세 말 서유럽의 상업자본주의 체제의 출현이라는 맥락에서 추려내야 할 또 다른 예외적인 변수는 공동체적 정체성의 결과로 나타난 (법제적, 정치적인 의미에서 모두) **시민권**이라는 개념이다.(Boone 2002b, 627) 예컨대, 독일에서는 시민을 그가 속한 도시 밖에서 재판할 수 없었고 도시 성벽 밖에 있는 감옥에 가두지 못했다. 또한 시민이 아닌 사람이 시민에게 불리한 증언을 할 수도 없었다.(van Uytven 1978, 472) 도시국가의 시민으로서 부르주아의 정체성은 상징적 의미에서 수세기 뒤 국민국가의 정체성으로 고착화되었다고 볼 수 있다. 이 역사적 **과정** — 그것을 **과업**이라고 부르고 싶지 않다면 — 은 지금까지 연구가 부실했는데(Genet 2005, 572) 한편으로는 "중세 연구"와 "근세 연구"가 따로 진행되고, 다른 한편으로는 "정치학"과 "사회학"을 인위적으로 서로 분리했기 때문이다.

시민권이라는 개념 말고도 많은 유럽 도시에서는 "시외시민市外市民"이 농촌에 대해서 특정한 법적, 정치적, 사회경제적 권력을 행사했다. 하지만 그렇다고 농촌 사람들이 매사에 무기력하거나 착취에 저항도 하지 않은 것은 아니었다. 실제로 도시국가나 귀족들에게 유리하게 과세하고 자의적으로 법을 제정하는 것에 맞서서 여러 차례 농민 반란이 일어났다. 그러나 대개의 농촌 봉기[1]는 치밀한 계획 없이 폭력적인 방식으로 일어나 결국에는 지방 당국이나 도시의 무자비한 진압으로 끝났다. 따라서 중세 유럽의 예외적인 특성 가운데 하나는 정치적으로 강력한 부르주아가 주도하는 도시국가 간 체제로 이뤄진 지역의 구축이었다.[2] 그러나 그렇다고 유럽의 도시국가를 봉건제라는 바다에 떠 있는 "자본주의 섬"에 불과하다고 분석하는 것은 옳지 않다.(Alonso 1991, 295) 당시 유럽 농촌에서 상업화의 증대로 부유해진 농민들은 이웃의 가난한 농민들의 토지를 사들일 수 있었고 "남는 돈으로 다른 사람의 토지의 소작권을 구입하는 데 투자했다. 따라서 그들의 화폐 수입은 더 늘어났다."[3] 가난한 농민들은 "농촌 노동자 계급"으로 몰락할 수밖에 없었다.(Spufford 1988, 246, 337) 도시국가나 때로는 왕에게서 직접 시민권을 살 수 있었던 부유한 농민들은 끊임없이 자본을 축적할 수 있는 유리한 환경을 조성했다.(Bruwier 1955)[4] 중세 유럽의 도시국가는 처음에는 귀족들을 견제하고 국가 재정 수입을 늘리고자 하는 군주의 보호를 받았지만(Blockmans 1973, 10) 근본적으로는 혼인 관계로 맺어진 상인들과 부유한 직인, 소귀족들의 과두정치가 지배하는 사회경제적, 법적 실체였다.(de Oliveira Marques 1981, 41; Prevenier 1978, 413; Uytven 1976b, 100)[5] 그들의 이익은 그 내면을 따져보면 각 도시국가의 배후지들(인근 농촌 지역이든 해외 식민지나 속령이든)과 도시국가 내부의 프롤레타리아의 이익을 착취한 결과였다.(Blockmans 1996, 446)[6]

또한 유럽의 도시국가는 동아시아, 남아시아, 북아프리카 지역과 달리 도시와 자신을 동일시한 시민들의 심성 속에서 상징적으로 재생산되었다. 이러한 현상은 르네상스 시대의 이탈리아 도시국가들뿐 아니라 다소 늦기는 했지만 북유럽의 저지대 국가들에서도 일어났다.(Prevenier 1996; Boone and Stabel 2000) 이러한 정체성은 서로 경쟁하는 도시국가들끼리 상대방을 위험한 적으로 인식하게 함으로써 (근대 국민국가들의 관계에서 보는 것처럼) 상대적으로 전쟁이 일어나기 쉬운 환경을 마련했다. 특정한 경제적 특권이나 법적 특권[7]이 있는 영토적 공간으로 분리되는 것은 장기적으로 농촌의 사회 구조에 영향을 끼쳤다. "도시의 공기가 사람을 자유롭게 한다"는 생각과 농촌이 화폐경제로 점점 변해가는 현상은 주로 경제 외적 강제에 의존해서 존속하는 봉건제의 유지에 영향을 끼쳤다. 14세기 중반 흑사병이 유럽 대륙을 휩쓸면서 인구가 크게 준 것이 봉건제가 위기를 맞은 요인 가운데 하나인 것은 맞지만(Gottfried 1983) 그것이 유일한 결정적 요인은 아니었다.(Hilton 1985, 131; Bois 2000)[8]

13세기부터 "서양의 발흥"에 결정적 역할을 한 또 다른 변수는 점점 증대하는 도시국가들의 국력이었다. 소작인, 고용인, 농민들의 농촌 귀족에 대한 교섭력 또한 간접적으로 커졌다.(Bove 2004, 588)[9] 하지만 도시국가의 농민들이 경제 외적 강제에서 완전히 벗어난 것은 아니다. 또한 시장이 "진보적" 변화를 가져왔다고 무조건 이상화하는 휘그주의나 스미스주의 사관처럼 도시 지역이 민주주의와 "자유무역"의 "맹아적" 형태를 나타낸 것도 아니다.(Arnade, Howell and Simons 2002, 533) 대다수 농민은 일반 영주 또는 성직자 영주들의 경제적 요구에 끊임없이 시달렸다. 농민들은 지대나 노역 같은 의무를 이행하고 영주들은 거기서 얻은 잉여를 시장에 팔아 시장이 돌아가게 했다.(Graus 1951, 453; Deane 1973, 381; Wolff 1982, 499) 그러나 13세기에 도시국가들이 점점 강력해진 현상 — 장기적으로 봉건제의 위기와 밀접하게 연관된(Bauer and Matis 1988, 122) — 은 무엇보다도 도시 거주민들이 농촌 지역으로 점점 더 많이 침투해 들어가면서 동시에 농촌 지역에 그들의 부동산이 늘어났기 때문이다. 따라서 도시민들은 현금이 필요해졌고 장기적으로 공유지의 소멸을 초래했다.(Cuadrada 1991, 289~290) 특히 도시국가의 경제 부문은 — 대개 인구 규모를 반영했는데 — 농민들을 점점 커지고 있던 시장경제로 끌어들였다.(Kisch 1972, 300~302)**10** 주변부 지역의 가난한 농민들은 가혹한 생활 조건 때문에 도시로 들어와 미숙련노동자가 되었다. 그들은 매우 낮은 임금을 받고 도시의 산업에 고용되었다.(Derville 2002, 37, 63) 그리고 도시 중심부를 둘러싸고 새롭게 빈민가를 형성했다.(Derville 2002, 50) 그들은 이제 도시에서 살면서 농촌의 경제 외적 강제에서 벗어날 수 있었지만 시민권 얻기가 생각만큼 쉽지만은 않았다.**11** 그렇게 도시 안에 진입한 미숙련노동자는 거대한 노동력 저장소의 일부가 되어 전에 못지않은 가혹한 시장의 힘에 직면했다.(Geremek 1968b, 569) 세계-경제의 중심부 지역에서 천한 일이라도 간절하게 찾아 헤매지만 노동조합과 시민들의 적개심에 직면하는 오늘날 불법이민자들과 마찬가지 상황이 당시에도 있었던 것은 우연의 일치가 아니다. 오히려 장기적으로 볼 때 그것은 (오늘날의 세계) 자본주의 체제의 양극화 논리의 일부였던 것이다.(Mielants 2002) 유럽의 귀족들(즉 농촌 영주 계층)은 인도나 중국, 수단 지역의 국가들과 달리 끊임없이 자금이 모자랐고 마침내 옛 봉건계급의 희생을 대가로 더 많은 자본을 모으는 데 혈안이 된 도시 상인들과 소귀족층의 동맹으로부터 점증하는 경쟁에 직면했다. 도시국가의 조직 구조는 (다양한 차원에서) 이것을 가능하게 했다. 도시국가는 꼭 그런 것은 아니지만 각종 제도를 통해서 끊임없이 자본을 축적할 수 있었다. 이러한 제도적 착취 수단은 유럽, 무엇보다도 서유럽에만 예외적인 현상으로 유럽 고유의 "경로의존성(법률이나 관습, 문화, 기술처럼 한 번 선택해 익숙해지면 나중에 관성 때문에 쉽게 바꿀 수 없는 특성을 말함—옮긴이)"을 설명

한다.[12]

그렇다고 이것이 서유럽 도시국가들이 상대적으로 강력했기 때문에 자본주의적 발전은 불가피한 과정이었다는 것을 의미하지는 않는다. 봉건제에서 자본주의로 서서히 이행하는 것을 보장하기 위해 반드시 있었어야 할 요소들이 있는 것은 틀림없다. 그러나 서유럽이 겪지 않았던 요소들 또한 마찬가지로 중요하다. 예컨대, 잘 조직된 "세계-제국"의 건설이나 떠오르는 자본축적 중심지에 대한 유목민족의 거듭된 파괴적 약탈은 서유럽에서 일어나지 않았다. 실제로 13세기 중반, 몽골은 중앙아시아의 여러 대도시를 유린한 것처럼 서유럽을 쉽게 침략하고 도시국가 기반을 파괴할 수 있었다. 압도적인 군사력을 보유한 다양한 유목 세력이 마자르족의 침공 이후 서유럽을 관통하지 않았다는 사실은 서유럽이 봉건제에서 자본주의로 서서히 이행하는 데 아주 결정적인 변수였다. 유목민의 침입이 반복되는 역동성은 때때로 제국의 파괴만을 초래했을 뿐인데(예컨대 13세기 중국 송나라, 14세기 말 델리 왕조) 아시아 국가들의 역량과 자원을 엄청나게 소진시킴으로써 결국 그들이 해외 확장을 위해 쓸 수 있는 자원을 제한할 수밖에 없게 했다. 또한 그 때문에 어느 정도는 아시아 국가들이 나중에 자본주의 세계-경제에 편입되는 것에 저항할 수 있는 능력 또한 제한되고 말았다.

인도와 중국 상인들이 엄청난 부를 축적했음에도 불구하고 상대적으로 정치권력이 없었다는 사실은 앞에서 이미 살펴봤다. 그러나 그것 말고도 (유목민 지역을 포함해서) 농촌의 영주들이 거대한 경제 외적 강제를 행사할 수 있었던 곳은 어디나 중상주의 정책을 지속적으로 밀고 나가거나 성공적으로 수행할 수 없었다는 사실도 주목해야 한다. 중상주의 정책이 실시된 곳에서도 그것이 반드시 상인 엘리트들에게 유리한 것은 아니었다. 그러나 상인들이 군사적, 정치적 힘을 휘두를 수 있었던 도시국가에서는(북아프리카와 서유럽이 대표적이다) 그렇지 못한 지역의 상인들보다 상대적으로 유리했던 것은 틀림없다. 앞서 말한 것처럼 유럽 상인들이 마침내 유럽 이외의 세계를 지배하고 자본주의 세계-체제에 편입시킬 수 있었던 것은 부분적으로 유럽 국가들이 해외에서 중상주의 정책을 펼칠 수 있게 자신들의 권력을 사용했기 때문이었다. 반면에 남아시아의 기존 지배 계급은 중상주의 정책을 공식화하기보다는 기존의 농업 생산자들에게 경제 외적 강제를 부과하는 일에 더욱 몰두했다. 이것은 그 이후 1500년에서 1800년까지 서양 세력이 아시아에서 대성공을 거두는 데 커다란 영향을 끼쳤다. 따라서 골드스톤이 주장하는 것(2000, 191)과 달리 "대분기"는 아주 오래전부터 있었던 차이에서 그 원인을 찾을 수 있다고 말할 수 있다. 그러나 불행하게도 아시아의 부와 유럽의 풍요롭지 못한 상황을 비교함으로써(Frank 1998) 그 시기에 유럽의 식민주의를 단순히 우연히 일어난 사건으로 덮고 넘어가는 것이 일반화되었다. 하지만 앞서 말한 유럽의 경로의존성은 자본이 축적되는 방식에서 세계의 여느 지역과 달랐음을 기억해야 한다.

실제로 2장과 3장, 4장에서 본 것처럼 부의 축적은(상인들의 경우도 마찬가지로) 아시아, 아프리카, 유럽을 불문하고 특별히 다르지 않다. 그러나 중심부가 주변부를 식민지로 만들고 지속적으로 착취, 지배하는 과정을 통한 체계적인 자본 축적 정책은 다른 곳에서는 볼 수 없는 유럽 상인들이 추진한 예외적 과정이었다. 처음에 이 과정은 유럽 도시들의 인근 농촌 지역과 지중해 유역, 동유럽 지역에서 일어났지만 나중에는 유럽 이외의 지역, 예컨대 대서양 제도, 라틴아메리카 지역에서 일부 수정을 거쳐 반복되더니 마침내 아시아와 북아프리카 지역까지 확대되었다. 1500년까지 유럽의 도시국가들은 이러한 저개발의 과정을 추진하는 "권력 용기"였다. 1500년 이후로는 서서히 등장하기 시작하는 국민국가들이 유럽 이외의 세계에서 이러한 기능을 떠맡았다. 그러나 중국과 인도, 수단 지역 국가들의 상인들은 유럽 상인들이 했던 것처럼 "파워엘리트"로서(Blockmans and Genet 1996, 17~18) 구조화되고 제도화된 권력을 잡고 지켜낼 수 없었다. 비유럽 세계에서도 교역을 통해 얻은 이익이 유럽과 비견될 수 있을 정도로 매우 컸지만 부유한 상인들이 축적한 엄청난 화폐가 **자본주의 체제**로 이어지지 못했다. 또한 상인에서 수상이 된 사람도 있었지만 장기적으로 볼 때 그를 상인계급이 축적한 정치권력의 상징이라고 볼 수는 없었다.

유럽의 도시국가는 지속적인 교역과 상업 확대의 표현이자 그것을 보증하는 실체였다. 따라서 그것은 종속변수이면서 독립변수로 작용한다.(Wrigley 1978) 유목민의 침입이 없었다는 것과 (봉건제의 쇠퇴로) 그 지역의 농촌 귀족들이 예외적으로 약했다는 점이 유럽의 도시국가를 종속변수라고 설명할 수 있다면, 반면에 유럽 역사의 경로의존성이 왜 인도와 중국, 수단 지역 국가들과 다른지를 설명해주는 것이 바로 도시국가라는 점에서 독립변수라고 할 수 있다. 우리는 자본주의와 시민권으로 상징되는 근대의 기원을 끊임없는 자본 축적의 역동성 속에서 제국주의와 전쟁(Tilly 1992)을 통해 형성된 유럽의 도시국가와 그 뒤를 이은 국민국가 안에서 찾을 수 있다. 북아프리카나 인도, 중국과 같은 거대 문명에서는 그것을 찾아볼 수 없다. 18세기 말까지 서유럽의 생활수준, 상업화 정도, 농업생산성, 원시산업화가 세계 다른 지역보다 상대적으로 더 발전하지 않았던 것이 사실이고 따라서 어느 정도까지는 "다원적 근세"(Goldstone 2002, 330)라고 말할 수도 있지만 서서히 유럽 (상인) 엘리트들의 손에 집중된 군사력은 유럽 내부와 궁극적으로 비유럽 세계에서까지 수익 증대와 시장 확대의 길을 열어줬고 나중에는 그것을 보증했다. 군사력과 기술력을 바탕으로 한 자본 축적의 근대적 형태들, 즉 불법적·합법적 독점이나 신식민주의, 노동자 착취는 서유럽에서 최초로 발생한 자본주의적 착취의 장기적 과정에서 나온 것이다. 그러한 축적은 선대제라는 경제 전략에서뿐 아니라 도시국가의 가장 두드러진 정치적 특성이었다. 상인계급은 도시국가에서 권력을 축적하고 그 권력을 유지하기 위한 법적 장치(시민권 개념)를 확립했다. 그리고 그것은 상인계급에게 이익을 주는 식민지화 및 주변부 구축과 병행해서 일어났다.

하지만 지금까지 많은 역사가가 이러한 역사적 현실을 부인해온 것이 사실이다. 무엇보다도 유럽 중심주의자들은 여러 세기 동안 지속된 서양의 식민주의가 끼친 영향과 유산을 인정하지 않는다. 근대화 이론에서 경제학과 사회학을 불문하고 자유방임, 경쟁과 기능주의에 집착하면서 역사적 특수성을 부인하는 주장이 학계의 주류를 이루는 것은 우연히 그렇게 된 것이 아니다.(Hodgson 2001)[13] 실제로 서양의 학문적 논의 자체는 본질적으로 "서양의 발흥, 자본주의의 역사, 근대성, 그리고 서양의 국가 제도와 학문 분야, 문화, 착취 기제의 세계화와 깊은 관련이 있다."(Crush 1995, 11) 그것은 오늘날도 학문 연구의 주도권을 잡고 있으며 "식민지 시대 이후의" 대학과 정치계를 통해 끊임없이 재생산되고 있다. 서양 세계에서 사회과학의 형성과 서양의 학자들이 나름의 다양한 방식으로 과거와 현재, 미래의 조건에 대해서 생각하는 방식은 지금까지 서양의 지식이 서양 이외의 세계를 머릿속으로뿐 아니라 실제로 통제하고 식민지화하고 지배해온 방식과 떼려야 뗄 수 없다. 따라서 특정한 국민국가들을 책임지고 있는 일부 엘리트들의 정치적, 경제적 이해가 오늘날 보호주의 정책의 폐기와 자유방임 정책의 채택이라는 현실과 맞아떨어지는 것은 우연이 아니다. 학계에서 발표하는 대다수 경제학 연구는 이것의 좋은 예다. 그것은 과거 구소련에서 발표한 정통 마르크스주의 연구가 시대와 장소의 구분 없이 과거, 현재, 미래의 조건을 특정한 유럽 중심주의 패러다임에 맞게 주조된 것과 마찬가지 현상이다.

물론 역사학도 특정한 시대의 부산물이라는 "조건"에서 벗어날 수 없다. 다른 사회과학과 마찬가지로 19세기 부르주아 국민국가를 정당화하기 위해 생겨난 역사학은 이러한 분석 단위를 아주 오랫동안 당연한 것으로 여겨왔다. 하지만 (자본주의의 힘이 점점 확대되고 심화되고 있는 가운데) 세계의 불평등 문제가 가장 긴급한 과제로 부각되어야 할 시점에 경제사 분야가 편향적인 문화 연구와 정체성 문제로 방향을 맞춘 것은 우연한 일일까? 학문의 경계를 뛰어넘는 진정한 비교사회과학 연구는 유감스럽지만 아직까지 유아 단계다. 그러나 우리가 세계의 과거, 현재, 미래를 어떻게 바라보고 해석하고 설명해야 하는지 고민하고 다시 생각하려고 한다면 그러한 연구는 반드시 필요하다. 독자들이 이 책을 통해 그러한 방향으로 한 걸음 더 나아가기를 바란다.

감사의 말

이러한 역사사회학의 비교연구는 독자들도 이미 잘 알고 있듯이 매우 험난한 작업이다.[1] 그것은 한 개인이 오랜 세월에 걸쳐 연구에 매진해야 한다는 사실을 넘어서는 문제다. 이 연구를 진행하면서 많은 학자의 견해를 반영하고 또 때로는 대담하게 비판하기도 했지만 사실 나는 그들의 훌륭한 연구 덕분에 이 방대한 작업을 마침내 완수할 수 있었다.

따라서 이 책을 쓰는 동안 초고의 일부 또는 전부를 읽고 비평과 조언을 마다하지 않은 모든 사람에게 진심으로 감사의 마음을 전하지 않을 수 없다.

비교사회학과 역사사회학을 연구하는 많은 학자의 연구 결과뿐 아니라 이매뉴얼 월러스틴(예일대)의 훌륭한 저작에도 큰 빚을 졌다. 그의 세계-체제론에 대한 비판에도 불구하고 그의 지적 후원과 끊임없는 격려가 없었다면 이 책은 결코 빛을 보지 못했을 것이다. 나는 그의 완전함과 겸손함 덕분에 주류 학계와 그들이 던지는 냉소주의에 맞설 용기를 얻을 수 있었다.

라몬 그로스포겔(UC버클리)이 보내준 모든 조언과 지적 후원, 협조에 고마운 마음을 전하고 싶다. 또 오랜 연구 기간 동안 많은 조언을 해준 뉴욕주립대 빙엄턴 캠퍼스의 마크 셀던, 윌리엄 마틴, 존 채피, 데일 토미히, 래비 팔라트, 리카도 레어몽에게도 깊은 감사를 드린다. 그리고 다방면으로 때맞춰 솔직한 의견과 건설적인 비판을 아끼지 않은 크리스티앙 라무루(파리사회과학고등연구원), 노리히사 야마시타(홋카이도대학), 옴 프라카쉬(델리경제대학원)에게도 고마움을 전한다. 벨기에 겐트대학의 에릭 판하우트, 에릭 토엔, 마르크 분, 뤽 프랑수아, 삐에 싸웨에게 또한 감사드린다. 그리고 2005년과 2006년 여름 두 차례에 걸쳐 파리에서 연구를 마무리할 수 있도록 도와준 프랑스 인간학연구원 원장 알랭 디리반과 전직 원장 모리스 아이마르에게도 깊은 감사를 드린다. 따라서 내가 저질렀을지도 모를 모든 잘못에 대해서는 이 모든 분에게 전혀 책임이 없음을 밝힌다. 책에 나온 모든 오류와 누락은 내 책임이다.

또 『페르낭 브로델 센터 리뷰』 2000년 가을호 23권(2)과 2002년 가을호 25권4, 그리고 C. 체이스-던과 E. N. 앤더슨이 편집한 『세계-체계의 역사적 진화』(팰그레이브 맥밀란, 2005)에 실렸던 여러 장의 내용들을 이 책에 다시 게재할 수 있도록 허락해준 원저작자와 출판사 관계자에게 심심한 감사의 말을 전한다.

끝으로 무엇보다도 아주 오랜 세월 환대와 우정을 베풀어준 모리츠와 루스 벨레만 부부에게 감사를 드린다. 안트베르펜에서 연구를 진행할 때 친절하게 지원을 아끼지 않았던 숙부 빔 밀란트 박사와 숙모 파니 요르덴스를 비롯해 마음으로 지지해준 다른 가족 모두, 그중에서도 또 다른 숙부 페테르 밀란트 박사에게 더 고마운 마음을 전한다. 특히 사랑하는 아내 메아헨의 끊임없는 격려가 없었다면 이 책은 세상에 나오지 못했을 것이다. 마지막으로 무엇으로도 갚을 수 없을 정도로 많은 사랑을 베푸신 아버지 마르크 밀란트와 할아버지 데니세 피토르스께 이 책을 바친다.

주註

1장 유럽 상업자본주의의 기원에 대한 다양한 관점

1 마치 인류 역사에 오직 두 "기본" 계급만이 존재했던 것처럼, "자유인과 노예, 귀족과 평민, 영주와 농노, 동업조합의 장인과 직인, 말하자면 지배자와 피지배자는 언제나 서로 반대편에 서 있었다."(『공산당 선언』, Edwards 외, 1972, 67) 또한 농촌의 소규모 가족 생산은 생계를 위한 것이었지(Bois 1985, 190) 자본주의로 발전할 수 없었다. 카탈로니아에서 봉건제가 자본주의로 이행하는 복잡한 과정에 대한 깊이 있는 연구는 아스타리타 T. Astarita(1992) 참조.

2 마르크스는 산업 생산과 근대 공장 체계의 영향력에 주목하는 바람에 "근대 산업의 형성에 가장 중요한 요소인 국제 분업 체계"가 근대 공장 체계처럼 최근에 생겨났다고 결론지었다.(Harvey 1985, 47) 그러나 국제 분업이 발생한 것은 19세기보다 더 오래전이다. 마르크스가 자본주의의 기원을 설명하는 데 몰두하지 않았던 것은 중세와 근세에 대한 관심이 별로 없었기 때문이 틀림없다. 그 시기에 대해서 마르크스가 한 말은 기껏해야 산업혁명기 동안의 "자본주의적 생산에 대한 분석을 하면서 앞뒤 문맥상 설명한 것" 말고는 아무것도 없었다.(Guérreau 1980, 57; Bois 1985, 189 참조; Dahl 1998, 61; Kuchenbuch 1997, 48) 따라서 자본주의 이전의 생산양식에서 자본주의 생산양식으로 "이행"하는 문제는 20세기 마르크스주의자들의 몫으로 남겨졌다. 대개

이 과정에서 중세는 "오래전에 몰락한 버림받은 자본주의 이전의 집합체"라는 것 말고는 아무것도 아닌 것으로 그려진다.(Holsinger, Knapp 2004, 469) 뒤셴Duchesne(2000, 168)이 지적한 것처럼 이것은 마르크스주의가 풀어야 할 가장 중요한 이론적 난제였다. "만일 생산양식들이 끊임없이 자신의 존재 기반을 재생산한다면 생산양식이 바뀌는 것을 어떻게 상상할 수나 있겠는가?"

3 브레너의 논제는 기본적으로 "자유가 없는 농민, 직접생산자, 그리고 이들로부터 거둬들인 지대로 유지되는 귀족계급의 상부구조로 구성된다. 이런 호된 착취 과정은 영주들이 토지를 소유했기 때문에 가능했다."(Harvey 1991, 16~17) 브레너의 분석틀을 따르는 리스와 솔리Lis and Soly(1993, 196) 비교.

4 이 주장은 특정한 도시 산업 안에서 (소비를 통한) 어떠한 투자도 발생하지 않았음을 암시하는가?(van Uytven 1996b, 438) 이것은 또한 농촌 지역에서도 투자가 일어나지 않았음을 뜻하는가?(Lewis 1984, X, 513) 귀족들은 무역에 아주 적극적으로 참여했고 따라서 시장에 상품을 팔고 있던 농민이나 상인들과 직접 경쟁하는 관계가 되었다.(Pal Pách, 1994, Ⅲ) 밀러Miller의 주장에 따르면 "생활필수품뿐 아니라 사치품도 시장에 등장했다. 왕과 제후, 귀족, 지방관과 성직자들은 훌륭한 상품 소비자였다. (…) 그들의 소비 기호는 중세의 많은 상업 정책이 만들어지는 기반이 되었다.(1976, 353) 아브라함-티세Abraham-Thisse(1993, 27~70)도 참조.

5 이런 점에서 브레너의 초점은 배링턴 무어Barrington Moore가 주목하는 것(1966)과 닮았다. 중세에 이미 사람들이 어느 정도까지 계급 형성을 인식할 수 있었을까 하는 의문에 대해서는 한편으로 브레너(1985)와 포시에Foisser(1991, 415~436)의 주장과 다른 한편으로 머리Murray(1978, 14~17)와 라프티스Raftis(1996, 128)의 주장을 참조.

6 브레너는 전형적인 마르크스주의 분석틀로 "유럽 대륙 전반"에 걸친 총체적 위기와 "영국의 독자적인 성장을 통한 결정적인 발전"을 나란히 놓는다.(Brenner 1985, 275)

7 "영국 경제가 유럽 대륙의 이웃 국가들과 달리 발전의 길로 접어들 수 있었던 것은 농민의 계급 또는 토지 관계가 바뀌면서 농업생산성이 증가했기 때문이다."(Brenner 1985, 323) 경화증에 시달리고 있던 유럽 대륙과 영국을 나눈 것은 바로 이러한 영국의 "발전"이었다.(Brenner 1985, 257, 299) 브레너는 그러한 상황을 영국에서는 "자본주의" "발전" "비약적인 경제성장"으로 묘사하는 반면 프랑스에서는 "위기, 침체, 절대왕정"으로 묘사한다. 이것은 역사 발전을 매우 단선적으로 생각하는 방식이다.(Holton 1985, 89) 브레너의 접근 방식이 보여주는 "단선적이며 극도로 내생적인 인과관계"에 대해서 비판하는 토레스Torres(1980, 262) 참조.

8 코스민스키Kosminsky의 주장에 따르면, 13세기 말 "봉건제" 아래의 영국에서도 농민이 소유한 토지의 40퍼센트가 휴경지였으며 농가의 40퍼센트 정도도 할 일이 없었다.(Harvey 1991, 18에서 재인용) 헤르스Heers(1992, 163~164)도 참조. 농민은 하나의 동일한 계급으로 묘사될 수 없다.(Whittle 2000, 25)

9 또는 힐튼Hilton(1974, 218)이 언급한 것처럼 "지대의 발전 과정에서 중요한 것은 농민들은 지대를 돈으로 내라는 요구를 받자마자 돈을 벌기 위해 시장에다 내다 팔 상품을 생산해야 했다."

10 엘렌 메이스킨스 우드Ellen Meiskins Wood는 그럼에도 불구하고 당시에 상인과 제조업자들이 초기 자본주의 발전을 이끄는 역할을 하고 있지 않았다고 생각하기 때문에 그것이 사실이라고 주장한다.(1999, 94) 그녀는 "브레너주의에 속한 마르크스주의자"로서 당연히 17세기 세계 경제 전반을 "싸게 사서 비싸게 파는 무역 원칙이 지배하는" 상업망에 지나지 않으며 더 나아가 무역은 "사치품 위주로 이뤄지는 경향이 있다"고 생각한다. 그녀 또한 브레너처럼 프랑스를 영국과 나란히 두고 분석한다. 그녀는 영국이 전 세계에서 가장 독특한 역사 발전을 이룬 나라라고 생각한다. "16세기경 (역사 발전에서) 한 가지 중요한 예외가 있었는데 영국은 완전히 새로

운 방향으로 발전하고 있었다." 이 예외적인 섬나라는 자기만의 독특한 농업 조건과 "국내시장" 그리고 "일국 자본주의" 덕분에 혼자 힘으로 세계 최초의 자본주의적 국민국가로 발전할 수 있었다.(1999, 72~130) 비슷한 해석을 내놓은 사람으로 컴니넬Comninel(2000)과 힐튼(1990, 203~204)이 있다. 우드보다 훨씬 더 앞서 도브Dobb(1947, 18)는 — 비록 중세에도 "네덜란드와 일부 이탈리아 도시들에서"(1947, 151) 몇몇 자본주의의 특징이 나타나고 있었다고 인정하지만 — 17세기 이전 영국에서의 교역 대부분을 "원시적 자본축적"(1947, 88)이라고 간단히 처리한다. 이러한 분석틀로는 산업혁명이 일어나기 전 시기에 혁명의 잠재력을 지닌 진정한 프롤레타리아가 생겨날 수 없었을 것이다. 혁명적 "의식"과 "기존 정치 질서를 뒤집어엎을 실행 계획"은 당시의 그런 특정한 조건 아래서는 시대착오적인 것으로 생각되기 때문이다.(Dumolyn and Haemers 2005, 387~388)

11 농촌 지역의 생산력 강화, 전문화, 상업화는 네덜란드(Blockmans 1993, 49~50)와 플랑드르 지역(Theon 1993)에서도 일어났다. 동시에 "상업화는 과세의 성격을 바꿨다. 11세기의 주요 세금이었던 (지주가 군주에게 바치는) 공납금(겔드Geld)은 토지에 부과되는 세금이었다. 하지만 1300년 무렵, 보통 사람들에 부과되었던 주된 세금은 개인이 소유한 동산의 가치를 기준으로 산정되었다. 따라서 도시민들도 과세 대상이 되었음이 틀림없다. 도시민들은 그뿐 아니라 대개 농촌 사람들보다 더 고율의 세금을 지불했다."(Britnell 1995, 14) 13세기 초, 기사들의 수는 줄어드는 반면 개인의 동산에 부과되는 세금이 증가한 것에 대해서는 라쇼Lachaud(2002)를 참조.

12 스눅스Snooks는 1086년에 영국 경제에서 농촌과 관련된 시장 부문이 32.3퍼센트, 도시와 관련된 시장 부문이 7.8퍼센트로서 영국 경제 가운데 시장과 관련된 부문이 차지하는 비율이 총 40.1퍼센트에 이른다고 추산한다.(1995, 40) 1300년 무렵 영국의 도시 인구는 20퍼센트 정도까지 늘어났다.(Britnell 2001, 5) 서유럽 전반에 걸쳐

"농민들에게 세금으로 노역보다는 현금을 더 많이 요구하면서 농민들은 화폐 소득이 더 절실하게 필요했다. 그들은 자신들이 생산한 물품들을 팔기 위해 상인과 도시 시장으로 발길을 돌렸고 따라서 자기 지역을 벗어나 거래하는 역외 교역에 대한 의존도가 더 심해졌다. 장원경제의 자율성은 급격하게 무너져 내렸다."(Seccombe 1992, 140) 13세기 말과 14세기 초 영국에 등장한 "다른 지역 상인"에 대해서는 로이드Lloyd(1982, 1991) 참조.

13 좀 더 추상적인 차원에서 "교역 조건이 농민 생산자들에게 불리하다면 시장에서의 교환은 크게 보아 도시 사회가 농민들을 착취하는 또 다른 통로가 된다"라는 사실에 주목할 필요가 있다.(Shanin 1973, 76)

14 "마르크스주의자들이 지금까지 대개 중세의 위기와 자본주의로의 이행 문제를 다루면서 중세 유럽 가운데 가장 도시화가 덜된 지역에 집중한 것은 우연의 일치가 아니다."(Epstein 1991b, 4) 그것은 토지 소유 문제를 통해서 규정되는 생산관계라는 자신들의 이론적 모델에 현실을 맞추기 위한 불가피한 논리 전개였다. 브레너는 유럽 북부의 저지대 국가들에 대한 최근 학술회의에서 자신의 분석을 더욱 세련되게 다듬을 필요성이 제기되었지만 그 지역의 상업화와 도시화의 역동성을 여전히 설명해내지 못했다.(2001)

15 이 이론은 이따금 "상업화 접근 방식"(Persson 1988, 64)을 연상시킬 때도 있지만 그것이 중세 이후 시대에 근대성을 근착시켜야 한다는 강박감과 그러한 편견 대비 "암흑 시대"와 관련된 모든 것을 고려할 때 나는 그것을 "근대화 이론"으로 이름붙이는 것이 더 낫다고 생각한다.

16 란데스Landes의 정교한 비판(1998)과 그와 관련된 "문화적" 주장에 대해서는 구디Goody의 저작(2004, 19~49)에 나온 유용한 논의 참조.

17 예를 들면, 선대제가 서유럽으로 확대된 것은(주요 상업망이 북유럽의 저지대 국

가들에서 독일을 거쳐 이탈리아 북부로 확산) 모든 시간과 공간에 공통된 현상이 아니었으며 그 형태도 다 달랐다.(Holbach 1993, 207~250)

18 리스와 솔리(1994, 366~369) 참조. 미크비츠Mickwitz(1936)의 동업조합과 경쟁에 대한 견해를 충분한 근거를 가지고 비판한 페르손Persson(1988, 50~54)도 참조. 도브(1947, 155)와 같은 정통 마르크스주의자들 또한 동업조합이 자본주의의 출현을 방해했다고 굳게 믿었다. "영국에서 직능에 기반을 둔 도제제도와 기술 혁신이 수행했던 역할과 유럽 대륙의 산업화에 대해서 의례적으로 무시하는 태도는 고칠 필요가 있다." (Epstein 1998, 707)

19 예를 들면 포스탠Postan(1966, 1973), 포스탠과 해처Hatcher(1985) 참조. "일종의 리카도-맬서스의 덫에 갇힌 산업혁명 이전의 농업경제"를 짜 맞추기 위해 기술 진보가 없었음을 가정한 것에 대해서는 페르손(1988, 3~4, 24~32) 참조. 맬서스주의자와 네오-마르크스주의자들 사이에 공통인 중세 말 농업생산성과 기술에 대한 비관적인 평가에 대해서는 베르휠스트Verhulst(1997, 91~92) 참조. 포스탠 식의 아주 전형적인 "어리석은 농민들"과 브레너 식의 "농업의 역동적인 부문을 무너뜨린 아둔한 영주"를 훌륭하게 재검토한 것에 대해서는 캠벨Campbell(1995c, 76~108), 해처와 베일리Bailey가 잘 요약한 내용(2001) 참조.

20 또한 블랙Black(1997, 67), 게레멕Geremek(1994, 15), 르 고프Le Goff(1998b, 7~8) 참조. "저개발"이라는 단어 사용에 대한 문제점에 대해서는 로이터Reuter(1998) 참조.

21 심지어 어떤 이들은 농업혁명을 13세기에 일어난 것으로 본다.(예컨대 Dowd 1961, 이탈리아에 대한 부분)

22 많은 사람이 중세의 특징을 "진부한 과거의 유물"이라고 말한다.(Howell and Boone 1996, 305) 하지만 브릭클Blickle은 이렇게 적절하게 말한다. "대다수 역사가는 경험적으로 두 개의 서로 다른 영역 — 하나는 도시, 산업, 근대, 다른 하나는 농촌, 농업,

전통 — 을 기반으로 해서 시대를 해석한다. 그리고 프랑스혁명 전의 유럽에서 제3 계급인 평민을 강제로 부르주아와 농민으로 나눈다. 도시는 부르주아의 성지가 되고 이를테면 자본주의의 실험실 구실을 한다. 반면에 농민은 귀족 영주의 지배 아래서 소멸해가는 세계와 운명을 같이한다."(1992, 98) 따라서 근대화 이론을 주장하는 학자들이 하는 이야기는 대개 자본주의의 근대성을 근대 이전의 시기나 지역(문화)의 생활양식이 "지체"되는 것에 맞서기 위한 (불가피한) 진보라고 설명한다.

23 홉스봄Hobsbawm도 『산업과 제국Industry and Empire』이라는 고전적인 연구에서 그것을 말한다. "영국의 산업혁명은 단순히 영국의 관점으로만 설명될 수 없다. 이 나라도 '유럽 경제' 또는 '유럽을 포함하는 세계 경제'라고 부르는 더 넓은 경제권의 한 부분이기 때문이다. 그것은 더 커다란 경제적 관계망의 일부였다. 거기에는 일부 '선진' 지역도 있고 산업화를 꿈꾸거나 진행 중인 지역도 있고 '종속 경제' 상태인 지역도 있다. 또한 유럽과 아직 교역 관계가 없는 해외의 변방 경제 지역들도 포함된다. 이러한 종속 경제들은 (아메리카 대륙 국가들처럼) 공식적인 식민지 관계에 있거나 (동양의 국가들처럼) 교역과 지배 거점이거나 (동유럽의 일부 국가들처럼) '선진' 지역의 경제 수요에 맞게 특화된 지역들로 구성되었다. '선진' 세계는 경제 활동의 분할을 통해서 종속 세계와 서로 연결되었다. 즉, 한편으로는 상대적으로 도시화된 지역이 있고 다른 한편으로는 농업생산물이나 원재료를 생산하고 수출하는 지역이 있다. 이러한 관계는 무역의 경제적 흐름, 국제 결제, 자본 이전, 이민 등을 포괄하는 하나의 시스템으로 설명될 수 있다."(1969, 35)

24 세계-체제론을 "[무역의 중요성을 강조한다고 해서] 유통주의"라고 비난하는 브레너의 주장은 샌더슨Sanderson이 잘 지적한 것처럼(1995, 178) 거부되어야 마땅하다. "월러스틴이 말하는 자본주의적 세계-경제를 구성하는 여러 지역 사이에서 일어나는 많은 일이 교환과 관련되어 있음을 인정하지 않을 수 없지만 다른 한편에서 생

산과 관련된 일도 많다는 것을 부인해서는 안 된다. 예를 들면, 중심부 자본주의 국가들은 잉여가치를 수탈하기 위해서 주변부 지역을 만들면서 거기서 발생하는 제반의 생산 활동을 직접 관리함으로써 그 지역을 자신들의 통제 아래에 둔다. 이러한 중심부와 주변부 사이의 경제 관계가 어떻게 교환만을 기반으로 해서 이뤄진다고 생각할 수 있단 말인가?" 정말 중요한 것은 자본주의적 세계-경제가 부등가교환으로 얻는 이익과 임금노동을 착취하는 것으로부터 얻는 이익으로 구성된다는 사실이다. 잉여가치로 발생한 이익이 반드시 부등가교환으로 발생한 이익보다 "역사적 중요성이 더 크다"(Heilbroner 1985, 66)고 말할 수는 없다. 어떤 나라가 다른 나라들과 비교해서 **진정** 얼마만큼 자본주의 국가로 분류될 수 있는지 알기 위해 그 나라에서 "자기 땅 없이 완전히 임금에만 의존하는 노동자"의 수가 얼마인지 셀 것을 고집하는 사람이 있다면, 오늘날 세계의 많은 나라는 아직도 "아시아적" 또는 봉건적 생산양식에 머문 "자본주의 이전"의 단계로 분류될 수밖에 없다는 사실을 알아야 한다. 이러한 마르크스주의의 입장은 또한 상업화가 더 강화됨에 따라 중심부에서의 임금 노동이 주변부에서의 강제 노동(예컨대 노예제)이라는 더 커다란 착취와 함께 발생한다는 사실을 무시한다. 그러나 이러한 사실을 인정한다고 해서 그것을 곧바로 힌디스와 허스트Hindess and Hirst가 지적한 것처럼(1975, 262) 자본주의의 근대성을 입증하기 위해 시장이 "저절로 성장"할 수 없다고 주장하는 애덤 스미스 학파의 패러다임이라고 몰아붙이는 것은 문제가 있다.

25 "1450년에서 1750년까지를 봉건제에서 자본주의로 바뀌는 단 한 번의 긴 '이행' 기간으로 분석하는 것은 이행에 대한 생각을 고정화할 위험이 있다. 그것은 '순수한' 자본주의 기간을 끊임없이 단축시켜서 마침내는 이행기밖에는 남는 것이 없게 만들기 때문이다."(Wallerstein 1980, 31) 이러한 비판은 역사가 장 바슐레Jean Baechler(2002)의 최근 저작에도 적용될 수 있다. 그는 인류의 역사를 구석기 시대에

서 시작하는 "보편사"로 제시하면서 자본주의를 전혀 언급하지 않는다.

26 프랑크는 "이러한 경제적, 지역 간 세계 역사 체제는 적어도 이미 5000년 동안 존재한다"고 주장한다.(1990b, 212) 나는 일부 지역이 — 서로 다른 시점에 — 무역을 통해 연결되어 있었으며 그것이 장기적으로 볼 때 사회적으로 매우 중요한 의미를 지닌다는(Wallerstein 1990, 221) 사실을 부인하지 않는다. 그러나 그렇다고 해서 그들 지역이 모두 하나의 **체제**로 통합되었다는 것을 의미하지는 않는다. 나는 월러스틴의 "근대성"에 대한 시대 구분을 인정하지 않지만 프랑크의 극단적인 주장에 대해서 다음과 같이 비판한 데에는 동의한다. "[초기 자본주의에서 자본주의적 세계-체제의 등장까지] 휴지 기간을 염두에 둔다면 이러한 역사 체제가 다른 모든 역사 체제와 마찬가지로 시작(또는 발생)이 있었으면 끝도 있다는 사실을 기억해야 할 것이다."(1993, 295~296) 월러스틴과 프랑크 사이의 중간 입장에 대해서 살펴보려면 최근에 둘 사이에 끼어든 보자르Beaujard(2005)의 주장을 참조.

27 "1300년경에 영국은 원모原毛를 1500만 파운드까지 수출했고 프랑스는 한 해에 가론 강 유역에서 생산한 포도주를 2500만 갤론가량 수출했다고 기록되었다. 포도주 무역은 튀니스와 흑해 지역에 시장이 형성되었다. 외국에서 생산된 귀한 상품들은 점점 더 대량으로 거래되기 시작했다."(Mundy 1991, 91) 역내 생산과 원거리교역의 중요성을 모두 강조하는 학자들의 주장도 참조.(James 1951; Craeybeckx 1958; Rénouard 1968; Sivéry 1969; Maguin 1982) 포도주 생산이 "농촌 경제의 화폐화와 이윤 축적"에 끼친 영향을 과소평가하지 말아야 한다.(Mousnier 1997, 327; Childs 1978, 126~136도 참조) 예를 들어 중세에 포도주를 시장에 내다 팔기 위해 대량 생산한 사례를 살펴보자. "14세기 전반기 연 평균 생산량은 7470만~8500만 리터였다.(1308~1309년경) 그런데 1950년에 프랑스가 수출한 포도주 총량도 9000만 리터에 불과했다. 이 수치는 지롱드 현의 일부 보르도와 리부르느 지역만 반영한 것이다."(Pernoud, Gimpel, Delatouche 1986,

195) "서로 다르지만 비교적 통합된 경제들 사이에 정기적으로 대규모 거래가 이뤄지는 잘 발달된 무역"의 중요성을 포도주 무역을 예로 들어서 설명한 것으로 메나드Menard(1997, 236~248)와 버린든Verlinden(1962) 참조. 폴리Pauly는 14세기 초에 포도주를 사치품으로 분류할 수 없다고 주장한다. 당시에 포도주는 감옥에 있는 죄수들도 마실 수 있을 정도로 널리 소비되고 있어서 "아주 기본적이고 필수적인" 상품이라고 봐야 마땅하다.(1998, 297~298) 14세기 프랑스 오세르에 있는 포도주 양조장들에서 임금을 둘러싸고 일어났던 계급투쟁에 대한 명확한 통찰을 제공하는 사례들에 대해서는 스텔라Stella(1996) 참조.

28 중세 말 시칠리아 섬의 설탕 산업에 대해서는 엡스타인Epstein(1992, 210~222) 참조. 중세 말 지중해 동부 연안의 레반트 지역에서 "거대 트러스트들과 함께 소규모 상인들을 몰아낸 진정한 자본가"가 중심이 된 설탕 산업의 구조에 대해서는 애시터Ashtor(1992, 3장, 특히 237) 참조.

29 소금 무역은 소금이 유럽 전역에 걸쳐 특별세의 대상이 되면서(Bautier 1992, V~VI; Mollat 1968, VI~VIII; Abraham-Thisse 1988; Hocquet 1979a, 1979b, 1985, 1987) "서구 경제를 하나로 묶은 요소들 가운데 하나"로 밝혀졌다.(Mollat 1993, 65) 유럽 북서부 지역에서 소금 무역의 중요성에 대해서는 브리드버리Bridbury(1973, 22~39) 참조.

30 14세기에 독일 북부에서 생산해서 북유럽 저지대 국가들에 수출한 맥주처럼 대량으로 무역이 이뤄진 다른 여러 상품에 대해서도 똑같은 문제를 제기할 수 있을 것이다.(Unger 1989; Aerts and Unger 1990; van Uytven 1988, 548) 맥주는 주요 소비재로서 포도주의 자리를 점점 대체했다.(Unger 1998; Peterson 2000) 하지만 그것보다 더 중요한 것은 청어 무역이었다. 14세기에 뤼벡 같은 한 도시에서만 한 해에 9만 톤의 청어를 수입했다.(Stark 1993, 191) 그 밖에 목재와 모피 무역의 중요성 또한 과소평가되어서는 안 된다.(Martin 1978, 1986) 요약하면, 14세기 초에 매우 다양한 상품이 유럽 전역에 걸쳐

대량으로 거래되었다.(Mollat 1988b, 13; Ashtor 1981, 261; Balard 1989, VI, 64)

31 이것은 특히 그 기간에 상업 팽창과 산업 전문화를 위해서는 과거와 비교할 수 없을 정도로 엄청난 자본 투자가 필요했음을 인식한다면 더욱 분명해진다.(Schumann 1986, 107) 중세 경제에서 일용품 대량 무역과 사치품 무역 양쪽 모두의 중요성에 대해서는 보조르그니아Bozorgnia(1998) 참조. 하지만 외부 세계, 정확히 말해서 근대 세계-체제의 바깥 세계에 있는 국가 형성의 관점에서 볼 때 사치품 무역이 매우 중요한 요소일 수는 있지만 사치품 무역 자체만으로 세계-체제를 구성하지는 않는다. 이 연구가 보여주는 것처럼 사치품 무역은 (새로운) 체제가 형성되는 과정에 영향을 줬을 수는 있지만 그 자체가 **자본주의** 체제를 구성하지는 않는다. 그것은 기껏해야 특권층이 사용하는 상품 중심의 교역망 체계에 불과하다.(Chase-Dunn and Hall 1997, 54)

32 "중세 후반부터 원거리 상업망의 유통 품목은 이미 매우 다양해졌으며 여러 소비재도 비교적 사람들이 흔히 찾는 상품이 되었다. [하지만] 높은 유통 비용은 아직 해결되지 못했다."(Torras 1993, 202) 웅거Unger(1980, 191), 스캐멜Scammel(1981, 48), 미스키민Miskimin(1975, 125), 루이스와 러넌Lewis and Runyan(1985, 134~135)에 따르면 대량 무역이 북유럽의 상업망을 **지배했다**. 로마노Romano(1964), 사포리Sapori(1970), 케루비니Cherubini(1993, 282~283)도 참조. 특히 케루비니는 월러스틴이 암묵적으로 동의하는 것처럼 보이는 좀바르트의 관점(사치와 연애가 자본주의의 성장 동력이라고 주장함—옮긴이)을 거부한다. "우리가 여기서 [중세 이탈리아의 시장] 산업혁명이 점점 다가오던 시기의 규모와 비교될 수 있을 정도로 엄청난 양을 다루고 있지 않다는 사실을 인정하지만 당시 유통 [상품]에는 매우 고가의 상품뿐 아니라 가장 평범한 보통 상품들도 포함했다. (…) 우리는 이 시기의 이탈리아 상업이 향신료와 같은 값비싼 품목들을 중심으로 이뤄졌을 거라고 생각하지 말아야 한다." 또한 "중세에 향신료라는 용어가 매우 다양한 의미로 쓰였을 수 있다"는 사실도 잊지 말아야 한

다.(Modelski and Thompson 1996, 178) 결국 "우리는 지중해 지역에서 운송되었던 상품들의 대부분이 곡물, 포도주, 기름, 구리, 목재, 명반과 같은 일용품들이었다고 점점 확신하게 된다. 따라서 향신료보다는 이러한 생필품들(특히 곡물)을 주목해야 한다." (Bautier 1992, VI, 224) 이오르가Iorga(1914, 297)에 따르면 곡물 무역은 수송로를 두고 전쟁이 일어날 정도로 매우 중요했다. 게다가 "소금이나 곡물처럼 무겁거나 목재처럼 적재하기 힘든 상품의 대량 운송은 육로와 해상로를 모두 이용해야 했다."(Mollat 1993, 65; Heers 1965b, 44~48 참조) 1270년부터 1530년까지 이탈리아가 영국과의 무역에서 얻은 엄청난 이익에 대해서는 프리드Fryde(1974, XIV~XVI) 참조.

33 "중세 북유럽 도시에 사는 주민 한 사람이 1년에 평균 소비하는 곡물의 양이 300킬로그램이었다"고 추산한다면(Samsonowicz 1998, 306) 일정한 규모의 도시에서 특히 많은 노동자가 가족 생계를 유지하기 위해 낮은 임금에만 의존해야 할 수밖에 없을 때 식량 수급 관리에 문제가 일어날 수 있다고 생각할 수 있다.(Boone 1984, 88)

34 예를 들면 우드 참조. "근세, 기초 생산 부문인 농업의 논리에 따라 움직이고 있던 영국 경제는 이미 과거에 새로운 역사가 시작되던 시기에 사회가 움직였던 것과는 다른 새로운 '운동 법칙'과 원리에 따라 작동하고 있었다."(1999, 96) 하지만 뒤센은 그것을 다음과 같이 점잖게 지적한다. "로버트 브레너와 엘렌 우드가 주장하는 일국 자본주의는 이제 더 이상 유효하지 않다."(2002b, 136)

35 어떤 학자들은 유럽 밖에서 일어난 사건들이 "오늘날과 같은 서양의 발흥"에 중요한 역할을 했다고 주장한다.(예컨대 전제 정부의 재정 정책이 초래한 기술 정체) (Ashtor 1992, III, 266, 273~280 참조)

36 14세기 도시경제와 선대제 생산에 대한 논문 참조.(Boone and Prevenier 1993) 중세 상인자본가들이 실시했던 선대제에 대한 설명은 레이놀즈Reynolds(1961, 236~243), 폰 스트로머von Stromer(1991), 홀바흐Holbach(1985, 1994), 프리드리히스Friedrichs(1975), 켈렌

벤츠Kellenbenz(1973) 참조. 북유럽 저지대 국가들과 이탈리아의 도시 산업에 대한 비교에 대해서는 반더비Van der Wee(1988) 참조.

37 예를 들면, 반더비와 코웬버그(1978), 톤Thoen(1992, 1993)의 연구.

38 나는 이 책에서 역사적 연속성을 강조하고 있지만 그렇다고 시장에서 사고파는 개별 상품들과 관련된 특정한 경우들에 대한 복잡한 역사를 단순화할 생각은 없다. 실제로 단절된 역사도 있었다.("새로운 직물"에 대해서는 Munro, 1997 참조) 내가 강조하고자 하는 것은 오히려 13세기부터 16세기까지 **전반적으로** 경제가 성장을 지속했으며 자본가의 착취 본능도 그 안에 배태되어 있다는 사실이다.

39 헤르스(1965, 51)도 참조. 치폴라Cipolla는 15세기경 "서구의 유리도 역시 근동 지역에 널리 수출되었다. 그리고 베네치아 사람들이 근동 시장에서 팔 이슬람 사원용 램프를 제조해서 거기에 서양식 꽃무늬와 코란에 나오는 경건한 문구를 새겼다는 사실은 유럽의 '자본가' 정신이 종교에 구애받지 않고 근동 지역으로 전파되었다는 것을 입증한다."(1994, 210) 머레이Murray는 중세 벨기에의 브뤼주를 언급하면서 "깊이 생각하지도 않고 중세 자본주의라는 용어를 폐기해서는 안 된다. 시대착오가 아니냐고 말할 수 있을지 모르지만 14세기에 브뤼주의 경제가 돌아가는 모습은 실제로 자본주의라고 할 수 있다."(1990, 25) 머레이(2005)도 참조.

40 "고리대금업은 12세기에 화폐경제가 발전하면서 교회가 풀어야 할 중요한 문제가 된다. 그 문제가 가장 중대한 현안으로 부각되는 때는 교회가 그때까지 비난해왔던 일들을 하면서 자본주의가 첫발을 떼기 시작하고 있던 13세기다."(Greilsammer 1994, 810) 헤르스(1992, 253~256)와 먼디Mundy(1997, 196~202)도 참조.

41 바네트Barnett의 말을 인용하면 "신의 시간은 화폐 경제가 요구하는 세속화된 새로운 시간 개념에게 자리를 내주기 시작했다."(1998, 61) 로시오Rossiaud가 지적했듯 교회와 종탑에 매달린 종과 마찬가지로 시계는 "신학적 시간을 기술적 시간으로 바꿈"

으로써 "집단생활에 없어서는 안 될 것"(Gurevich 1990, 279)이 되었다. 중세 유럽에 시계의 확산과 그것의 중요성("상인의 시간"과 "노동 시간과 시간급")에 대해서는 돈-반로섬Dohrn-van Rossum(1996) 참조. 위트로우Whitrow는 그보다 훨씬 더 극단으로 나아가 "서유럽에서는" 중국이나 중앙아메리카와 달리 "기계식 시계가 처음 등장하면서 시간 측정을 기반으로 하는 새로운 형태의 문명이 출현했다"(1988, 96)고 주장했다. 이 책은 세계 어느 곳에서 기계식 시계가 처음 발명되었는지, 혹은 어디서 최초로 신세계를 찾아 해상 탐험을 시작했는지를 따지자는 것이 아니다. 어떤 기술을 최초로 발명했다거나 어느 지역을 최초로 '발견'했다는 것은 실증주의자의 견해나 유럽 중심의 역사 서술을 폭로하는 수단으로서 흥미로울지 모르지만 그 자체가 자본주의 체제의 기원에 대한 내재적 주장을 인정하는 것은 아니다. 앞서 언급한 다양한 변수 모두가 사실은 부등가교환을 기반으로 하는 기축적 분업이 끊임없는 자본 축적과 식민지 팽창을 이끄는 원동력인 그런 체제의 일부였다는 것은 틀림없는 사실이지만 그것들만으로 자본주의 체제의 기원을 완벽하게 설명할 수는 없다.

42 엡스타인(1988), 크로스비Crosby(1997, 75~93), 치폴라(1977), 하버캠프Haverkamp(1998) 참조. 1300년과 1650년 사이에 시간 개념에 대한 변화가 암시하는 중요한 의미에 대해서는 톰슨의 「시간, 노동규율, 산업자본주의Time, Work-Discipline and Industrial Capitalism」(1993, 352~403) 참조. 란데스(1983, 72~76)는 직물 산업의 대량 생산을 중세 도시들에 노동 시간을 알리는 종이 널리 보급된 것과 밀접한 관련이 있다고 주장한다. 14세기 중반에는 "시간을 분과 초로 나누는 것이 일상화되었다."(Hallam 1976, 34)

43 "이전에 시도된 이행과정은 실패했다."(Wallerstein 1979, 135)

44 월러스틴은 비교적 최근에 발표한 논문에서 한편으로 (자본 투자, 대량 상품 생산, 임금노동, 자본주의에 어울리는 세계관과 같은) 자본주의적 특징을 지닌 "초기 자본주의적" 체제와 다른 한편으로 1400년 이후 "봉건제 위기"에 따른 "완전히 새로

운 체제의 발생”(1999, 34) 사이에는 근본적인 차이가 있다고 주장한다. 하지만 1400년에서 1600년까지 기간에 세계-경제의 발전을 더 세밀하고 더 크게 이해하기 위해서는 1200년에서 1400년까지 유럽에 싹트기 시작한 자본주의적 상황을 간과해서는 안 된다고 생각한다. 유감스럽지만 월러스틴의 모델에서 16세기 자본주의적 세계-경제는 “아무것도 없는 무의 상태에서 창조된 것”(Sanderson 1995, 159)이다.

45 이탈리아와 저지대 국가들에서 발생한 중세 상업자본주의에서 보이는 연속성에 대해서는 앙리 시Henri Sée(1928, 7~56) 참조. 최근의 종합적인 정리 내용을 보기 위해서는 조르다Jorda(2002) 참조.

46 부비에와 제르맹-마르탱Bouvier and Germain-Martin(1964, 21~22)이나 레인Lane(1977)도 참조. 14세기 해외 무역에서 신용 제도의 중요성에 대해서는 먼로Munro(1994, X, 67~79) 참조. “도시들 사이의 외환거래를 하는 은행가들”은 외환제도를 통해 어음을 주고받음으로써 원거리교역에서 금괴를 수송하지 않고도 대금을 지불할 수 있었다.(Blomquist 1994, 345) 서유럽 도시국가들의 부기 사용에 대한 논의는 삼소노비치 Samsonowicz(1964) 참조. 중세와 16세기 가격 혁명의 비교에 대해서는 피셔Fischer(1996, 11~38) 참조.

47 르 고프는 중세 은행에 대해서 다음과 같이 결론을 내린다. “중세의 상인-은행가들이 관리했던 화폐량, 그들의 지리와 경제에 대한 해박한 지식, 그들이 사용한 상업적, 금융적 수단들을 고려할 때, 그들은 틀림없는 자본가였다. 그러나 또한 그들이 그렇게 된 것은 그들의 생활방식과 사회적 위치 때문이기도 하다.”(1962, 41) 드 루버 de Roover(1948, 1971)와 블롬키스트Blomquist(1979) 참조. 13세기 말 제노바가 최초로 해상보험계약을 체결했다. 그 밖의 곳도 곧바로 그것을 채택했다.(Heers 1959, 8~14; Wolff 1986, 136~139) 보험 적용과 신용의 유효성의 관계에 대해서는 리온Leone(1983) 참조. 중세부터의 기업금융에 대한 통사에 대해서는 바스킨과 미란티Baskin and Miranti(1999)

참조.

48 14세기 피렌체 경제의 기능에 대해서 브러커Brucker가 검토한 바에 따르면, "상인-기업가는 원재료(양모, 염료, 목재, 명반)를 사서 양모가 다양한 공정을 거쳐 옷이 만들어지면 그 완제품을 시장에 내다 팔았다. 수입된 양모는 [맨 먼저] 세척실로 가고 그다음에는 털을 빗질하고 불순물을 제거하는 공장으로 간다. 그다음에는 농촌으로 보내 실을 잣고 도시로 다시 돌려보내 천을 짜고 염색을 한다. 염색된 천은 또다시 농촌으로 보내져서 헐렁하게 주름을 잡아 도시로 다시 오면 거기서 천을 팽팽하게 펴서 포장하고 검사하고 봉인해서 소매하거나 수출한다. (…) 그는 이 과정에서 진행 상황을 노동자들에게 직접 물어보며 그들에게 전적으로 의지한다. (…) 그는 양모가 점점 옷으로 바뀌어가는 과정 내내 언제나 양모에 대해서 책임을 지며 소유권도 있다. (…) 실을 잣는 사람과 천을 짜는 사람들은 양모사업자에게 경제적으로 종속되어 있다. 그들은 분할해서 갚는 조건으로 방직기를 빌리거나 샀다. 그러다 돈을 갚지 못하면 양모사업자는 방직기를 저당잡았다."(1998, 105) 이탈리아 견직 산업을 운영하는 상인-기업가의 막강한 힘에 대해서는 피에르지오반니Piergiovanni(1993) 참조. 퍼스티안 천을 만드는 산업을 운영하는 상인의 영향력에 대해서는 볼란디Borlandi(1954) 참조.

49 앙리 피렌느Henri Pirenne(1937, 19)나 앙드레 세이유André Sayous(1934)도 마찬가지다.

50 브로델(1992b, 70) 참조.

51 13세기의 상인-기업가는 매우 활동적이었다. "그는 많은 자본을 투입하면서 원재료의 수입과 완제품의 수출을 조절하고 시장의 불균형으로 발생하는 위험도 부담하고 생산 속도를 결정하면서 모든 생산 공정을 관리한다."(Sosson 1991, 280)

52 12세기 제노바 시장에서 샹파뉴와 플랑드르가 생산한 의류의 중요성에 대해서는 크뤼거Krueger(1987), 레이놀즈Reynolds(1929, 1930), 로랑Laurent(1935, 1~20) 참조. 스코

틀랜드와 스페인의 수출용 양모 생산의 중요성에 대해서는 이완Ewan(1990, 68~91), 차일즈Childs(1978, 72~106) 참조. 시장의 경기 변동이 직물산업의 변화에 끼친 영향에 대해서는 먼로(1991) 참조. 13세기 지중해 지역에 수출된 값싼 북방의 천이 값비싼 모직물보다 수량뿐 아니라 총액에서도 훨씬 많았다는 증거에 대해서는 촐리Chorley(1987) 참조. 말라니마Malanima(1987, 351)는 직물 교역의 중요성에 대해 이렇게 말한다. "13세기에 대규모 교역은 점점 직물 산업과 관계를 맺었다. 지중해를 가로질러 운송된 모든 상품 가운데 직물은 가장 비싼 것이었다. 이에 반해서 향신료 교역은 수량도 제한적이고 이윤도 덜 남는 부차적인 무역으로 밀려났다. 플랑드르 직물 1포대는 향신료 3~5포대 값과 맞먹었다." 실제로 애시터에 따르면 "면화나 알칼리 석회와 같은 대량 상품의 [원거리] 교역은 향신료 교역보다 훨씬 이익이 많이 남았다."(1985, 376) 흥미롭게도 "유럽 직물 산업의 탄생"(Abulafia 1994, 8)을 알리는 12세기 범포 형태의 면직물의 중요성은 영어 단어 "jeans(진스)"(제노바의 프랑스 말인 Gênes에서 유래)와 "denim(데님)"(프랑스 남부 도시 "de Nîmes(님)"에서 유래)의 어원을 찾아보면 알 수 있다.(Abulafia 1998, 342)

53 (흑사병이 지나간 뒤) 1356년부터 1358년까지 벨기에의 겐트에서는 전체 주민 약 6만5000명 가운데 59~69퍼센트가 직물 산업에 종사했다.(Prevenier 1975, 276~279; Lis and Soly 1979, 10) 벨기에의 투르네, 프랑스의 모뵈주, 발랑시엔도 상황이 비슷했고(Bruwier 1992, 261) 벨기에의 이프르는 훨씬 더 많은 주민이 직물업에 종사했다.(Galvin 2002, 136) 14세기 플랑드르에서는 적어도 노동 인구의 40퍼센트가 직물 산업에서 일했다.(van Uytven 1981, 292; Franceschi 1993, 103) 자코비Jacoby는 15세기 카탈로니아에서는 "인구의 40~60퍼센트가 모직물 생산에 종사했다"고 주장한다.(1994, 55) 또 15세기에 네덜란드의 레이던과 아우데나더에서도 각각 인구의 34퍼센트와 50퍼센트(Prevenier 1998, 82), 14세기 초 인구 9000명이었던 벨기에 덴데르몬데는 40퍼센트(Prevenier 1983,

261)가 직물업에 종사했다고 한다. 14세기 초 브뤼주는 산업 도시라기보다는 상업 도시였는데도 전체 인구 4만6000명 가운데 31퍼센트(Dumolyn 1999, 53)에서 37퍼센트(Blockmans 1997b, 263)를 오가는 사람들이 직물 산업에서 활발하게 활동했다. 아마도 그 밖에 더 작은 마을들에서도 상황은 마찬가지였을 것이다.(Favreau 1989, 172) 북유럽 저지대 국가들에서는 평균적으로 전체 인구의 34퍼센트가 도시에서 살았다.(Prevenier 1983, 273) 최근에 나온 중세 이탈리아 도시들의 인구 추산에 대해서는 휴버트Hubert(2004, 116) 참조.

54 중세의 철강 생산에 대한 장기적 전망에 대해서는 브로델(1992, 321~325), 파운즈Pounds(1994, 329), 몰렌다Molenda(1989), 브론슈테앙Braunstein(1987, 2001), 슈프란델Sprandel(1968) 참조. 14세기 초 도시 상인들이 이탈리아 토스카나에 있는 광석을 캐기 위해 투자한 민간자본의 영향력은 당시 광업법의 주요 조문들로부터 유추해볼 수 있다. 거기에는 "(토지 소유자가 아닌 다른 사람이 지하에 매장된 것들을 캐낼 수 있도록) 지상과 지하에 대한 소유권을 분리하고 공동경영자, 임금노동자, '마기스트리magistri'라고 부르는 회사 감독관으로 구성된 자본주의적 협력 관계에 있는 여러 사람이 광산 개발을 할 수 있게" 하는 내용이 있다.(Piccinni 1994, 225) 처음에는 귀족들이 주로 광산을 개발했지만 14세기 초에 이르면 중세 부르주아들이 그 역할을 한다.(Hesse 1986, 437~438; van Uytven 1988, 552) "광산 채굴과 개발은 이제 민간 사업자들과 지방의 부르주아들에게 주도권이 완전히 넘어갔다."(Menant 1987, 786~787) 1400년경 보헤미아의 쿠트나 호라처럼 거대한 광산 도시는 4000명에서 4500명 정도의 광부를 고용했다.(Pollard 1997, 179) 그보다 더 많은 광부가 있었다고 추정하는 사람들도 있다.(Koran and Vanecek 1962, 32) 무엇보다도 중요한 것은 "13세기와 14세기 동안 엄청나게 많은 광부가 주급을 받고 일하는 자유민이었다"(Koran and Vanecek 1962, 37)는 사실이다. 폴란드처럼 경제 발전이 덜된 지역은 (도매상처럼 활동하는) 외국 상인들

이 광산에서 나오는 이윤 가운데 많은 부분을 가져갔다.(Molenda 1976, 157~166)

55 따라서 플랑드르와 이탈리아 북부 지역은 실질적으로 "노동자들이 자신의 노동력의 대가로 임금을 받는 임금노동자가 되고 비록 아직까지는 공장이 아닌 자기 집에서 일을 했지만 (…) 그들이 알지도 못하고 스스로 제어할 수도 없는 국제시장의 경기 변동에 따라 그들의 일자리가 사라질 수도 있는, 따라서 파업이나 도시 폭동과 같은 산업 쟁의를 겪기 시작하는"(Koenigsberger 1987, 225) 그런 자본주의적 생산 양식으로 발전했다. 중세 서유럽의 노동 조건에 대한 개요에 대해서는 울프와 마우로 Wolff and Mauro(1965), 포시에(2000) 참조.

56 북유럽 저지대 국가의 후이와 디낭에서처럼 금속 가공업은 국제 무역에 크게 기여했다.(Jansen 1989, 360~361). 벨기에의 나뮈르, 리에주 그리고 (매우 큰 "용광로"가 있는 지역이라는 뜻의) 오-팔라티나에서는 금속 산업이 번창하면서 상인자본가들이 그 산업을 지배했다.(Gillard 1971; von Stromer 1991, 46~47) 이탈리아 북부 지역의 금속 산업에 대해서는 브론슈테앙(2001) 참조. 14세기와 15세기 저지대 국가들의 선대제에 대해서는 아르노Arnoux(2001) 참조.

57 종이, 유리, 거울, 수정을 제조하고 배를 건조하는 일 또한 중요한 산업이었다.(Wolff 1989, 49~53; Favier 1996, 188; Ashtor 1981, 279~280) 모델스키와 톰슨에 따르면, 베네치안 아스날은 "규격화된 선박들이 조립 생산라인을 따라서 건조되고 있었던, 아마도 유럽 최초의 근대적인 공업 시설 가운데 하나라고 할 수 있다."(1996, 237) 중세 건축 산업에서 자본주의적 관계의 중요성에 대해서는 호제트Hodgett(1972, 135~136) 참조. 중세 국제 무역과 "영국 상인계급의 등장"과 관련해서는 밀러와 해처Miller and Hatcher(1978, 79~83; 1995, 181~254) 참조.

58 13세기에 엄청난 인구 증가가 사회에 큰 영향을 끼쳤다는 사실은 부인할 수 없다. 그 결과 모든 사람이 자기 땅을 가지고 농사지으며 먹고살 수 없었다. 따라서 "교

역에 의존하는 자영업자와 임금노동자가 늘어날 가능성"은 점점 커졌다.(Britnell 1993, 104) 물론 후자는 매우 중요하다. 골드스웨이트Goldthwaite에 따르면, 중세 플랑드르 지역에서의 노동 계약은 "철저하게 임금 계약이었다. 고용주들은 임금을 완벽하게 화폐 단위로 계산했다. 현물지급은 전혀 없었다. (…) 연공에 따라 임금을 더 주지도 않았다. 실업이나 사고, 노령자에 대해서 어떠한 사회 보장이나 건강보험도 제공되지 않았다. (…) 가장 비천한 사람들도 그들이 받는 임금과 일상 구매 활동을 교환이라는 관점으로 보지 않고 물건을 살 때 주고받는 돈이라는 아주 추상적인 관점으로 보았다는 사실은 당시에 그들이 회계장부 안에서 돈이 들어왔다 나갔다 하는(또는 개인 계좌로 이체되는) 현실에 얼마나 잘 적응하고 있었는지 금방 알 수 있다."(1991, 649)

59 14세기부터 17세기까지 저지대 국가들에서 토탄 생산은 매우 중요했다.(Leenders 1989, 251~271)

60 개요에 대해서는 버나드(1976, 292~293) 참조. 중세 크레타 섬에 대해서는 띠리에 Thiriet(1977, XIII, XV), 자코비(1999), 라이오우Laiou(1992, X, 177~198) 참조. (주로 곡물, 소금, 금속을 수출했던) 중세 사르디니아 섬에 대해서는 푸아송Poisson(1995, 1997), 아불라피아Abulafia(1993, I, 28~29), 탕게로니Tangheroni(1995), 데이Day(1983, 198~200; 1984, 700~701) 참조. 달마티아 지역의 특정 부분에 대해서는 오퀴에Houquet(1989) 참조. 중세 레반트 지역에 대해서는 애시터(1978, VI; 1978b), 자코비(1979, VII), 프라워Prawer(1972) 참조. 그러나 중세 시칠리아 섬의 경우는(Abulafia, 1977) 매우 의심스럽다.(Epstein 1989) 당시 서지중해의 북아프리카 국가들은 이탈리아 도시국가들이 철저하게 식민지로 만들기에는 아주 강했기 때문이다.(Jehel 1993, 66; Dufourcq 1990, III)

61 이것은 특히 비잔틴 제국과 이탈리아 도시국가들 사이의 관계를 자세히 살펴보면 잘 알 수 있다. "분업에 대해서는 [중세 말] 동지중해 지역의 경제적 기능을 살펴

보면 어느 정도 분명하게 알 수 있다. 이 지역은 주로 식량, 원재료를 주로 수출하거나 동부 지역의 사치품들을 재수출한다. 반면 서유럽에서 생산한 제품들을 주로 수입한다. 이 시장을 운영하고 지배한 사람들은 서유럽의 무역업자들인데, 특히 이탈리아 상인이 중심이었다. 그들은 서유럽 시장과 항상 접촉했기 때문에 해상교역로를 지배하면서 배를 타고 왕래했고 중요한 시장 정보를 만들어내고 통제했다. 따라서 그들은 화폐 거래가 필요하게 되었다."(Laiou 1992, VII, 182)

62 동지중해 지역에 있던 도시 국가들의 상업식민지들은 "국가 성립이나 행정 방식에서 모두 그 주변의 봉건 세계와 매우 큰 대조"를 보였다.(Halpérin 1950, 30) 그럼에도 불구하고 동지중해 식민지들은 점점 확장하고 있는 서유럽의 분업체계—동유럽에서 식량과 원재료를 수입하고 반대로 그곳에 완제품을 재수출하는—에 천천히 그러나 지속적으로 편입되었다.(Laiou 1982, 13) 이러한 사실에도 도시 국가들이 인접한 배후지를 지칭하는 콘타도contado에 대해서도 도시에 식량과 원재료를 공급하는 중요한 원천으로서 역외 식민지처럼 지배했다는 사실을 잊지 말아야 한다.(Blomquist 1969, 69) "원재료 공급원의 독점을 통한 도시의 부 창출"(Nicholas 1976, 28)은 이러한 사회경제적, 정치적 주변 환경 속에서 일어났기 때문이다.

63 "실제로 그러한 연관성은 (…) 동시에 진행된 것으로 보였다. (…) 비잔틴 제국의 추기경 베사리온은 심지어 펠로폰네소스 반도에서도 비잔틴 제국이 스스로 완제품의 수입국으로 전락하는 것을 수용하고 직물 산업을 포기했다고 비난했다."(1992, VII, 187) 게다가 "비잔틴 제국의 정부들은 비잔틴 제국의 기업가들이 서유럽의 기업가들과 동등한 조건으로 경쟁할 수 있도록 하는 데 필요한 방위력과 정치력 확산에 실패했다."(Pryor 1997, 211)

64 14세기 동지중해의 키프로스 섬과 크레타 섬 그리고 15세기 아프리카 서북 해상 마데이라 제도와 카나리아 제도, 아조레스 군도에서의 설탕 생산에 대한 상세한 연

구를 보면 이러한 자본 축적 전략이 1500년 이후 "신세계"에서는 훨씬 더 큰 규모로 재현되고 이식되었음을 알 수 있다.(Heer 1981, 12; Solow 1987; Galloway 1977; von Wartburg 1995; Verlinden 1972) 중세에 끊임없이 이윤을 창출했던(Verlinden 1977) 노예무역도 이러한 상황에 발맞춰 번창했다.(Thiriet 1977, XIII, 63~64) 식민지 수탈 과정이 아무리 서서히 진행되었다고 하더라도(Richard 1983, VIII; Mercer 1980) 바틀렛이 주장하는 것처럼 "중세"와 "근대"의 식민지 형태 사이에 **근본적인 차이**가 있다는 주장은 더 이상 유효하지 않다.(Lewis 1978, IX, 37)

65 달리 말하면, "이미 자본주의적이라고 말할 수 있는 투자 형태가 지방이든 도시든, 해상 무역이든 육상 무역이든 가리지 않고 널리 알려지고 통용되는 터였다. (…) 근세 기독교 국가들의 자본주의 체제가 사실은 중세 말에 이미 상당한 수준으로 발전된 자본주의 형태에서 시작되었다(Contamine 외, 1993, 403~409)는 사실을 깨닫는 것은 중요하다. 그렇다고 해서 **전 세계적인** 분업이 발생하고 도시국가 간 체제를 국가 간 체제로 대체한 16세기의 질적 전환을 부인하는 것은 아니다. 도시국가는 훨씬 더 큰 규모로 끊임없이 자본을 축적하기에는 지나치게 작았다. 제노바와 베네치아는 그들의 배후지에 있는 농촌 지역이나 정복지들을 중심부-주변부의 관계로 식민지화할 수 있었을 뿐(Scammell 1981, 106; Laiou 1982, 16) 아메리카 대륙과 같은 큰 규모의 지역은 그렇게 할 수 없었다.(Boris 1991, 108)

66 르누아르Rénouard(1949, 197~250)가 15세기 자본주의 연구에서 지적한 것처럼 말이다.

67 이런 관점에서 볼 때, 하나의 단일 국민국가가 "자본주의의 요람이며 온상"이었다고 주장하는 것은 말이 안 된다.(Macfarlane 1988, 185)

68 유럽 중심주의 사관을 비판하는 사람들은 다음과 같은 문제를 제기한다. "왜 유럽에 대해서만 자본주의의 이행을 말하는가? 차라리 이행이라는 개념을 버리고 오

랫동안 존재했던 체제의 지속적인 진화를 말하는 게 낫지 않겠는가?"(Amin 1993, 251) 블로트Blaut는 1000년과 1500년 사이에 전 세계가 자본주의를 향해 움직이고 있었다고 주장했다.(1993) 일본에 대한 흥미로운 연구에 대해서는 샌더슨(1994) 참조.

69 메링턴은 서양의 도시가 동양의 도시와 대조적으로 "독립적인 도시 자본의 증가"를 이룩한 것에 대해서 말한다. "중국의 '도시 분위기'는 아무도 자유롭게 만들지 못했다."(1976, 178) 베어록Bairoch(1989, 227~231) 참조.

70 단순히 이론적인 관점들을 해체하고 "객관적 진실"에 더 가까이 가기 위해서 역사적 연구에만 전념하겠다고(예컨대 Grassby 1999, 61~73) 말하는 것은 아니다. 그러나 "무모한 일반화"(Sosson 1990, 348)와 "일부 사회학자가 시도한 거짓되고 근거가 빈약한 거대가설"(Dyer 1991, 1)에 대한 많은 역사가의 끊임없는 경고를 절대적인 것으로 받아들이지는 말아야 한다. 이론적 뒷받침이 없는 역사란 것이 과연 무엇을 위한 것인가? 하다치Hardach가 말한 것처럼 "이론 없는 경제사라고 해서 실증적 기반과 근거가 없는 이론이라고 단순하게 치부될 수는 없다."(1972, 46) 내 생각에는 문화적으로든 경제적으로든 "상호 접속"과 "교환"이 현실 세계의 힘과 지배로부터 분리되어 있다는 생각(예컨대 Berg 2004; 어떤 면에서는 Pearson 1998)도 똑같이 문제가 많다.

71 이러한 요소들이 모두 결합해야 비로소 자본주의 체제가 완성된다. 잉여가치에서 나온 이윤이 부등가교환에서 나온 이윤보다 반드시 "역사적으로 더 큰 중요성"(Heilbroner 1985, 66)을 가지는 것은 아니다. 몰라Mollat는 16세기의 이윤과 14세기의 이윤 사이에 유사성이 있음을 상세히 설명한다. "이윤을 추구하는 열의와 빈번한 활동은 16세기에 볼 수 있는 새로운 모습이었지만 이윤을 추구하는 활동 그 자체가 새로운 현상은 아니었다."(1977, I, 45) 또 마우로가 지적한 것처럼, "금융, 상업, 산업 기술에 관한 한 1500년 이후에 새로 나온 것은 하나도 없다. 다른 것이 있다면 그러한 현상이 크게 늘어났다는 사실뿐이다."(1988, 758) 로페즈Lopez(1952, 320), 브라티아누

Bratianu(1944, 57), 제엘Jehel(1993, 438~440) 참조.

72 따라서 "영국 사회가 [16세기에] 이전의 다른 그 어느 때보다 빠르게 상업화하고 있었다고 가정하는 것"(Britnell 1998, 115)은 폐기되어야 한다. 영국과 프랑스의 농촌 인구는 18세기 초보다 1300년경에 훨씬 더 많았다는 사실에 주목해야 한다.(Titow 1961, 218; Delatouche 1989, 36; Bois 2000, 65) 우리는 14세기 중반 흑사병이 발생하기 전 유럽의 교역 규모를 과소평가하지 말아야 한다. **심지어** 16세기 초와 **비교할 때도** 마찬가지다. 학자들은 15세기 말 메디치가의 금융 활동에 대해서 많은 말을 하지만 실제로 그들이 보유한 자본(경제력)은 14세기 초 페루치가의 자본보다 훨씬 적었다. 이것은 또한 "메디치가의 고용인 수가 페루치가의 고용인 수보다 훨씬 적었으며 흑사병이 발생하기 전에 제3위의 금융 가문이었던 아키아이볼리가보다도 그다지 많지 않았다."(Lopez and Miskimin 1962, 424~425)

73 도시국가 간 체제에서 국가 간 체제로의 질적 변화는 자본주의적 세계-경제의 탄생과 분리될 수 없다. 당시 형성되고 있던 유럽의 국민국가 안에서 상인계급은 관료제와 행정조직의 핵심적인 자리를 차지하고자 애썼을 뿐 아니라(예컨대 Prak 1992, 192; Galland 1998; Glete 2000, 64; Dumolyn 2001) 전 세계에 걸쳐 식민지를 만들고 자본주의적 전략을 지원하기 위해 (상업을 중시하는) 국가 권력을 빈번하게 이용했다. 이러한 현실은 중세 도시국가의 정책에서 비롯되었다.(예컨대 Baratier 1970, 338; Lopez 1970, 347) 비록 도시국가의 현상이 유럽에 고유한 것은 아니지만(Bauer and Matis 1988, 92쪽에서 주장한 것처럼)—중세 전반에 걸쳐 인도양 연해주에서처럼 유럽 이외의 지역에서도 발견할 수 있기 때문에(Lombard 1988, 15; Curtin 1984, 121) —국가 간 체제로 이행하는 과정에서 상인들이 그만한 정치력을 보유했던 곳은 유럽밖에 없었다.(Rodinson 1970, 32) 이것은 중세 서유럽의 자본주의적 사회가 "국제 상업망을 통해 축적된 자원을 기반으로 구축되었다"(Berza 1941, 430)는 것을 말해준다.

74 13세기 영국에서는 농민들이 귀족들의 압제에서 벗어나기 위해서 자신들이 살던 땅을 버리고 도망칠 수 있었다. 그러나 브리트넬(1993, 75)이 지적하는 것처럼, 이것은 "경제적으로 안전할 수 있는 가능성을 버리고 확실하게 불안전한 삶을 택하는 것"을 의미했다. "대대로 세습되어온 소작인들은 비록 영주의 강제 징수 때문에 심한 압박을 당했지만 적어도 가족들의 끼니는 해결하며 살 수 있었다. 이러한 소작 세습권을 포기하는 행위는 스스로 임금노동자가 되겠다는 의미였다." 13세기 영국에서 그런 행동을 하는 것은 위험했지만 13세기 플랑드르에서는 위험하지 않았다. 당시 도시 중심부 가까이에 살고 있던 농민들의 사회경제적, 지정학적 현실은 영국과 플랑드르가 서로 달랐기 때문이다. 플랑드르에서 행해진 광범위한 분업과 (특히 직물 산업에서) 숙련공과 미숙련공의 대량 고용은 농민들이 (임금 노동자가 되기 위해) 농촌에서 도시로 이주할 때 발생하는 위험을 크게 줄였다. 이것은 거꾸로 귀족들의 힘이 약화되는 결과를 초래했다. 한편으로 우리는 예를 들어 13세기에 영국과 북유럽 저지대 국가의 중심부-주변부라는 계층적 관계 속에서 영국의 농민들이 얼마나 변했는지, 그리고 다른 한편으로 15세기에 근세 유럽 지역 안에서 영국의 사회경제적, 지정학적 위치가 얼마나 변화했는지 물을 수 있다.(아래 참조) 또한 14세기에서 17세기까지 동유럽과 저지대 국가의 도시 중심부에 있었던 농민들의 자유에 대해서도 똑같은 질문을 던질 수 있다.(위 참조)

75 이러한 "사회 정책은 기독교의 박애정신이 아니라 자본주의적 기업가의 자선에 의해 시행된 것이 분명했다. (…) 공적인 빈민 구제는 상대적으로 도시에 인구가 남아돌게 만들었으며 노동시장을 관리하는 구실을 했다."(Blockmans and Prevenier 1978, 56) 솔리Soly(1975, 584~597)와 마레샬Maréchal(1984) 비교.

76 프랑스에 자국의 여러 도시에 대한 경제와 사법적 지배권을 가졌던 상인 과두정치가 존재했다는 사실은 이미 1283년에 필립 드 보마누와Philippe de Beaumanoir의 연

구논문에서 밝혀졌다.(Bove 2004, 21)

77 13세기의 공통된 특징 가운데 하나는 "끊임없는 동업조합의 증가와 분화"였다. "[그것은] 상인들의 계산된 분할통치 정책에 따라 여러 지역(베네치아, 시에나)에서 정교하게 조성되었다."(Jones 1997, 250) 브랜드의 연구에 따르면, 네덜란드 레이던의 포목상들은 "원재료를 사고 임금을 지불하고 대다수 미숙련 노동자가 직물을 만들기 위해 실을 잣고 베를 짜고 천을 다듬고 염색하는 동안 발생할 수 있는 온갖 위험을 감수할 수 있을 정도로 많은 자본이 있는 사람들이었다. (…) 먼저 소규모의 독립된 직인 집단 출신인 생산자들은 상인과 자본가의 지위에 오르려고 안간힘을 썼다. 둘째, 일부 무역상들은 생산을 직접 통제하기 시작했고 이어서 자본주의적 산업 기업가가 되었다. 돈 많은 직인들은 노동에 집중했다. 그들은 중심이 되는 공방을 세우고 저임금 노동자를 써서 만든 완제품을 가능한 한 가장 낮은 가격으로 시장에 내다 팔았다. 그러나 기업가들은 생산에 집중해서 그것을 제조과정을 여러 공정으로 분할했다. 다양한 생산 공정은 상대적으로 단순한 생산수단으로도 작업이 가능했으므로 가정을 통해서 많은 일을 할 수 있었고 많은 투자가 필요하지도 않았기 때문이었다. 이러한 체제는 포목상들에게 매우 유리해서 각 공정을 맡은 제조업자들에 대한 포목상들의 지배력을 강화시켰다. 그것은 또한 임금노동자들의 단결을 막아서 어떠한 폭동 시도도 쉽게 진압할 수 있게 한 작업 공정의 분할에 따른 결과였다. (…) 기업가들(도시 정부와 긴밀하게 협력해서 일하는 산업 자본가들)은 선대제와 저임금 정책을 이용해서 직인들의 해방을 막았다. 직인들이 시장에 접근할 수 있는 길은 끊겼다. 그들이 정치적으로 영향력 있는 동업조합을 조직할 수 있는 가능성은 사라졌다."(1992, 26~32) 호웰Howell(1986)은 레이던의 직물 산업을 "소규모 상품 생산"으로 잘못 분류한다.(Brand 1996, 169~180) 이윤보다 "윤리 공동체"(DuPlessis and Howell 1982, 80)를 더 선호했던 일부 도시 지배층이 소규모 상품 생산을 지지했다는 주장은 한

편으로는 하청 관계를 무시한 잘못 때문에, 다른 한편으로는 협동조합주의가 상업 자본주의와 어느 정도 상극일 것이라는 발상 때문에 나온 것이다.(Lis and Soly 1997b, 12~17; Derville 1987b, 723; von Stromer 1991, 35~38; Schneider 1955, 404) "생산 영역"에 대한 상인 자본의 지배(Heers 1965, 66~68)는 근세에 우리가 생각하는 것보다 훨씬 더 강력했다.(예컨대 Bois 2000, 201)

78 "저지대 국가의 직물 동업조합들은 노동력을 포함한 원재료의 공급과 비용, 임금을 통제할 수 있는 힘이 거의 없었다. 게다가 그들은 주요 시장에서 경쟁에 직면해 있었기 때문에 그들의 가격 결정력은 극히 제한되어 있었다."(Munro 1990, 44) "이른바 직조공 동업조합은 사실상 주요 산업 기업가로서 국내의 선대제를 이용해서 생산하는 우두머리 직조공이 지배하는 조합이었다. 그들이 고용한 사람의 대다수는 힘없고 보호받지 못하는 여성들이었는데 포목상들은 이들을 일용 품삯으로 손쉽게 썼다."(Munro 1994b, 383~384) 상인-기업가뿐 아니라 심지어 (상인 엘리트들이 지배한) 14세기 일부 독일의 도시국가들은 가난한 실업 여성들을 직물 노동자로 고용하는 "도매상" 구실을 했다.(von Stromer 1989, 877) 포목상이 고용한 노동자들은 제품의 품질을 보증하는 도시의 산업 "경찰"의 규제를 받았다.(Yante 1984, 432) 기업가들은 원재료를 소유하고 작업을 지시했다. 따라서 일용노동자들은 점점 19세기의 프롤레타리아 공장노동자처럼 변해갔다.(Gutmann 1988, 28~29) 도시국가들에서도 비록 폭력적인 파업이 일어나기는 했지만 그 안에서 노동 빈곤층이 효과적으로 저항하는 것은 어려웠다.(Boone, Brand, Prevenier 1993) 게레멕의 연구에 따르면, "원재료 비용과 시장의 불안정성은 전문 기술과 분업 확대를 요구하는 점점 복잡해지는 기술과 더불어 직인들로 하여금 생산을 관장하는 상인과 기업가에게 종속되어 일하지 않을 수 없게 만들었다."(1994, 64~65) 게다가 많은 노동자는 1차 원료(양모)의 가격에 대해서 아무런 결정 권한이 없었다. 양모를 대개 먼 나라에서 수입해서 썼기 때문이다.(플랑드

르 지역은 처음에는 영국과 스코틀랜드에서 수입하다가 나중에는 스페인에서도 수입했다.)

79 중세의 복잡한 남녀 분업에 대해서는 호웰(1997), 코웨일스키Kowaleski(1995, 153~154), 스타벨Stabel(1999) 참조.

80 14세기 말 네덜란드(Kaptein 1998, 43)와 13세기 영국에서도 이런 일이 일어났다. 거기서 기업가들은 "양모를 사서 세척하고 염색했다. 그들은 양모를 다듬고 실을 잣는 사람들에게 넘겼다. 그들은 도시 전역에 걸쳐 직조공과 축융공을 고용해서 엄격한 감독 아래서 자기들 마음대로 정한 임금을 지급했다. 완성된 직조품은 영국 동부 지역의 큰 시장에 내다 팔았다."(Miller and Hatcher 1995, 112) 코웨일스키는 영국 엑서터의 교역에 대한 연구에서 "직물 상인과 직물 노동자 사이의 상업적 관계를 면밀히 살펴보면 16세기와 17세기의 자본주의적 포목상이 14세기 말에 이미 등장하기 시작했다는 것을 알 수 있다"(1995, 150)고 지적한다. 실제로 스트랫퍼드어폰에이번과 같은 아주 작은 도시도 국제 직물 무역의 영향을 받았다. "스트랫퍼드에서 쉽게 닿을 수 있는 곳에 장원 세 군데를 소유하고 있던 윈치콤 수도원의 수도사들은 14세기 초에 자신들의 장원에서 나는 양모를 이탈리아 상인들에게 팔기로 계약했다."(Dyer 1997, 56~57) 리스와 솔리의 연구에 따르면, 14세기에 쾰른과 피렌체에서는 "엄청나게 많은" 직조공이 "모든 생산 공정을 관리하는" 부유한 상인 직조공들의 하청을 받아 직접 또는 간접적으로 천을 짜고 있었다.(1994, 371~373; 또한 Favier 1998, 185도 참조) 플랑드르와 브라반트 지역도 이러한 상황이 널리 퍼져 있었다.(Lis and Soly 1997, 185) 14세기 말 영국에서는 상인들과 **직접 계약을 맺거나 하청을 받아서** 일하는 염색공(또는 지방의 향신계급이나 교구 교회 밑에서 일하는 직조공과 축융공)이 매우 많았다. 그 결과 "[작업이나 시간 단위로] 노동 계약을 맺고 그에 따른 대가로 지급되는 임금에 대한 직물노동자들의 의존도"는 매우 컸다.(Kowaleski 1995, 153) 하청 계약의 관행은 직

물과 건설업뿐 아니라(Small 1989) 이탈리아의 도시국가들에 의해서 전쟁의 영역으로까지 확대되었다.(France 1999, 134)

81 더 많은 이윤을 올리면서 강력해진 큰 기업들은 작은 영세업체들을 삼켜버렸다. 따라서 많은 소규모 장인과 독립된 일을 하던 직인들은 무일푼 임금노동자, 즉 종속된 프롤레타리아 신세로 전락했다. 쓸 수 있는 노동력이 많아지면서 노동 조건은 점점 악화되었다. "경쟁이 치열하다는 구실로 야간 근무를 포함해서 노동 시간은 참을 수 없을 정도까지 늘어났다. 14세기 여러 지역에서 임금은 기아 수준까지 내려갔다. 게다가 노동자들은 대개 가치가 떨어진 경화로 임금을 받거나 과대평가된 물품으로 현물 지급을 받았는데 이것은 그들의 생활을 더욱 어렵게 만들었다. 따라서 노동자들은 고용주에게 돈을 빌리거나 가불을 할 수밖에 없었고 그것은 노동자와 고용주의 관계를 과거 영주와 농민들의 관계처럼 끈질긴 가난과 빚의 악순환으로 이끌었다."(Jones 1997, 251; Ferguson 1962, 271~272 참조) 14세기 겐트 지역의 축융공들(Boone and Brand 1993, 173)은 대개 13세기 제노바의 양모를 빗으로 빗는 소모공들(Epstein 1988b, 120)이나 13세기 런던의 직조공들(Britnell 1933b, 369)처럼 경화로 임금을 받았다. 경화는 경제 위기나 가격 변동에 따라 가치가 들쭉날쭉하기 때문에 노동자들의 소득은 불안정할 수밖에 없었다.(van Uytven 1982, 208; Derville 2002, 106) 14세기 피렌체에서는 "'근대적 특징을 지닌' 임금노동자가 서서히 모습을 드러내는 것"을 볼 수 있다. "그들은 직인이나 농노도 아니고 대량으로 고용되고 호환성이 있고 직장의 통제를 받으며 자신의 육체 노동력을 급료를 받고 파는 사람이다. 당시에는 그들을 급료노동자라고 부르지 않고 그들의 비참한 노동 조건을 빗대서 치옴피Ciompi(이탈리아에서 소모공을 가리키는 말—옮긴이)라고 불렀다."(Stella 1989, 544) 가장 낮은 사회 계급인 농업 노동력도 도시 프롤레타리아처럼 형편이 어렵기는 마찬가지였다. 자기 땅이 없는 농업 노동자들도 "임금 소득에 의존할 수밖에 없었기" 때문이다. "……벌목공

은 고정급을 받는 일당 노동자로 고용되어 판자 '100'피트당 얼마로 단가가 정해졌다."(Clark 1991, 234) 대부분의 연구가 도시 인구의 다수를 차지하는 도시의 임금노동자들에 대한 착취에 초점이 맞추어져 있지만(Luzzatto 1954, 135; Sosson 1979, 232) 당시 농촌의 임금노동자도 예외적인 존재는 아니었다. 14세기 영국에서 "임금을 받아 생활하는 인구의 비율은 전체 농촌 인구의 3분의 1을 넘었으며 동부 지역에서는 3분의 2까지 늘어났다."(Dyer 1989, 213) 흑사병 전염이 끝나고 난 뒤 임금 상승이 있었지만(Gavitt 1981) 그다지 높지는 않았던 것 같다.(Perroy 1964, 244~245; Brucker 1972, 161; Bois 2000, 98, 136) 당시 대다수 노동자는 여전히 적어도 임금의 절반을 빵을 사는 데 쓰고 있었다.(Ashtor 1970, 19~20) 그나마 구매력이 크게 늘어난 사람들은 주로 숙련공들뿐이었다.(Sosson 1979, 259, 268)

82 홀바하Holbach는 다음과 같이 지적한다. "노동비용은 직조일이 상대적으로 일찌감치 농촌으로 넘어간 주된 요인이었다. 노동집약적인 일이 더 값싼 생산 중심지로 이식되는 과정은 16세기 들어 더욱 심화되었고 과거 생산 중심지의 경제를 위기에 빠뜨렸다. (…) 농촌의 자원들을 생산과정으로 끌어들이는 데 있어서 '선대제'는 (상인과 부유한 직인들과 같은) 기업가들에게 매우 높은 경쟁력을 제공했다. 과거에 직물을 생산하던 도시들은 농촌에 일자리를 빼앗겼지만 기업가들은 더 여유가 많아졌고 자기들에게 불리한 엄격한 규제를 피할 수 있다면 언제라도 다른 곳으로 생산지를 옮길 수 있었다."(1993, 238~243) 스타벨의 연구에 따르면 "농촌의 평균 임금은 같은 지역에 있는 도시의 60~70퍼센트밖에 안 되었다."(1997, 131) 반더비(1998)는 저지대 국가에서의 "자본 재배치" 과정의 증가와 14세기 영국의 "수입 대체" 전략 사이에 상관관계가 있을 수 있다고 지적한다. 영국이 저지대 국가들에게 양모를 제공하는 원재료 생산국에서 직접 직물을 생산하는 국가로 변신하면서 저지대 국가 내부에서는 경쟁이 심화되고 따라서 임금 비용을 낮출 필요가 생겼다. 그럼에도 불구하고

"생산부지"가 모두 농촌으로 재배치되지는 않았다. 도시가 제공하는 이점들이 있기 때문이었다. 예를 들면, 고급 직물 제조에 필요한 전문 인력의 조정과 감독이 쉽고 금융 조달도 용이하며(Munro 1990, 45), 국제 무역의 흐름이 플랑드르 지역의 도시망으로 유입되는 데 필수적인 "관문 도시"(Stabel 1995, 1997)로서 브뤼주와 같은 무역항에서 직물을 생산하고 국제시장에 직접 연결된다면 거래 비용도 낮게 유지할 수 있었다.

83 페이시Pacey에 따르면, "1250년에서 1300년 사이 유럽에서는 이미 기술 발전의 토대가 마련되었다."(1978, 39) 이러한 기술 혁신과 기법들(예컨대 노동력 대신 수력을 이용해서 축융 가공하는 기술)은 14세기 초에 널리 퍼졌다.(Carus-Wilson 1952, 410~411; Heers 1965, 64) 이것들의 사회경제적 의미를 과소평가해서는 안 된다. 14세기(인구 600만 명의) 영국에서는 400~600명당 공장 1곳이 있었다. 같은 시기(인구 1760만 명의) 프랑스에서는 440명당 공장 1곳이 있었다.(Langdon 1997, 284~285) 저지대 국가의 직물 생산에 영향을 끼친 풍력과 수력 기술에 대해서는 반 아위트벤van Uytven(1971) 참조.

84 저지대 국가에서 오직 겐트 지역만이 주변의 농촌 지역을 통제하는 데 성공했다.(Thoen 1992, 56~57; Boone 1990, 191~197) 농촌에 있는 경쟁 직물 생산업체를 공격하기 위해 도시 민병대가 조직한 무력 원정에 대해서는 니콜라스Nicholas(1971, 75~116, 203~221) 참조.

85 이프르와 겐트 지역이 14세기 초에 그동안 독점했던 직물 생산을 지키기 위해 그들의 배후지 농촌을 공격했던 방식은 월러스틴의 중심부-주변부 모형과 유사하다.(Prevenier 1997, 196) 이탈리아의 도시국가들은 칸타도라고 부르는 도시 배후지인 농촌 지역을 종속시키고 지배하는 데 가장 큰 성공을 거두었다.(Stabel 1997, 73; Redon 1994) "속령"이라는 뜻을 가진 "포도원vignoblium"이 있는 도시들도 마찬가지로 그들의 지배를 받았다.(Le Goff 1998, 238~239) 그러나 계층화된 분업 체계 속에서 농촌은 도시

국가에 종속되었고 도시국가는 실질적으로 도시와 농촌 모두에 상품을 독점으로 공급했기 때문에 농촌의 산업은 도시와 경쟁을 하기보다는 오히려 보완하는 기능이 더 컸다. 가죽을 무두질하는 것과 같은 힘든 일은 "작업 과정에서 발생하는 역겨운 냄새와 오염" 때문에 대개 농촌에서 했다.(Kowaleski 1995, 160) 동시에 이른바 상류계급(네덜란드어로 buitenpoorterij 또는 프랑스어로 bourgeoisie foraine인 시외시민市外市民, 즉 시민권을 가지고 있으면서 농촌으로 이주한 도시민 또는 시민권을 얻고 싶어 하는 부유한 농촌 사람)이 도시를 둘러싼 배후지에 대한 (사법적, 사회경제적, 정치적) 지배권을 얼마나 강화했는지(Thoen 1988a, 480~490; 1988b, 448~449; Boone 1996, 715~725), 또 "농촌에 땅이 있는 도시 동업조합의 회원들이 도시 배후지의 정치 생활에 얼마나 많은 영향을 끼쳤는지"(Carpenter 1997, 63)를 고려해야 한다. 15세기 중반, 플랑드르 지역의 농촌에 사는 사람들 4명 중 1명이 그러한 시외시민의 지위에 있었다.

86 14세기 파리의 직인들은 여름에는 하루에 최대 16시간에서 17시간, 겨울에는 11시간을 일했다.(Geremek 1968, 81) 정말로 매우 고된 노동 조건이었다. "사회 투쟁은 끊이지 않았고 노동자들은 임금을 올리거나 노동 시간을 줄이고자 했다. 파리와 오세르의 직물 산업과 포도주 양조장에서 일하는 노동자들은 정해진 신호에 따라 일을 멈추고 파업을 벌이기도 했지만 대개는 실패로 끝났다."(Rossiaud 1998, 470) 영국 노동자들은 "새벽 5시 전에 일할 준비를 마쳐야 하고 쉬는 시간은 모두 합해서 2시간도 안 되었으며 저녁 7시에서 8시까지 일을 계속 해야" 했다.(Woodward 1994, 14) 얀테Yante(1990, 372), 분과 브란트Boone and Brand(1993, 184), 로서르Rosser(1997, 27) 참조. 또한 홀바하(1993, 229)와 그 논문에 인용된 논문들도 참조.

87 대부분의 폭력 시위는 경제적으로 발전한 도시들에서 일어났다. 1245년 두에, 1253년 아라스, 1258년과 1276년 제노바, 1257년 시에나, 1280년 이프르, 1281년

비테르보, 1289년 볼로냐, 1293~1295년 피렌체가 그러한 경우다. 흥미롭게도 대부분의 항거는 플랑드르 지역과 이탈리아 북부 지역에서 일어났다.(Mackenney 1987, 2; Pirenne 1963, 94~109; Leguai 1976)

88 예를 들면 데스피와 베르횔스트(1986) 참조.

89 브리트넬은 중세 영국에 대해서 말할 때 "1180년과 1330년 사이에 전체 인구의 생활수준이 향상되었다는 가정은 폐기"되어야 한다고 지적한다. "소유한 토지가 분할되고 취업 경쟁이 심해지면서 극빈 가구의 생활수준은 점점 더 어려워졌다. 1270년과 1320년 사이 상업이 성장하던 시기에도 품삯은 점점 낮아졌다. 반면 상인 계층은 1180년보다 1330년에 규모가 더 커지고 부유해졌다."(1993, 125~126) 이것은 바로 오늘날 자본주의 세계-경제에서 **전 세계에 걸쳐** 일어나는 현상이다. (중심부에 사는) 소수의 생활수준은 높아지는 반면 주변부에 사는 대다수는 상대적으로 더 심각한 빈곤과 박탈에 직면한다. 이것은 우연이 아니다. 1100년과 1350년 사이에 저지대 국가의 도시 중심부의 주변부였던 영국의 일부 지역은 그 중심부에 정기적으로 곡물을 공급했다.(Adams 1994, 147) 일부 학자는 당시 영국을 경제 식민지로 설명하기도 한다.(Rosenberg and Birdzell 1986, 76; Cazel 1966, 110; van Houtte 1974, 392) 당시 영국은 "풍부한 천연자원을 효과적으로 처리할 수 있는 기술과 하부구조가 없는 미발달된 제1차 생산자"에 불과했기 때문이다.(Raban 2000, 56; Munro 2000, 108 참조) 영국에서 국제시장을 겨냥한 직물 생산이 는 반면 양모 수출이 점차 줄어든 것은(Gutmann 1988, 36; Prevenier 1973, 494~495; 이러한 변화 과정에 대해서는 Ramsay 1974 참조) 14세기 말 비로소 "수입 대체" 현상이 일어난 뒤였다.(Ashtor 1992, VIII, 17) 14세기 이후의 또 다른 중요한 사례는 저지대 국가의 도시 중심부가 직물을 더 많이 팔고(Verlinden 1976, 110) 원재료(양모)를 더 많이 확보하기(van Houtte 1974, 392) 위해 이베리아 반도로 방향을 튼 사건이다. 이 사건은 이베리아 반도의 사회경제적 발전에 매우 중요한 의미가 있었다.

1350년경 스페인의 카스티야에서는 150만 마리의 양이 양모를 생산한 것으로 추정된다. 그러나 100년이 지난 뒤 양모를 생산하는 양의 수는 270만 마리로 늘었고(Favier 1996, 181) 1500년경에 이르러서는 약 1050만 마리로 크게 늘어났다.(Alonso 1997, 65) 따라서 스페인의 꽤 많은 지역은 양모 공급지로 탈바꿈했고 제노바와 플랑드르 지역의 산업들은 "해외 시장에서 이윤을 많이 남기고 팔 수 있는 상품으로 바꿨다."(Fernández-Arnesto 1987, 115) 카스티야에서는 마침내 "양모와 같은 중요한 원재료를 해외에 파는 식민지 경제 구조"가 만들어졌지만 "완제품 생산으로 확대되는 경제 성장으로는 발전하지 못했다."(MacKay 1977, 170)

90 헤르스(1963, 315)는 중세의 "사회 투쟁"에 대해 언급하면서 서로 싸우고 있는 당파들을 사회계급으로 해석하지 말라고 주장한다. 실제로 중세에 서서히 나타나기 시작하는 부르주아는 다른 모든 사회구성체와 마찬가지로 하나의 고정된 현상이 아니라 끊임없이 재창조되는 과정에 있는, 따라서 형태와 구성이 지속적으로 바뀌는 계급으로 봐야 한다.(Wallerstein 1979, 224, 286) 중세의 사회 투쟁을 마치 균등한 사회적 실체인 도시 "프롤레타리아"와 "부르주아" 사이의 계급투쟁으로 단순화시킬 수는(Prevenier 1988, 57; Heers 1974, 647) 없지만, 당시 노동자들이 자기 자신을 "사회, 경제적 차이"(Rosser 1997)의 관점으로만 보고 있지 않았다는 점을 감안할 때, "도시경제가 국제시장에 대한 의존도가 높아지면서 도시의 안정이 외부의 불안 요인에 매우 민감해지면서"(Britnell 1991, 29) 사회의 하층과 상층 사이의 심각한 긴장으로 상징화된 "사회 문제"는 극도로 중요했다.(Jordan 1998, 132~133) 중세 플랑드르 지역에서 일어난 도시 반란에 대한 최근의 연구에 대해서는 뒤몰린과 하에메르스Dumolyn and Haemers(2005)와 비교.

91 서유럽의 도시국가들이 점점 먼 곳으로부터 식량을 수입했을 뿐 아니라 도시 산업들도 대개 "양모나 면화, 비단, 명반, 각종 염료"(Britnell 1991, 29; Heers 1958 참조)와 같

은 필수 원재료들을 공급받기 위해 원거리교역에 의존했다는 사실은 매우 중요하다. 영국의 양모가 저지대 국가와 롬바르디아 도시들의 직물 산업에 공급된 것이 한 예다.(Lloyd 1977) "한 가지 상품을 거론한다면, 14세기 초 영주와 농민들은 직간접적으로 700만 마리가 넘는 양에서 나온 양모를 해외로 팔고 있었다."(Campbell 1995b, 553) 그 이후로 "영국산 양모에 대한 수요가 증가했다."(Lopez 1952, 329) 그러나 15세기부터 스페인 발칸 반도에서 생산한 양모가 이탈리아 북부 지역 산업 수요와 함께 더 많이 수입되었다.(van Houtte 1974, 392~393) 도자기 생산을 전문으로 하는 중세 농촌 마을들이 있었다는 사실은 당시에 비록 "국제적"은 아니지만 지역 간 전문화와 분업이 크게 확대되었음을 보여준다.(Chapelot and Chapelot 2000, 124~125, 138~139)

92 여기에 비판적인 주장은 아불라피아(1997, 36~39), 갤러웨이Galloway(1977), 엡스타인(1991b, 50), 데이(1981) 그리고 발라르Balard의 잠정 결론(1998) 비교.

93 나는 도시국가 간 체제를 말하면서 중세나 '자본주의 이행 논쟁'(Hoppenbrouwers and van Zanden 2001)에서 농촌의 중요성을 경시해도 좋다고 생각하지 않는다. 당시 유럽 전체 인구의 80~90퍼센트가 농촌에서 살았다.(Bois 2000, 138) 나는 비록 "촘촘한 중세 도시망은 기존의 사회경제적 구조 전반에 대한 절대적 지배 형태 위에서 움직였다"(1985, 26)고 주장한 스쥑스Szúcs만큼 멀리 나아가진 않지만 "상업의 하부구조가 근대화한 것은 생산성 증대를 위한 더 많은 새로운 최적의 조건들을 만들어내고 지속적인 성장을 이룩한 유럽 도시들이 등장한 뒤에야 비로소 가능했다"(Van der Wee 1981, 14)는 사실만큼은 분명하다. 도시는 "유럽의 경제 성장에 없어서는 안 될 중요성을 지닌 극도로 역동적인 부문이 된 국제 상업"(van der Wee 1981, 10)을 밝히는 열쇠다. 도시는 "자본주의의 교점"(Rosenberg and Birdzell 1986, 47)이며 "산업 세계 이전의 성장에 불을 댕긴 지점"(Horlings 2001, 97)이라는 이름표가 붙여졌다. 서유럽의 많은 지역에서 "경제의 중심이 농촌에서 크고 작은 도시로 이동"(Tuma 1979, 58)했기 때문이다.

농촌의 수많은 사회경제적 변화는 사실 "매우 집약적이고 고도로 상업화된 농업을 자극하는 도시의 요구 때문에 일어났다."(Yun 1994, 116; Menant 1993, 293; Derville 2002, 96 참조) 도시가 없었다면 농업생산자가 전문화되고 상업화되는 일도 일어나지 않았을 테고 그런 변화에 민감하지도 않았을 것이다.(Halpérin 1950, 32~33; Wrigley 1978, 301) 끝으로 농촌에서는 "수입과 지출 사이의 차이가 몹시 적어서 의미 있는 자본 축적이 일어날 여지가 없었기"(Toch 1986, 180) 때문에 자본 축적이 주로 도시 안에서 일어났다는 사실은 매우 중요하다. 게다가 농촌의 귀족들은 잉여 소득을 대부분 도시에서 생산한 물품이나 서비스를 소비하는 데 썼다. 따라서 농촌의 현금이 다시 도시로 흘러들어가는 일이 일어났다.(Spufford 1981, 622; Lopez, Miskimin and Udovitch 1970, 98) 궁극적으로 나는 다음과 같은 로딘슨Rodinson의 주장에 동의한다. "자본주의의 기원은 교조적 마르크스주의자들이 주장하는 것처럼 농업의 생산관계가 단선적으로 진화한 것이라고 설명될 수 없다."(1978, 67)

94 유럽의 역사 발전은 일부 근대화 이론가들이 주장하는 것처럼 제3세계가 그대로 "복제"할 수 없다.

95 내가 여기서 **유럽**이라는 단어를 쓴 것은 해석학적 편의를 위해서일 뿐이다.

96 프랑크는 16세기의 세계 자본 축적과 16세기 이전의 자본 축적의 연관성을 이렇게 설명했다. "이탈리아 도시 내부에서 시작된 상인 자본의 생산과 집중은 신대륙 발견을 위한 항해를 성사시키고 최초의 세계 상업망을 창조해내기 위해서 반드시 필요한 것임이 밝혀졌다."(1977, 32) 그럼에도 불구하고 이것은 다음과 같은 의문을 남긴다. 이러한 자본주의적 특성이 어떻게 해서 중세 (이탈리아) 도시에서 처음으로 나타났을까?

97 1492년 이후에 "유럽 중부와 아메리카 대륙의 광산이 서유럽에 막대한 양의 귀금속을 제공했다"는 사실은 틀림없다. "서유럽은 축적된 자원을 이용해서 동양 세계

와의 상업 활동을 늘렸다. 동양에서는 은을 다른 귀금속보다 귀하게 여겼는데 유럽에 은이 유입되면서 유럽인들은 아시아 여러 나라와의 교역을 독점하고 그들 나라의 경제를 종속시킬 수 있었다. 따라서 그 지역에 대한 유럽의 지배와 식민지 건설의 토대가 마련되었다. 이러한 지배는 결국 아시아 대륙의 구석구석에서 유럽으로 부와 자원을 이동시키는 결과를 낳았다."(Bozorgnia 1998, 180)

98 여기서 프랑크의 1990년 이후의 연구에 나타난 극단적인 전체론은 배제되어야 한다. 프랑크는 "우리의 세계 체제가 수천 년 전에 시작되었다"고 주장할 때, 그가 장황하게 인용하고 있는 대다수 역사학자가 1500년 이전의 교역의 연관성에 대해서 이야기하고 있기는 하지만 그렇다고 유라시아 시장이 "실제로 국제 분업과 통일된 화폐 체계에 의존했다"(Frank 1990, 165, 197)고 주장하는 것은 아니라는 사실을 알지 못하는 것 같다.

99 블록만스Blockmans(1997, 30)는 11세기가 유럽이 성장을 거듭하게 된 시발점이라고 주장한다. "11세기는 유럽에 새로운 얼굴과 결코 막을 수 없는 역동성을 줬다. 그것은 지금도 전 세계적 규모로 지속된다. (…) 생산과 인구의 끊임없는 증가는 국가의 형성과 자본주의 시장경제의 발전과 더불어 11세기에 시작했다. 어떤 지역은 다른 지역보다 일찍 발전하기도 했지만 추세는 확실했다. (…) 여기저기서 경기 침체와 퇴보가 있었지만 체제의 역동성은 오랫동안 지속되었으며 지금까지도 이어지고 있다." 블록만스는 장기 지속에 대한 그의 대표 저작에서 설득력 있는 증거를 보여준다. 그러나 그가 유럽 중심적 사고에 빠져 있다는 것은 문제가 아닐 수 없다. 블록만스는 1000년의 유럽 역사를 다루면서 유럽 이외의 다른 문명에 대해서는 눈길도 주지 않는다. 심지어 식민지 문제에 대해서도 마찬가지다. 그는 "중세에 스페인 남부와 시칠리아 섬의 아라비아 과학의 영향을 제외하고는 유럽이 결정적으로 외부 문명의 영향을 받은 것은 오직 20세기에 와서였다"(1997, 30)라고 말함으로써 자신의 무

관심을 정당화했다. 이것이 1990년대 말에 발표된 주장이라는 사실로 미뤄볼 때 그는 극단적으로 자본주의의 "내재적 발전"을 주장하는 사람이라고 하지 않을 수 없다.

100 해처가 말한 중세 영국의 항구 사례는 우리를 일깨우는 바가 매우 크다. 중세 영국의 항구들은 더 넓은 지역경제에 통합되었기 때문에 흑사병이 유럽을 휩쓸고 지나간 뒤에 다른 곳보다도 훨씬 더 "경제적 폭풍을 잘 견뎌냈던" 것처럼 보인다.(1969, 226) 15세기 영국 코번트리에 대해서는 카루스-윌슨Carus-Wilson(1973) 참조.

101 몽골 제국이 유라시아 대륙으로 확장하면서 서유럽 도시국가의 시장은 더욱 확대되었고 따라서 1250년과 1350년 사이에 그들 국가의 산업 대부분에 걸쳐 분업은 점점 커졌다.(Bratianu 1944, 38~42; Balard 1983) 라이아초(터키 중남부에 있는 아다나의 중세 명칭—옮긴이)와 같은 상업 도시의 눈부신 성장도 몽골 제국의 번영과 분리해서 설명될 수 없다.(Jacoby 1989b, VIII, 148; Racine 1972, 202) 유럽 국가들은 몽골 제국의 분열 이후 유라시아 대륙을 가로지르는 교역이 점점 어려지자(Nystazopoulou 1973, 571) 비로소 아프리카 대륙을 우회하는 교역로를 되살리기 시작했다.(Richard 1970, 363) 하지만 포르투갈과 제노바가 15세기에 이슬람이 지배하는 중계 지역을 거치지 않고 아프리카 대륙을 탐색하기 시작한 중요한 이유 가운데 또 다른 하나는 금과 노예에 대한 관심 때문이었다.(Phillips 1985, 135~136; Favier 1996, 198~199; Scammell 1981, 164)

102 "고전경제학파의 무역 이론은 노예와 은을 실어 나르는 대상선단의 역사적 사실과 완전히 동떨어져 있다. 국제 분업은 그들이 주장하는 대로 나라별 생산원가의 비교 우위 때문에 발생한 것이 아니다. 전 세계의 교역 상대자들이 **절대로** 서로 동등한 관계에 있지 않기 때문이다. 오히려 그것은 **수세기에 걸쳐** '종속의 사슬'이 만들어낸 **부등가교환**이며 선진 지역과 미개발지역으로 지구를 분할한 것이다."(Day 1999, 114; 인용자 강조) 따라서 "유럽의 기적은 세계의 수많은 지역에 대한 군사적, 경제적 지배와 따로 떨어뜨려놓고 설명될 수 없다."(Reid 1991, 1)

2장 중국과 유럽의 정치경제 비교

1 이러한 유럽 중심주의적 접근 방식은 학자들의 연구를 매우 제한한다.(Blaut 1993)

2 베버와 달리 나는 중국의 종교를 독립변수로 보지 않는다. "장기적 경제 성장이라는 점에서 실제로 변하지 않는 문화적 특징을 중국과 유럽을 구분하는 열쇠로서 귀속하는 일은 배제되어야 한다."(Elvin 1988, 103; Elvin 1984 참조)

3 "20세기 이전 중국에서 1인당 생산량으로 볼 때 송나라 시대 최고 전성기 경제 실적을 뛰어넘은 적은 한 번도 없었다."(Feuerwerker 1992, 765) 16세기에 경제 확장의 정도가 송나라 치하의 상업 혁명을 초과했다고 주장하는 사람들도 있지만(예컨대 Zurndorfer 1988, 154; Dixin and Chengming 2000) 16세기는 이 장의 범위를 넘어서며 여기서 제시된 주장의 맥락에서 그것을 논의할 필요는 없다.

4 자패 껍데기는 여러 다른 지역에서도 화폐 수단으로 널리 쓰였다.(Labib 1974, 236; Jain 1990, 157) 그러나 중요한 의문 하나가 있다. 자패 껍데기가 사치품에서 일용품으로 바뀐 것은 언제인가?

5 당나라 때 아랍과 페르시아는 중국과 인도양 사이의 교역을 지배했지만(Tibbetts 1957, 43) 송나라 때부터는 대형 중국 상선이 "인도에서 중국으로 이어지는 교역로를 지배했다."(Chen 1991, 221; Dawson 1972, 174) 송나라와 원나라의 중국 상인들은 "정부의 보호 아래 이슬람 경쟁자들의 화물과 승객 운송 독점을 깨뜨렸다."(Filesi 1972, 10; Lo 1969, 24; Needham 1954, I, 180) 동남아시아에서 아랍인의 역할은 늘어나는 중국 상인들 때문에 확실히 감소했다.(Morley 1949, 154; Hall 1985, 196~197) 첸Chen에 따르면 큰 선박은 광저우에서 수마트라까지 가는 데 40일이 걸렸고 아라비아 반도까지는 60일이 걸렸다.(1991, 220)

6 중국 국내시장에서도(유럽 대륙 전체만큼이나 컸다) 쌀, 차, 소금 같은 일용품들

을 원거리교역으로 거래했는데(Golas 1980, 299) 대개 일련의 뛰어난 기술 혁신을 이룬 덕분이었다. 그것은 또한 역으로 시장 활동과 농업생산성을 자극했다.(Rawski 1972, 96~98) 이런 거대한 국내시장에도 불구하고 내가 이 장에서 주목하는 것은 중국과 다른 나라 사이의 교역이다. 그렇게 함으로써 자본주의 체제의 확립에 결정적인 역할을 한 국제시장의 장악과 지배와 관련해서 중국과 유럽을 서로 비교할 수 있을 것이다. 국내와 지역시장이 덜 중요해서 그러는 것이 아니라 자본주의 상인계급이 어떻게 형성되었는지 살펴보기 위해서는 더 높은 수준의 이익, 즉 원거리 교역망을 주목해야 하기 때문이다.(Ptak 1994, 35)

7 도자기 교역은 비단 교역의 증가와 함께(Ma 1999) 원양 선박에 선적되는 가장 중요한 수출품이었다.(Chen 1991, 221) 물론 썩기 쉬운 식품들도 대량으로 일본과 한국에 해상을 통해 운송되었다.(Shiba 1970, 88) 고고학 연구들은 대량의 중국 도자기가 인도양 전역을 통해 인도(Ray 1996, 67)와 아프리카 동부 해안(Filesi 1972; Gernet 1982, 322), 그리고 몽골의 평화 시대 덕분에 유럽(Berza 1941, 421)과 마그레브 지역(Gibb 1994, 889)까지 운송되었다는 것을 보여준다.

8 마Ma는 정부 관리들이 그들의 지위를 이용해서 "상거래에 따른 세금을 피하고 상품을 매점하고 정부 선박과 무상노동을 써서 운송비도 지불하지 않았다. 그들은 공공기금을 사적 자본으로 투자하기도 했다"고 주장한다. 국가 관리들은 법적으로 어떤 형태의 사업도 할 수 없게 되어 있었기 때문에(Dawson 1972, 176) "사업소유자 명의를 자기와 가까운 친척이나 심지어 하인의 이름으로 하는 것은 관행"이었다.(Ma 1971, 130, 134) 송나라 때는 관리뿐 아니라 "왕실의 신하들도 해운과 제조 회사들의 지분을 소유했다."(Lo 1969, 24) 예컨대, 11세기 취안저우全州에서는 국제 교역이 금지되었음에도 불구하고 "지방 관리들이 상인들과 사적으로 교역을 했다."(Clark 1995, 58)

9 이것은 송나라 때 중국의 "밀, 보리의 파종 대 수확의 비율이 1:10이었고 쌀은 그

보다 더 수확이 좋았다. [그러나] 중세 유럽에서는 밀의 파종 대 수확의 비율이 1:4였다"(Maddison 1998, 31)는 사실에서 보는 것처럼 놀라운 일이 아니다. 그러나 중국 농업은 "자급자족을 지속"하고 있었던 데 반해(Maddison 1998, 32) 유럽은 분업 체계를 구축하기 위해 체계적인 식민지화 과정—유럽 내에서 먼저하고 나중에 해외로 확산—을 통해서 주변부를 건설하는 것이 유리하다고 생각했다. 게다가 유럽의 금이 동양으로 지속적으로 유출되는 구조적 문제는(이하 참조) 자본의 부족을 초래했다. 따라서 이자율이 올라가면서 결국에는 농업 생산을 크게 제약했다.(Clark 1988) 농업 산출물의 1인당 수확량의 비교에 대한 중요성은 뒤센(2002) 참조. 그러한 비교 데이터를 찾기가 쉽지는 않지만 남송과 아마도 원나라 때 노동은 유럽보다 더 상업화되어 있었던 것으로 보인다.(Fu Chu-fu and Li Ching-neng 1956, 239~240, 243) 중국 푸젠의 사회경제적 번영을 자세하게 분석한 내용은 소So(2000) 참조.

10 남송은 살아남기 위해 특히 교역에 의존했다.(Deng 1999, 314) 그들은 유목민의 침입에 대한 위협 때문에 "상시로 거대 상인들에게 도움을 구했다."(Balazs 1969, 19)

11 아마도 이란 상인들이 이 교역로를 이용했던 것으로 보인다.(Di Meglio 1970, 107) 오늘날 이집트에서 발굴된 중세 중국 도자기의 양은 엄청나지만(Francois 1999) 남인도와 스리랑카에서도 중국 도자기가 출토되고 있다.(Karashima 2004)

12 북중국으로부터의 대량 이주 때문에 "갑작스럽게 인구가 늘어난 남중국은 경작지가 한정된 까닭에 동남 해안지역에 사는 사람들은 생존을 위해 해상교역에 참여할 수밖에 없었다."(Hui 1995, 31) 남중국의 인구는 750년에 400만 가구에서 1290년에 1200만 가구로 증가한 반면 북중국은 1110년에 1050만 가구에서 1235년에 100만 가구로 떨어진 것으로 추산된다.(Kracke, Jr. 1955, 480)

13 원나라 때 곡식을 실어 나르는 배는 1350톤이나 나가는 큰 배도 있었다.(Deng 1997b, 263)

14 예컨대 13세기 한자동맹의 상선인 코그선은 대개 선적 용량이 130톤이었는데 1400년경에는 300톤으로 늘어났다.(Schildhauer 1985, 149; Gille 1970, 196) 중국 선박이 유럽이나 아랍 선박보다 훨씬 컸던 것은 중국 정부의 개입 때문이었을 것이다. 이븐 바투타는 이 배들이 병사 400명, 상인과 선원 600명 모두 1000명의 인원까지 태울 수 있었다고 기록했다.(Chen 1991, 222)

15 15세기 중반에 한자동맹이 보유한 배는 모두 1000척 정도였다. 선적 용량은 총 6만 톤에 이르는 규모였다.(Schildhauer 1985, 150) 이에 반해 명나라 때 정화가 이끌었던 대형 선박 한 척의 선적 용량이 2500톤이었다고 한다. 일부 고고학자는 정화의 원정대가 승선했던 가장 큰 배의 크기에 대해서 의문을 제기한다.(예컨대 Gould 2000, 198; Church 2005) 유럽이 해군력에서 중국보다 기술이 떨어졌다고 하는 말이 유럽의 도시국가들이 대형 선박을 건조할 줄 몰랐다는 의미는 아니다. 13세기 초 베네치아는 동지중해에서 1000톤짜리 배를 띄웠고(Hocquet 1995, 549), 15세기에는 이런 배들이 흔했다.(Heer 1979, IV, 140) 제노바에서는 15세기에 심지어 2000톤급 무장 상선도 특별한 것이 아니었다.(Spufford 2003, 398) 다만 중국의 경우 매우 두드러진 특징은 **매우 많은** 수의 선박을 건조할 수 있었다는 사실이다.(Gernet 1962, 72; Cordier 1967, 180) 송나라는 1257년에 몽골과 전쟁을 위해 단지 3개 주에서 무려 2만 척의 배를 동원했다.(Lo 1970, 171) 중국의 부자 상인들이 80척이 넘는 원양 상선을 보유하고 있었던 것으로 볼 때 일부 중국 상인들은 엄청난 부자였음에 틀림없을 것이다.(Shiba 1970, 188; Deng 1997b, 278) 따라서 중국의 민간 상인이 "근세에 유럽 기업가들이 이룬 거대한 규모의 자본 축적"을 할 수 없었다고 주장하는 것은 잘못된 유럽 중심주의적 사고다.(McNeill 1992, 119)

16 11세기와 12세기 이전에 상인들은 엘리트 집단이 아니었다. 정통 유교는 그들을 사회의 말단 계층으로 취급했다. 그러나 상업을 통한 급격한 번영을 겪고 나서 그러한 낙인은 더 이상 의미가 없어지고 점점 무시되었다.(Clark 1995, 71) 클라크Clark의 평

가는 맞지만 그가 말한 지역은 중국 전체가 아니라 주로 푸젠과 관둥 주변의 해안 지역이다.(Ptak 1994, 42) 상인들은 여전히 "법적으로 사회의 밑바닥 계층"이었다.(Chang 1994, 65; Kracke, Jr. 1955, 485)

17 송나라는 국가 재정을 교역에 크게 의존했기 때문에 "특별히 해외 교역을 촉진하고 외국 상인들이 중국에 상품을 가지고 들어오게 하는 데 기여한 상인들에게 명예 관직을 수여했다."(Dawson 1972, 166)

18 지역에 따라 영향의 차이는 있었지만(Soucek 2000, 114) "발흐, 하라트, 니샤푸르 같은 쿠라산 지역의 대도시들은 완전히 파괴되었다. (…) 몽골 유목민들의 심성으로 볼 때, 도시와 농업의 파괴는 별로 중요하지도 않았고 실질적인 문제도 아니었다. (…) 페르시아에게 몽골 시대는 전례 없는 엄청난 재난이었다."(Morgan 1988, 57~58, 82; Chaudhuri 1990, 274; Bélénisky 1960, 613~614) "훌라구가 이끄는 유목민 군단은 마침내 메소포타미아 하류 지역의 웅장한 공공 건조물과 훌륭한 관개시설을 모조리 파괴했다."(Mansfield 1992, 60) 그것은 "장기적으로 영향을 끼치는 유례없는 대재앙이었다."(Wink 1997, 14) 카헨Cahen(1977, 436)은 또한 몽골이 중동에 장기적으로 악영향을 끼쳤다고 확신한다. "몽골과 티무르의 정복은 거의 돌이킬 수 없는 영향을 줬다. 광범위한 파괴, 농업 전통과 전혀 다른 유목 전통의 강요는 지울 수 없는 흔적을 남겼다." 몽골의 러시아 점령에 대한 심도 있는 연구는 헬퍼린Halperin(1986) 참조. 세프텔Szeftel은 몽골의 침략이 러시아 민회(베체vetche)를 몰락시킨 원인일 수 있다고까지 주장한다.(1965, 345) 개머Gammer(2005, 485)는 점령이 초래한 파괴적인 물질적 영향을 강조하기도 한다.

19 1200년에 금나라와 남송의 인구는 합해서 1억1000만 명이 넘었지만 1300년 공식 기록을 보면 7000만 명이 안 된다고 나온다.(Ebrey 1996, 184; Wink 1997, 381; Mote 1999, 504) 북중국의 수치는 암시하는 바가 훨씬 더 크다. 바필드Barfield에 따르

면 "1195년 금나라의 인구조사는 북중국 인구가 5000만 명이라고 했는데 [반면에] 1235~1236년의 몽골의 첫 번째 인구조사에서는 850만 명으로 나왔다."(1994, 176~177) 물론 정확한 숫자를 구할 수는 없지만 "1250년대까지 이어지는 칭기즈칸과 후계자들의 침략은 최근 역사에서 찾아보기 어려울 정도로 잔인했다."(Dreyer 1982, 14) 13세기 동시대인들에게도 "몽골이 저지른 대학살의 규모와 빈도는 매우 끔찍했다."(Phillips 1998, 67) 북중국의 인구가 감소한 이유가 많은 사람이 남중국으로 대량 이주했기 때문이지만(Mote 1994, 662) 그 정확한 규모는 알 수 없다. 유라시아 대륙의 인구 수준을 비교 평가한 내용은 애덤스Adams 외(2000, 270, 334) 참조.

20 커비Kirby는 몽골 지배가 "사회가 자본주의 체제로 발전하는 데 긍정적인 영향을 주지 못했다"고 주장한다.(1954, 153) 어떤 때에는 몽골에게 조공을 바치는 것이 심각한 경제 문제를 야기했다.(Bendix 1978, 97)

21 오르토그ortogh라는 상인 조합 또한 정부의 지원을 받았다.(Rossabi 1994b, 449)

22 몽골의 평화 시대는 1260년부터 여러 칸국 사이의 분쟁으로 수시로 방해를 받았지만(Endicott-West 1990, 349~350) 국제 교역 관계 전반에 끼친 유익한 영향은 부인할 수 없다.(Berza 1941, 428; Sinor 1956, 60; Labib 1974, 231; Balard 1999, 201) 몽골의 평화 시대는 "역사상 처음으로 동유럽에서 동남아시아에 이르는 영역에서 상시적으로 교역과 외교 활동이 이뤄질 수 있는 조건을 마련했다."(Waldron 1994, XXVI; Bentley 1993, 115 참조) 실제로 14세기 초 유럽에서 "아시아로 상업 원정을 가는 것은 아주 흔한 일이었다." (Toussaint 1966, 91; Balard 1973, 681과 Richard 1983, XIV, 90~92 참조)

23 몽골의 유럽 침략은 1236년에서 1242년까지 일어났다. 그 가운데 가장 큰 고통을 당한 사람들은 러시아인이었다. 그들의 영토는 유린되었고(한자동맹 도시인 노브고로드만 빼고) 여러 공국이 점령당했다.(Blum 1972, 57~69) 몽골이 리그니츠와 사조스에서 유럽군에게 승리한 뒤(몽골이 독일과 폴란드 연합군을 제압한 바르슈타

트 전투를 의미함—옮긴이) 1241~1242년에 갑자기 유럽에서 철수한 이유에 대한 전통적인 설명은 오고타이 칸의 죽음 때문이라고 한다.(Fletcher 1986, 47) 그러나 몽골군의 시리아 정복을 실패로 이끈 병참과 지리적 문제(Smith 1998, 61; Morgan 1985; 1988, 63) 또한 하나의 변수일 수 있다.(Sinor 1972; Morgan 1986, 141; Amitai-Preiss 1999b, 138) 즉, 30만 명의 몽골군이 전투를 벌이기 위해서는 150만 마리의 말과 900만 마리의 양을 먹일 수 있는 목초지가 있어야 했을 것이다.(Smith 1984, 308) 게다가 몽골의 황금군단과 일-칸국 사이에 전쟁이 벌어지면서(Jackson 1978, 234~238) 이러한 전쟁 물자 보급 문제는 13세기에 몽골이 유럽으로 더 빠르게 팽창해나가는 것을 막는 중요한 요인이 되었다.(Sinor 1999, 20; Khazanov 1994, 27) 몽골군의 군사력 약화는 그다음 문제였다.(May 2006)

24 "서양 상인"들은 정식으로 인가받은 것은 아니지만 정부의 역마를 상업적인 목적으로 이용했다.(Lopez 1943, 172~173) 게다가 외국 상인들은 도둑이나 강도 피해를 쉽게 신고할 수 있어서 "지역 주민들에게 누명을 씌워 보상을 받아냈다. 몽골 법에 따르면 여행 중인 상인들이 잃어버린 모든 물품에 대해서 그 지역이 집단으로 책임을 져야 했기 때문이다."(Allsen 1989, 99) 또한 "외국인은 [중국] 원주민보다 벌을 덜 받는" 법이 있었고 민간 역참의 적어도 3분의 1은 "몽골인과 중앙아시아인들을 위해서" 따로 남겨두었다.(Smith 1998, 5)

25 디 코스모Di Cosmo는 몽골 정부에는 "매우 낭비적인 행정이 만연했으며 (…) 몽골의 통치 태도는 변덕스럽고 나태했다"고 주장한다.(1999, 34)

26 이것은 1410년대 정화의 함대가 "수마트라에서 아프리카 동부 해안의 소말리아 모가디슈까지 직선거리로 3700마일을 직통으로 횡단"할 수 있었다는 사실에서 매우 잘 알 수 있다.(Morton 1995, 128; Needham 1964, 295)

27 쿤Kuhn에 따르면 수력탈곡기가 유럽에 소개된 것은 13세기 말 중국으로부터였다.(1981, 52) 몽골의 평화 시대에 직접 전파되었든 이슬람 세계를 경유해서든 동양에

서 서양으로 전파된 더 발전된 "자원 목록"(생각, 기술 등)(Lieber 1968; Watt 1972)에 대한 개요는 돕슨Dobson(2004) 참조.

28 크론Crone이 "한편으로는 야만족(유목민의 위협)이 소멸되고 다른 한편으로는 제국 통일을 유지했다는 것은 국가 간 경쟁이 없었다는 것을 의미했다"(1989, 173)고 주장하는 것은 틀린 것이다. 유목민의 위협은 지속되었을 뿐 아니라(그것은 외교 정책 결정에서 중요한 변화를 내포했다) 중국을 어떤 경쟁도 경험해 보지 못한 통일 제국으로 보고 유럽이 아시아 국가들에 경쟁을 강요한 "변화의 매개체"라고 생각하는 것(Crone 1989, 175)은 정말 유럽 중심주의적 사고가 아닐 수 없다. 거기서 아시아 국가는 변화가 없고 정체된 아시아의 일부로 그려진다.

29 최근에 나온 정화의 전기에 대해서는 택Ptak(1996)의 『성차승람星槎勝覽』 개정판을 참조. 더 자세한 분석은 레이Ray(1993) 참조. 좀 더 대중적으로 편집된 것은 레바스Levathes(1994) 참조.

30 "명나라 왕실은 항해에 지속적인 관심이 없었고 해군력의 중요성을 이해하지 못했다. 명나라의 항해 원정은 후속 조치가 이어지지 않았고 단순히 자국의 위업을 과시하는 일회성 항해로 남아 있었다."(Fairbank, Reischauer and Craig 1973, 199)

31 조공 무역 체계에서 문화의 중요성에 관해서는 한국의 사례 참조.(Chun 1968)

32 정화 원정대는 일곱 차례 항해에서 평균 60척의 배로 2만7000명이 참여한 것으로 추산된다.(Chou 1974, 127) 이것은 "유럽이 다음 세기에 똑같은 해역에 파견할 수 있었던 어떤 원정대"보다도 규모가 훨씬 컸다.(McNeill 1998, 229) 정화 원정대의 배들은 매우 강력하게 무장하고 있었다. "1393년 홍무제[명 태조] 때 이미 명나라 전함은 밥그릇만 한 포구가 달린 대포를 4문, 그보다 구경이 더 작은 대포를 20문, 폭탄 10발, 로켓탄 20발, 탄약 1000발을 장착했다."(Ray 1987, 116)

33 명나라 초기에 왕위를 찬탈한 영락제는 새로운 왕조가 중국을 지배하게 된 것이

하늘의 뜻이라는 것을 세상에 알릴 필요가 있다고 생각했다. 이런 관점에서 먼 나라에서 바친 "조공"은 중심 역할을 했다.(Chou 1974, 128; Roberts 1996, 185) 원정대를 꾸린 까닭이 어쩌면 자신이 "강력한 황제로서 (…) 왕조 초기에 중국의 위대함을 선언하고 싶은 열망"에서 비롯된 것일지도 모른다.(Dawson 1972, 231) "그가 죽은 뒤에 다른 나라들에게 그런 승인을 얻고자 하는 동기가 소멸된 것"도 다 그런 면에서 이해될 수 있다.(Roberts 1996, 185~186) 게다가 원정의 "실익이 별로 없음"으로 인해서 결국에는 원정을 중단하게 되었다.(Deng 1997b, 256) 최근에 앳웰Atwell(2002, 92)은 "그 원정을 통해 이익을 내는 것은 전혀 생각할 수 없는 일이었다"라고 결론지었다.

34 투생Toussaint(1966, 79)이 상기시켜준 것처럼 마침내 인도양 전역의 식민지 제해권을 장악한 "유럽의 항해사들이 중국의 나침반으로 항로를 찾고 중국인이 발명한 무기로 무장했다"는 사실은 참으로 역사의 아이러니가 아닐 수 없다. 포르투갈 상인들과 나중에 합류한 네덜란드 상인들은 정화의 전함과 같은 거대한 중국 선박들이 더 이상 인도양을 순시하지 않았기 때문에 그 해역의 중요 시장과 전략요충지들을 장악할 수 있었다. 이런 의미에서 "중국의 방기는 유럽의 이득이었다."(McNeill 1992, 113) 중국의 해군력이 철수하자 포르투갈은 "모든 아시아 경쟁자들보다 기술적으로 완벽한 우위"에 섰다.(Ptak 1999, VII, 105) 유럽 열강은 해상에서의 우위와 함께 남아시아 세력들의 내분을 교묘하게 이용함으로써(Scammell 1995, XI, 8) 그 어느 때보다 더 많은 해상교역로를 지배하고 동아시아에서 막대한 이익을 올릴 수 있었다.

35 크뤼거Krueger에 따르면 1100년에서 1270년까지 십자군은 "중세 교역과 산업 발전에 가장 강력한 영향을 끼쳤다. 그들은 이탈리아 도시들에 단지 시작 단계에 있었던 자본주의의 발전에 필요한 대량의 유동자본을 제공했다. (…) 그리고 자본, 투자, 이익 그리고 더 많은 이익과 자본을 위한 재투자라는 자본주의적 순환을 촉진했다."(1961, 71~73) 지중해 도시국가들은 중동에서 십자군의 승리뿐 아니라 발레아레스

제도의 정복과 식민지화에도 중요한 역할을 했다. 흥미롭게도 동지중해 연안의 레반트 지역에서의 전투와 달리 이비사 섬과 포르멘테라 섬의 정복은 모든 대가와 위험을 무릅쓴 민간 기업들이 이뤄낸 성과였다. 이것은 "이익을 위한 사적 투기, 즉 정복지의 전리품으로 회수될 수 있는 [전쟁용] 투자로 인식된" 민간 기업의 정교한 정복 전략의 한 사례다.(Fernàndez-Armesto 1987, 16, 31~32)

33 한자동맹과 네덜란드 사이의 분쟁에 대한 분석은 사이페르트Seifert(1997) 참조.

37 상인들 사이의 경쟁은 "필연적으로 상대방을 제거하고 유리한 생산 요소들—여성과 어린이, 노예를 포함한 값싼 노동—을 확보하는 경쟁에서 이겨야 하며 생산성 향상을 위해 노동 시간을 강제로 더 늘리고 감독을 강화하게" 한다.(Sprengard 1994, 17) 독점을 보장하고 보호하기 위한 국가의 법률 제정과 국가 폭력의 사용은 상인들에게 가장 이익이 되는 행위로 흔히 간과하기 쉽다. 유럽인들이 시장을 독점할 수 있게 되자 비로소 아시아에서 가장 큰 성공을 이뤘다는 것은 놀랄 일이 아니다.(Wong 1999, 228) 서유럽에서도 대다수 강력한 도시국가가 이미 그와 같은 일을 했기 때문이다.(Hocquet 1979, 168~176)

38 한자동맹이 거둔 이익은 대부분이 발트 해 지역 전역에 다양한 상품을 재판매해 나온 것이다.(Holbach 1993b, 184) 따라서 그들이 적정한 이익 수준을 유지하려면 시장을 독점하는 것이 무엇보다 중요했다.

39 이것은 해상에서의 세력 균형에 심각한 결과를 초래했다. 17세기 초, 당시 중국인들이 "거대"하다고 생각했던 자국의 정크선은 이제 더 이상 네덜란드의 선박에 대항할 수 없었다.(Ng 1997, 249)

40 이런 해군 원정대의 규모는 당시 유럽과 비교할 때 엄청나게 컸다. 첸에 따르면(1991, 226) 1281년 약 4400척의 배로 14만 명의 병사가 일본을 침공했다.

41 몽골은 원나라와 차가타이 칸국 사이에 전쟁이 터진 뒤 해상교역에 더욱 몰두했

다.(Dawson 1972, 200)

42 로사비Rossabi는 정화의 원정을 심지어 중국 역사의 "일시적 정도 이탈"이라고 주장한다.(1997, 79) 모테Mote는 그것을 "엄청난 예외"라고 말한다.(1999, 616) 최근에 앳웰(2002, 84)은 당시에 온화한 기후 조건 덕분에 농업에서 징수한 세수가 전례 없이 증가하면서 새로운 명나라 왕실이 정화의 거대한 해상 원정과 그 밖의 군사 작전에 필요한 재원을 제공할 수 있었다고 주장했다.

43 또한 사우스올Southall(1998, 149) 참조. 상인들에게 사회적 위신이 없었다는 것은 송나라 때부터 상인들이 "과거 시험을 보는 것이 금지"되었다는 사실에서 잘 나타난다.(Ma 1971, 125) 이러한 제도적 금지는 명나라 때까지 이어졌다.(Elman 1991, 12)

44 15세기 전반에 걸쳐 여러 해 동안 (버마 위에 있는) 샨과 안남(지금의 베트남)에서 혈전을 벌였지만 얻은 것이 없었다는 사실은 당시 중국 군사력의 한계를 잘 보여준다.(Lo 1969b, 60; Whitmore 1985)

45 "문화적으로 중국에 속하는 땅을 벗어난 지역은 야만족의 영역이었다. 이론적으로 그들도 중국 제국의 지배 아래에 있었지만 중국 사회의 구성원으로 인정받지 못했다. 또한 중국은 그들을 완전히 복속시키기 위해 애쓸 만한 존재로 생각하지도 않았다."(Curtain 1984, 91)

46 이러한 유럽 중상주의 국가들의 영토권 개념은 중세 말 도시국가 간 체제의 "시외시민" 현상에서 비롯된다. 도시국가는 시민 신분으로 농촌에 사는 사람들은 오직 도시의 재판관만이 재판할 수 있다는 의미에서 치외법권이 있었다. 따라서 12세기부터 도시국가의 시민권을 돈을 주고 산 농촌의 부자들은 그들이 도시에 살고 있지 않지만 도시의 모든 사법적, 경제적 혜택을 누렸다. 유럽의 도시국가 간 체제의 절정기(1250~1400)에 많은 도시는 이러한 치외법권의 특권을 그들의 제국주의 전략의 도구로 일관되게 수행했다.(van Uytven 1982, 250~252; Fedalto 1997, 209 참조)

47 중국 상인들은 위험을 무릅쓰고 정부 당국에 대항할 각오가 되어 있었다. 불법적인 해외 화교 집단과 그들에게 의존했던 광범위한 교역망이 그 증거다.(Ptak 1994, 36~37) 따라서 중국의 상인계급이 "독립적으로 대규모 사업을 일으키지 못하게 금지하는 제국의 관료제에 완전히 종속되어 있었다"고 주장하는 것은 정당하지 않다.(McNeill 1992, 113)

48 명나라 때 중국과 육로를 통해 연결된 일부 나라와 부족들도 일시적으로 조공무역에서 배제되었는데 그것은 해상에서와 마찬가지로 중국 국경 지대에서의 은밀한 밀수 행위를 초래했다.(Serruys 1975, 40)

49 취안저우泉州와 같은 주요 항구는 "불우한 때를 만나 이후 완전히 회복되지 못했다. 명나라와 청나라 때에도 여전히 교역이 일부 이뤄졌지만 국제도시로서의 기능은 사라졌다."(Ma 1971, 46; Clark 1995, 73 참조; So 2000, 181)

50 명나라의 "고립주의" 정책은 뜻밖의 일이 아니라 과거 유목민의 위협에 사로잡혀 있던 상태에서 벗어났다는 것을 의미할 뿐이다.

51 "몽골의 (…) 이민족 지배에 대한 깊은 원한은 전반적으로 중국인들의 외국인에 대한 적의를 불러일으켰다. 이러한 현상은 점차 중국 문명의 울타리를 넘어선 어떤 것에도 무관심한 모습으로 강화되었다. 이러한 바깥 세계에 대한 외면은 중국인들의 삶을 점점 내향적으로 이끌었다. (…) 중국인의 외국인 혐오증은 자기 문화의 우월성에 대한 확신과 합쳐졌다."(Fairbank, Reischauer and Craig 1973, 178) 모델스키와 톰슨도 이 사실을 인정한다. "명나라는 몽골을 내쫓으면서 내향화하고 외부 세계와 단절했다. 모험적인 생각이나 사업을 육성하는 방법은 거의 모색하지 않았다."(1996, 175) 몽골은 외국 상인들에게 세금 징수 업무를 맡기거나(Schurmann 1967, 89~90; Franke 1994, VII, 62) 지사, 지방 관리, 고문, 기타 문관 같은 정부 직책을 줬기 때문에(Eberhard 1969, 240; Morton 1995, 119; Chou 1974, 122; Lipman 1997, 33~34) 외국 상인들에게 일시적으로 외국

인 혐오의 형태로 반발한 것은 당연한 일이었다.(Roberts 1996, 175) 윈난雲南(Wang 1996)이나 화베이華北(Lipman 1997)의 이슬람인들에 대한 지역 연구는 이러한 반동이 얼마나 극렬했는지를 잘 보여준다.

52 빈 웡Bin Wong(1997, 77; 2002, 455)은 ("서로 관할권이 중첩되기도 하는 소단위들의 집합체"로서) 유럽과 (통일된 농업 제국으로서) 중국이 유라시아 내에서 극단적으로 대치하고 있다고 말한다. 홀턴Holton은 "근대적 자본주의는 오히려 상대적으로 분권화된 서양에서 발전했다. 서양의 정치 구조는 전혀 획일적이지 않고 내적 분화를 허용했다"고 지적한다.(1986, 134) 발라스Balazs는 더 나아가 중국의 관료제가 "감히 자유와 법률, 자치를 얻기 위해 공개적으로 싸울 수 없었던" 상인들의 해방을 가로막았다고 비판했다.(1972, 23; Bin Wong 1997, 92 참조; Southall 1998, 148~149) 중국의 경제 발전에서 관료제의 역할에 대한 그의 부정적인 평가는 지나친 면이 있는 것 같다.(Bergère 1984, 329) 따라서 일반적으로 말하는 다핵적 경쟁 대 "동양의 획일적 구조"라는 대비는 과장하지 말아야 한다.(예컨대 Snooks 1996, 314~324) 남송 왕조는 황실이 상당한 재정을 해상교역을 통해서 충당해야 했던 예외적인 시대였다. 송나라 때 중국의 전례 없는 눈부신 사회경제적 (그리고 문화적) 발전은 당시의 특별한 다극적 정치 체제와 맞물렸다.(Snooks 1996, 318; Modelski and Thompson 1996, 151; Rossabi 1983) 따라서 송나라의 상업적 성공 또한 예외적이었다. 즉 "특수한 상황의 일화이자 중국 본류를 벗어난 부수 현상"일 뿐이다.(Deng 1999, 322) 실제로는 이와 대조적으로 "중국 제국 역사의 대부분에서 국가 재정의 기본 원천은 토지세였다."(Wong 1997, 90)

53 스미스Smith는 "송나라의 재정을 담당하는 기관이 상업 경제에 지나치게 깊숙이 개입하면서 (…) 그러한 국가 개입은 상인과 생산자 사이의 정상적 관계를 파괴하고 상인의 경영의 자유를 제한하고 상인공동체의 정당한 이익을 빼앗았다. (…) 따라서 상업 경제의 정상적인 발전은 지연되었다"(1991, 311~312)고 말한다. 크랙 2세Cracke,

Jr. 1995, 484 참조.

54 인도양에서 중국의 해상 사업은 분명 상대방을 위협하는 요소가 있었기 때문에 비폭력적이었다고 우상화해서는 안 된다.(Wade 1997, 154~156) 정화의 원정대도 필요할 때는 폭력을 썼다. 그럼에도 인도양에서 중국인들은 유럽인들과 동일한 방식으로 활동하지 않았다. 오히려 그것과는 거리가 먼 방식을 썼다.(Mote 1999, 616) 16세기와 17세기에 유럽인들이 인도양에 나타나기 전에 아시아 해상은 "자유로운 바다"라고 부를 수밖에 없었다.(Pearson 2000, 42; Ptak 1994, 36) 니덤은 이것을 잘 표현한다. "중국인들은 어떤 공국도 지배하지 않고 요새나 기지를 건설하지도 않고 자신들을 찾아온 모든 사람과 평화롭고 폭넓게 교역하면서 천 년 전통의 상속자이자 참여자임을 분명히 했다. 하지만 그것은 유럽의 자본주의적 제국주의가 아시아 해상에 침입하면서 파괴되고 말았다."(1970c, 40~70; 1970b, 214) 대부분의 상업적 유대는 상대적으로 폭력을 바탕으로 한 독점이 존재하지 않았기 때문에 "서로에게 이익을 주는 '조공과 교역'이라는 유연한 구조를 기반으로 세워졌다. 그것은 거래 당사자들이 자기 목적에 맞게 서로 다른 방식으로 그들의 관계를 해석할 수 있게 했다."(Ng 1997, 212) 그러나 서로 경쟁하는 유럽의 중상주의적 도시국가와 국민국가들에게는 원거리 해상교역에서 발생하는 수입이 가장 중요했기 때문에 그들은 아시아 해역에 진입하자마자 "요새를 건설하고 왕국 전체를 요구하는 해상교역망을 구축하고는 다른 경쟁자들이 그들의 해상 자원에 접근하는 것을 막았다."(Sprengard 1994, 8월) 14세기 지중해에서 시작해서 19세기 말 "아프리카 분할"에 이르기까지 유럽의 식민지 정책은 동일한 과정의 일부일 수밖에 없었다. 유럽의 내적 경쟁은 "유럽 열강들이 희소한 자원과 주요 전략요충지를 독점적으로 지배하기 위해 지리적으로 끊임없이 확장해나가도록 자극했다."(Sprengard 1994, 10)

55 예컨대, 17세기 영국에서는 "중앙 정부가 점차 상인 엘리트와 관련 집단들의 지

배 아래에 들어갔다. 그들은 자신들의 특수한 이익을 증진시킬 의회 체제를 확립했다."(Baumgartner, Buckley and Burns 1976, 59) 로딘슨Rodinson(1970, 32) 참조. 상인들의 이익이 왕실 외교에 완전히 종속되어 있었던 튜더 왕조 초기 영국은 아직 그런 상황이 아니었다.(Grzybowski 1969, 216~217) 그러나 마침내 가장 성공적인 유럽 국가들은 "자본가 계급이 지배하고 대개는 그들의 이해관계를 기반으로 통치되는" 나라들이었다.(Mann 1987, 133)

56 의회 세력이 과세 권력을 제한했기 때문에(Harriss 1966) 유럽의 군주들이 잦은 전쟁을 치르기 위해서는 상인들에게 군수 자금을 빌릴 수밖에 없었다. 예컨대, 포르투갈의 대서양 탐험은 오스만 제국에 의해서 "동지중해에서 강제로 퇴출된"(Padfield 1979, 24) 제노바 자본의 투자 없이는 이해할 수 없다. 그리고 스페인의 동지중해 지역 정복 또한 "군주와 상인, 자본주의와 기병대의 동맹"을 고려하지 않고는 이해될 수 없다.(Fernández-Armesto 1987, 53)

57 중세 입헌주의에 관한 개요는 리옹Lyon(1978, VII~VIII)과 마롱지우Marongiu(1968), 그라브Graves(2001) 참조. 14세기 초 서유럽의 많은 지역에서는 부르주아 세력의 힘이 매우 강력해서 "군주의 권력이 법의 지배에 종속되었고" 만일 국가의 재정적 요구를 "적절하게 납득시키지 못한다면"(van Uytven 1978, 472) "신민들은 그들의 충성을 철회할 권리가 있는 정치 문화"(Boone and Prak 1995, 105)를 확립할 수 있었다.

58 유라시아 대륙의 대다수 강력한 영주는 어느 시점에 가서는 결국 자기 영토 내에 있는 상인들에게 빚을 졌다. 예컨대, 몽골의 제후들은 "상인-고리대금업자에게 엄청난 빚을 졌다."(Endicott-West 1989, 128) 서유럽의 상인들을 제외한 대다수 상인은 빚을 갚지 못해 파산 선고를 하거나 "몰수나 마찬가지의 과세"(McNeill 1992, 120)나 "은밀한 강제 수용"(Epstein 1997, 169)에 연루된 채무자들을 처벌할 수 있을 정도의 정치적, 군사적 권력이 없었다. 아시아에서 "강력한 군주와 군벌들은 자신들의 특별한 욕

심을 채우기 위해 직인 집단 전체를 노예화하는 데 주저하지 않았다."(Chaudhuri 1996, 113) 또한 많은 도시가 대개 제국의 척후나 수비대의 지배 아래 있었다.(Humphrey and Hurelbaatar 2005, 31) 중국에서는 돈을 주고 관직을 산 일부 부자는 대다수 관료의 멸시를 받았고 그들이 누릴 수 있는 권력도 한정되어 있었다.(Gernet 1997, 20) 그러나 서유럽에서 도시의 상인-기업가는 자신들의 재력으로 유럽의 귀족들을 마음대로 했을 뿐 아니라 도시 노동자들 또한 지배할 수 있었다. 노동자들은 빚을 갚기 위해 무상으로 상인들이 시키는 일을 해야 할 때도 많았다.(Geremek 1968b, 559)

59 브레너(1986, 37)가 주장한 것처럼 "상인들은 **할 수 있는 한** 이익을 최대로 올리려고 한다." 그러나 브레너(1985, 1986)는 자신이 주장한 전前 자본주의 사회의 이념형에서 도시의 존재를 무시함으로써 유럽에 초래된 사회경제적 전환을 파악하지 못했다. 브레너(1986, 37)와 우드(1999) 같은 네오-마르크스주의자들에게 상인들은 배를 타고 오가며 싸게 사서 비싸게 파는 사치품 교역 상인에 불과하기 때문에 그들의 교역 활동은 직접적인 잉여에 한정될 수밖에 없고 따라서 사회에 어떠한 변화도 가져올 수 없다. 도시국가와 주변 농촌 지역 사이의 관계와 마찬가지로 무엇보다 중요한 도시국가와 식민지 사이의 착취적인 중심부-주변부 관계는 그리고 그 때문에 강요된 분업 관계는—나중에 유럽의 중상주의 국가들이 추구한 전략—그들에게 아무런 중요성도 없는 것처럼 보인다. 그러나 국가 내부의 사회적 관계나 국가의 장기적인 역사 발전을 이해하려고 한다면 제도는 무시할 수 없는 결정적인 권력 용기인 것이다.

60 이것은 또한 메링턴(1976, 178)에도 반영되어 있다. 베어록(1989, 227~231) 참조.

61 데이가 주장한 것처럼 "시장 경제의 확산을 자본주의의 발생과 혼동하지 말아야 한다. 중국의 사례에서 보는 것처럼 조직된 시장망이 있어도 자본주의적 부르주아가 나타나지 않은 경우가 있기 때문이다."(1999, 113~114) 또한 상인계급이 군사적, 정치적 권력을 휘두르는 "자유도시국가"와 "자유시장"의 출현을 혼동하지 말아야 한

다.(예컨대 Mojuetan 1995, 72) 그런 혼동은 대개 경제 성장을 제한하는 것으로 생각되는 "전제" 또는 세습국가와 자유시장을 서로 대비하게 만든다. 홉슨이 주장하는 것처럼(2004, 117) 서양의 자유도시국가와 자유무역에 중점을 둔 스미스적 패러다임은 현실을 올바르게 설명한 것이 아니다. 그것은 단순히 중국과 서유럽 도시 사이에 구분이 존재하지 않았다고 주장하는 것과는 다른 것이다.

62 예컨대, 14세기 두브로브니크 도시국가에는 선거로 선출되는 두 개의 평의원회가 있었다. 그것들은 교역상인, 제조업자, 해운 동업조합을 대표했지만 농촌 귀족의 존재를 나타내는 흔적은 어디서도 찾을 수 없다. 나는 "소규모 단위의 지배자는 전형적으로 좋건 나쁘건 상대적으로 세금을 쉽게 거둘 수 있는 농민 인구가 많은 군주보다 해상교역에 훨씬 더 많은 관심을 가졌을 것이다"라고 하는 피어슨Pearson(1991, 69)의 주장에 동의한다. 이것은 중국과 유럽의 비교를 통해 확인할 수 있다. "중국 국가가 농업으로부터 거둔 세금 수입이 충분했던 것에 비해서 많은 유럽 국가는 토지에서 많은 세금을 거둬들일 수 없었다."(Wong 1997, 134)

63 이것은 중국의 다른 도시들도 마찬가지였다. "중세 유럽 도시들의 직인들과 달리, 중국의 직인은 대다수 숙련된 직인이 정부와 관료들을 위해 일하게 되어 있었기 때문에 도시 안에서 실질적인 경제 세력을 형성하지 못했다. (…) 실제 모든 돈이 되는 사업은 이미 정부가 독점하고 있었다. 관리들을 제외한 모든 사람이 중과세와 갖은 착취 관행에 시달렸다. 그 결과 일반 민중이 산업 또는 상업 사업에 자본을 투자하는 경우는 매우 드물었다."(Ma 1971, 137) 14세기 초에 중국 제국을 여행한 이븐 바투타는 국가 관리들이 법에 따라 행하는 몰수는 "일찍이 중국을 빼고는 이교도 지역이든 이슬람 지역이든 어느 나라에서도 보지 못한 일종의 강탈"이었다.(Gibb 1994, 893) 엘빈Elvin에 따르면, "도시는 중국의 근대 이전 정치사에서 제한된 역할을 했다. 중앙집권적 제국의 권력이 지속되었고 정치의 분권화가 이뤄지지 않았기 때문이다."(1978, 85)

64 브로델이 주장한 것처럼 "1421년 명나라 황제는 만주와 몽골 접경 지역의 위협에 맞서기 위해서 난징南京에서 베이징北京으로 수도를 옮겼다. 그러면서 거대한 중국의 세계-경제는 급변하여 해상교역에 접근이 용이한 형태의 경제 활동에 등을 돌렸다. 육지로 둘러싸인 새 수도는 이제 내륙 깊숙이 자리 잡았고 모든 것이 그곳으로 흘러들어가기 시작했다. (…) 바야흐로 세계가 지배권 쟁탈전에 돌입한 시점에서 이것은 중국이 15세기 초에 난징에서 최초로 해상 원정대를 파견했을 때 그것의 의미를 제대로 알지 못한 채 그 쟁탈전에 뛰어듦으로써 경쟁자로서 자신의 위상을 잃고 말았다."(1992, III, 32)

흥미롭게도 월러스틴(1974, 55)도 이것을 중요한 사건으로 생각하는데 레이Ray(1987, 119)도 그것을 인정한다. 중국 정부는 그 순간부터 바다를 외국 침입자들을 막는 "천연 방위 장벽"이라고 생각했다. 반면에 자그마한 유럽 열강들은 바다를 "다른 나라 영토에 접근할 수 있는 수단"이라고 보았다.(Ng 1997, 252) 그러나 왕Wang(1991, 41~78)은 수도를 옮긴 것보다 중국 북부 유목민의 위협에 주목하는 것이 더 중요하다고 주장한다. 오늘날까지 "역사가들은 명나라가 수도를 난징에서 베이징으로 옮긴 것에 대해서 그것의 필요성과 가치를 두고 평가가 엇갈리고 있다."(Morton 1995, 125)

65 비록 중국의 해안 지역이 해상교역의 영향을 꾸준히 받았지만 중국 전체를 볼 때 (남송 시대의 특별히 예외적인 경우를 제외하고) 해외 교역은 "여전히 국가 경제 전체에서 그다지 중요하지 않았다. 열대 지역에서 오는 일부 사치품을 제외하고는 대개가 자급자족했기 때문이다."(Chang 1974, 357)

66 한 예로서 송나라 정부는 투자를 장려하지 않았다. "민간 상인들이 정부 자산과 경쟁할 수 있을 정도로 많은 돈을 축적하는 것을 바라지 않았기" 때문이다.(Lo 1970, 175) 레인Lane은 이 정책의 결과를 이렇게 설명했다. "국제 교역과 식민지화를 통해 보호지대를 받은 상인들"은 그럴 수 없는 상인들보다 유리했다. 자본주의적 세계-

경제의 역사 전반에 걸쳐 끊임없이 자본을 축적하고자 하는 상인들의 주 관심사 가운데 하나는 "민간의 교역 기업이 정부보다 더 많은 이익"을 올릴 수 있게 하는 체계를 구축하고 유지하는 것이다.(1958, 413) 달리 말하면, "기업 자본의 최대화와 기업 위험과 비용의 최소화"(Sprengard 1994, 17)는 본질적으로 상인-기업가들이 정부와 공공기금을 자신들에게 유리하게 이용(혹은 남용)할 수 있는 방법과 긴밀하게 연결되어 있다.(Boone 1984, 104) 이것은 스미스 학파 사람들이 주장하는 것처럼(예컨대 Epstein 2000b) 시장의 개방이나 성장의 장애 요소 제거 같은 것보다 더 중요하다. 사료에 따르면 몽골의 평화 시대가 지속되는 동안(그리고 보호, 정보, 운송비용의 감소) 유럽 상인들은(비발디 형제같이 일부 예외는 있지만) 아시아의 부에 접근하기 위해서 아프리카를 우회하는 것에 아무런 관심도 보이지 않았다.(Richard 1970, 363) 그러나 1330년대 중반 이후 일-칸 제국이 와해되고 몽골의 평화 시대가 붕괴되면서(Kwanten 1979, 244~246; Jackson 1975, 130) 그와 함께 1340년대 차가타이 칸국도 무너져 내리고(Forbes Manz 1983) 1330년 이후로 중국에 대한 몽골의 지배도 점차 쇠퇴했다. 그러자 유럽 상인들은 각자 자신이 속한 도시국가와 국민국가를 이용해서 동양의 시장에 접근했다.(그리고 마침내 지배했다.)(Sprengard 1994, 14; Golden 1998, 43) 따라서 몽골의 평화 시대 아래서 상업적 접촉은 "15세기 유럽의 탐험 시대로 이어져서 마침내 희망봉을 돌아 아시아로 가는 해로의 발견에서 절정에 이르렀다."(Rossabi 1997b, 56) 이와 대조적으로 명나라는 실제로 상인들의 비용이 늘어났다. 명나라 때부터 해상교역이 불법이었기 때문이다. 중국 무역 상인들은 "최소한의 뇌물을 바치지 않고는 아무것도 할 수 없었다."(Ptak 1994, 41) 이것은 근세에 "원거리교역을 하는 상인들에게 가장 중요한 비용은 운송과 보호비용"이었다는 사실을 고려할 때 매우 중요한 문제다.(Allsen 1989, 97) 게다가 명나라에는 "신뢰할 수 있는 상업 법체계나 사법제도가 없었기 때문에 상인들은 자기 기업을 법적으로 보호할 수 없었다."(Chang 1994, 66; Maddison 1998, 14 참

조) 이것 또한 유럽 도시국가들의 기존 관행과 다른 모습이다.(North 1991, 24~25)

67 윌리엄 맥닐William McNeill은 15세기 초 유목민의 침입과 인도양에서의 중국의 해상 활동 종료 사이에 직접적인 관련이 있다고 주장한다. "중국 제국 당국은 당장 북서쪽 변경을 위협하고 있는 유목 세력에 맞서 내륙 지역을 방어해야 할 시급한 시점에서 해상 활동이 귀중한 자원을 분산시킨다는 이유로 해상 활동을 금지했다."(1992, 111) 링크Linck도 이 사실을 인정한다. "명나라가 고립을 자초한 것은 몽골의 이민족 지배가 가져온 정신적 충격과 지속적인 몽골의 괴롭힘의 영향 때문이었다."(1997, 116)

68 중세 유럽에서 반란이 일어난 것은 서유럽의 귀족층이 전반적으로 세력이 약화된 것과 관련이 있었다.

69 농민 사회의 불안정을 막는 일은 중국의 어떤 행정부도 가장 중요시한 정책이었다. 그것이 실패할 경우 왕조를 전복시킬 수 있는 대규모 농민 봉기가 일어날 수 있었고 때로 그런 사태가 일어나기도 했다. 그럼에도 불구하고 중국 제국의 관료제를 면밀히 살펴보면 "모든 차원에서 관료들이 하층계급(즉 농민)을 대표할 수 있었기"(Deng 1999, 67) 때문에 유교 관료들은 농민들과 동맹 관계를 맺고 상인들을 견제했다.(Deng 1999, 199) 게다가 중국의 농업은 아주 크게 발전했다.(Weulersse 1996, 794~795) "토지에서 거둬들이는 세수가 늘면서 다른 경제 분야에서 발생하는 수입은 별로 중요하지 않게 되었다. 따라서 농업을 중시하는 유교적 편애는 더욱 강화되었다."(Dreyer 1982, 243)

70 애브람스Abrams가 적절하게 주장하는 것처럼 "사실 서양이 발전한 것은 도시 자체 때문이 아니라 독특하게도 도시에 사는 사람들이 이익을 극대화하지 못하도록 막는 서양의 봉건제를 무력화시켰기 때문이다."(1978, 25) 중국에서 향신鄕紳은 언제나 도시의 상인 엘리트보다 훨씬 더 강력한 권력을 지녔다. 이것은 사회가 상인들을 어떻게 생각하는지와 관련해서 큰 영향을 줬다. 이것은 브로델(1993, 195)이 주장한 것

처럼 적어도 서유럽과 비교해서 상대적으로 "이익을 추구하는 기업가"가 중국에 없었다는 의미가 아니다. 오히려 중국 정부가 "상인의 부의 축적을 농민의 복리와 정부의 세수를 희생해서 얻은 것이라고 보았다"고 말할 수 있다.(Deng 1999, 96) 호Ho(1962, 259)가 지적한 것처럼 "수세기 동안 서양에서 사회적으로 존중받아온 교역, 산업, 금융, 과학, 기술의 발전은 전통적인 중국에서는 부차적 성과로 여겨졌다." 아부-루고드Abu-Lughod도 이것을 인정했다. "상인들이 국가 공무원만큼 많은 존경을 받지 못하고 중앙집권 정부가 통화와 신용 조건을 정하는 사회에서는 독립적이고 강력한 부르주아가 탄생하지 못했다."(1989, 332) 니덤도 이러한 사실을 인정한다. "중국에서는 부가 상대적으로 권위와 상관이 없었다. 따라서 상인의 자식이 바라는 것은 과거시험에 합격해서 고위 관리가 되는 것이었다."(1969, 202) 또한 매디슨Maddison은 중국의 관료제가 "농업에 매우 긍정적인 영향"을 준 점에서는 훌륭하지만 상인들을 적대시했다는 점에서는 문제가 있다고 주장한다. 그러나 그 둘 사이의 연관관계는 밝히지 못한다.(1998, 23) 중국 제국의 행정과 사법을 총괄하는 조정에서는 백성, 특히 가난한 사람들의 복지와 관련해서 오랜 전통이 있었다. 부유한 상인들에게 불리한 특정한 공공 정책이 시행된 것은 바로 이런 이유 때문이다.(Lamouroux 2002; Lamouroux 2003, 115, 131~132, 142) 이 정책들은 중국 국가 권력의 대부분이 역사적으로 볼 때 (유럽에서처럼) 도시 내부에서 나오지 않고 도시를 적대시하는 가운데 나왔다는 사실과 분리해서 생각할 수 없다.(Gernet 1997, 19)

71 1460년에서 1497년까지 베트남을 지배했던 홍득Hong Duc이 선포한 칙령을 분석해보면 거기서도 이와 비슷한 내용을 볼 수 있다. 정부는 지나친 시장의 집중, 상인의 부를 의심의 눈초리로 바라보면서 상품을 공정하게 재분배하고 상인들이 다양한 시장 조작에 맞서 공공의 복지를 보호하기 위해서 거래와 시장에 대한 관리를 한층 강화하려고 했다.(Yvon-Tran 2002, 16~18) 제르네(1997, 21)는 "일본, 한국, 베트남도

마찬가지지만 중국에서 '경제'라는 개념은 고대 중국 고전의 '세상을 다스려 백성을 구한다'는 경세제민經世濟民에서 나온 것이다. 국가 관리들이 경제를 그들의 최고의 책임으로 생각하는 까닭이 바로 이것 때문이다"라고 했다.

72 "역사 속의 시장과 경제 이론에 나오는 시장은 다르다"(Steensgaard 1991, 9)는 것을 고려해야 할지도 모른다. "대다수 평론가가 정치 구조와 경제 구조의 분리를 자본주의의 핵심 요소라고 생각하기" 때문이다.(Mann 1980, 176) 실제로 스미스 학파의 광범위한 논리에서 유라시아를 가로지르는 진화적 성장은(Lieberman 1997, 498) 결정적으로 중요한 것을 놓치고 있다. 이를테면 "특정한 국가가 누구의 이해관계에 개입했는가?"(Lane 1979 참조) 하는 문제다.

73 14세기부터 서유럽 전역에 걸쳐 가장 상업이 발전한 지역에서 **법복을 입은 귀족**이 출현한 것은 당연한 일이다.(Crouzet-Pavan 1997, 16; Blockmans 1983, 68; Miller 1990, 240; Cuadrada 1991, 292) 거기서는 일부 귀족이 가난해졌지만 **노비 호미네스**novi homines('새로운 사람들'이라는 뜻으로 전통적으로 귀족 가문이 아니면서 고위공직에 오른 입지전적 인물을 말함—옮긴이)가 매우 빠르게 사회적으로 중요한 비중을 차지하기 시작했다.(Halpérin 1950, 146; Bonenfant and Despy 1958, 57~58; Dumolyn and van Tricht 2000, 200~201)

74 앤더슨Anderson이 적절하게 지적한 것처럼 "의회는 신민의 동의 없이 항구적 또는 일반적으로 세금을 인상할 권리를 왕실 지배자에게 넘겨주지 않았다."(1974, 46)

75 북유럽 저지대 국가나 북이탈리아, 신성로마 제국의 다양한 도시 동맹들의 도시국가들뿐 아니라 13세기 몽펠리에 같은 도시도 생각해야 한다. 아라곤의 "대군주" 페도로 2세는 "시민들에게 엄청난 돈을 빌리는 대가로 그들에게 자치권을 부여했다."(Caille 1998, 68) 1311년 "하下바이에른의 오토 공은 군주의 통치권을 막기 위해서 귀족과 시민이 연합해야 한다고 생각하고 군주가 서약을 파기할 경우에는 그것

에 대항할 권리가 있음을 명시했다." 이것은 본질적으로 **신분제국가**의 탄생을 보여준다.(Folz 1965, 178~179) 로시오(1990, 148)가 지적하는 것처럼 도시에서 "사회의 규범은 시민이었고 시민이냐 아니냐를 가르는 기준은 돈이었다." 돈에 대해서 말하자면 부르주아는 유럽 귀족(과 군주)의 재정적 어려움을 완벽하게 잘 알고 있었다. 그래서 그들에게 많은 돈을 빌려주고 그 대가로 온갖 특혜와 독점권을 받았다.(Cuadrada 1991, 292; Nazet 1978, 446; Rodrigues 1997, 21) "군사력 자원을 집중해서 효율적으로 이익을 집적하는 것은 중심이 되는 제도와 집단들이 의사결정 과정에 참여하고 국가 안보 정책의 책임을 공유할 수밖에 없는 국가들에서 가장 잘 구현되었다. 국가 형성 과정에 어느 정도로 그들이 적극 참여하느냐가 결정적으로 중요한 변수인 것이다. 사회의 엘리트가 중앙집권적 국가의 성공에 모든 것을 걸었다면 그들은 국가의 이익을 증진시키기 위해 자신들의 사회적 영향력과 자본, 관직을 사용할 가능성이 컸다."(Glete 2000, 64)

76 유럽 정부들은 상대적으로 힘이 없었기 때문에 부유한 상인들의 독점 행위를 묵인하고 정당화해야 했다. 하지만 중국은 그와 정반대 상황이었다. 유럽의 국가와 부유한 상인들은 근본적으로 서로 의존할 수밖에 없는 관계였다.(Wong 1997, 127~146) 따라서 근세에 유럽에서 형성되기 시작한 국민국가는 결코 절대주의적이지도 않았고, 앤더슨(1974)이 주장한 것처럼 봉건 계급의 강압적인 경제 외적 야심을 실현시켜줄 수단도 아니었다. 앤더슨 또한 "절대주의 국가"가 어떻게 자본주의로 발전했는지 설명하지 못한다.(Lachmann 1987, 8)

77 스트레이어Strayer가 적절하게 설명한 것처럼 "전쟁 때문에 중세 말 유럽 경제는 심각한 침체에 빠졌다."(1977, 291) 문제는 가난해진 다양한 귀족층 사이의 분쟁이 어느 정도까지 지속된 것을 가지고 장기적인 **봉건제** 자체의 쇠퇴라고 표현했는가 하는 것이다.

78 창Chang(1994, 68~73)은 중국에서 국가의 약탈적 속성을 강조하면서 국가가 상인들의 "고혈을 짜내" 결국 자본주의의 성장을 막았기 때문에 상인들이 어느 정도 이상 자본 축적을 지속하는 것을 이해하지 못하는 일반적인 정서를 낳았다고 주장한다. 유럽의 귀족들도 기회가 있을 때마다 빌린 돈을 갚지 않거나(예컨대 신성로마제국의 카를 5세) 상인의 재산을 몰수하려고 했다. 그러나 서유럽의 귀족은 제도의 차이 때문에 아시아의 귀족들보다 상인들의 돈을 떼먹기 어려웠다. 실제로 일부 도시는(브뤼주나 겐트) "시민의 재산을 몰수할 수 없다는 특권이 있었다."(Dumolyn 2000, 519) 창은 또한 중국의 대가족제도가(서양의 "개인주의적" 핵가족제도와 반대되는) 상인이 벌어들인 소중한 수입을 고갈시켰다고 주장한다. 모트Mote도 이런 주장에 동의하는데 "성공한 (중국) 상인은 부를 축적하기보다는 탕진하는 경향이 있었다. 사회의 관료 엘리트들이 흔히 하는 행태를 따른 것이다."(1999, 391) 근대화 이론(Pearson 1952; Belshaw 1965)과 마르크스주의적 관점(Engels 1972) 모두 거대한 대가족은 대개 자본주의적 근대성과 어울리지 않는다고 주장한다. 자본주의적 근대성은 개인주의를 탁월하게 보기 때문이다.(Crone 1989, 154) 그러나 우리는 대가족의 장점을 살펴본다면 그 주장을 쉽게 뒤집을 수도 있다. 솔직히 말해서 개인주의의 문화 가치와 집단주의의 문화 가치가 서로 다른 사회에 끼치는 영향을 평가하는 것은 불가능하다.(Hofstede 1997, 49~78; Young 1976, 31) 그러나 비상업 활동에서의 지나친 지출이 유럽에서도 대규모로 일어났다는 것은 잊지 말아야 한다. "부르주아의 배신(상인들이 부동산을 취득하고 봉건영주처럼 지대 수익을 기대하는 행위를 두고 비난하는 말—옮긴이)"과 같은 일이 존재했다는 것이 아니다. 진정한 자본주의적 기업가에게는 부동산 취득이 그들의 상업 활동을 보완하는 자본 축적 전략이기 때문이다.(Furió2005, 50) 그러나 창이 말한 "상인계급 출신으로 지대 수익을 추구한 기생적 문인 관료"는 대개 각종 이익을 토지나 다른 부동산에 투자한 유럽의 상인계급이면

서 지대 수익을 추구한 기생적 생시몽주의 귀족들과 유사하다.(Budak 1997, 166) 어느 사회든 상인들은 피에르 부르디외가 적절하게 사회적 자본, 문화적 자본이라고 새롭게 명명한 것에 어느 정도까지는 자산을 투자하지 않을 수 없다.

79 나는 지금까지 이 책에서 상인들이 개척해낸 제도적 공간을 강조했다. 그러나 중세 유럽에서 교회의 힘은 매우 강력했다. 이것 또한 중국과 아주 다른 모습이다. 애즈헤드Adshead가 잘 지적한 것처럼 플랜태저넷 왕조의 영국에서는 "1만5000명의 수도사가 영국 토지, 지대, 부역의 4분의 1에서 3분의 1을 소유했는데 [반면에] 중국 당나라에서는 35만 명의 승려가 중국 경작지의 4퍼센트 정도밖에 소유하지 못했다."(2000, 57) 따라서 교회는 유럽이 중국과 같은 제국을 건설하지 못하게 막은 또 다른 제도적 세력이었다.(Spruyt 1994)

80 따라서 유럽의 "중세적 발전"이 "자생적 발전"에 다름 아니라고 주장하는 것(예컨대 Delatouche 1989, 26)은 유럽 중심주의적 사고다. 몽골의 평화 시대 덕분에 개방된 동아시아 시장은 규모가 유례없이 커서 서양의 도시국가에 엄청난 기회를 제공했다.(Balard 1983) 예컨대, 북유럽 저지대 국가들의 직물 산업의 확대는 본질적으로 "지역 간 상업과 국제 교역으로 모직물 수요가 증가한 것"과 관련이 있었다.(van Werveke 1954, 237~238) 제프리 초서, 단테, 보카치오를 비롯해서 많은 유럽의 문학작품에는 "타타르의 직물"에 대한 언급을 발견할 수 있다.(Allsen 1997, 2)

81 추정컨대 15세기에 동양에서 수입된 상품의 40퍼센트 정도만 서양 상품으로 물물교환되었고 나머지 60퍼센트는 귀금속으로 지불되었다.(Pamuk 2000, 23)

82 "금괴의 공급 부족은 1390~1460년 지속된 디플레이션 침체의 한 원인이었다. 따라서 그것은 당시의 정치적 불안정을 초래하는 원인을 제공했다."(von Stromer 1981, 24) 앳웰(2002, 88)이 지적한 것처럼 서유럽에서 금괴 부족 현상은 동아시아와의 교역과 밀접한 관련이 있다.

83 전통적으로 유라시아의 비단길은 육상교역이었기 때문에 해상교역만큼 중요할 수는 없었고 그것의 영향도 최소한이었을 거라고 생각했다. 그러나 팔라트Palat와 월러스틴이 말한 것처럼 "육상교역로가 언제나 해상교역 때문에 중요도가 떨어졌다고 가정하는 것은 근거가 없다."(1999, 33) 중국으로 가는 육상교역로는 카스피 해 동부에서 시작했다. 이탈리아 상선들이 (거류지가 있는) 흑해와 아조프 해뿐 아니라 돈 강과 볼가 강, 카스피 해에서도 활발히 다녔기 때문이다.(Cordier 1967, 105; Richard 1970, 362; Nystazopoulou 1973, 562) 동양의 가장 중요한 교역 물품 가운데 하나인 중국 비단은 값이 싼 덕분에 유럽시장에서 매우 인기가 높았다. 따라서 보호비용이 낮게 유지되는 한 유럽으로 수입되는 규모는 매우 컸다. 비록 제노바 상인들이 1258년 몽골의 바그다드 함락 이전에 이미 이탈리아와 프랑스에 중국 비단을 일부 내다 팔기는 했지만(Petech 1962, 550) 이탈리아 상인들이 정식으로 "중국 비단을 산지에서 직접 수입하기" 시작한 것은 몽골이 이슬람의 메소포타미아 지배를 무너뜨린 뒤였다. "이러한 중국 비단의 직수입은 대량 유통으로 발전했다. 하지만 그것은 비단의 품질이 좋아서가 아니라 낮은 가격 때문이었다."(Lopez 1975, 104) 황금군단(13세기 유럽 대륙을 침공한 몽골 군대—옮긴이)이 지배하는 북쪽 교역로(카스피 해에서 우르겐치까지)도 중요했지만 남쪽 길 또한 중요한 교역로였다.(Heyd 1959) 이탈리아 상인들은 일-칸국과 차가타이 칸국이 와해된 1340년대 중반까지(Akhmedov 1998, 267) 트라브존, 라자쪼, 타브리즈에 있는 거대한 거류지에서(Richard 1977, I, 12; Lopez 1975, 108; Pistarino 1990, 192~193) 페르시아(Matthee 1999, 16)와 중국으로부터 많은 비단을 수입할 수 있었다. 당시 황금군단의 칸국을 횡단하는 비단길은 안전하지 않게 되었고(Balard 1989, XII, 85) 라자쪼는 이슬람의 맘루크 왕조에게 약탈당했다.(1347) 그러나 돈 강에서 우르겐치와 아무다리야 강까지 북쪽 길은 1360년대까지는 꽤 안전한 지대로 남아 있어서(Phillips 1998, 113) 이탈리아 상인들이 자주 이용했다.(Petech 1962, 559~560) 유럽에서 동

아시아로 가는 교역로와 그 길을 이용한 사람들에 대해서 잘 정리된 자료는 라이헤르트Reichert(1992) 참조.

84 1340년대 중반 이후까지도 서양의(주로 이탈리아) 상인들은 동양을 왔다 갔다 했다.(Richard 1977, I, 21; Lenhoff and Martin 1989; Balard 1989, XIV, 158~159) 그러나 상인의 수와 서양으로 수송되는 물품의 규모는 크게 떨어졌다.(Balard 1983, 38) 유용한 관련 자료들은 게레-라페르테Gueret-Laferte(1994) 참조.

85 피어슨Pearson(1991, 70~74); 스넬나우Snellnow(1981); 브레트Brett(1995); 호턴과 미들턴Horton and Middleton(2000, 157~178) 참조.

86 행정조직의 관행이나 중국의 향신에 대해서는 샤오난과 라무르Xiaonan and Lamouroux(2004)가 패트리샤 에브리Patricia Ebrey와 존 채피John Chaffee 외 여러 명의 연구에 대해서 논의한 것 참조. 어쨌든 상업자본주의는 "유럽이 산업화하기 전에 반드시 일어나야 할 결정적 변화"였다.(Goody 1996, 223) 그로 인해 서양과 그 밖의 지역의 간극은 급격하게 확대되었다. 앞에서 언급한 것처럼 일부 학자는(예컨대 O'Brien 1992) 산업혁명 이전에 국제 교역으로 발생한 이익을 무시하는 경향이 있다. 그러나 해외(식민지) 교역으로 발생한 이익에서 파생된 상업 이익이 유럽의 산업화 과정에 간접적으로 끼친 영향을 과소평가해서는 안 된다.(Leuilliot 1970, 620~621; Inikori 2002) 장기간에 걸쳐 상업자본주의 체제를 통해서 남아시아와 동아시아에 주변부를 구축한 것은 **기본적으로** 유럽의 중심부 국가들의 이익을 위해서였다. 그러나 그렇다고 유럽이 "그 역사를 혼자서 일궈낸"(Washbrook 1990, 492) 것이라고 생각해서는 안 된다. 아시아와의 기술적, 상업적 연계는 유럽의 발전에 필수 요소였기 때문이다. 내가 정말로 제기하고 싶은 의문은 이것이다. 근세 아시아 국가들이 유럽 국가들보다 훨씬 더 우월했는데도 오히려 유럽 국가들이 유라시아 대륙 전체를 (여러 세기에 걸쳐) 지배하고 식민화한 반면에 아시아 국가들은 그런 전략을 추구하지 않는 까닭은 무엇일까? 만

일 동아시아에서 사건들이 다르게 전개되었더라면 "유럽은" 자본주의 방식이 아닌 "아시아 중심 체제의 주변부가 되었을 수 있다"(Fitzpatrick 1992, 513)고 충분히 가정해볼 수 있다. 1511년 포르투갈 군대가 말라카 왕국을 포위했을 때 그 왕국의 술탄은 중국 황제에게 원조를 요청했다.(Bouchon 1999, 81) 말라카 왕국의 술탄은 스스로를 중국 황실의 가신으로 생각했다. 유럽이 경쟁적으로 국가를 형성하고 제국주의와 식민지를 확대해나가는 과정에서 전쟁은 필연적으로 일어날 수밖에 없다고 볼 때(Tilly 1992; Spruyt 1994), 특히 말라카에 꽤 큰 화교 집단이 있는 상황에서 중국이 말라카 왕국의 도움 요청에 아무 답변을 하지 않았다는 것은 의문이 아닐 수 없다.(Ptak 2004, X, 179)

87 "상업 활동, 위험 부담, 기업 활동, 해외 시장 개척, 이동성, 부의 축적과 재투자 의지와 관련된 특성은 [아시아 전역]에 널리 퍼져 있었기 때문에 그런 것들을 유럽 발전의 구성 요소로만 볼 수 없다."(Goody 1996, 222) 물론 그러한 주장은 자명하지만 그렇다고 해서 아시아에 한편으로 (보호비용과 같은 특정한 비용을 외부로 돌리는) 국가의 힘을 이용할 줄 알고 다른 한편으로 국가와 통치자들로부터 (제도와 법의 보호를 받으며) 충분한 자유를 누리는 상인들이 존재했다는 것은 아니다.(Andrade 2006) 중국에서는 "국가 자체와 일부 탐욕스러운 관리로부터 상인들의 부를 보호해주는 법적, 정치적 구조가 없었기"(Wang 1970, 222) 때문에 근대적인 은행과 신용 기관이 전면적으로 발전할 수 없었다.

88 멜로이Meloy의 최근 연구 참조.(2003) 그는 맘루크 왕국의 술탄 바르스베이가 일시적이기는 하지만 이집트 상인들에게 호의를 베푸는 등 이전에 알려진 것보다는 더 중상주의적인 정책을 실시했다고 주장한다. 그러나 술탄제도의 특성 때문에 그러한 정책은 지속되지 못했다.

3장 남아시아와 유럽의 정치경제 비교

1 찬드라Chandra는 10세기부터 (비록 부분적이기는 하지만) 남아시아(Deyell 1990, 112~132; Champakalakshmi 1995, 289)와 동남아시아(Wicks 1992, 134)의 경제가 동시에 화폐경제에 진입했다고 볼 수 있는 "북인도 소도시들의 부흥"이 눈에 띄게 활발해지기 시작했다고 주장한다.(1997, 169) 인도양 전역에 걸쳐 "새로운 교역망과 교역 길드의 형성, 화폐 주조와 유통의 새로운 국면"이 조성되었는데(Chattopadhyaya 1995b, 325) 이것은 당시에 지역 간 교역이 활발했음을 보여주는 것이다.(Lewis 1976) 이븐 호칼Iben Hawkal에 따르면, 10세기에 데발이라는 도시에 살던 대다수 거주민은 상업 활동으로 생계를 이어갔다. 알-이드리시al-Idrisi도 또한 12세기 중반에 오만과 중국이 활발하게 교역했음을 주목했다.(Kervan 1996, 56)

2 그렇다고 역내 시장을 과소평가해서는 안 된다. 13세기 말 남아시아 대륙은 중국이나 유럽보다 더 인구가 많았고 그들이 창출하는 시장 수요는 매우 컸다. 지역 간 교역은 식료품, 염료, 방사, 철, 직물에서 말, 코끼리, 향신료, 진주에 이르기까지 매우 활발했다.(Abraham 1988, 64, 123~128, 156~181)

3 13세기 초 "도자기, 목화, 구리는 구자라트, 아랍, 페르시아의 배에 실려 오만과 페르시아 만으로 옮겨져서 아프리카의 상품과 교환되었다."(Varadarajan 1987, 101) 12세기 알-이드리시의 기록에 따르면(Ferrand 1913, 1, 177) 아프리카 상품은 대개가 "금, 상아, 맹그로브 목재"였다.(Chaudhuri 1985, 57) 북동아프리카에서 남아시아까지의 노예무역 또한 포르투갈의 침입 이전에 매우 활발했다.(Pescatello 1977, 26~29)

4 피어슨에 따르면, 쌀은 "벵골 만, 인도네시아, 인도의 서해안 남북에 걸쳐" 해상으로 유통되었다. "심지어 인도 쌀은 아덴과 호르무즈, 말라카까지 운송되었다."(1987b, 75)

5 특히 직물은 남아시아에서 남아라비아 해안 지역으로(Smith 1997, XIII, 36) 구자라트에서 말라바로, 그런 다음 중국으로 수출되었다. 하지만 금속류, 목재, 곡물도 빈번하게 수출되는 품목에 들어갔다.(Jain 1990, 99~104) 남아시아 남부에서 "수공예품과 금속제품과 직물류는 당시 경제의 중요한 특징[이 되었다]."(Heitzman 1997, 219) 구자라트, 코로만델, 벵골에서 만든 직물은 저 멀리 말라카, 인도네시아, 류큐 열도까지 "대량으로" 팔렸다.(Das Gupta 1987, 248) 심지어 라마스와미Ramaswamy는 슈타인Stein의 주장과 반대로(1982, 42) 이 기간 "직물의 경우 해외 무역이 국내 무역보다 훨씬 더 중요했다"고 주장한다.(1985b, 70) 비자야나가르 왕국에서 직물과 도자기 공예의 전문화와 대량 생산에 대한 자세한 내용은 시놀로피Sinolopi(1988) 참조.

6 품종이 우수한 말은 군사용으로 매우 중요했지만 남아시아에 별로 없었기 때문에 정기적으로 대량의 군마를 수입해야 했다.(Sinopoli 2000, 377) 차크라바르티Chakravarti는 남아시아산 말들이 중앙아시아산 말들보다 품종이 나빴기 때문에(Chandra 1997, 15) "비자야나가르 왕이 혼자서 해마다 호르무즈에서 주문한 말이 1만 3000마리에 이르렀다"(1996, 155)고 지적한다. 이러한 교역은 육상교역로(Gopal 1965, 113)와 해상교역로(Wink 1997, 83~87; Nizami 2002, 351) 양쪽에서 다 이뤄졌다.

7 "포르투갈 상인들이 인도양에 나타남으로써 그 지역의 두드러진 특징이었던 평화로운 해양 항해 체제는 순식간에 해체되었다. 인도양의 상업 공동체들이 볼 때 대륙을 횡단하는 교역의 경쟁 상대가 나타난 것은 시기상으로 뜻밖이고 순식간의 일로 자신들의 의지와는 전혀 별개로 외부에서 발생한 일이었다."(Chaudhuri 1985, 63) 아비시니아(에티오피아의 옛 이름—옮긴이)의 용병들이 "해적의 공격을 막는 가장 안전한 수단으로"(Gunawardana 1987, 84) 쓰였기 때문에 1500년 이전의 인도양의 평화를 과장해서는 안 된다. 물론 특히 인도네시아와 안다만 제도 근처(Krishna 200, 50)와 캘리컷 인근(Bouchon 1999, 87)에서의 산발적인 해적의 공격은 포르투갈이 해상교역로를

독점하고 결국에는 통행세를 받으려는 목적으로 위협했던 것과는 근본적으로 성격이 다르고 규모도 달랐다. 초두리Chaudhury는 다음과 같이 정확하게 지적한다. "아시아에서 상업 교통은 고도로 숙련된 전문 상인들의 손 안에 있었다. 그들은 국가의 지원을 거의 받지 않는 민간 상인들이었다. [반면에] 기독교 중심의 지중해 지역에서는 이탈리아 도시국가들의 발전과 함께 세계 무역의 제도적 기반이 새롭게 발전했다. 제노바와 베네치아의 상업적 경쟁 관계가 공공연한 해상 분쟁으로 발전하고 베네치아 상인들이 이슬람 함대와 충돌하면서 **상인들과 국가의 이익은 하나로 합쳐질 수밖에 없었다**. 이탈리아의 경험은 나중에 세비야, 리스본, 암스테르담, 런던에서 재현되었다."(1985, 16; 강조는 저자)

일부 학자는 촐라 왕조의 해상 원정이 국가 이익을 위해 해외 교역을 한 증거이며(Abraham 1988, 152) 촐라 왕조의 상인과 통치자 모두에게 "상호 이익"이었다고(Abraham 1988, 130) 주장한다. 그럼에도 상인들이 왕실의 외교와 군사 개입에 끼친 영향력은 서유럽 국가들과 비교할 때 매우 제한되어 있었다.(Keay 2000, 222; Lewis 1976, 469~470)

8 델리의 급격한 인구 증가는 단순히 내생적인 현상이 아니었다. "델리는 몽골의 공포로부터 탈출한 쿠라산 지역과 중앙아시아 사람들—관료든, 병사든, 학자든, 종교인이든 상관없이—의 자연스러운 피난처가 되었다. (…) 13세기 델리의 성장은 1261년 몽골 제국의 내전 발발 이후 몽골 난민 집단이 불어나면서 그들이 도시로 유입된 것이 큰 원인이다."(Jackson 1986, 19)

9 비자야나가라 왕국의 수도는 1400년대 초에 인구가 10만 명에 이른 것으로 추정된다.(Sinopoli 2000, 370)

10 이것은 실제로 남아시아에 있는 무굴 제국 통치자들의 잘못된 견해였다.(Chaudhuri 1981, 224) 자한기르 황제의 유럽인들에 대한 무관심에 대해서는 디그비Digby(1999, 249) 참조.

11 어떤 상인들은 향신료를 팔아 300퍼센트까지 이익을 냈다는 사실을 생각할 때(Bouchon 1999, 231) 포르투갈 상인들이 향신료 교역을 지배하려고 애썼던 것은 당연한 일이었다. 그러나 실제로 인도양의 포르투갈 군사력이 육지에는 영향을 끼치지 못했고 바다에서도 매우 미미했기 때문에 그러한 목표를 달성하기는 어려웠다.(Cowan 1968, 6) 따라서 인도양에서 교역로를 지배하거나 경작자들을 복종시키려는 그들의 노력은 대부분 실패했다.(Kieniewicz 1991, 81) 그들은 향신료 교역을 모두 독점하려고 했지만 실제로는 그 가운데 아주 일부만 손에 쥘 수 있었다.(Boxer 1969, 418~419) 그것은 희망봉 주변에서 포르투갈의 교역이 베네치아 상인들에게 큰 피해를 주지 못했다는 사실로 확인할 수 있다.(Romano, Tenenti, Tucci 1970) 따라서 그들이 "인도양에서 상업의 지배권을 장악했다"는 주장은 커다란 과장이다.(Chirot 1994, 69) 남아시아 반도의 거대한 영토 국가의 지배자들은 포르투갈 침입자들이 자신들의 귀족주의 정치권력에 심각한 위협이 되지 않는다고 생각했기 때문에 그들을 쫓아낼 아무런 조치도 취하지 않았다.

12 수브라마니암Subrahmanyam(1990)과 펄린Perlin(1993, 284~285) 같은 학자들은 이러한 회사들의 상대적 성공에 이의를 제기했다. 유럽의 학자들이 대개 동아시아에서 유럽 국가들과 그들의 주식회사가 끼친 영향력에 초점을 맞추는 것은 어찌 보면 당연할 수 있다. 반면 아시아 학자들은 유럽이 지배한 남아시아 항구 바깥의 내륙에서 일어난 활동과 여러 다른 차원의 "토착민들의 저항"(Datta 2003, 287), 또는 유럽 국가들이 항구 도시들을 독점적으로 지배하려는 술책들을 끊임없이 저지하기 위한 아시아 상인들의 교묘한 전략들(예컨대 교역품 유통 경로와 출하 장소를 정기적으로 변경함으로써)을 집중 조명한다.(Vink 2004, 48)

13 이러한 문제들은 새로운 현상이 아니었다. 이미 13세기에 동아시아에 진출한 유럽 상인들에게 일어났던 문제였다.(Lopez 1973, 445) 당시에 유럽 국가들은 아시아 대

륙에 어떤 형태의 강압도 행사할 수 없었다. 하지만 16세기 들어 유럽인들이 처음으로 인도양의 세계 경제에 침투하기 시작하면서 상황이 달라졌다. 몽골의 평화 시대가 끝난 뒤, 중앙아시아 전체가 정치적 혼란에 빠지면서 육상 수송비용과 보호비용이 엄청나게 늘어나자(Rossabi 1990) 중앙아시아의 대상 무역은 쇠퇴하고 반대로 해상교역로가 점점 더 중요해지기 시작했다.(Reid 1999, 64) 그런데 이러한 육상교역로에서 해상교역로의 변화는 지정학적으로나 상업적으로 인도양에서 유럽의 지위를 강화시켜주는 구실을 했다.

14 K. N. 사스트리Sastri가 대담하게도 촐라 왕조를 비잔틴 제국과 비교했다고 많은 학자가 맹비난했지만 나는 비잔틴 제국이 유럽의 도시국가들과 맺은 관계와 그 이후의 종속 관계를 남아시아가 유럽의 특허회사들과 맺은 관계와 이어진 종속 관계와 대비시키는 한에서는 그 둘을 역사적으로 비교하는 것이 타당하다고 생각한다. 나는 똑같이 비난받을 것을 무릅쓰고 할둔Haldon의 글을 상세하게 인용하고자 한다. "[이탈리아 도시국가를 구성하는] 주요 집단은 사업가들이었는데 그들의 부와 정치권력은 대개 [농촌에서 나오는] 지대뿐 아니라 상업 활동에 크게 의존했다. 따라서 사회의 지도층과 중간층의 경제적, 정치적 이해관계는 도시의 이해관계, 그것의 정치적 정체성, 외부 간섭으로부터의 독립과 일치했다. 국가/공동체와 민간 기업은 불가분의 관계였다. 그러므로 크게 보면 도시국가의 정치적, 경제적 안녕은 사회 엘리트들과 그들에 기대어 사는 사람들의 안녕과 동일선상에 있었다. 이에 반해서 비잔틴 제국은 토착 기업을 촉진시키는 역할을 전혀 하지 않았고 (…) 상업을 그다지 중요치 않은 또 하나의 국가 수입원 가운데 하나로 단순하게 생각했다."(2000, 107~108)

그러고 나서 할둔은 재빨리 독자들에게 그렇다고 이것이 비잔틴의 상인계층이 실패했다고 말하는 것은 아니라는 점을 상기시킨다. 오히려 "상업적 이해관계는 한편으로 국가의 정치와 이데올로기 구조와 다른 한편으로 사회-경제적 지배 엘리트들의 이해관계에 종속되었다."(Haldon 2000, 108) 유목민들의 침입과 비잔틴 제국의 변경에 있던 부족들의 잦은 소요로 기존 질서가 무너지면서 "끊임없이 점점 더 줄어드는 영토 기반에서 징세를 통한 국가 수입의 축소, 영토와 정치적 권위의 상실, 제국의 이해관계를 방어할 해군력의 부재"(Haldon 2000, 110)는 비잔틴 제국을 서서히 붕괴로 이끌었다. 비록 500년이라는 긴 시간의 차이와 서로 다른 지리적 조건에도 남아시아와 비잔틴제국의 역사적 진행과정은 구조적으로 서로 비슷해 보인다.

15 게로는 "교역과 전쟁의 융합은 중상주의 사상의 특징 가운데 하나다"라고 정확하게 말한다.(1996, 99) 프리스Vries는 "중상주의는 자본과 강제가 서로 합작한 것이었다. 중상주의에서는 자본이 자기 마음대로 움직이지 못했다. 그것은 자본과 강제가 둘 다 이득이 될 수도 있고 손실이 될 수도 있는 위험한 관계였다"라고 주장한다.(2002, 74) 그 정도면 충분하다. 그는 더 나아가 이러한 정책이 "전 세계 어디서나" 존재했다고 주장한다. 하지만 그것은 세계사를 잘못 이해한 것이다. 뒤센은 심지어 "중상주의 교역은 세계-체제론자들이 주장한 것처럼 경제적으로 유익하지 않았다"고 주장한다.(2004, 71) 식민지 중상주의 정책과 전략들 가운데 일부가 다른 것들보다 더 유익했던 것은 틀림없다. 하지만 이익보다 더 큰 대가를 치르고 세계의 나머지 지역을 식민지로 만들기 위해 제국주의적 쟁탈전을 벌여야 하는 경우도 있었다. 무엇보다 중요한 것은 이러한 중상주의적 경쟁이 점점 확대되는 자본주의 체제의 본질적 특성이며 그들 자신의 (거래와 보호) 비용을 막 부상하고 있던 국민국가에게 전가하는 무역상들에게 유익했다는 사실이다. 문제는 어떤 국민국가 전체가 특정 정책으로 어느 시점에 어느 정도 많은 이익을 얻었느냐가 아니라 어떤 자본주의 엘리트가 그러한 전략 수행으로 어느 정도 이익을 얻었느냐다. 뒤센이 나중에 인정한 것처럼 "서유럽은 군사력과 안전보장을 얻을 수 있다는 중상주의적 믿음에 사로잡혀 대서양

을 가로지르며 식민지를 확장하는 데 기꺼이 엄청난 비용을 지불했다."(2004, 71) 불행하게도 그는 이렇게 중요한 주장을 더 정교하게 다듬지 못한다.

16 결론적으로 "중앙아시아 교역의 대부분은 인더스 강과 옥서스 강 사이의 초원지대를 가로질러 이동하던 유목민들을 통해서 이뤄졌다."(Gommans 1991, 55) 중세 동남아시아에서 육상교역의 중요성과 관련한 증거들에 대해서는 선Sun(2000) 참조.

17 유럽인들이 아시아 역내 해상교역망, 이른바 **지역 교역**country trade을 서서히 지배하기 시작한 시점이 18세기 중반이고(Toussaint 1964, 304) 따라서 그때부터 "인도의 국가들은 더 이상 유럽의 간섭에서 독립적일 수 없었지만"(Perlin 1983, 83) 나는 이러한 역사적 과정을 초래한 정치적, 사회적, 경제적 요인들을 장기적 관점에서 보고자 한다.

18 16세기에 인도양 세계경제에 유럽 상인들이 나타나자마자 곧바로 인도양 지역과 유럽 사이에 대규모 상품 교역이 이뤄진 것은 아니다. 그러나 그렇다고 인도양 지역 내에서의 교역이 단순히 사치품 위주였다는 것은 아니다.(Wallerstein 1989, 132) 17세기 들어 비로소 유럽인들은 몰루칸 제도와 같은 작은 지역 단위를 중심으로 엄청난 수탈 체제를 뒷받침하는 강력한 해군력을 동원했다. 희망봉 인근의 해상교역로가 점점 인기를 얻으면서 유럽 상인들이 지배하는 상품의 유통량도 증가했다.

19 유럽 중심적인 학자들은 아직도 계속해서 유럽이—자체의 고유한 문화적 특성 때문에—상인들에게 재산권을 보장해줄 수 없었던 남아시아나 다른 아시아 지역들과는 다른 길을 갔다고 주장한다.(Weede 1990, 372~373) 첫 번째 주장은 말이 되지 않는다고 생각하며 두 번째 주장은 전통적으로 그렇게 많이 얘기했지만(예컨대 Issawi 1970, 251; Kuran 2004) 그동안 경험적 증거로 어느 정도 그 근거가 박약하다는 결론에 이르렀다.(Kumar 1985; Palat 1988, 241 이후)

20 쿨케Kulke가 지적한 것처럼 "의례적 정책과 의례적 주권이 진정한 의미의 정책을

대체한 것이라기보다는 오히려 그것의 중요한 한 특징이라고 보는 것이 맞다."(1995, 43) 타쿠르Thakur(1989, xxii~xxiiii) 참조.

21 스펜서Spencer(1983, 98)와 폭스Fox(1971)도 분절국가 모형에 동의한다.

22 위에 나온 내용을 종합하면 다음과 같다. "아시아적 생산양식은 초기 국면에서 자급자족 경제와 관련된 봉건적 생산양식으로 봐야 한다."(Sharma 2001, 29) 남아시아 아대륙의 크기와 매우 다양한 통치 체제 때문에(Grewal 2005) 역사가들은 서로 다른 여러 유형론 가운데 어느 것을 선택할지 매우 주저한다.(예컨대 Talbot 2001) 최근 들어 인도의 역사가들은 남아시아의 역사적 경험과 관련해서 유럽의(또는 아프리카의) 모형들에 불만을 표시했다.(Habib 1995, Subrahmanyam 1986, 375) 그리고 많은 사람이 남아시아 아대륙 고유의 다양성 때문에 그것을 어떤 하나의 모형으로 고정하는 것은 불가능하다고 예리하게 지적했다. "널리 인정받는" 어떤 "외부의" 모형도 자기가 전문으로 연구하는 지역들의 "고유한 특성"을 지키려는 전문가들로부터 공격받기 일쑤다.(예컨대 Subrahmanyam 2001, 93, 98; Ptak 2001, 402) 그러나 ("수많은 미시적 연구가 이뤄졌다"는 설명과는 별개로) 결과적으로 아무런 이론적 대안을 내놓지 못한 것은 비난받아 마땅하다. 그것이 비록 "필연적인 역사 서술의 무정부 상태"(Chattopadhyaya 2002, 120)까지는 아니라고 하더라도 역사를 일개 사건들의 나열(Bois 1995)로 회귀시키는 것이기 때문이다. 무스비Moosvi가 말한 것처럼 "이론적 틀이 없는 역사는 의미 있는 역사일 수 없다."(2005, 49) 초두리도 "문서보관소의 두더지가 되는 것으로는 충분하지 않다. 두더지는 눈이 멀었기 때문이다"라고 정확하게 상기시켜준다.(1981, 225) 이 시대와 관련된 유용한 데이터의 부족을 감안할 때, 근세 남아시아 통치 체제의 "전형적인" 모형을 제시하기가 어렵다는 것을 인정할 수밖에 없다. 그렇지만 국가 형성과 그것이 장기적으로 사회경제적 발전에 끼친 영향과 관련한 중요한 문제들은 반드시 평가되어야 한다.

23 촐라 왕조의 행정 기구에 대해서는 수브바라야루Subbarayalu(1982, 295~301), 카라시마Karashima(1984), 파라트Palat(1988, 440), 벨루타트Veluthat(1993, 72), 하이츠만Heitzman(1995, 174) 참조.

24 유럽 북부의 저지대 국가들에 대해서는 호펜브로우베르Hoppenbrouwer(2001, 59), 두몰린Dumolyn(2001, 83~84) 참조. 상인과 나중에 교역에 참여하기 시작한 향신의 점차적 융합은 중세 말 영국에서도 일어났다.(Nightingale 2000) 시간이 흐르면서 이런 종류의 "포용"(Collins 1997, 633) 현상은 새로운 "국가귀족"과 함께 "근대적" 국민국가 구축을 위한 바탕을 만들어냈다.(Dumolyn 2006) 그것은 과거 도시국가의 형성과정과 견주어볼 때 해상에서뿐 아니라 육상에서도 명확한 "주권"을 훨씬 더 큰 규모로 창출하고 수립하려는 시도였다. 하지만 남아시아를 통치하는 엘리트들은 그러한 시도를 하지 않았다.(Chakravarti 2004, 315) 그들의 사회 구조가 유럽과 다르게 만들어졌기 때문이라고 그 까닭을 설명하는 사람도 있다. 블록만스Blockmans(1990)는 그러한 사회 구조의 차이가 정치 안정과 밀접한 연관이 있으며 나아가 특정한 국가 형성 과정에 영향을 미쳤다고 주장한다.

25 오자Ojha도 귀족층에 널리 퍼진 국가에 대한 불신에 대해서 말한다.(1993, 137) 동남아시아에서 "대개 지역을 넘어서는 정치체제는 유기적 연대와 지속적인 강제력이 부족했다."(Hagesteijn 1989, 141, 144) 근세 동남아시아의 변덕스러운 국가 형성 과정에 대한 최근 연구와 관련해서는 콜롬바인Colombijn(2003) 참조.

26 신하와 레이Sinha and Ray도 제국의 실패에 대해 다음과 같이 말한다. "제국의 온갖 인도적 특성은 결코 현실이 아니었다. 남아시아 제국은 실제로 이슬람 지사와 힌두 수장이 각 지역을 분할해서 지배하는 느슨한 구조였다. 중앙 정부는 군사적 강제를 통하지 않고는 그들에 대해서 어떤 권위도 휘두를 수 없었다."(1986, 257)

27 "징세권이 있는 분여지(이크타 이스티그랄iqta istighlal)의 광범위한 분배는 본디 일

시적이고 회수될 수 있는 것이었지만 나중에 실제로는 상속 재산으로 바뀌었다. 이것은 자원과 권력이 토지를 기반으로 이뤄졌다는 것을 잘 보여준다."(Risso 1995, 31~32) 예컨대, 피루즈 투글루크 황제는 "자기가 죽은 뒤에 자식에게 이크타를 부여하기" 위해서 귀족층을 회유해야 했다.(Chandra 1997, 120) 이것은 당시 제국의 구조가 어떠했는지를 상징적으로 보여주는 사례다. 제국이 전성기에는 가산제에 가까워지고 힘이 쇠약해지면 봉건제에 가까워진다.(Champakalakshmi 1995, 301) 이와 비슷한 징세권이 있는 분여지를 데칸(여기서는 그것을 모카사mokasa라고 부름)과 무굴제국(여기서는 자기르jagir라고 부름)에서도 발견할 수 있다.(Perlin 1985, 458) 그러나 대개 관직은 세습되었고(Farmer 1977, 438) 그것은 장기적으로 군사적 갈등과 정치적 위기를 초래했다. 이크타의 제도화가 "눈앞의 이익을 위해서 장기적인 [사회경제적] 발전을 희생시키는 결과를 초래했다"고 주장하기도 한다.(Garcin 외 2000a, 196)

28 "제국은 많은 봉토로 나뉘었다. 이크타는 무크티Muqti라는 군인이 지켰다. 중앙을 다스리는 군주가 강력할 때면 지방 정부는 그의 지배를 받았다. 하지만 델리 왕조는 군주가 힘이 없었기 때문에 지방의 수장들이 사실상 통치 주권을 차지했다."(Sinha and Ray 1986, 281)

29 "분여지에 대한 일시적인 징세권을 받은 만사브다르는 앞으로 3~4년 후에 그 권한이 다른 만사브다르에게 넘어갈 거라는 것을 알기 때문에 장래를 위해 자기 분여지에 투자할 까닭이 없다고 생각했다. 오히려 자기에게 부여된 짧은 시간 동안 그 분여지에서 최대의 이익을 짜내는 데만 관심이 있었다. 이런 이유 때문에 자기르다르 제도는 만사브다르의 지방 권력 거점이 성장하는 것을 막는 훌륭한 정치 수단이었음에도 불구하고 농업을 망치고 말았다."(Farmer 외 1977, 439)

30 홀Hall은 촐라 왕조의 교역과 정치에 대한 연구에서 상인들이 정부의 중앙집권화와 증세에 저항하는 데 성공한 것을 크게 주목한다.(1980, 75, 83, 205) 비록 당시 상인

들이 지방의 민병과 무장 용병들을 지배함으로써 (그들의 막대한 재산은 말할 것도 없고) 어느 정도의 자율성과 지방의 정치적 의사결정에 참여할 권한이 있었던 것은 사실이지만(Hall 1980; Ramaswamy 1982, 314) 그렇다고 촐라 왕조에서 상인들의 정치적 중요성을 지나치게 과장하지는 말아야 한다.(Vanaja 1982, 331; Chibber 1998, 15) 하이츠만은 촐라 왕조의 중요한 정치적 인사들이 "농민들의 경작물에 의존하는 여러 계층의 귀족과 지주들로 그들은 왕과 교류하며 국가 기구를 구성하는 사람들"이라고 결론짓는다.(1995, 193) 따라서 치티라멜리chittiramëllis(지연地緣으로 연결된 부유한 상인 집단—옮긴이)라는 집단으로 조직된 지방의 지배 지주들은 자신들에게 부과된 대부분의 세금을 영세 농민이나 소작인, 직인, 상인들에게 떠넘길 수 있었다.(Palat 1988, 89; Chaudhuri 1990, 386)

31 마찬가지로 동아시아에 대해서도 포머란츠Pomeranz(2002, 563)는 게리 해밀턴Gary Hamilton의 미공개 논문을 언급하면서 상인의 시장 지배력 증대 주장은 "논란의 여지가 있다"고 말한다.

32 그레티Glete가 지적한 것처럼 "자본가들을 통제할 수 있다면 자본과 자본주의 안에 본디 아무리 거대한 구조나 복잡한 조직에서도 자본가들을 적대적으로 만드는 요소는 없다."(2000, 199) 중세 서유럽의 도시국가들과 근세 많은 "인도 회사들"이 그런 경우다. 그러나 남아시아의 통치 체제에서는 그러한 예를 찾아볼 수 없다.

33 상인계급이 자본을 축적할 수 있는 가능성은 중국보다 남아시아가 더 컸다는 사실은 (통일된 제국 구조가 아니었기 때문에) 당시 남아시아에서는 중국과 달리 "거대 상인(바이샤)이 농민(수드라)과 직인보다 더 높은 신분"(Jain 1990, 210)이었다는 것에서도 확인할 수 있지만 남아시아에서 "상인계급이 그들의 부 덕분에 그 지역의 정치, 사회, 경제 구조를 지배할 수 있을 정도로 번창하고 강력했으며 학문과 정치에서는 브라만에 견주고 전쟁에서는 크샤트리아에 견줄 만큼 높은 신분을 차지했다"

(Jain 1990, 209)고까지 주장하는 것에는 동의하지 않는다.

34 반 다이크Van Dyke가 주장한 것처럼 "회사의 주주와 정부 관리들은 대개 같은 사람들이었다."(1997, 42) 이러한 정치권력과 경제권력의 융합은 엄청난 부를 보유한 상인들이 전쟁 때 지속적으로 전쟁 자금을 빌려주며 정부를 지배했던 도시국가의 전통에서 유래한다. 이러한 국가 부채는 물론 일반 국민들이 이자와 함께 갚아야 했다.(Spufford 2003, 44)

35 빈 웡Bin Wong은 다음과 같이 설명한다. "동남아시아 국가들이 국가 재정 수입을 위해 상업 확대를 이용한 것은 틀림없지만 어떤 국가도 자국의 상인들이 기존 교역망을 넘어서 상업 활동을 펼치게 하는 경쟁과 확대의 중상주의 논리를 갖춘 곳은 없었다. (…) 우리는 동남아시아에서 이윤과 무력의 결합을 바탕으로 하는 유럽과 같은 확장 열망을 찾아볼 수 없다."(2002, 455) 그러나 바사Basa는 동남아시아가 실질적으로 남아시아의 주변부 지역으로서 초기에 교역에서 부등가교환 관계였다고 주장하기까지 한다.(1998, 408~410)

36 그러나 이러한 자치권을 지나치게 확대해석해서는 안 된다. 서유럽의 "도시국가"는 중앙아시아나 남아시아, 동아시아보다는 동남아시아의 도시들과 닮았다.(Manguin 2000) 그러나 동남아시아에서는 국민국가로의 점차적인 이행이 일어나지 않았고 시민권의 중요성도 명쾌하게 부각되지 않았다. 서유럽에서 도시를 둘러싼 성벽은 군사적 목적뿐 아니라 강력한 상징적 요소였지만 15세기 중반 캘리컷은 요새화된 도시가 아니었다.(Bouchon 1999, 229) 비록 요새화된 다른 도시들도 있었지만 그것이 반드시 도시의 자립을 의미하는 것은 아니었다.(Deloche 2002) 남아라비아 해안 지역, 그리고 홍해와 페르시아 만의 섬들에 많은 준자립적인 토후국이 나타났는데 상업 활동과 해적질이 그들의 중요한 수익원이었다.(Ducatez 2004, 174, 186~187) 이 토후국들이 때로는 자신들보다 더 큰 국가들로부터 어느 정도 자립된 형태를 유지했

지만 서유럽의 도시국가와 같은 특징을 갖추지 못했으며 따라서 더 큰 권력을 휘두를 수 있는 국민국가로 이행하지도 못했다.

37 심지어 베일리는 "인도의 부와 상업 활동은 유럽과 비교할 때 상대적으로 수명이 짧은 것 같다. (…) 인도의 도시들이 시민의 도시였던 것은 맞지만 '자치 도시'는 아니었다"고 인정한다.(2000, 96)

38 귀족층과 국가의 지출 증가는 대개 화폐 수요와 상업의 급격한 증대를 초래했고 따라서 농민들은 세금을 돈으로 지불하기 위해서 생산물을 시장에 팔지 않으면 안 되었다.(Hall 1999, 442) 이와 같은 현상은 근세 세계에서 아주 흔히 일어났다. 그러나 남아시아에서 이러한 화폐 수요와 상업이 급격하게 증대했음도 불구하고 농촌의 임금노동은 유럽에서 오히려 더 널리 퍼졌다.(Rudra 1988, 390, 주석 7번 참조)

39 중세 말 서유럽에서 중상주의적 도시국가의 강력한 힘과 무력한 귀족층에 대한 또 다른 사례는 영국 왕과 피렌체 도시의 군사력 비교에서 볼 수 있다. 영국 왕이 1298년 스코틀랜드에서 전쟁을 벌이기 위해 약 3000명의 기사와 약 2만5000명의 보병을 징병할 수 있었던 데 반해서 상대적으로 매우 작은 도시국가인 피렌체는 1325년 또 다른 도시국가 루카와 싸우기 위해 2000명의 기사와 1만5000명의 보병을 동원할 수 있었다.(Mundy 2000, 254) 이에 비해서 16세기 말 압바스 왕조의 페르시아 군대는 지방군까지 포함해서 "7만 명에서 8만 명에 이르는 군사가 있었으며 그 가운데 4만 명에서 5만 명 정도는 아무 때든 전쟁에 동원할 수 있었다."(Morgan 1988, 135)

40 유럽에서 동업조합의 군사적 중요성은 귀족층에 대한 도시들의 제도화된 권력과 분리될 수 없다.(Wyffels 1951, 144) "1411년 전투가 끝나고 회군 중이던 브뤼주의 민병대가 자신들의 특권을 박탈하는 칼프벨 칙령을 취소하고 곡물세를 폐지하고 시정부를 교체할 때까지 도시로 복귀하기를 거부하자, 선량한 필립 공은 마침내 대법

관과 평의회의 의견을 들어 그들의 요구를 대부분 수용했다. 그는 자신의 군사력이 브뤼주의 민병대에 맞설 만큼 강력하지 못하다는 것을 깨달았다."(Dumolyn 2000, 510)

41 쿡Cook은 11세기 가즈나 왕조의 지배 아래 있던 중세 중앙아시아의 주요 거점 도시 발흐에 대한 설명에서 이것을 잘 보여준다. "가즈나 왕조의 왕이 인도와 싸우느라 멀리 떠나 있는 동안 전형적인 부족국가인 카라한 왕조가 발흐를 빼앗았다. 그러자 곧바로 가즈나 왕조의 왕이 되돌아와서 발흐를 탈환했다. 발흐의 백성들은 이 과정에서 잠자코 있지 않았다. 그들은 엄청난 생명과 재산을 손실을 감수하면서 카라한 왕조의 침입자들에 맞서 강력하게 대항했다. 그런데 가즈나의 왕이 돌아왔을 때 백성들이 그에게 충성한 대가로 받은 것은 무엇이었나? 가즈나의 왕이 한 것은 백성들에게 자기 직분을 지키는 것이 얼마나 중요한지 훈계하는 것이었다. 왕이 백성들에게 훈계한 전쟁은 왕을 위한 것이지 백성을 위한 것이 아니다. 백성들은 왕의 권력 유지를 위해 무조건 세금을 내야 했다. 발흐의 명망가들은 자신들의 잘못된 행동을 왕에게 사과하고 다시는 그런 일을 되풀이하지 않겠다고 맹세했다. 나는 물론 가즈나 왕조의 왕이 이슬람 국가의 지배자들 전체를 대변했다고 생각하지 않는다."(1988, 134) 발흐가 비록 남아시아에 속하진 않았지만 델리 왕조는 사산 왕조와 가즈나 왕조 양쪽 전통의 "지워지지 않는 흔적을 간직했다"(Nizami 1985, 142~157; Nizami 2002, 98~109) 이것은 쿡의 주장이 타당하다는 것을 보여준다.(Kumar 2005, 261 참조) 사베르왈Saberwal이 주장한 것처럼 "인도 상인들은 공공연하게 스스로 정부 기구들의 운영에 참여할 생각이 없었다. (…) 상인들은 아주 작은 규모에서도 협력하기가 어려웠다. 실제로 도시의 자치 정부와 같은 것을 구성하려는 노력은 거의 없었다."(1995, 29)

42 남아시아의 어떤 상인 도시들은 보호를 받았고(예컨대 에리베라파티나) 또 어떤 행상인 공동체는 용병집단과 연결되어 있었지만(예컨대 촐라 왕조처럼) 제국의 군대를 거대한 교역 거점에 주둔시키는 것은 보기 드문 일이었다.(Champakalakshmi 1995,

289, 292)

43 내륙 깊숙한 곳까지의 정복은 (그리고 이어지는 생산지의 대규모 변형은) 엄청난 자원을 소모해야 했기 때문에 남아시아 해안 지역을 넘어 내륙까지 실질적인 지배는(Murphey 1996, 195) 18세기 말 영국이 남아시아 아대륙을 통치할 때까지는 이뤄지지 않았다.(Arasaratnam 1995) 아라사라트남은 실론에 대해서 "네덜란드인들이 싱할리/타밀족 사회의 상부구조에 접목된 외세로서 등장해서 새로운 왕조로 집권했다"고 설명한다.(1971, 70) 그럼에도 불구하고 네덜란드인들이 인도양의 섬들을 비롯해서 여러 지역에서 주도권을 잡을 수 있었던 것은 해상교역을 하는 상인들에 대한 국가의 막대한 지원 덕분이라는 사실을 놓치지 말아야 한다.(Barendse 2002) 남아시아 상인들에 대한 그 같은 국가 지원은 거의 기대할 수 없었다.(D'Souza 2002, 25)

44 인도양 지역은 그 명성에도 불구하고 자본주의적 세계-경제가 아니었다.(Pearson 1988, 61) 남아시아가 지리적으로나 사회경제적으로 인도양 지역의 중심이었지만 (일부는 계절풍의 영향 덕분에) 그곳 상인들은 자신들이 교역하는 지역을 주변화하지 않았다.

45 "산업혁명이 이전 역사와 어느 정도 단절되는지"에 대한 끊임없는 논쟁은(Pomeranz 2002, 551) 매우 중요한 사안이다. 그러나 산업혁명을 단순히 한 국가의 역사가 일대 전환을 맞는 분수령이며 근대로 전환되는 기점으로 보고 그것이 그 밖의 지역에서도 재현될 수 있는지에만 주목하다보니 경제 권력과 그것의 정치적 배치에 뿌리를 둔 기술 혁신의 전제 조건은 오랫동안 무시되어온 것이 사실이다.

46 역사가들은 대개 세계사뿐 아니라 사회학적 모형과 비교 연구는 "이매뉴얼 월러스틴, 자넷 아부-루고드, 잭 골드스톤, 안드레 군더 프랑크 같은 팔방미인 전문가들"(Subrahmanyam 1994b, 133)의 쓸모없는 짓거리라고 한탄한다.

47 이것은 결국 "그들의 해상 경제가 [아시아를] 점점 탈산업화로 이끌 수밖에 없게

그들을 강제하는" 결과를 초래했다.(Perlin 1983, 90) 식민지 벵골 지역의 소금 산업이 탈산업화한 사례에 대해서는 레이(2001) 참조.

48 이것은 새로운 정책이 아니었다. 13세기 초 동지중해 지역에서 이베리아 반도의 세력들은 노예화의 위협을 통해서 지속적으로 보호비용을 받고 세금을 거뒀다. 이슬람 공동체들에게 노예로 잡히거나 추방당하는 것을 막아준다는 구실로 보상을 요구하는 것은("토지에 남을 권리" 비용) 일반적인 전략이었다.(Fernández-Armesto 1987, 22) 그것은 때때로 노예를 팔아서 생기는 수입만큼이나 많은 재정 수입을 제공했다.

49 폭력은 포르투갈만의 고유한 전략이 아니었다. 또한 16세기에만 한정된 전략도 아니었다. 1182년 프랑스 귀족 르노 드 샤티용은 아카바 만에 있는 그의 영지 에일라트에서 7척의 갤리선을 건조하라고 명했다. 이 기지에서 건조된 그의 선박들은 향신료를 싣고 남아시아를 오가는 항로를 지배하기 위해서 홍해와 아라비아 해안, 그리고 저 멀리 아덴까지 진출해서 무역선을 급습했다. 그러나 1187년, 살라딘이 라틴 왕국을 멸망시키면서 유럽인들의 인도양을 관통하는 이러한 초기 시도들은 끝났다.(Mollat 1964, 249~250) 하지만 이것들은 앞으로 일어날 사건들의 전조임이 분명했다.

50 물론 남아시아 국가들의 귀족층은 유럽 상인들을 인질로 잡거나 내륙에서 생산된 상품들을 항구도시에 공급하지 않는다고 위협함으로써 앙갚음을 할 수도 있었다. 그러나 애버네시Abernethy가 지적한 것처럼 "실제로 공해상에서의 명백한 지배는 육지에서도 마찬가지로 이점을 제공했다. 유럽인들은 자신들에게 적대적인 장소를 피해서 저항이 약하거나 없는 곳들을 침략 장소로 고를 수 있었다."(2000, 179) 유럽 회사들이 무력 사용을 통해 자신들의 보호비용을 자체적으로 해결한 것 말고도 사람들이 대개 무시하고 넘어가지만 아시아 상인들에게 근본적으로 불리했던 점은 유럽 회사들이 "아시아 전체(와 유럽) 상황에 대한 정보를 수집하고 조사해서 암

스테르담과 타이완, 페르시아의 시장 조건들을 서로 비교할 수 있었다"는 사실이었다.(van Santen 1991, 93)

51 보르사Borsa는 "무굴 제국의 재정 수입의 5퍼센트도 안 되는 금액이 관세에서 나왔는데 주요 항구들이 있었던 구자라트에서도 관세 수입은 6퍼센트에 불과했다"고 주장한다.(1990, 11) "인도에서 부의 주원천은 농업과 비옥한 토양이었다."(Sinha and Ray 1986, 283) 델리 왕조에서는 또한 농업을 "모든 부의 근원"이라고 생각했다.(Yadav 1974, 24) 남아시아 남부에서 "농업 생산에 인력을 동원하는 것은 [엘리트 계층의] 주 관심 대상이었다. (…) 직인과 상인의 활동에서 창출된 부는 필요조건이기는 하지만 충분조건은 아니었다."(Heltzman 1997, 235) 무역은 "[남아시아의] 경제와 사회에서 상대적으로 별로 중요하지 않았기" 때문이다. 팔라트Palat 외 여러 학자의 주장에 따르면(1986, 173) 남아시아에서는 "도시가 존재할 여건을 마련했을 법한 농업 잉여생산물의 막대한 수탈"이 있었다. 지역에 따라 다르지만 농업 산출물의 4분의 1에서 3분의 1일 국가 재정으로 공출되었다. 리소Risso에 따르면, "북인도 델리 왕조의 가장 큰 재정 수입원은 농업 생산과 과세인데 그런 자족성은 원거리 해상교역의 필요성을 완화시켰다."(1995, 42) 심지어 스틴스고르Steensgaard는 적어도 16세기까지 "원거리 교역은 인도양 주변의 경제와 제국에서 별로 중요하지 않았다"고 주장했다.(1987, 129) 하지만 그것은 좀 과장된 말이다. 그것보다는 "해상교역은 농업에서 징수하는 세금을 보충할 유익한 재원이 되었다"고 말하는 편이 더 옳다.(McPherson 1993, 152) 물론 이러한 상황은 남아시아보다는 동남아시아에 훨씬 더 맞았다.(Hall 2001 참조)

52 13세기 "아크레 도시 한 곳의 재정 수입이 영국 왕실의 재정 수입과 비슷했다."(Pryor 1988, 123) 또한 베네치아 같은 도시국가에서 교역은 매우 중요한 요소였다. "베네치아인들의 식량과 부, 심지어 베네치아가 독립 국가로 존재하는 것 자체가 동양과의 교역에 의존했다."(Robert 1970, 147) 이러한 주장은 이미 14세기 초에—그보다 앞

서지는 않지만—평균적으로 모든 세수의 70~80퍼센트가 교역과 수입에 대한 간접세 징수에서 발생한 대다수의 서양 도시에 적용된다.(Herlihy 1964; Boone 1989, 113; Menjot and Sánchez Martinez 1999) 15세기 초 수십 년 동안 퀼른과 마인츠, 트레브의 독일 제후들과 팔라틴의 백작들은 총수입의 약 60퍼센트를 교역 통행세로 거둬들였다.(Pfeiffer 2002, 742) 아불라피아Abulafia는(1994, 23) 1302년에 이미 교역에서 징수한 세금이 "왕이 알기로 카탈로니아에서 거둔 수입의 절반"을 차지하고 있었다고 지적한다. 이것은 아시아의 쌀 중심의 농경문화와 큰 차이를 보여준다.(Palat 1995) 비록 홉슨이 아시아에서도 화폐로 과세하는 경우가 점점 늘어났다고 정확하게 지적했지만(2004, 54) 이러한 매우 중요한 차이점은 간과했다. 팔라트와 월러스틴은 다음과 같이 분명하게 말한다. "근세 유럽이 역사적으로 정치권력과 상업 기업가가 상징적으로 서로 동맹을 맺었던 것과 비교할 때, 중세 말 남아시아의 건국자들은 스스로 강압적인 권력을 유지하기 위해 필요한 재원을 대규모 농업 잉여생산물에서 얻을 수 있었던 덕분에 유럽처럼 상인-금융가들의 도움을 받을 이유가 별로 없었다."(1999, 39~40)

53 불행히도 자본주의가 서양 사회의 합리적, 민주적 제도의 성장으로 그 내부에서 등장했다는 주장 또한 널리 퍼진 이야기지만 서구의 사회과학자들은 거기서 국민국가에 의한 것이든(예컨대 Baechler 1995, 258) 혹은 중세 도시국가에 의한 것이든(예컨대 Chirot 1985) 식민주의의 영향을 완벽하게 무시한다.

54 따라서 우리는 "이슬람 국가"가 비록 유럽 국가들과 달리 의도적으로 오랫동안 교역을 장려하지 않았지만 본디 "철저하게 약탈적" 성격이었다는 홀의 주장(1987, 159, 164)에 동의하지 않을 수도 있다.

55 그러나 항구와 다른 영토에서 얻은 제국의 경제적 이익은 제한되어 있었으며 더군다나 "전통적인 제국 구조인 중심부-주변부 모델"에는 더욱 적합하지 않은 것처럼 보인다.(Sinopoli and Morrison 1995, 85)

56 라마스와미는 유럽 중심주의자도 아니며 유럽의 침략을 받기 이전의 남아시아의 직인의 생산성과 상업화에 대해서 비관적이지도 않지만 "[비자야나가르의 동업조합이] 유럽의 동업조합과 달리 가격이나 생산품을 표준화하려고 하지 않았다"(1985a, 426)는 사실은 인정한다. 남아시아의 어떤 상인 집단들은 다양한 동업조합과 협회를 결성하기도 하고 때로는 상당한 자치권도 있었지만(Jacq-Hergoualc'h 외 1998, 279~280) 유럽의 도시국가 상인들의 권력과는 차이가 컸다. 오늘날 학계의 지배적 주장인 자유방임적 역사관(Chaudhuri 1981, 238; Alavi 1982), 즉 유럽이 자유방임 정책 덕분에 발전할 수 있었다는 주장(Steensgaard 1981, 253)의 신화와 근대 이전 봉건제의 농업적 폭력을 평화로운 교역이 번성한 근대의 상업화된 도시 시장과 같이 놓고 설명하는 오류(Maire Vigueur 2003, 112~113)를 밝히기 위해서는 유럽 상인들이 희소한 자원과 교역로에 대한 독점적인 권력을 획득하고 유지하는 데 성공했다는 사실을 인식하는 것이 반드시 필요하다.

57 500 아야욜Ayyayole 500이나 타밀족의 티스아이 아이라투 아인누르바르Tis'ai Ayirattu Ainnurruvar는 여러 차례 언급된 가장 널리 알려진 사례들이다.(예컨대 Abraham 1988, 41~71; Krishna 2000, 92~93; Karashima 2002)

58 무굴 제국의 지배 아래 있었던 남아시아 아대륙 대부분 지역이 똑같은 상황이었다고 말할 수 있다. 와시브룩Washbrook은 다음과 같이 결론짓는다. "무굴 국가는 약한 가산적 관료제 국가였다. 그것은 상인 자본과 국가 권력의 지속적인 연결 고리를 위태롭게 만들었다. 또한 궁극적으로 국가는 상인계급 **자체**보다는 국가 자신과 귀족층을 배부르게 하는 데 더 주력했다. 상인과 은행가는 (…) 언제나 위험을 감수해야 했고 상인 개인의 재산을 제도적으로 보장받거나 후손에게 물려주기가 어려웠던 것으로 보인다."(1997, 429)

59 상업의 확대 대 농업의 확대라는 이러한 구분은 또한 포르투갈과 오스만제국의

해상 전투에 대한 생각 차이로 나타난다. "포르투갈이 해상교역에 전력을 다하기 위해 귀족 전사의 전통을 거부하고 동양에서 제국 해군의 확대를 꾀한 반면 오스만 제국은 새로 획득한 농업과 상업 경제에서 세수를 얻기 위해 영토 정복을 추구했다. 오스만 제국의 경제적 목적은 대개 농업에 있었고 (…) 포르투갈의 이해관계는 주로 상업에 있었다[는 것을 반영하고 있다]."(Hess 1970, 1916)

60 마자르족은 독일과 프랑스, 심지어 이탈리아까지 그 지역의 대부분을 점령했지만 몽골족은 1241년 비엔나의 외곽 지역 너머까지 공세를 진전시키지 못했다. 마르크 블로흐가 지적한 것처럼(1966) 10세기 이후 반복되는 유목민들의 침입에 대한 서유럽의 상대적 면역성은 어쩌면 이후의 서유럽의 사회경제적 발달에 중요한 역할을 했는지도 모른다.

61 군사 침략을 통해 얻은 약탈과 전리품은 촐라 왕조(예컨대 Shanmugam 1987, 59)나 동남아시아의 참파 왕조(Hall 1992, 252~260) 같은 제국 체제의 추가적 재원으로서 그 중요성이 널리 받아들여지고 있다. 그러나 그것이 그들 왕조의 중앙집권적 정치력이 약했다는 것을 의미하는 것은 아니며(예컨대 Spencer 1983, 6) 또한 약탈과 공납이 토지에 징수하는 세금보다 국가 재정에 더 중요한 역할을 했음을 말하는 것도 아니다.(Shanmugam 1987, 145) 그럼에도 불구하고 키이Keay는 제국의 시혜적 지배에 내재된 "눈에 띄는 관용"이 "결국에는 엄청난 재정 수입 때문이었으며 따라서 약탈적 전쟁을 통해 풍부한 전리품을 확보하는 것은 불가피"했다고 주장한다.(2000, 220)

62 쇼쿠히와 쇼쿠히Shokoohy and Shokoohy는 이븐 투글루크의 "혼란스런 행정 처리 능력 부족과 군 지휘관들에 대한 부당한 처우 때문에 제국 대부분 주의 총독들이 스스로 독립된 술탄임을 선언하고 반란을 일으켰다"고 지적한다.(2004, 317)

63 처음에 로디 왕조는 자운푸르를 군사적으로 점령하고 펀자브와 갠지스 강 유역을 지배하면서 술탄의 영토를 늘려 나갈 수 있었다.

64 초두리(1990, 270)도 참조.

65 그렇다고 남아시아에서 "노예들이 경제적 사업에 배타적으로 쓰였다거나 당시의 경제생활이 노예들에게 의존했다"(Gopal 1965, 78)고 말하는 것은 아니다. 유럽이나 남아시아나 임노동을 하는 농업 노동자와 도시 거주자가 모두 존재했으며 남아시아에서 노예 노동은 주로 국내에서 활용되었기 때문이다.(Chandra 1997, 171~172) 그럼에도 13세기 남아시아의 노예 노동은 유럽에서보다 훨씬 더 널리 퍼져 있었고 계속해서 확대되었다.(Lal 1994) 이것은 또한 당시에 군대에 노예가 많이 있었고(Kumar 2005, 250~251) 그 지역에서 노예무역이 활발하게 진행되고 있었다는 사실(Levi 2002, 282~283)에서도 확인할 수 있다.

66 데이비스Davis는(1997, 72~74) 찰루키아 왕조와 촐라 왕조의 "보편적 주권"에 대한 비문과 조각상을 분석하면서 그들이 제국을 건설하려고 하는 **의도**가 있었음을 분명하게 밝힌다.

67 조셉 플레처Joseph Fletcher의(1986) "족장후계자 선정제도" 참조.

68 "유라시아 유목민족의 전형적 정치 구조에 따르면 국가는 지배계급의 집단적 소유물로 생각되었다."(Golden 1992, 288)

69 흥미롭게도 파루키Faruqui는(2005, 510) 이것을 "가족이나 씨족 또는 부족집단이 지배 군주에 대해서 상당한 정치적 자유를 누릴 수 있었던 중앙아시아의 전통적인 정치" 유산이라고 해석한다. 칸Khan(2001, 19~26)과 최근 들어 발라반리랄Balabanlilar(2007, 10~11)도 티무르 국가체제의 주권과 정통성 인정을 둘러싼 불확실성과 남아시아가 그러한 유산을 물려받은 것에 대해서 논의한다. 이러한 "왕위 승계를 규정하는 엄격한 규칙 부재"는 동남아시아의 여러 국가 체제에서도 나타났다.(Hagesteijn 1989, 112)

70 고팔Gopal(1965, 255)은 전쟁 때 완전히 약탈당한 남아시아 도시들의 사례를 다양하게 제시한다. 13세기와 14세기에 걸쳐 군사적 분쟁이 엄청나게 늘어난 것에 대해서

는 참파칼라크시미Champakalakshmi(1987, 101~103) 참조.

71 카푸르Kapur(2002)는 라자스탄의 메와르 지역처럼 남아시아 국가들의 상속과 왕위 계승 분쟁이 초래한 다양한 압력의 또 다른 사례를 들면서 구힐라 라자푸트(인도의 전사 계급—옮긴이)의 다양한 친족의 야망이 14세기 초 그들의 근세 "국가 체제"를 일시적으로 델리 왕조로 편입하게 만든 중요한 요인이었다고 생각한다. 1470년 이후 카슈미르가 무굴제국으로 쉽게 편입된 것도 어느 정도 이런 요인 때문이었다.(Hangloo 2000)

72 이러한 상황 전개는 헝가리(D'Eszlary 1963, 507)와 폴란드(Samsonowicz 1988, 181~182)의 도시 부르주아의 약화와 대조적이다. 그 두 곳에서는 실제로 귀족층의 세력이 증대했다.

73 마르크 분Marc Boone의 연구는(2002) 서서히 더 큰 영토로 편입된 다양한 도시국가의 지배층에게 공채 발행이 얼마나 중요했는지를 보여주는 사례를 제시한다. 그들은 군주와 동맹 관계를 맺었다. 트레이시Tracy(1985)와 같은 학자들이 "최초의 부르주아 국가"라고 부르던 근세의 네덜란드 국가에서 주목했던 "재정 혁명"은 그보다 앞선 시기에 도시국가들의 상황과 비교되어야 한다.(Boone 2002, 340~341; 베네치아 사례는 Hocquet 2005 참조) 또 한 가지, 유럽의 "중세" 도시국가들과 네덜란드는 제도적으로 매우 유사한데 이것은 상인 권력이 계속해서 이어졌다는 것을 보여주는 증거다.(Blockmans 1973, 26)

74 게다가 와시브룩(1988, 76)이 언급한 것처럼 "식민지주의는 남아시아 역사 자체가 낳은 당연한 결론이었다"는 사실에도 어느 정도 주목해야 한다.

75 랄Lal은 스미스적 성장과 프로메테우스적 성장, 두 가지 형태의 성장이 있다고 주장하면서 크론의 주장을 부연 설명한다. "스미스적 성장은 지금까지 다양한 자원이 있는 분산된 경제 지역을 교역과 투자의 메커니즘을 통해서 보다 긴밀하고 통합된

경제 공간으로 연결시킨 제국의 탄생으로 생겨난다.(예컨대 굽타 왕조의 평화, 송나라의 평화, 도쿠가와 시대의 평화.) (…) 이것들은 모두 집약적 지역 성장을 이끌고 광범위한 경제 기적을 이룩했다. 그러나 농업경제에서 이러한 집약적 성장 형태는 근본적으로 한계가 있다. 농업경제는 토지라는 고정된 요소에 의존할 수밖에 없으므로 결국에는 수확 체감의 상태에 도달하기 때문이다. 산업혁명은 그러한 생산요소를 무한정인 것처럼 보이는 화석연료를 기반으로 하는 광물에너지로 대체함으로써 집약적 성장의 제약 요소를 제거했다. 이러한 프로메테우스적 성장은 무한 성장을 전망하며 당연히 근대적 성장의 주요 특징이기도 하다."(1999, 211) 나는 월러스틴이 한 것처럼(1989) 산업혁명의 중요성을 크게 축소하고 싶은 마음은 없다. 하지만 산업혁명이 프로메테우스적 성장을 되풀이하게 만든 주요 사건이 아니라 오히려 (중심부에서) 근대적 경제 성장의 결과로 산업혁명이 일어났다고 해석해야 한다는 그의 지적—노스와 토머스North and Thomas(1973)의 주장과 어느 정도 일치하는—은 타당하다. 리글리Wrigley는 "산업화 이전의 경제 성장은 본질적으로 산업 경제의 경제 성장을 정의하는 특징인 기하급수적 성장이라는 에스컬레이터에 올라탄 형태라기보다는 하나의 안정된 상태에서 또 다른 안정된 상태로 이동하는 것에 가까웠다"(1979, 302)고 지적함으로써 그 문제를 더욱 명확하게 했다. 따라서 산업혁명은 서양이 1800년 이후로 경제 성장을 더욱 급속하고 집약적으로 이룩할 수 있게 했다. 그것은 결국 중심부와 주변부의 격차를 더욱 확대시키는 결과를 낳았다.(이매뉴얼 월러스틴과 존 힉스, 셀소 푸르타도 등의 논쟁은 Guarducci 1983, 695~746; Prak 2001 소론 참조.)

76 나는 베자드Beaujard(2005, 453)가 압바스 왕조, 9세기 남인도, 12세기 이집트의 아이유브 왕조, 15세기 벵골과 구자라트의 이슬람 왕조에서 "자본주의가 생산과 상업 영역을 **지배**하게 되었다(강조는 저자)"고 주장하는 것에 전혀 동의하지 않는다. 파

루키(1991, 120)도 비슷한 말을 하는데 1296년부터 술탄의 새로운 경제 정책이 자본주의 시대의 시작을 알린다고 주장한다. **자본가들**이 여러 시대에 걸쳐 이 모든 곳에 존재했다는 것은 의심할 여지 없는 사실이지만 이것이 자본주의 **체제**와 동일하다는 것을 의미하지는 않는다. 따라서 상업**자본주의**라는 말을 남아시아를 배경으로 쓰는 것은(예컨대 Mukund 1999) 부적절하다.

77 예를 들면, 방로Van Leur(1955). 이것은 팔라트(1991, 27; 1995, 66)의 주장에 여전히 내재해 있다.

78 또한 홉슨(2004, 70)은 다음과 같이 주장하면서 동아시아에 기괴한 "본질주의적" 특징들을 부여했다. "사실 중국이 마음만 먹었다면 세계 많은 지역에 대해서 제국주의로 지배할 수 있었을 것이다. 왜 그들은 그렇게 하지 않았을까? 물질적 능력이 부족해서 그런 것은 아니라는 게 지금은 명백해졌다. 그들의 **고유한 정체성**의 결과로 제국주의를 **채택**하지 않기로 했기 때문이다."(첫 번째 강조는 인용자)

4장 서유럽과 북아프리카의 정치경제 비교

1 이런 시대 구분은 논란이 많지만(예컨대 Thornton 1998) 여기서는 이 책의 목적과 맞지 않으므로 논외로 한다.

2 북아프리카 국가들도 어떤 면에서는 유럽 국가들과 마찬가지로 똑같은 문제에 직면했다. 예를 들면, 여러 문헌에 기술된 이슬람의 고리대 금지가 그런 것이다.(예컨대 Taliqani 1983, 105~112) 그러나 이러한 금지가 경제 성장이나 자본주의적 특성의 발전에 장애물로 작용한 것으로 보이지는 않는다.(Udovitch 1970, 61) 유럽에서처럼 북아프리카의 종교지도자와 신학자들은 한편으로는 고리대 금지를 선포했지만 실제로 일상의 상업 활동은 그것과 매우 달랐다.(Thiry 1995, 469)

3 오늘날의 튀니지를 말한다.

4 11세기부터 무라비트 왕조의 군사 위협은 그 지역의 엘리트층에 이슬람교를 확산시키는 데 기여했는데 그러면서 때로는 경제적, 정치적 요소의 전파도 무시할 수 없을 정도였다.(Paulme 1957, 562~563) 트리밍엄Trimingham에 따르면(1962, 26, 31) '흑인들의 땅Bilad al-Sudan'에서는 상인들이 먼저 이슬람교로 개종했고 이어서 무력으로 강제 전파되기 시작했다.

5 모로코는 14세기에 "서양 상인들을 위한 곡물 창고 구실을 했다."(Abulafia 1994, 12) 중세 모로코와 수단 지역의 교역에 대한 전반적인 개요는 자크-무니에Jacques-Meunié(1982)와 데비세Devisse(1972) 참조. 이드리스 왕조의 농업 정치경제에서 무라비트 왕조, 무와히드 왕조, 마린 왕조의 원거리교역에서 발생하는 재정 수입에 의존하는 국가로의 이행을 설명하는 모형과 관련해서는 분, 마이어스, 레드먼Boone, Myers and Redman(1990) 참조.

6 은은 아프리카 사하라 사막 이남 지역에서는 매우 희귀했다.(Mauny 1961, 348) 그러나

마그레브, 특히 모로코에서는 상대적으로 풍부했다.(Rosenberger 1970) 지중해 지역과 사하라 사막 이남의 서아프리카 지역은 금-은 교역이 활발했기 때문이다.(Lopez 1952; Mauny 1961, 371; Watson 1967)

7 자코티Jacotey에 따르면(1998, 295) 해마다 약 1만2000명의 대상이 마그레브와 니제르 사이를 오갔다. 일부 대상은 1만2000마리의 낙타를 이끌고 왕래하기도 했다.(Thiry 1995, 462)

8 레브시온Levtzion에 따르면 "콜라나무 열매는 단연 서아프리카에서 가장 많이 거래되는 열매였다."(1961, 366)

9 14세기와 15세기 초에 스페인, 시칠리아, 이탈리아 기독교인들은 트리폴리 시장에서 노예를 사서 하인이나 농업 노동자로 부렸다.(Malowist 1966b, 69; Devisse 1996, 865; Abulafia 1987, 469)

10 더 최근의 해석은 오스틴(1992) 참조. 모니Mauny(1961, 379)는 중세 말에 100년마다 사하라 사막을 횡단한 노예는 200만 명에 이른다고 추산했지만 나중에(1970, 240~241) 7세기에서 19세기 사이에 1400만 명의 노예가 팔려나갔다고 수정했다. 이 수치들에 대해서는 아직도 논란이 계속되고 있다.(예컨대 Malowist 1966b, 60; Thiry 1995, 511~512; Wright 2007)

11 대체로 아랍인들의 흑인에 대한 견해는 부정적이어서 흑인을 사고팔 수 있는 야생동물에 비유한 반면 흑인들이 살던 지역은 금이 가득한 신비스런 지역으로 생각했다. 따라서 숙련된 교역 상인들은 부자가 될 수 있다고 믿었다.(Diop 1998)

12 14세기에 카넴과 타케다에서는 구리를 화폐로 사용했으며(Levtzion 1973, 120) 직물 조각을 화폐로 사용하는 경우도 종종 있었다.

13 "아프리카인들은 부와 권력의 크기를 토지 면적이 아니라 사람 수로 가늠했다. 즉, 권력자는 토지를 소유한 자가 아니라 인간을 소유한 자였다. 노예 노동을 통해

서 부를 이룰 수 있었기" 때문이다.(Hopkins 1973, 26~27)

14 수단 지역의 국가들에서 "노예 노동은 국가가 관리하는 것과는 별도로 도시, 광산, 북부의 교역 오아시스에서 매우 중요한 요소였다. 교역 상인들과 성직자, 관리들이 자신들의 맡은 바 직분을 자유롭게 추구할 수 있게 하고 교역 상품들을 지속적으로 제공할 수 있게 하는 원동력이었다."(Moseley 1992, 530) 맥두걸McDougall(1983, 279)도 사하라 사막 이남 지역에서 "경제적 발전의 가능성은 노예 노동력의 구매를 통해서 일어났다"고 결론짓는다. 사하라 사막의 타가자, 타우데니, 이질 소금 광산은 아이르 근처에 있는 타케다광산처럼 모두 노예들을 써서 운영되었다.(Mjouetan 1995, 176) 물론 광부들 가운데는 자유농민들도 상당수 있었다.(Blanchard 2006) 그러나 마그레브에서는 도시와 농촌 시장 어디서도 강제 노동보다는 임금 노동이 더 일반적이었던 것으로 보인다.(Mjouetan 1995, 37; Shatzmiller 1997, 179) 맘루크 왕조 때의 카이로도 임금 노동의 역할은 그 중요성이 점점 커지고 있던 서유럽과 비교할 때 상대적으로 한정되어 있었다.(Sabra 2000, 177)

15 울드 샤이크Ould Cheikh는 사헬 왕조 시기의 수단 지역 국가들에 대한 모하메드 B. 알리 알-람투니의 분석 결과를 토대로 "자유민까지 노예로 만들 수 있을 정도로 전반적으로 자의적이고 부패한 모습이 이 사회의 권력의 특징인 것 같다"고 주장한다.(1991, 26)

16 티모우스키Tymowski(1994, 32)는 팀북투의 인구가 약 3만5000명이었다고 주장한다. 가오의 인구는 그것보다 약간 더 많았고 제네의 인구는 그것보다 적었다.(1만5000~2만 명)

17 중동 지역에서도 950년에서 1150년 사이에 상인 부르주아가 자치권을 행사하기 위한 제도적 공간을 마련하려고 했지만 결국에는 실패했다.(Ashtor 1956, 1975) 그러나 서유럽에서는 "농촌의 봉건적 구조와 다른 과두정치체제가 도시 사회의 조직과 행

정을 지배하게 되었다."(Milis 1989, 66)

18 알-바크리al-Bakri에 따르면 아우다고스트의 시장은 상대적으로 고립되어 있었음에도 불구하고 상품이 가득했다. 곡물, 과일, 건포도가 주로 수입되었다.(Coquery 1965, 50)

19 왕조 내부의 분란은 세계 어느 곳에서든 일어났지만 티모우스키(1994, 27)에 따르면 수단 지역의 국가들이 유럽 국가들보다 더 분란이 심했다. 일부다처제 때문에 왕위 계승을 주장하는 후손이 너무 많다보니 "세대를 이어서 지속적인 권력 균열" 현상이 일어났다.(Brett & Fentress 2002, 75)

20 브룬슈비그Brunschvig(1947, 154~170); 모니(1961, 400, 429~437) 참조. 시질마사의 사례에 대해서는 자크-무니에(1982, 366) 참조. 유목민과 국가 체제 사이의 모호한 관계는 심층 연구해야 할 주제지만 골뱅Golvin이 중세 마그레브에 대한 연구에서 한 것처럼 "유목민" 문명을 파괴하거나 어떤 종류의 발전도 저해하는 1차원적 동물로 경멸하는 함정에 빠지지 않도록 주의해야 한다. "실제로 유목민은 순간의 이해관계 말고는 국가와 관련이 없다. 그들은 낙타 몇 마리로 물을 나를 수 있는 보잘것없는 이동식 집 말고는 재산이라는 것을 알지 못한다. 그들은 다른 사람의 재산을 존중할 줄 모른다. 이것은 손에 잡히는 대로 무조건 탈취하는 무정부적이고 일종의 끊임없는 소요 상태다. 그들에게 미래는 중요하지 않다. 그들은 약탈로 먹고사는데 우연히 마주친 것도 필요하면 모두 그들의 것이 된다."(1957, 141) 테라세Terrasse(1969, 7~8)와 더 최근에 드 프라놀de Planhol(2000, 158~159)도 어느 정도 비슷한 주장을 폈다. 브레트는 북아프리카의 유목민들이 "번창하고 강력한 정부가 있는 환경에서는 다른 지역과 대체로 협력 관계를 맺기도 했지만 쇠퇴할 경우에는 이전의 수입을 보전하기 위해서 폭력에 의존했다"(1969, 351)고 훨씬 더 설득력 있게 설명한다. 그럼에도 사하라 사막 지역과 마그레브, 심지어 어느 정도는 맘루크 왕조의 이집트까지 부족들 사이에 야기

된 정치적, 사회경제적 불안정은 자본주의가 왜 거기서 발전하지 못했는지를 설명해주는 중요한 요소로 볼 수 있다.(Garcin 1988, 108)

21 모니(1961, 479)는 사하라 사막 횡단 교역이 사하라 남부 도시들의 탄생과 몰락을 모두 이끌었다고 주장했다. 또한 사아드Saad는 "비록 팀북투는 남부의 비옥한 니제르 강 삼각주의 덕을 많이 보았지만, 초기에 사하라 사막지대의 상업의 영향과 나중에 사하라 사막 횡단 교역의 영향을 받지 않았다면 아직도 경제적으로 낙후된 상태로 남아 있었을지도 모른다"고 강조한다.(1983, 28)

22 팀북투는 1338년 모시족의 침입을 견뎌내지 못하고 약탈당했다.(Davidson 1998, 60) 이것은 수단 지역의 도시들이 방어 시설을 구축했음에도(예컨대 제네의 성벽) 군사적으로 얼마나 취약했는지를 잘 보여줬다. 북아프리카에서 케타마나 시질마사 같은 도시는 당시에 주요 "요새"로 생각되었지만(Gourdin 1996, 26~27; Kea 2004) 아그마트와 엔피스 같은 일부 주요 도시 거주지들은 방어 시설조차 없었다.(Ennahid 2001, 108) 망트랑Mantran과 드라롱시에르de la Roncière는 팀북투를 말리 제국에 있는 자치적인 도시 주거지가 아니라 거대한 상업 중심지로 묘사한다. 그들은 그곳을 "사방에서 물품들이 쏟아져 나오고 노예들이 다음 목적지로 떠나기 전에 대기하고 있는 곳, 대상들이 머무는 거대한 상설 숙박업소"라고 말했다.(1986, 387) 엔나히드Ennahid에 따르면, 북서아프리카의 부족들 사이에 "왕조 간의 전쟁과 함께 거듭되는 정치적 혼란 속에서 살아남은 도시 거주지는 거의 없었다."(2001, 122) 이드리스 왕조 이후에 몇몇 자치적이고 군사적으로 자족적인 도시는 지배층을 위협했을 수도 있지만 결국에는 멸망하고 말았다.(Boone, Myers and Redman 1990, 636)

23 이것은 반대로 북아프리카의 국가 구조가 상대적으로 매우 취약했으며 장기적으로는 중앙집권의 국민국가를 세울 능력이 없었음을 보여준다.(Lacoste 1984, 91, 126~128; Roberts 1987, 9) 모주에탕Mojuetan(1995, 10)은 "지역 고유의 불화"를 중세 마그레

브의 부족 관계에서 찾는다.

24 특히 니제르 강(Tymowski 1967)과 세네갈 강과 같은 큰 강에서는 카누를 이용해서 (어떤 카누는 사람을 100명이나 실어 나를 수 있었다) 수상교통으로 일부 상업 활동을 했다.(Hopkins 1973, 72) 이것은 바로 말리 제국의 대도시들이 그런 강가에 있었던 이유다.

25 카블리Kably(1986, 167)는 "마그레브-아프리카-유럽의 경제적 상호의존성"이라는 용어를 쓴다.

26 "스페인은 지중해 지역에서 삼림자원이 부족하지 않은 극히 예외적인 나라였다."(Shatzmiller 1994, 178) 15세기에 목재와 철강, 구리를 대량으로 구하기 어려워지자 이집트의 맘루크 왕조에서는 총이나 대포를 입수해야 할 필요성이 생겨났다.(Irwin 2004, 128)

27 1212년 나바스 데 톨로사 전투가 끝난 뒤 이슬람 세력은 이베리아 반도의 대부분을 잃었다. 드 프라놀(2000, 63)은 "여러 세기 동안 이슬람 사회는 전반적으로 진정한 해군, 선원이라는 직업은 없었다"고 주장한다. 이슬람에서 바다의 이미지는 혐오스러움이기 때문에 훌륭한 이슬람인이라면 해군이 될 수 없다고 하는 것처럼 거의 "문명론적 설명"에 다름 아니다.(De Planhol 2000, 468~469) 이슬람의 해군력과 상인들의 해상 활동의 문제를 대한 보다 유용한 연구는 피카르Picard(1997)의 상세한 해설 참조.

28 프라이어Pryor(1988, 83)는 지중해 지역의 갤리선들이 물이 고갈되지 않는다면 바다에서 보낼 수 있는 최대 시간이 8일에서 9일 정도였다고 추정한다. 따라서 식수를 재공급받을 수 있는 거점 확보가 지중해 지역의 해군력을 좌우하는 결정적 변수였다.

29 가장 유명한 성지 순례는 물론 1324년 말리 제국의 황제인 만사 무사의 순례였

다. 그는 전설적인 부자였다.(Fall 1982, 183~202) 그의 이집트 방문이 끼친 사회경제적 영향에 대해서는 레브시온과 홉킨스(1981, 264~272)의 연구에 나오는 알-우마리의 증언과 레브시온(1994, XIII)의 논의 참조.

30 "1306년부터 마린 왕조의 군대에는 급여를 받은 것으로 알려진 카스티야와 포르투갈 정규군이 있었다. 그들 가운데 일부는 왕실에서 기세가 등등했다. (…) 14세기에 알-우마리는 마린 왕조의 상비군의 규모에 대한 정보를 알려준다. 먼저 아랍 부족민들로 터키계 구즈인 궁기마병 1500명, 프랑크족 기마병 4000명, 안달루시아인 궁사 1000명 이상, 그리고 베르베르족 천막거주 집단이 있었다. 기독교인 용병과 프랑스, 스페인 병사를 포함해서 5000명 정도가 있었고 그들은 몇 달에 한 번씩 현금을 지불받았다."(Shatzmiller 2000, 127)

31 금은 또한 스페인, 중앙 마그레브, 이프리키야에 있는 이슬람 국가들의 조공 상납을 통해서 유럽으로 흘러 들어가기도 했다.

32 맘루크 왕조는 파티마 왕조의 전통적인 해군력 강화를 계승하지 않고(Agius 2001, 53) "일부러 항구도시와 시설을 파괴하는 정책을 써서 다수의 전문가와 노동자의 일자리를 없앴다"(Shatzmiller 1994, 274) 1422년에서 1470년까지 일시적으로 회복되었지만(Lapidus 1984, 32) 유럽 상인들이 자신들이 주도하던 향신료의 국제 교역을 야금야금 빼앗아가는 것을 막을 수 없었다. 이것이 경제를 망가뜨리지는 않았지만 "가장 믿을 수 있고 유익한 수확물 가운데 하나였던 것을 잃고 말았다."(Lapidus 1984, 42) 없어서는 안 될 중재자 역할을 했던 이집트도 13세기 이후로 꾸준히 힘을 잃고 있었다.(Cahen 1963, 446) 이집트 맘루크 왕조의 직물 산업은 13세기와 14세기 초에도 계속 번창하고 지중해 전역에 걸쳐 수출되었지만 15세기 말이 되자 생산 품질의 하락으로 "기술과 품질에서 앞선 (…) 플랑드르 및 이탈리아의 직물 산업과 더 이상 경쟁할 수 없었다."(Louca-Bloch 1998, 509~510) 이집트는 14세기 말부터 국제수지의 잉여로 발

생하는 이익이 없어졌다.(Bacharach 1983, 173) 왕실은 또한 토지 관리를 잘못해서 카이로 주민들이 해외에서 식량을 수입하지 않으면 안 되었다.(Fernandes 2003) 결국 유럽의 장기적인 중상주의 정책은 이집트의 사회경제와 수공업을 서서히 망가뜨리기 시작했다.(Raymond 1982)

33 지중해 연안의 이슬람 지역에 대한 노예 약탈은 한편으로는 주변 지역에서 노예가 필요했고 다른 한편으로는 주변 지역의 강제노동 정권이 도시국가에 공급할 원재료를 생산하기 위해서 필요했다고 이해할 수밖에 없다. 14세기 말 키프로스의 사탕수수 재배 농장들이 이러한 과정의 좋은 예다. "키프로스 왕은 왕실의 사탕수수 농장에서 일할 1500명의 이슬람인을 잡고서는 '사탕수수를 재배하는 토지에서 일할 일꾼들이 필요했다"고 주장했다. 따라서 키프로스의 사탕수수 생산에서 (…) 노예 노동은 인력이 부족한 시기에 매우 수지가 맞는 일이었음에 틀림없었다.(Arbel 2000, IX, 161) 아르벨은 (적어도 서유럽과 비교할 때) 그 가혹한 "노예적 신분"이 보여주는 것처럼 "키프로스가 베네치아의 식민지로서 수탈당한 것은 의심할 여지가 없다"고 정곡을 찌른다.(2000, XII, 178) 아르벨이 식민지적 상황을 모든 사람이 비참하다는 "검은 전설"의 함정에 빠지지 않고 설명한 것은 매우 뛰어난 분석이다. 아르벨은 오늘날 주변부에서 볼 수 있는 것처럼 키프로스의 지배층이 이탈리아의 도시국가에 협력한 대가로 막대한 이익을 챙겼다는 것을 자세히 보여준다.

34 "14세기 말리의 왕은 유럽 옷감으로 지은 긴 웃옷을 입었다."(Levtzion 1973, 109)

35 일부 유럽 상인들이 튀니스나 시질마사 같은(de la Ronciére 1938, 82) 북아프리카의 푼두크 바깥에서 교역을 한 것은 맞지만(Levtzion 1977, 368; Bovill 1968, 111) 대개의 경우 그들의 상업 활동은 해상 도시에 한정되어 있었다.(Bovill 1968, 107) 유대 상인들의 경우는 예외였다. 바르셀로나, 마조르카, 틀렘센, 시질마사에 있는 유대인 공동체는 유럽으로 금을 유출하는 핵심 고리였다. 1247년 아라곤의 왕이 시질마사에 있는 유

대인 가문 두 곳을 보호했다는 사실은 그러한 상황을 잘 보여준다.(Lawless 1975, 60; Levtzion 1994, XI) 반면에 이슬람 상인들 가운데 지중해 지역을 낀 유럽의 교역중심지 중에서 이슬람권이 아닌 지역에서 활동한 사람은 거의 없었다.(Abulafia 1994, 11)

36 13세기 팔마에 대한 기록에 따르면 주마다 두 척의 배가 틀렘센 왕실과 교역을 위해 출항했다고 나온다. 이 기록은 한겨울 기록인데(1284년 1~2월) 여름에는 교역이 훨씬 더 활발했을 것이다.(Lawless 1975, 62)

37 카탈로니아와 마그레브 사이의 교역에 대해서는 두푸르크Dufourcq(1966, 93~131)와 가르시아-아레날과 비구에라García-Arenal and Viguera(1988)의 고전적 연구에 나오는 참고문헌 참조.

38 유럽인들은 서서히 북아프리카 해안 지역의 상업 활동을 지배했고(Garcin 1995, 305~306) 무역수지도 그들에게 유리하게 호전되었다.(Spufford 2003, 349) 15세기에 "이슬람 경제 전체는 북서쪽 이웃들에게 점점 더 의존하게 되었다."(Brett and Fentress 2002, 130)

39 이슬람 세계의 일부 대도시는 질서를 유지하기 위해 동업조합(당시 분업 체계를 고려한다면 당연한 일이지만)과 민병대 같은 조직들이 있었다.(Hamdani 2002, 164~165) 그럼에도 동업조합 같은 조직은 서유럽보다 세력이 훨씬 약했고 민병대는 경제 외적인 강제로부터 도시 상인들의 이익을 지켜낼 수 있을 정도로 체계적인 동원을 할 수 없었다. 가장 큰 이슬람 도시 가운데 한 곳인 맘루크 왕조의 카이로에 있던 동업조합의 중요성은 "유럽과 유사한 제도들과 비교하기에는 너무 미미해" 보였다.(Sabra 2000, 175)

40 자크-무니에는 아랍의 유목 부족인 마킬족의 모로코 침입이 "상업과 농업에 큰 피해를 입혀 정치 구조까지 파괴하고 말았다"고 주장한다.(1982, 66) 엔나히드Ennahid(2001, 93)도 그 주장에 동의한다. 13세기 리비아에 대한 유목민의 공격이 초래

한 파괴에 대해서는 서리Thiry(1998, 245~247) 참조. 심지어 매우 강력한 맘루크 왕조도 베두인의 침입으로 인한 파괴를 막아낼 수 없었다.(Ayalon 1993, 116~117)

41 무히타시브가 하는 일에 대해서는 에시드Essid(1995, 123~150)와 버키Berkey(2004) 참조.

42 허벡Hrbek은 이집트에 대해서 비슷한 설명을 한다. 이집트의 도시민들은 "직인이든 상인이든 자율적인 정치 계급, 즉 군사적 봉건 계급과는 구분되는 자기 이익에 따라 자유롭게 도시를 지배하는, 진정한 의미에서의 부르주아 계급도 아니었고 그렇게 되려고 애쓰지도 않았다. 따라서 사회정치적 발전의 중요 요소가 빠진 상태에서 이러한 상황은 맘루크 왕조의 군사적 전제정치를 지속할 수 있게 했으며 마침내 제국 전체, 특히 이집트의 정치적, 경제적 쇠퇴를 초래하고 말았다. (…) 심지어 카리미(이란) 상인과 은행가(고리대금업자)들도 독립적이거나 자치적인 존재로서 역할을 하지 못했다."(1977, 50) 시의회 의원이나 행정관 같은 존재는 생각할 수도 없었다.(Martel-Thoumian 2001, 272) 이집트 도시들이 반란을 일으켰을 때에도 "도시의 대중 세력은 맘루크 왕조와 군벌 세력의 군사력에 맞서 싸워 이길 수 없었다."(Zubaida 1985, 316)

43 도시는 "내적으로나 외적으로나 모두 권력의 제도적 표현"이다.(Abrams 1978, 25) 베네치아 같은 이탈리아 도시들이 인접한 농촌 지역을 식민지로서 철저하게 착취하는 정책을 시행하기 전인 11세기와 14세기 사이에 해상 제국을 확대하는 데 더 몰두했지만(Chittolini 2005, 325) 그 착취적 성격은 비슷하다.

44 아르투아는 유럽 북부의 저지대 국가들에 있는 대도시에 공급되는 곡물 대부분을 생산했다.(Derville 1987) 그러나 14세기 말부터 발트 해안 지역에서 저지대 국가로(Aerts, Dupon and Van der Wee 1985, 237), 흑해 지역에서 북부 이탈리아 도시로(Laiou 1992, VII; Karpov 1993) 원격지에서 수입되는 곡물의 양이 더 많아졌다. 대다수 도시국가는

곡물 시장에서 가격탄력성을 최소화하기 위해 자신들의 배후지를 통제하려고 했다. 그러한 탄력성은 도시에서 임금 수입으로 살아가는 사람들이 사회적 불만을 폭발시킬 가능성과 매우 밀접한 관련이 있었다.(Epstein 2000, 118) 예컨대, "콘타도에 대한 피렌체의 정책은 14세기 초에 확립된 온정주의와 권위주의를 잘 조합해서 농촌에서 외부로 곡물 수출을 금지하고 일정하게 고정된 가격으로 도시에 공급하게 한"(Epstein 2000, 112) 것은 놀랄 만한 일이 아니다. 도시의 배후지를 지배한 도시 과두정치의 상인 기업가들이 앞서 말한 교역의 중요성 때문에 백작이나 공작의 외국 무역을 지배하려고 했던 바로 그 엘리트들이었다는 것을 잊지 말아야 한다.(Boone 1997, 43) 도시국가에게는 주변의 배후지이든 멀리 떨어진 주변부 지역이든 모두 사회경제적으로 중요했다.(Heers 1976, 217)

45 서유럽의 특징인 이 중요한 도시와 농촌의 구분은 북아프리카(Abun-Nasr 1987, 117)나 남아시아 아대륙(Chattopadhyaya 1994, 181~182)에 동일하게 적용되지 않았다.

46 "라나이올로lanaiolo"(Brucker 1998 참조)는 교역 상인과 기업가 둘 모두로 볼 수 있다.

47 똑같은 상황이 바그다드 같은 이슬람 대도시에서 일어났다. "비숙련 업무에 종사하는 수많은 개인은 탄력성이 큰 노동력이었다. 대규모 건설 사업이 있거나 제조업 경기가 활기를 띠어 경제 활동이 활발해지고 노동력 수요가 늘어나면 그들은 사용 가능한 거대한 인력풀을 제공하는 긍정적인 경제 요소였다. 하지만 반대로 경제 조건이 악화되고 노동력 수요가 줄어들면 그들은 경제가 정상적으로 돌아가는 것을 위협하는 장애물에 불과했다."(Shatzmiller 1994, 287)

48 거대한 불평등은 물론 유럽 도시에서만 일어난 현상이 아니었다. 레이몬드Raymond가 지적한 것처럼 18세기 카이로에서는 "3퍼센트의 개인이 전체 부의 50퍼센트를 축적한 반면에 50퍼센트의 하층민이 소유한 부는 전체의 4.3퍼센트에 불과했다."(1994, 14)

49 "13세기 농촌에서 직접 과세의 부담은 도시의 간접 과세보다 훨씬 더 무거웠다. 1280년대 이탈리아 중부 농촌 지역 피스토이아는 도시가 내는 것보다 6배나 더 많은 세금을 냈다. [따라서] 농촌은 도시에 항상 채무를 진 상태에 있었다. 농촌은 도시로부터 끊임없이 돈을 빌리고 지주가 아닌 도시 주민들이 농촌에서 지대를 받아 챙기면서 상황은 더욱 악화될 뿐이었다. 도시국가의 배후지 콘타도는 자신들이 필요로 하는 작물보다 환금 작물 재배에 더 집중할 수밖에 없었고 오늘날 제3세계 지역과 다르지 않게 착취가 지속적으로 되풀이되기 시작했다."(Spufford 1988, 246~247) 물론 콘타도에 살고 있는 주민들과 주택이 모두 이러한 과세로 타격을 받은 것은 아니었다. 불평등의 정도는 마을마다 달랐지만 과세 수준이 불평등했던 것은 틀림없다.(Ginatempo 2005, 210) 14세기 피렌체에서는 "산골 사람들과 도시에서 멀리 떨어진 곳에 사는 사람들은 도시 가까이 저지대에 사는 사람들보다 훨씬 더 많은 세금을 냈다. (…) 농촌에서의 과세는 뒤바뀌어서 부유한 농민일수록 세율이 낮았다."(Cohn 2000, 187) 밀라노에 대한 과세도 밀라노가 지배하는 농촌 지역에 대한 과세보다 훨씬 더 낮았다.(Chittolini 2002)

50 모주에탕(1995, 25)과 불리에트Bulliet의 중요한 연구(1972)도 참조. "이슬람" 도시들의 유형화와 그것을 바탕으로 한 일반화는 사회정치적 또는 경제적 실체로 인정되어서는 안 되며, 따라서 종교적 구분을 바탕으로 한 더욱 모호한 분석 단위가 되어서도 안 된다.(Garcin 2000b, 97~98)

51 북아프리카나 아시아와 마찬가지로 유럽의 역사 서술에서 도시와 농촌 간의 관계에 대한 논쟁의 핵심에는 실제로 도시를 어떻게 정의하느냐 하는 **기준**을 둘러싸고 혼란이 있다.(Nicholas 2003, 6~10 참조) 어떤 곳을 (주변의 농촌/배후지와 구별되는) "도시" 또는 "도시적"이라고 분류하는 데 사용되는 다양한 기준은 모든 이론에서 중요한 요소다. 여러 형태의 기준들이 사용될 수 있는데 저마다 복잡한 문제들이 있다.

(a) 가장 명백한 기준은 통계를 응용한 것으로 도시 비율의 크기에 초점을 맞춘다. 그러나 통계적 접근 방식이 논란이 없는 것은 아니다. 일부 인구 수치를 신뢰할 수 없기 때문에 그것을 바탕으로 미래를 예측하기는 곤란하다. 더 나아가 정량적 기준은 곧잘 의심을 받는다.(Gutmann 1986, 29) 어떤 곳이 도시로 인정받으려면 1제곱 마일당 얼마나 많은 거주민이 있어야 할까? 서로 다른 한계수준을 사용하는 계산을 비교하는 것은 위험할 수 있다. 예컨대, 클레프Klep(1988, 263~264; 1991, 499~500; 1992, 201~241)는 근세의 남부 저지대 국가들의 도시 비율을 개발하는 연구에서 "도시"로 규정하기 위해서 거주민의 한계수준을 최소 5000명 또는 1만 명까지 정했는데, 스타벨(1997, 19~21)은 그 기준이 더 작은 소도시의 존재를 무시하고 있으며 따라서 역사적 진실을 왜곡하고 있다고 격렬하게 비판했다. 그러나 실제로 무엇을 (마을이 아니라) 소도시라고 정의하느냐는 중요한 문제다. 도시 비율의 계산이 소도시의 인구를 포함하느냐 생략하느냐에 따라 달라지기 때문이다.(de Vries 1990, 45)

(b) 또 다른 기준은 경제적 기준이다. 해당 지역의 생산이 얼마나 전문적으로 분화했는지(분업의 지표)를 주목한다. 베르너 좀바르트Werner Sombart에 따르면 모든 도시 집적urban agglomeration(도시 범위를 인근의 교외 지역까지 포함시킨 개념—옮긴이)은 인근 농촌에서 나오는 물자에 의존하는데 이러한 견해는 그가 중세 경제에서 자본의 역할을 과소평가했기 때문이다.(Sapori 1970; Joris 1993, 45) 그러나 좀바르트처럼 엄격하게 해석하면 대부분의 중세 농촌 마을은 도시라고 볼 수 없다. 하지만 당시에 교역과 자본의 중요성을 인정한다면 도시는 실질적인 경제 성장의 "동력"인 국제 상업에 어느 정도까지 절대적으로 의존했다고(예컨대 Pirenne 1937, 1956, 1963) 생각할 수 있을까? 니콜라스는 피렌느Pirenne가 "영국과 미국의 학자들이 오랫동안 중세 도시를 농촌과 완전히 분리된 곳으로 생각하게 만들었다"고 비난했다. "[그에게] 도시는 오로지 원거리교역에만 의존하는 경제체였다. [그는] 도시를 '봉건' 세계에 외롭게 떠

있는 자본주의의 섬이라고 생각했다."(1997a, xv) 도시를 (고도의 상업적 요소들로 구성된) 자본주의적 특성을 지닌 것으로 정의하고 경제적 확장의 중요성을 더 잘 이해하기 위해 도시를 연구한다면 상대적으로 농촌 지역은 정체되고 수동적이며 "퇴보하는" 곳이라고 규정되기 마련이다. 아부-루고드는 "봉건제와 도시 자본주의 사이의 동맹"을 강조하면서(1989, 85) 지역과 "중계항의 구축과 해체"를 설명하기 위해서 국제 교역 형태와 도시들 사이의 관계에만 초점을 맞추었는데(1989, 98) 그러다보니 매우 중요한 농촌 관계에 대한 설명은 완전히 빼먹고 말았다. 도시를 정의하는 (또는 교역망에서 도시가 차지하는 중요도를 평가하기 위한) 기준으로서 직업의 분화 정도는 중요하지만 모호한 측면도 있다. 농촌에도 전문화된 원시산업화의 초기 형태들이 존재할 때가 있으며(Thoen 1992, 1993a) 많은 소도시도 농촌의 특성을 내재하고 있어서 전통적인 도시-농촌의 이분법으로 명확히 나누기 어렵기 때문이다.(Stabel 1995a, 15) 따라서 도시를 봉건적 농촌으로 둘러싸인 경제적, 정치적 섬으로 보는 전통적인 이미지는 반드시 재고되어야 한다.(Rosener 1995, 663)

(c) "도시 생활은 단순히 사람 수나 활동의 물질적, 정치적 활동 기반의 규모로 판단할 수 있는 것이 아니라 그 이상이며, 특히 인구통계학적으로 도시의 경계 밖과 뚜렷하게 구별되는 도시문화가 있다"(Hohenberg 1990, 353)고 확신하는 사람들은 도시와 농촌을 구분하는 문화적 특성과 시민적 상징을 주목한다.(Martines 1979; Muir 1981; Schilling 1992; Nijsten 1997, 105~129) 결국 강력한 도시는 "조공을 바치는 속국 방문단"이 위풍당당하게 행진하는 곳이었다.(Populer 1994, 30~31)

(d) 또 다른 기준은 순수하게 법적인 측면을 우선으로 생각한다. 즉, 해당 지역에 특허장이나 특정한 "자유"가 있는지, 그리고 그곳을 법적으로 도시라고 부를 수 있는지를 본다. 그러나 법적 체계의 형성이 어느 정도까지 법과 규제가 필요한 (도시의 핵심 구성 요소인) 기업 공동체의 존재 여부를 알리는 적절한 지표가 될 수 있을까?

반면에 "전통적인 농촌은 관습에 뿌리박고 있었다."(Godding 1995, 201) 일부 농촌 지역은 외관상으로나 성격상으로 분명히 농촌이었지만 도시와 유사한 자유를 누리고 있었다.(Stabel 1997, 90; Wickham 1992, 129~134) 그런 경우에 도시와 농촌 마을을 명확하게 나누는 경계를 인식하는 것은 어려워질 수 있다.(Mundy and Riesenberg 1958, 9)

(e) 그 밖에 당시에 썼던 용어를 살펴볼 수도 있을 것이다. 시민들이 자신들을 어떻게 정의하고 생각했는지를 알아보는 것이다. 에릭 카이저Erich Keyser는 "도시는 스스로 도시라고 부른다"고 했다.(Keyser in Joris 1993, 44) 이러한 기준은 "시간이 지나면서 어떤 도시의 인구가 농촌 마을 수준으로 줄어들 수 있다"는 문제가 있다.(Sosson 1993, 171~184) 또한 중세 초의 도시 기준이 중세 말에도 여전히 유효한가 하는 문제도 있다. 또 이런 기준이 유럽 전역에(단순하게 말하면 서유럽에) 어느 정도까지 적절했으며(Joris 1993, 40~45) 그 밖에 북아프리카 같은 다른 지역에서는 어떠했는지도 궁금하다. 더 나아가 도시 "체계"를 분석할 때 그것이 지방인지, 지역인지, 또는 지역 간인지, 국제적인지 정의해야 하는가?(Stabel 1995a) 또 시점은 어떻게 할 것인가? 끝으로 언어 문제는 해석을 더욱 복잡하게 할 수도 있다. 어떤 언어는 도시 공동체를 나타내는 기본 단어가 하나다. 프랑스어로는 **빌**ville, 독일어로는 **슈타트**stadt라고 한다. 하지만 영어에서는 **시티**city와 **타운**town 두 가지가 있다. 북미 사람들은 규모가 매우 작은 경우를 빼고는 도시를 **시티**라고 부른다. 하지만 영국 사람들은 규모가 아주 큰 경우를 빼고는 **타운**을 즐겨 쓴다. 이러한 차이는 결코 사소한 문제가 아니다.(Friedrichs 1995, X) 이와 비슷한 언어 혼란은 서아프리카에서도 일어난다. 아랍에서는 힐라hilla, 하지hagy, 뎀dem이라고 하고 말리에서는 갈로-도고galo-dougou, 바디아-도고badia-dougou라고 한다.(Coquery-Vidrovitch 1993, 42) 나는 앞에서 **타운**과 **시티**를 번갈아가며 썼다. "교환은 도시 거주를 위한 존재 이유를 구성하는 반면에 식량, 연료의 수입과 (대개) 인구의 유입은 도시의 성장은 말할 것도 없고 지속적인 도시 생활

을 위해서 필수 요소"(Hohenberg 1990, 360)라는 것이 내 입장이다. 따라서 도시는 시민들이 살아남기 위해서 농촌에서 끊임없이 식량을 수입해야 하는 인구가 조밀한 지역이다. 도시 시민들은 농촌에서 구할 수 없는 상품이나 서비스를 교환을 통해 생산할 것이다.(Derville 2002, 33) 문제는 이러한 교환이 (교환과 화폐가 지배적인 신고전주의 경제 모델에서처럼) 평화로운 거래를 통해서 이뤄지냐 아니면 "경제 외적인 강제"의 결과로 이뤄지냐다. 농촌에서는 경제 외적인 강제로, 도시의 시장에서는 교환 기제의 작동으로, 두 가지 현상이 모두 일어났다고 주장한다.

52 마찬가지로 역내 또는 지역 간 시장의 가격변동은 생산의 현장에서 일어나는 사회적 투쟁과 서로 뒤엉켜 있었다. 한편 광산산업의 사회적 조건(Piccini 1994, 224~225)은 유럽 엘리트층이 동양에서 오는 수입품을 간절히 원한 결과였다.(Bozorgnia 1998) 중유럽과 동유럽의 광산들은 몽골의 평화 시대 이래로 동양과의 교역을 유지하면서 엄청난 양의 금을 제공했다. "동양과 러시아 간 교역의 지불수단은 대개가 귀금속이었다."(Bauer and Matis 1988, 106; Tadic 1973, 70 참조) 그러나 이들 광산으로는 충분한 양을 공급할 수 없었기 때문에 수단 지역의 금과 북아프리카 교역은 매우 중요했다.(Blanchard 2005) 동시에 직물도 동양으로 수출되었다.(Nahlik 1971; Ashtor 1976)

53 백년전쟁의 발발 또는 중동으로 가는 원거리 교역로의 지배를 둘러싼 제노바와 베네치아 사이의 싸움으로 야기된 플랑드르 지역경제와 북이탈리아 지역경제 사이의 상품 사슬의 붕괴가 가져온 파멸적 영향이 그 사례다. 예컨대, 애시터(1978b, 301~309)는 값싸고 부피가 큰 명반과 면화 같은 시리아산 원재료들을 어떻게 서양으로 수입해서 더 높은 부가가치 상품으로 가공하여(특히 비누와 퍼스티언 직물) 중동에 되팔았는지를 살펴본다. 특히 직물은 14세기부터 중동시장에 대량으로 싸게 쏟아져 나와 일반 대중도 쉽게 사서 쓸 수 있었다.(Ashtor 1976, 673; 1978b, 305~306; 1986, IV, 305) "15세기 초에 알-마크리지는 이집트인들의 의복이 바뀌었다고 한탄했다. 이

제 이집트인들은 훌륭한 전통 복장을 하지 않고 유럽에서 만든 온갖 종류의 직물로 짠 옷을 입었다."(Ashtor 1992, VI, 319) 15세기 초 이집트 경제가 눈에 띄게 쇠락하면서 "서양의 아주 영세한 소상인들도 이전에 이집트에서 자체 생산했던 온갖 다양한 물품을 팔 기회를 잡았다."(Verlinden 1981, 75)

54 홀은 중세 유럽이 "암흑 시대"로부터 회복되고 있던 같은 시기에 "부분적으로 유럽의 회복에 영향을 미쳤을 수 있을지 모를 상업적 확장"이 아시아에서 일어나고 있었다고 명시적으로 주장한다.(1978, 75)

55 "1300년경, 니더외스터라이히Niederösterreich의 발트피어텔 출신의 한 작가는 농민들이 벨기에의 겐트에서 만든 옷을 입고 있다고 불평했다"(Tremel 1976, 314)는 말에서 잘 알 수 있다. 세케이Székely(1966) 참조.

56 베버의 고전적 연구가 지적하는 것처럼(1979) "근대" 국민국가가 건설되기까지 오랜 시간이 걸렸다. 산업화되고 근대적인 중앙집권 체제를 갖춘 19세기 프랑스에서도 마찬가지였다. 물론 이것이 의미하는 요점은 서유럽에서 중세와 "근세" 통치 체제들은 서서히, 특히 상인 엘리트층의 지배력이 커지면서 권력과 자본을 효과적으로 축적하기 위한 성공 전략을 발전시켰다는 것이다. 따라서 도시국가에서 국민국가로의 이행은 이러한 장기간의 과정에서 중요한 특징이라고 볼 수 있다. 플로레스Flórez가 주장하는 것처럼(2003, 50) "근대국가의 기원을 더 잘 이해하기 위해 중세 후반부 수세기 동안의 법과 제도, 특히 경제와 관련된 것들을 면밀하게 연구하는 것은 매우 중요한 일이다." 북아프리카 도시들의 법과 제도를 당시 서유럽과 비교하면 제한된 권력을 가졌다는 것을 알 수 있다. "도시는 도시의 경계를 넘어서 부족이나 종교의 네트워크를 이용했지만 그것은 국가의 경계마저 훌쩍 뛰어넘었다."(Garcin 외 2000a, 162) 또한 그러한 도시 내부의 상인들은 서아프리카 경제에서 핵심적인 역할을 했지만 제한된 권력만 있었다.(Eisenstadt 외 1983, 1243) 데누아Denoix의 말을 인용하면(2000,

285) "역사가들이 보여주는 것처럼 도시 정부가 관리해온 서양의 도시들과 달리 아랍-이슬람 세계의 도시들에서는 중앙국가에 대항할 수 있는 권력이 있는 유력자 계급, 즉 엄밀한 의미에서 중세적 공동체가 끝내 나타나지 않았다."

57 물론 전통적인 마르크스주의 해석은(예컨대 Wood 2002) 영국 같은 특정 국민국가의 농업 부문 내에서의 이행을 자세히 살펴보는 것에 사로잡혀 있기 때문에 이러한 논의를 즉각 거부한다.

58 흥미롭게도 양Yang(2000, 314)은 중국의 윈난雲南이 인도양 세계경제에 통합되면서 자본주의 세계-체제의 확장이 초래한 자패 화폐 체계의 붕괴에 따른 "최초의 피해자"가 되었다고 생각한다.

5장 결론

1 예컨대, 1320년대 플랑드르 서부 지역의 반란과 프랑스 북부의 농민 폭동.

2 이것은 유럽 이외의 지역에 있는 도시들과 달랐다. 가끔 영주들로부터 자유로울 때도 있었지만(Miura 1997, 46) 상인 엘리트층이 장기적인 군사, 경제, 정치 정책을 수행할 수 있게 하는 제도화된 권력을 낳지 못했다.

3 마찬가지로 상인들의 도시 안팎으로 부동산 투자는 "순수한" 상업 활동의 포기나 "부르주아의 배신"이 아니라 자산의 분산, 신용 가치의 보장, 경제 위기 시 자본의 안전한 피난처 마련을 위한 조치였다.(Leguay 1989)

4 시민권의 특권을 누리지 못하는 사람들, 즉 도시에 종속된 농촌에 살거나 식민지 주변부에 사는 사람들은 분명 불리한 처지에 있었다. 14세기 비잔틴 제국의 최고 부유층들은 이탈리아의 주요 도시국가에서 시민권을 얻으려고 했다. 그러한 시민권은 다양한 특권과 이익, 신분에 다가갈 수 있는 것과 관련이 있었다.(Laiou 1992, VII, 212) "모든 도시 시민들이 말 그대로 진정한 의미에서 시민이 아니었다. 많은 도시에서 성직자들은 이러한 신분이 아니었다. (…) 비성직자들도 모두가 시민은 아니었다. 오직 도시에 거주하는 주민들만이 자치법에 따라 완벽한 권리를 가진 부르주아에 속한 사람으로 인정받았다. 그들 가운데 대다수가 집과 토지를 소유했다."(Groten 1990, 79)

5 도시 엘리트층이 도시의 기구들을 어떻게 관리했는지에 대한 자세한 분석은 분(1994b) 참조. 브레너(1985, 1986)는 마르크스주의 이론으로 유럽의 봉건제를 귀족과 농민 사이의 단순한 계급투쟁이라고 보았기 때문에 앞서 말한 그들 사이의 동맹의 중요성을 간과하고 말았다. 브레너(1986, 50)는 상인과 도시를 분석 대상에서 제외한 까닭에 귀족층은 오직 농민들에 대한 경제 외적 강제를 강화하거나 동료 귀족

들의 영지를 빼앗아 그들의 부를 늘릴 수 있다고 생각한다. 도시 부르주아가 귀족층과 동맹관계를 맺고 궁극적으로 "사회적 침투" 과정으로 나아가게 된 것은(Boone and Dumolyn 1999, 228) 바로 1200~1450년의 도시 부르주아의 제도화된 힘이 있었기(Rodrigues 1997, 27; Gonzalez 1996, 31) 때문이다. 그것은 근세 국가 형성의 기원뿐 아니라 유럽이 봉건제에서 자본주의로 이행하는 데 결정적 요소였다.(Blockmans 1978, 209)

6 대개 시민은 "대소지주cives maiores, mediocres"와 "소농minores"으로 구분될 수 있었다.(Fasoli 1965, 56; Dollinger 1955, 387~395) 그러나 "도시민의 대다수는 가난한 하인이나 노동자, 거지들이었다는 사실을 명심해야 한다. 이들은 대부분 인접 지역에서 주인을 피해서 도망쳐온 사람들이었다."(Groten 1990, 85; Milis 1989, 66) 예컨대, 14세기 스페인 도시에서는 "명예시민"이 도시 인구의 3퍼센트밖에 되지 않았다. 이것은 나머지 대다수 인구는 "통치 집단에서 완전히 배제되어 있었다"는 것을 의미한다.(MacKay 1977, 108)

7 "도시의 사법적 관할권이 인근 지역으로 확대된 가장 중요한 동기는 [도시에] 적정한 [곡물] 공급을 보장하려는 것이었다. 물납세物納稅와 관련된 법도 예외 없이 도시에 지나치게 유리했다. 예컨대, 1415년 피렌체 법은 곡물을 피렌체에 공급하는 농민들에게는 보상을 약속하고 특별한 면허 없이 도시 밖으로 수출하는 농민들에게는 엄중한 벌칙을 부과했다."(Bullard 1982, 286)

8 많은 학자는 그러한 인구통계학적 변수를 경제 성장(North and Thomas 1973, 8)이나 농업 발전(Boserup 1965), 봉건제의 "소멸"(Gottfried 1983)을 이룰 수 있는 중요한 "내생적" 요소라고 보았다. 그러나 그것은 예컨대, 중국에서 인구가 증가하고 경제가 성장했는데도 자본주의 체제로 발전하지 못한 이유를 설명하지 못한다. 세코움 Seccombe(1992)은 봉건제에서 자본주의로의 이행은 핵가족의 출현을 초래한 서유럽의 결혼제도와 분리될 수 없다고 주장한다. 2장에서 나는 이러한 이행을 설명하는

요소로서 핵가족의 중요성에 대한 의혹을 제기했다.(서로 다른 가족 구조를 이용해서 서양의 발흥을 설명하는 것에 대한 심도 있는 비판은 Goody 1990 참조.) 하지만 산업혁명 이전의 세계에서 인구 증가가 경제 성장과 밀접한 관계에 있었다는 사실은 잊지 말아야 한다.(Halpérin 1950, 25~31; Zientara 1981, 196)

9 흥미롭게도 하층 귀족은 시외시민을 자신들의 사회경제적 복리와 정치권력을 잠식하는 존재로 올바르게 인식했다. 역설적이지만 영향력을 확대한 것은 도시국가뿐이 아니었다. 어떤 경우에는 수지 균형을 맞추기 위해 추가적인 수입이 간절히 필요했던 상층 귀족(국왕이나 공국의 군주)은 자신들에게 시민권(왕실 부르주아)을 부여하는 것도 주저하지 않았다. 그러자 상대적으로 힘이 없는 귀족의 권력은 점점 훼손되었다. 따라서 국왕이나 공국의 군주의 입장에서 그것은 굳이 개탄할 만한 일이 아니었다.(Bruwier 1955)

10 도시국가의 구조가 매우 약했던 지역(예컨대 동유럽이나 어느 정도는 이베리아 반도)의 귀족과 군주가 봉건제 구조의 와해를 막으려고 애썼다는 것은 놀라운 일이 아니다. 때로는 부르주아 계급이 봉건제 구조를 지지하는 경우도 있었다.(Alonso 1991) 그러나 북서유럽과 이탈리아에서 봉건제 구조는 경제적 착취를 통한 자본 축적의 논리가 경제 외적 강제보다 앞서자 사라졌다.

11 시민권을 얻는 것은 도시마다 달랐는데 도시에서 태어날 경우(출생지주의) 얻기도 했고 시민인 남자와 결혼하거나 부모 가운데 적어도 한 명이 시민인 경우(혈통주의) 얻기도 했지만 무엇보다 중요한 것은 돈을 주고 사기도 했다는 사실이다. 그것은 실질적으로 공공복지의 부담이 없는 부유한 이민자들에게 시민권 부여를 제한하는 결과를 가져왔다. 오늘날 대부분의 국민국가에서처럼, 시민권이 있는 사람이 다른 도시에서 시민권을 또 받으면—해당 도시에서 특정한 일을 할 수 있는 허가를 받기 위해 필수적인 조건이었다—앞서 받은 시민권은 자동으로 효력을 잃었다.(Da Nave

1973, 87~94, 117)

12 역사사회학에서 "경로의존성"이라는 개념을 어떻게 쓰는지 알아보려면 마호니 Mahoney(2000) 참조.

13 물론 구조기능주의 사회학과 제도경제학의 하부 분야라고 하더라도 예외는 있다. 거기서도 서양의 발흥을 설명할 때는 대개 당시의 정보 유통과 계약 문제, 신용 관계를(예컨대 Greif 2006) 세밀하게 살펴보는 것으로 연구가 한정된다. 따라서 착취나 저개발과 관련된 개념은 연구 내용에서 사라지고 만다.

감사의 말

1 "비교연구학자는 (…) 한시도 방심해서는 안 된다는 사실을 (…) 잘 알고 있어야 한다. 그것은 또한 특별한 자질을 요구한다. 방대한 주제들에 직면해서 '무모할 정도의 용기'가 필요하고 사례 중심의 연구를 수행해야 하는 비교연구학자들은 엄청난 양의 자료를 소화하며 그 내용들을 종합해낼 수 있는 뛰어난 능력이 있어야 한다. 따라서 그들은 방대한 주제를 다루고 주제별 기준에 따라 어떤 판단을 내리는 위험도 감수해야 할지도 모른다. 그러나 그렇게 해서 나오는 분석 결과는 그만큼 정말 훌륭하다."(Byres 1995, 575)

참고문헌

Abernethy, David. *The Dynamics of Global Dominance.* Yale University Press, New Haven, 2000.
Abraham, Meera. "Two Medieval Merchant Guilds of South India." *South Asian Studies* 18. Manohar Publications, New Delhi, 1988.
Abraham-Thisse, Simonne. "Achats et consommation de draps de laine par l'Hôtel de Bourgogne, 1370–1380," in Philippe Contamine, Thierry Dutour, and B. Schnerb (eds.), *Commerce, Finances et Société (XI–XVIe siècles).* Cultures et Civilisations Médievales IX, Presses de l'Université de Sorbonne, Paris, 1993, p. 27–70.
———."Kostel Ypersch, gemeyn Ypersch," in Mark Dewilde et al., *Ypres and the Medieval Cloth Industry in Flanders.* Institute for the Archeological Heritage, Asse-Zellik, 1998, p. 125–145.
———. "Le commerce des draps de Flandre en Europe du Nord" in Marc Boone and Walter Prevenier (eds.), "Drapery Production in the Late Medieval Low Countries: Markets and Strategies for Survival (14th–16th Centuries)." Garant, Leuven, 1993b, p. 167–206.
———. "Le commerce des hanséates de la Baltique à Bourgneuf," in Michel Balard et al., *L'Europe et l'Océan au Moyen Âge.* Société des Historiens Médiévistes de l'Enseignement Supérieur et Cid éditions, Nantes, 1988, p. 131–180.
Abrams, Philip. "Towns and Economic Growth," in Philip Abrams and E. A. Wrigley (eds.), *Towns in Societies.* Cambridge University Press, 1978, p. 9–33.
Abulafia, David. "Asia, Africa and the Trade of Medieval Europe," in M. M. Postan and Edward Miller (eds.), *The Cambridge Economic History of Europe.* Cambridge University Press, 1987, 2:402–473.
———. "The Impact of the Orient," in Dionisius Agius and Ian Netton (eds.), *Across the Mediterranean Frontiers. Trade, Politics and Religion, 650–1450.* Turnhout, Brepols, 1997, p. 1–40.
———. "Industrial Products: The Middle Ages," in Simonetta Cavaciocchi (red.), "Prodotti e techniche d'oltremare nelle economie europee secc. XIII–XVIII." Atti della

'Ventinovesima Settimana di Studi,' Aprile 1997, Le Monnier, Istituto Internazionale di Storia Economica "F. Datini," Prato, 1998, p. 333–358.

———. "The Norman Kingdom of Africa and the Norman Expeditions to Majorca and the Muslim Mediterranean." *Anglo-Norman Studies* 7, 1985, p. 26–49.

———. "The Role of Trade in Muslim-Christian Contact during the Middle Ages," in Dionisius Agius and Richard Hitchcock (eds.), *The Arab Influence in Medieval Europe*. Ithaca Press, Reading, 1994, p. 1–24.

———. "Southern Italy, Sicily and Sardinia in the Medieval Mediterranean Economy," in David Abulafia, *Commerce and Conquest in the Mediterranean, 1100–1500*. Variorum Series, Norfolk, 1993.

———. *The Two Italies*. Cambridge University Press, 1977.

Abu-Lughod, Janet. *Before European Hegemony*. Oxford University Press, 1989.

———. "Discontinuities and Persistence," in A. Frank and B. Gills (eds.), *The World System: Five Hundred Years or Five Thousand?* Routledge, London, 1993.

Abun-Nasr, Jamil. *A History of the Maghrib in the Islamic Period*. Cambridge University Press, 1987.

Ackerman, Robert et al. (translation). *Chrétien de Troyes' Ywain*. Frederick Ungar Publishing, New York, 1977.

Adams, Paul et al. *Experiencing World History*. New York University Press, 2000.

Adams, Terence. "Aliens, Agriculturalists and Entrepreneurs," in Dorothy Clayton, Richard Davies, and Peter McNiven (eds.), *Trade, Devotion and Governance. Papers in Later Medieval History*. Alan Sutton, Dover, NH, 1994, p. 140–157.

Adshead, S.A.M. *Central Asia in World History*. St. Martin's Press, New York, 1993.

———. *China in World History* (3rd ed.). St. Martin's Press, New York, 2000.

Aerts, Erik, Willy Dupon, and Herman Van der Wee. *De Economische ontwikkeling van Europa*. Universitaire Pers Leuven, 1985.

Aerts, Erik, and R. Unger. "Brewing in the Low Countries," in E. Aerts, L. Cullen, and R. Wilson (eds.), "Production, Marketing and Consumption of Alcoholic Beverages since the Late Middle Ages." Proceedings 10th International Economic History Congress, Session B-14, Studies in Social and Economic History, Leuven University Press, 1990, p. 92–101.

Agius, D. "The Arab Salandi," in U. Vermeulen and J. Van Steenbergen (eds.), *Egypt and Syria in the Fatimid, Ayyubid and Mamluk Eras*. Uitgeverij Peeters, Leuven, 2001, 3:49–60.

Aigle, Denise. *Le Fars sous la domination mongole*. Cahiers Studia Iranica, Paris, 2005.

Akhmedov, B. "Central Asia under the Rule of Chinggis Khan's Successors," in M. S. Asimov and C. E. Bosworth (eds.), *History of Civilizations of Central Asia*. Multiple History Series, UNESCO Publishing, Paris, 1998, p. 261–268.

Alam, Shadid. "How Advanced Was Europe in 1760 After All?" *Review of Radical Political Economics* 32, no. 4, 2000, p. 610–630.

Alavi, Hamza. "India's Transition to Colonial Capitalism," in Hamza Alavi et al. *Capitalism and Colonial Production*. Croom Helm, London, 1982, p. 23–75.

Alberts, Jappe W., and H.P.H. Jansen. *Welvaart in wording*. Nijhoff, The Hague, 1964.

Alef, Gustave. "The Origin and Early Development of the Muscovite Postal Service." *Jahrbücher für Geschichte Osteuropas* 15, no. 1, 1967, p. 1–15.

Allsen, Thomas. *Commodity and Exchange in the Mongol Empire*. Cambridge University Press, 1997.

———. "Mongolian Princes and Their Merchants Partners." *Asia Major*, 3rd ser., 2, no. 2, 1989, p. 83–126.

———. "Spiritual Geography and Political Legitimacy in the Eastern Steppe," in Henri

Claessen and Jarich Oosten (eds.), *Ideology and the Formation of Early States.* Brill, Leiden, 1996, p. 116–135.

———. "The Yüan Dynasty and the Uighurs of Turfan in the 13th Century," in Rossabi Morris (ed.), *China Among Equals.* University of California Press, Berkeley, 1983, p. 243–280.

Alonso, Hilario. "Les habitants de Burgos et leurs propriétés rurales," in "Les sociétés urbaines en France méridionale et en péninsule Ibérique au Moyen Âge." Actes du Colloque de Pau, 21–23 septembre 1988, éditions du CNRS, Paris, 1991, p. 295–310.

———. "Villes et finances royales," in Denis Menjot and Jean-Luc Pinol (coords.), *Enjeux et expressions de la politique municipale (XIe–XXe siècles).* L'Harmattan, Paris, 1997, p. 61–79.

Amin, Samir. "The Ancient World-Systems versus the Modern Capitalist World-System." *Review* 14, no. 3, Summer 1991, 349–385.

———. "The Ancient World-Systems versus the Modern Capitalist World-System," in A. G. Frank and B. Gills (eds.), *The World System: Five Hundred Years or Five Thousand?* Routledge, London, 1993.

———. "Modes of Production, History and Unequal Development." *Science and Society* 69, no. 2, Summer 1985, p. 194–207.

———. "Underdevelopment and Dependence in Black Africa." *Journal of Peace Research* 9, 1972, p. 103–120.

Amitai-Preiss, Reuven. "Mongol Imperial Ideology and the Ilkhanid War against the Mamluks," in Reuven Amitai-Press and David Morgan (eds.), *The Mongol Empire and Its Legacy.* Brill, Boston, 1999, p. 57–72.

———. *Mongols and Mamluks.* Cambridge University Press, 1995.

———. "Northern Syria between the Mongols and Mamluks," in Daniel Power and Naomi Standen (eds.), *Frontiers in Question.* St. Martin's Press, New York, 1999b, p. 128–152.

Ammann, Hektor. "Desarrollo desigual en los origines del capitalismo." Facultad de Filosofia y Letras de la Universidad de Buenos Aires, Tesis 11 Grupo Editor, Buenos Aires, 1992.

———. "Deutschland und die Tuchindustrie Nordwesteuropas im Mittelalter." *Hansische Geschichtblätter* 72e jg., 1954, p. 1–63.

———. "Wie gross war die mittelalterliche Stadt ?" *Studium Generale* t. IX, 1956.

Anderson, Perry. *Lineages of the Absolutist State.* New Left Books, London, 1974.

Anene, J. C. "The Central Sudan and North Africa," in Michel Mollat et al., "Les Grandes Voies maritimes dans le monde, XVe–XIXe siècles." VIIe Colloque de la Commission Internationale d'Histoire Maritime, Vienne, 29.8–5.9. 1965, SEVPEN, Paris, 1965, p. 191–207.

Andrade, Tonio. "The Company's Chinese Pirates." *Journal of World History* 15, no. 4, Dec. 2004, p. 415–444.

———. "The Rise and Fall of Dutch Taiwan." *Journal of World History* 17, no. 4, Dec. 2006, p. 429–450.

Angold, Michael. "The Shaping of the Medieval Byzantine 'City.' " *Byzantinische Forschungen* 10, 1985, p. 1–37.

Arasaratnam, Sinnappah. "European Port Settlements in the Coromandel Commercial System," in Frank Broeze (ed.), *Brides of the Sea.* University of Hawaii Press, Honolulu, 1989, p. 75–96.

———. "The Indigenous Ruling Class in Dutch Maritime Ceylon." *Indian Economic and Social History Review* 8, no. 1, March 1971, p. 57–71.

———. *Maritime Trade, Society and European Influence in South Asia, 1600–1800.* Variorum Press, Ashgate, Aldershot, 1995.

———. *Merchants, Companies and Commerce on the Coromandel Coast.* Oxford University Press, New Delhi, 1986.

———. "Review Symposium." *Indian Economic and Social History Review* 21, no. 1, 1984, p. 111–116.

———. "Some Notes on the Dutch in Malacca and the Indo-Malayan Trade 1641–1670." *Journal of Southeast Asian History* 10, no. 3, Dec. 1969, p. 480–490.

———. "Weavers, Merchants and Company." *Indian Economic and Social History Review* 17, no. 3, 1980, 257–281.

Arbel, Benjamin. *Cyprus, the Franks and Venice, 13th–16th Centuries.* Variorum Collected Studies, Ashgate, Aldershot, 2000.

Arenson, Sarah. "Navigation and Exploration in the Medieval World," in E. Rice (ed.), *The Sea and History.* Sutton Publishing, Phoenix Mill, 1996, p. 111–125.

Argenti, Philip. *The Occupation of Chios by the Genoese and Their Administration of the Island, 1346–1566.* Cambridge University Press, 1958.

Aricanli, Tosun, and Mara Thomas. "Sidestepping Capitalism." *Journal of Historical Sociology* 7, no. 1, March 1994, p. 25–48.

Arnade, Peter, Martha Howell, and Walter Simons. "The Productivity of Urban Space in Northern Europe." *Journal of Interdisciplinary History* 32, no. 4, Spring 2002, p. 515–548.

Arnoux, Mathieu. "Innovation technique et genèse de l'entreprise" *Histoire, économie et Société* 20e, no. 4, Dec. 2001, p. 447–454.

Arrighi, Giovanni. *The Long Twentieth Century.* Verso, New York, 1994.

Asdracha, Catherine, and Robert Mantran. "A Confrontation in the East," in Robert Fossier (ed.), *The Cambridge Illustrated History of the Middles Ages, III, 1250–1520.* Cambridge University Press, 1986, p. 306–355.

Asher, Catherine and Cynthia Talbot. *India Before Europe.* Cambridge University Press, 2006.

Ashrafyan, K. Z. "Central Asia under Timur from 1370 to the Early 15th Century," in M. S. Asimov and C. E. Bosworth (eds.), "History of Civilizations of Central Asia." Multiple History Series, UNESCO Publishing, Paris, 1998, p. 319–345.

Ashtor, Eliyahu. "The Diet of Salaried Classes in the Medieval Near East." *Journal of Asian History* 4 (1970), p. 1–24.

———. *East–West Trade in the Medieval Mediterranean.* Edited by Benjamin Kedar. Variorum Reprints, London, 1986.

———. "The Economic Decline of the Middle East during the Later Middle Ages." *Asian and African Studies* 15, no. 3, Nov. 1981, p. 253–286.

———. "Les lainages dans l'Orient médiéval," in Marco Spallanzani (ed.). "Produzione, commercio e consumo dei panni di lana nei sec. XII–XVIII." Atti della seconda settimana di studio, aprile 1970, Istituto Internazionale di storia economica "F. Datini," L Olschki Editore, Firenze, 1976, p. 657–686.

———. "Le Proche-Orient au Bas Moyen-Âge. Une région sous-développée," in A. Guarducci (red.), "Sviluppo e sottosviluppo in Europa e fuori d'Europa dal secolo XIII alla Revoluzione Industriale." Atti della Decima settimana di studio 7–12 aprile 1978, Instituto Internazionale di Storia Economica "F. Datini," Serie II, 10, Prato, 1983, p. 375–433.

———. "Recent Research on Levantine Trade." *Journal of European Economic History* 14, no. 2, May–August, 1985, p. 361–385.

———. "Républiques urbaines dans le Proche-Orient à l'époque des croisades?" *Cahiers de la civilisation médiévale* 18, no. 2, Juin 1975, p. 117–131.

———. *Studies on the Levantine Trade in the Middle Ages.* Variorum Reprints, London, 1978.

———. *Technology, Industry and Trade.* Variorum Series, Norfolk, 1992.

———. "Underdevelopment in the Pre-Industrial Era." *Journal of European Economic History* 7, nos. 2–3, Fall–Winter 1978b, p. 285–310.

Ashtor-Strauss, Eliyahu. "L'administration urbaine en Syrie médiévale." *Rivista degli Studi Orientali* [Roma] 31 (1956), p. 73–128.

Astuti, Guido. "L'organizzazione giuridica del sistema coloniale e della navigazione mercantile delle città italiane nel medioevo," in Manlio Cortelazzo (ed.), "Mediterraneo e Oceano Indiano." Atti del Sesto Colloquio Internazionale di Storia Marittima, Venezia, 20–29 settembre 1962, L Olschki Editore, Firenze, 1970, p. 57–89.

Attman, Arthur. "The Flow Of Precious Metals along the Trade Routes between Europe and Asia up to 1800," in Karl R. Haellquist (ed.), *Asian Trade Routes. Continental and Maritime.* Studies on Asian Topics 13. Scandinavian Institute of Asian Studies, Copenhagen, 1991, p. 7–20.

Atwell, William. "Time, Money and the Weather," *Journal of Asian Studies* 61, no. 1, Feb. 2002, p. 83–113.

Aubin, Jean. "Le royaume d'Ormuz au début du XVIe siècle." *Mare Luso-Indicum* 2, 1973, p. 77–179.

———. "Y a-t-il eu interruption du commerce par mer entre le Golfe Persique et l'Inde du XI au XIVe siècle?" in "Océan Indien et Méditerranée." Travaux du 6e Colloque International d'Histoire Maritime et du 2e Congrès de l'Association Historique Internationale de l'Océan Indien, SEVPEN, Paris, 1964, p. 165–171.

Austen, Ralph. *Africa in Economic History.* Heinemann Books, Portsmouth, 1987.

———. "The Mediterranean Islamic Slave Trade Out of Africa," in Elizabeth Savage (ed.), *The Human Commodity.* Frank Cass, London, 1992, p. 214–248.

———. "On Comparing Pre-Industrial African and European Economies." *African Economic History* 19, 1991, p. 21–24.

Aymard, Maurice. "Markets and Rural Economies in Mediterranean Europe," in Jaime Torras et al., *Els Espais del Mercat.* Disputacio de Valencia, 1993, p. 289–300.

Babel, Rainer, and Jean-Marie Moeglin, eds. *Identité régionale et conscience nationale en France et en Allemagne du Moyen Âge à l'époque moderne.* Jan Thorbecke Verlag, Sigmaringen, 1997.

Bacharach, Jere. "Monetary Movements in Medieval Egypt," in J. F. Richards (ed.), *Precious Metals in the Later Medieval and Early Modern Worlds.* Carolina Academic Press, Durham, 1983, p. 159–181.

Baechler, Jean. *Esquisse d'une histoire universelle.* Éditions Gallimard, Paris, 2002.

———. *Le capitalisme.* Vol. 1, *Les Origines.* Éditions Gallimard, Paris, 1995.

———. "The Origins of Modernity," in J. Baechler, J. Hall, and M. Mann (eds.), *Europe and the Rise of Capitalism.* Basil Blackwell, New York, 1988, p. 39–65.

Bairoch, Paul. "L'urbanisation des sociétés traditionnelles," in S. Cavaciochi (red.), "Metodi risultati e prospettive della storia economica secc. XIII–XVIII." Atti della 'Ventesima Settimana di Studi,' 19–23 aprile 1988, Instituto Internazionale di Storia Economica "F Datini," serie II, Prato, 1989, p. 193–233.

———. *Victoires et déboires.* Éditions Gallimard, Paris, 1997.

Balabanlilar, Lisa. "Lords of the Auspicious Conjunction." *Journal of World History* Vol. 18, no. 1, 2007, p. 1–39.

Balard, Michel. "L'activité commerciale en Chypre dans les années 1300," in Peter Edbury (ed.), *Crusade and Settlement.* University College Cardiff Press, 1985, p. 251–263.

———. "Byzance et les régions septentrionales de la mer Noire (XIIIe–XVe siècles)." *Revue Historique* 288/1, no. 583, July–Sept, 1992, p. 19–38.

———. dir. *État et colonisation au Moyen Âge.* La Manufacture, Lyon, 1989.

———. "État et colonisation au Moyen Âge. Bilan et perspectives," in Jean-Philippe Genet (ed.), "L'état Moderne." Éditions du CNRS, Paris, 1990, p. 65–73.

———. "Gênes et la mer Noire." *Revue Historique* 270/1, no. 547, July–Sept, 1983, p. 31–54.

———. "Les Génois dans l'Ouest de la mer Noire au XIVe siècle," in M. Berza and E. Stanescu (eds.), "Actes du XIVe congrès international des études Byzantines," Editura Academiei Republicii Socialiste Romania, Bucuresti, 1975, p. 21–32.

———. "Les Génois en Asie centrale et en Extrême-Orient au XIVe siècle," in *Économies et Sociétés au Moyen Âge.* Publications de la Sorbonne, Série "Études" Tome 5, Paris, 1973, p. 681–689.

———. "Il Mar Nero, Venezia e l'Occidente intorno al 1200," in Wolfgang von Stromer (ed.), *Venedig und die Weltwirtschaft um 1200.* Jan Thorbecke Verlag, Stuttgart, 1999, p. 191–202.

———. "L'impact des produits du Levant sur les économies européennes (XII–XVe siècles)," in Simonetta Cavaciocchi (red.), "Prodotti e techniche d'oltremare nelle economie europee secc. XIII–XVIII." Atti della 'Ventinovesima Settimana di Studi,' 14–19 aprile 1997, Le Monnier, Istituto Internazionale di Storia Economica "F. Datini," Prato, 1998, p. 31–57.

———. *La mer Noire et la Romanie génoise (XIIIe–XVe siècles).* Variorum Reprints, London, 1989.

———. "La 'Révolution Nautique' à Gênes," in Christiane Villain-Gandossi, Salvino Busttil, and Paul Adam (eds.), *Medieval Ships and the Birth of Technological Societies.* Vol. 2, *The Mediterranean Area and European Integration.* Foundation for International Studies, University of Malta, 1991, p. 113–123.

———. *La Romanie génoise.* 2 vols. Atti della Società Ligure Storia Patria, Genoa, 1978.

Balard, Michel, and Alain Ducellier. "Conclusion," in Michel Balard and Alain Ducellier (dirs.), *Coloniser au Moyen Âge.* Armand Colin, Paris, 1995, p. 395–396.

———, dirs. *Le Partage du Monde. Échanges et colonisation dans la Méditerranée médiévale.* Publications de la Sorbonne, Paris, 1998.

Balazs, Étienne. *Chinese Civilization and Bureaucracy.* New Haven, Yale University Press, 1972.

———. "Urban Developments," in James Liu and Peter Golas (eds.), *Change in Sung China. Innovation or Renovation?* DC Heath and Co, Lexington, MA, 1969, p. 15–19.

Balletto, Laura. "Commercio di grano dal Mar Nero all'Occidente (1290–91)." *Critica storica* 14, 1977, p. 57–65.

———. *Genova, Mediterraneo, Mar Nero (secc. XII–XV).* Civico Istituto Colombiano (Studi e testi, Serie Storica 1), Genova, 1976.

Banaji, Jairus. "Islam, the Mediterranean and the Rise of Capitalism." *Historical Materialism,* Vol. 15, no. 1, 2007, p. 47–74.

Bang, P. F. "Rome and the Comparative Study of Tributary Empires." *Medieval History Journal* 6, no. 2, Dec. 2003, p. 189–216.

Baradat, Leon. *Political Ideologies.* Prentice Hall, NJ, 1988.

Baratier, Édouard. "L'activité des Occidentaux en Orient au Moyen Âge," in Michel Mollat (dir.), *Sociétés et compagnies de commerce en Orient et dans l'océan Indien.* SEVPEN, Paris, 1970, p. 333–341.

Barendse, R. J. *The Arabian Seas.* M. E. Sharpe, Armonk, NY, 2002.

———. "Trade and State in the Arabian Seas." *Journal of World History* 11, no. 2, 2000, p. 173–225.

Barfield, T. J. *The Perilous Frontier, Nomadic Empires and China.* Oxford University Press, 1989.

Barfield, Thomas. "The Devil's Horsemen," in S. P. Reyna and R. E. Downs (eds.), *Studying War.* Gordon and Breach Science Publishers, Amsterdam, 1994, p. 157–184.

Barnett, Jo Ellen. *Time's Pendulum.* Plenum Trade: New York, 1998.

Bartlett, Robert. *The Making of Europe.* Princeton University Press, 1993.

Basa, Kishor. "Indian Writings on Early History and Archeology of Southeast Asia." *Journal of the Royal Asiatic Society* 8, no. 3, Nov. 1998, p. 395–410.

Baskin, Jonathan, and Paul Miranti. *A History of Corporate Finance.* Cambridge University Press, 1999.

Bauer, Leonhard, and Herbert Matis. *Geburt der Neuzeit.* Deutscher Taschenbuch Verlag, München, 1988.

Baumgartner, Tom, Walter Buckley, and Tom Burns. "Unequal Exchange and Uneven Development: The Structuring of Exchange Patterns." *Studies in Comparative International Development* 11, no. 2, Summer 1976, p. 51–72.

Bautier, Robert. "La circulation fluviale dans la France médiévale," in "Recherches sur l'économie de la France médiévale." Actes du 112e congrès national des sociétés savantes, Éditions CTHS, Paris, 1989, p. 7–36.

———. *Commerce méditerranéen et banquiers italiens au Moyen Âge.* Variorum, Norfolk, 1992.

Bayly, C. A. "India and West Asia, c. 1700–1830." *Asian Affairs* 19, no. 1, Feb. 1988, p. 3–19.

———. *Rulers, Townsmen and Bazaars.* Cambridge University Press, 1983.

———. "South Asia and the Great Divergence." *Itinerario* 24, nos. 3/4, 2000, p. 89–103.

Beaujard, Philippe. "The Indian Ocean in Eurasian and African World-Systems before the Sixteenth Century." *Journal of World History* 16, no. 4, Dec. 2005, p. 411–465.

Bélénitsky, A. M. "Les Mongols et l'Asie Centrale." *Cahiers d'Histoire Mondiale* 5, no. 3, 1960, p. 606–620.

Belshaw, C. S. *Traditional Exchange and Modern Markets.* Prentice Hall, Englewood Cliffs, NJ, 1965.

Bendix, Reinhard. *Kings or People.* University of California Press, 1978.

Benevolo, Leonardo. *De Europese stad.* Agon, Amsterdam, 1993.

Bentley, Jerry. *Old World Encounters.* Oxford University Press, 1993.

Berg, Maxine. "In Pursuit of Luxury." *Past and Present* 182, Feb. 2004, p. 85–142.

Bergère, Marie-Claire. "On the Historical Origins of Chinese Underdevelopment." *Theory and Society* 13, no. 3, May 1984, p. 327–337.

Berkey, Jonathan. "The Muhtasibs of Cairo under the Mamluks," in Michael Winter and Amalia Levanoni (eds.), *The Mamluks in Egyptian and Syrian Politics and Society.* Brill, Boston, 2004, p. 245–276.

Bernard, Jacques. "Trade and Finance in the Middle Ages, 900–1500," Carlo Cipolla (ed.), *The Fontana Economic History of Europe.* Vol. 1, *The Middle Ages.* Barnes & Noble, New York, 1976, p. 274–338.

Berza, M. "La mer Noire à la fin du Moyen Âge." *Balcania* 4, 1941, p. 409–435.

Bing, Zhao. "L'importation de la céramique chinoise à Sharma (Hadramaout) au Yémen." *Annales Islamologiques* 38, no. 1, 2004, p. 255–284.

Black, Anthony. "Decolonization of Concepts." *Journal of Early Modern History* 1, no. 1, 1997, p. 55–69.

Blake, Steven. "The Patrimonial-Bureaucratic Empire of the Mughals." *Journal of Asian Studies* 39, no. 1, 1979, p. 77–94.

Blanchard, Ian. *Mining, Metallurgy and Minting in the Middle Ages Vol. 3.* Franz Steiner Verlag, Stuttgart, 2005.

———. "African Gold and European Specie Markets," Paper presented at the Conference "Relazioni economiche tra Europa e mondo islamico", Fondazione Istituto Internazionale di Storia Economica "F. Datini" Prato, 1-5 maggio 2006.

Blanks, David. "Mountain Society: Village and Town in Medieval Foix," in Kathryn Reyerson and John Drendel (eds.), *Urban and Rural Communities in Medieval France. Provence and Languedoc, 1000–1500.* Brill, Boston, 1998, p. 163–192.

Blaut, J. M. *The Colonizer's Model of the World.* Guilford Press, New York, 1993.

Blickle, Peter. "The Rural World and the Communal Movement," in Eloy Ruano and Manuel Burgos (eds.), "Chronological Section I." 17th International Congress of Historical Sciences, Comité International des Sciences Historiques, Madrid, 1992, p. 95–99.

Bloch, Marc. *Feudal Society.* Chicago: University of Chicago Press, 1966.

Blockmans, Wim. "De Bourgondische Nederlanden." *Handelingen van de Koninklijke Kring voor Oudheidkunde, Letteren en Kunst van Mechelen* 77, no. 2, 1973, p. 7–26.

———. "The Economic Expansion of Holland and Zeeland in the 14th–16th Centuries," in Erik Aers, Brigitte Heneau, Paul Janssens, and Raymond van Uytven (eds.), *Studia Historica Oeconomica.* University Press Leuven, 1993, p. 41–58.

———. *A History of Power in Europe.* Fonds Mercator Paribas, Antwerp, 1997.

———. "The Impact of Cities on State Formation," in Peter Blickle (ed.), *Resistance, Representation, and Community.* Clarendon Press, Oxford, 1997b, p. 256–271.

———. "De ontwikkeling van een verstedelijkte samenleving," in Els Witte (red.), *Geschiedenis van Vlaanderen.* La Renaissance du Livre, Bruxelles, 1983, p. 43–103.

———. "A typology of representative institutions in late medieval Europe." *Journal of Medieval History*, 1978, 4:189–215.

———. "Beheersen en overtuigen." *Tijdschrift voor Sociale Geschiedenis*, jg. 16, 1, 1990, p. 18–30.

———. La manipulation du consensus," in Sergio Gensini (ed.), *Principi e città alla fine del medioevo.* Ministero per i beni culturali e ambientali, Pisa 1996, p. 433–447.

———. "De volksvertegenwoordiging in Vlaanderen in de overgang van middeleeuwen naar nieuwe tijden." Verhandelingen van de koninklijke academie voor wetenschappen, letteren en schone kunsten van Belgie, Klasse der Letteren 40, no. 90, Brussels, 1978.

Blockmans, Wim, and Jean-Philippe Genet. "Origins of the Modern State in Europe," in Wim Blockmans, Jorge Borges de Macedo, and Jean-Philippe Genet (eds.), *The Heritage of the Pre-Industrial European State.* Arquivos Nacionais/Torre do Tombo, Lisboa, 1996, p. 11–21.

Blockmans, Wim, and Walter Prevenier. "Poverty in Flanders and Brabant from the 14th to the Mid-16th Century," in *Acta Historiae Neerlandicae,* Vol 10. Boston, Nijhoff, 1978, p. 20–57.

Blomquist, Thomas. "Alien Coins and Foreign Exchange Banking in a Medieval Commune." *Journal of Medieval History* 20, Dec. 1994, p. 337–346.

———. "The Dawn of Banking in an Italian Commune," in *The Dawn of Modern Banking.* Yale University Press, New Haven, 1979, p. 53–75.

———. "The Drapers of Lucca and the Marketing of Cloth in the Mid-Thirteenth Century," in David Herlihy, Robert Lopez, and Vsevolod Slessarev (eds.), *Economy, Society and Government in Medieval Italy.* Kent State University Press, Ohio, 1969, p. 65–73.

Blum, Jerome. *Lord and Peasant in Russia from the 9th to the 19th Century.* Princeton University Press, 1972.

Bochaca, Michel. "L'aire d'influence et l'espace de relations économiques de Bordeaux vers 1475." in Noël Coulet and Olivier Guyotjeannin (dir.), *La Ville au Moyen Âge.* Éditions du Comité des travaux historiques et scientifiques, Paris, 1998, p. 279–292.

———. *La Banlieu de Bordeaux.* Éditions l'Harmattan, Paris, 1997.

Bogucka, Maria. "The Towns of East-Central Europe from the 14th to the 17th Century," in Antoni Maczak, Henryk Samsonowicz, and Peter Burke (eds.), *East-Central Europe in Transition.* Cambridge University Press, New York, 1985, p. 97–108.

Bois, Guy. "D'une économie des faits économiques à une histoire de l'économie médiévale." *Histoire and Sociétés Rurales* 3, 1995, p. 87–93.

———. "On the Crisis of the Late Middle Ages." *Medieval History Journal* 1, no. 2, Dec. 1998, p. 311–321.

———. *La grande dépression médiévale, XIVe et XVe siècles.* Presses Universitaires de France, Paris, 2000.

———. "Sur la crise du mode de production féodal," in Bernard Chavance (ed.), "Marx en perspective." Éditions de l'École des Hautes études en Sciences Sociales, Paris, 1985, p. 189–202.

Bonenfant, P., and G. Despy. "La noblesse en Brabant aux XIIe et XIIIe siècles." *Le Moyen Âge* 64, 1958, p. 27–66.

Bonney, Richard. "Introduction," in Richard Bonney, *Economic Systems and State Finance.* Oxford University Press, 1995, p. 1–18.

Boone, James, Emlen Myers, and Charles Redman. "Archaeological and Historical Approaches to Complex Societies." *American Anthropologist* 92, no. 3, 1990, p. 630–646.

Boone, Marc. "La construction d'un républicanisme urbain," in D. Menjot and J. L. Pinols (eds.), *Enjeux et expressions de la politique municipale (XIIe–XXe siècles).* L'Harmattan, Paris, 1997, p. 41–60.

———. "Droit de bourgeoisie et particularisme urbain dans la Flandre bourguignonne et habsbourgeoise." *Revue belge de philologie et d'histoire* 74, nos. 3–4, 1996, p. 707–725.

———. "Les ducs, les villes et l'argent des contribuables," in Ph. Contamine et al., *L'impôt au Moyen Âge.* Vol. 2, *Les espaces fiscaux.* Ministère de l'Économie, des Finances et de l'Industrie, Paris, 2002, p. 323–341.

———. "Les gens de métiers et l'usage de la violence dans la société urbaine flamande à la fin du Moyen Âge." *Revue du Nord* 87, no. 359, Mars 2005, p. 7–33.

———. "Gent en de Bourgondische hertogen ca. 1384–1453." Verhandelingen van de koninklijke academie voor Wetenschappen, Letteren en Schone kunsten van Belgie, KdL 52, no. 133, Brussels, 1990.

———. "Les métiers dans les villes flamandes au bas Moyen Âge (XIV–XVI siècles)," in P. Lambrechts and J. P. Sosson (eds.), *Les métiers au Moyen Âge. Aspects économiques et sociaux.* Université Catholique de Louvain-La-Neuve, 1994, p. 1–22.

———. "Openbare diensten en initiatieven te Gent tijdens de Late Middeleeuwen." Actes du 11e Colloque International, Spa, Sep. 1–4, 1982. Crédit Communal, Collection Histoire 8, no. 65, Bruxelles, 1984, p. 71–114.

———. "Städtische Selbstverwaltungsorgane vom 14. Bis 16. Jahrhundert," in Wilfried Ehbrecht (ed.), *Verwaltung und Politik in Städten Mitteleuropas.* Böhlau Verlag, Köln, 1994b, p. 21–46.

———. "La terre, les hommes et les villes," in "Cities and the Transmission of Cultural Values in the Late Middle Ages and Early Modern Period." Crédit Communal, no. 96, Bruxelles, 1996b, p. 153–173.

———. "Triomferend privé-initiatief versus haperend overheidsoptreden?" *Tijdschrift voor Sociale Geschiedenis* 15, no. 2, May 1989, p. 113–138.

———. "Urban Space and Political Conflict in Late Medieval Flanders." *Journal of Interdisciplinary History* 32, no. 4, 2002b, p. 621–640.

Boone, Marc, and Hanno Brand. "Vollersoproeren en collectieve actie in Gent en Leiden in de 14e–15e eeuw." *Tijdschrift voor Sociale Geschiedenis* 19, no. 2, May 1993, p. 168–192.

Boone, Marc, and Jan Dumolyn. "Les officiers-créditeurs des ducs de Bourgogne dans l'ancien comté de Flandre," in "Rencontres d'Asti-Chambery," Sept. 24–27, 1998, Publication du Centre Européen d'études bourguignonnes (XIVe–XVIe siècles.) 39, 1999, p. 225–241.

Boone, Marc, and Maarten Prak. "Rulers, Patricians and Burghers," in Karel Davids and Jan Lucassen (eds.), *A Miracle Mirrored*. Cambridge University Press, 1995, p. 99–134.

Boone, Marc, and Peter Stabel. *Shaping Urban Identity in Late Medieval Europe*. Garant, Leuven, 2000.

Boone, Marc, and Walter Prevenier, eds. *Drapery Production in the Late Medieval Low Countries: Markets and Strategies for Survival (14th–16th Centuries)*. Garant, Leuven, 1993.

Boone, Marc, Hanno Brand, and Walter Prevenier. "Révendications salariales et conjuncture économique: les salaires de foulons à Gand et à Leyde au XVe siècle" in Erik Aers, Brigitte Heneau, Paul Janssens, and Raymond van Uytven (eds.), *Studia Historica Oeconomica. Liber amicorum Herman van der Wee*. University Press Leuven, 1993, p. 59–74.

Boris, Dieter. "Plus Ultra—bis ans Ende der Welt." *Peripherie* 11, nos. 43/44, 1991, p. 94–114.

Borlandi, Franco. "Futainers et futaines dans l'Italie du Moyen Âge," in *Éventail de l'histoire vivante. Hommage à Lucien Febvre*. Librairie Armand Colin, Paris, 1954, p. 133–140.

Borsa, Giorgio. "Recent Trends in Indian Ocean Historiography 1500–1800," in Giorgio Borsa (ed.), *Trade and Politics in the Indian Ocean. Historical and Contemporary Perspectives*. Manohar Publications, New Delhi, 1990, p. 3–14.

Boserup, E. *The Conditions of Agricultural Progress*. Aldine, Chicago, 1965.

Bouayed, Mahmoud-Agha. "Le port de Hunayn, trait d'union entre le Maghreb central et l'Espagne au Moyen Âge," in Mercedes García-Arenal and María Viguera (eds.), *Relaciones de la península ibérica con el Magreb siglos XIII–XVI*. Consejo Superior de Investigaciones Científicas, Madrid, 1988, p. 325–359.

Bouchon, Geneviève. *Inde découverte, Inde Retrouvée 1498–1630*. Centre Culturel Calouste Gulbenkian, Paris/Lisboa, 1999.

———. "Les musulmans du Kerala à l'époque de la découverte portugaise." *Mare Luso-Indicum* 2, 1973, p. 3–59.

Bouchon, Geneviève, and Denys Lombard. "The Indian Ocean in the Fifteenth Century," in Ashin Das Gupta and M. N. Pearson (eds.), *India and the Indian Ocean 1500–1800*. Oxford University Press, New Delhi, 1987, p. 46–70.

Boutillier, S., and D. Uzunidis. *La légende de l'entrepreneur*. La Découverte, Paris, 1999.

Bouvier, Jean, and Henry Germain-Martin. *Finances et financiers de l'Ancien Régime*. Presses Universitaires de France, Paris, 1964.

Bove, Boris. *Dominer la ville. Prévôts des marchands et échevins parisiens de 1260 à 1350*. Éditions du CTHS (Comité des travaux historiques et scientifiques), Paris, 2004.

Bovill, E. W. *The Golden Trade of the Moors*. Oxford University Press, London, 1968.

Bowles, Samuel. "Class versus World-Systems Analysis? Epitaph for a False Opposition." *Review* 11, no. 4, 1988, p. 433–451.

Bowsky, William. *The Finance of the Commune of Sienna 1287–1355*. Clarendon Press, Oxford, 1970.

Boxer, C. R. "A Note on Portuguese Relations to the Revival of the Red Sea Spice Trade and the Rise of Atjeh, 1540–1600." *Journal of Southeast Asian History* 10, no. 3, Dec. 1969, p. 415–428.

Boyle, John A. *The Mongol World Empire, 1206–1370*. Variorum Reprints, London, 1977.

Bozorgnia, S. M. *The Role of Precious Metals in European Economic Development*. Greenwood Press, Westport, CT, 1998.

Bradley, Helen. "The Datini Factors in London, 1380–1410," in Dorothy Clayton, Richard Davies, and Peter McNiven (eds.), *Trade, Devotion and Governance*. Alan Sutton, Dover, NH, 1994, p. 55–79.

Brady, Thomas. "The Rise of Merchant Empires, 1400–1700," in James Tracy (ed.), *The Political Economy of Merchant Empires.* Cambridge University Press, 1991, p. 117–160.

Brady Thomas, Jr. "Cities and State-Building in the South German-Swiss Zone of the 'Urban Belt,' " in Peter Blickle (ed.), *Resistance, Representation and Community.* Clarendon Press, Oxford, 1997, p. 236–250.

Brand, Hanno. *Over macht en overwicht. Stedelijke elites in Leiden (1420–1510).* Garant, Leuven, 1996.

Brand, Hanno. "Urban Policy or Personal Government: The Involvement of the Urban Elite in the Economy of Leiden at the End of the Middle Ages," in Herman Diederiks, Paul Hohenberg, and M. Wagenaar (eds.), *Economic Policy in Europe since the Late Middle Ages.* Leicester University Press, 1992, p. 17–34.

Brand, Hanno, and Peter Stabel. "De ontwikkeling van vollerslonen in enkele laat–middeleeuwse textielcentra in de Nederlanden," in Jean Marie Duvosquel, and Erik Thoen (eds.), *Peasants and Townsmen in Medieval Europe.* Centre Belge d'Histoire Rurale, Gent, 1995, p. 203–222.

Bratianu, G. I. "La mer Noire, plaque tournante du trafic international à la fin du Moyen Âge." *Revue Historique du Sud-Est Européen* 21, 1944, p. 36–69.

Braudel, Fernand. *Afterthoughts on Material Civilization and Capitalism.* Johns Hopkins University Press, Baltimore, 1977.

———. *A History of Civilizations.* Penguin Books, NY, 1993.

———. *The Perspective of the World.* University of California Press, Berkeley, 1992b.

———. *The Wheels of Commerce.* University of California Press, Berkeley, 1992.

Braunstein, Philippe. "Les Forges champenoises de la comtesse de la Flandre (1372–1404)." *Annales ESC* 42, no. 4, July–August 1987, p. 747–777.

———. "Les métiers du métal. Travail et entreprise à la fin du moyen âge," in P. Lambrechts and J. P. Sosson (eds.), *Les métiers au Moyen Âge. Aspects économiques et sociaux.* Université Catholique de Louvain-La-Neuve, 1994, p. 23–34.

———, ed. *La sidérurgie alpine en Italie.* École Française de Rome, Rome, 2001.

Brenner, Robert. "Agrarian Class Structure and Economic Development in Pre-Agrarian Europe," in T. H. Aston and C.H.E. Philpin (eds.), *The Brenner Debate.* Cambridge University Press, [1976] 1985, p. 10–63.

———. "The Agrarian Roots of European Capitalism," in T. H. Aston and C.H.E. Philpin (eds.), *The Brenner Debate.* Cambridge University Press, [1976] 1985, p. 213–327.

———. "The Low Countries in the Transition to Capitalism," in Peter Hoppenbrouwers and Jan van Zanden (eds.), *Peasants into Farmers?* Brepols, Turnhout, 2001, p. 275–338.

———. "The Origins of Capitalist Development: A Critique of Neo-Smithian Marxism." *New Left Review* 104, July–August 1977, p. 25–92.

———. "The Social Basis of Economic Development," in John Roemer (ed.), *Analytical Marxism.* Cambridge University Press, 1986, p. 23–53.

Brenner, Robert, and Christopher Isett. "England's Divergence from China's Yangzi Delta." *Journal of Asian Studies* 61, no. 2, May 2002, p. 609–662.

Breton, Roland. "L'Inde, de l'empire Chola aux premiers Sultans de Delhi," in Georges Duby and Robert Mantran (dir.), *L'Eurasie XI–XIIIe siècles.* Presses Universitaires de France, Paris, 1982, p. 441–463.

Brett, Michael. "The Arab Conquest and the Rise of Islam in North Africa," in J. D. Fage (ed.), *The Cambridge History of Africa.* Vol. 2, *From c. 500 B.C. to A.D. 1050.* Cambridge University Press, 1978, p. 522–543.

———. "The Armies of Ifriqiya, 1052–1160." *Cahiers de Tunisie* 48, no. 170, 1995, p. 107–125.

———. "The City-State in Medieval Ifriqiya." *Cahiers de Tunisie* 34, 1986, p. 69–94.

———. "Ifriqiya as a Market for Saharan Trade from the Tenth to the Twelfth Century." *Journal of African History* 10, 1969, p. 347–364.

Brett, Michael, and Elizabeth Fentress. *The Berbers*. Blackwell, Oxford, 2002.

Bridbury, A. R. *England and the Salt Trade in the Later Middle Ages*. Greenwood Press, Westport, CT, 1973 edition.

Britnell, R. H. "Commerce and Capitalism in Late Medieval England," *Journal of Historical Sociology* 6, no. 4, Dec. 1993b, p. 359–376.

———. *The Commercialisation of English Society, 1000–1500*. Cambridge University Press, 1993a.

———. "Commercialisation and Economic Development in England, 1000–1300," in R. H. Britnell and B. M. S. Campbell (eds.), *A Commercialising Economy*. Manchester University Press, 1995.

———. "The English Economy and the Government, 1450–1550," in John L. Watts (ed.), *The End of the Middle Ages?* Sutton Publishing, Phoenix Mill, UK, 1998, p. 89–116.

———. "The Towns of England and Northern Italy in the Early 14th Century." *Economic History Review* 44, no. 1, February 1991, p. 21–35.

———. "Specialization of Work in England, 1100–1300," *Economic History Review* 54, no. 1, 2001, p. 1–16.

Britnell, R. H., and B. M. S. Campbell, eds. *A Commercialising Economy. England 1086 to circa 1300*. Manchester University Press, 1995.

Brooks, George. *Landlords and Strangers. Ecology, Society and Trade in Western Africa, 1000–1630*. Westview Press, Boulder, CO, 1993.

Brose, Michael. "Central Asians in Mongol China." *Medieval History Journal* 5, no. 2, Dec. 2002, p. 267–289.

Brucker, Gene. *Florence. The Golden Age 1138–1737*. University of California Press, Berkeley, 1998.

———. "The Florentine Popolo Minuto and its Political Role, 1340–1450," in Lauro Martines (ed.), *Violence and Civil Disorder in Italian Cities*. University of California Press, Berkeley, 1972, p. 155–183.

Brunschvig, Robert. *La berbérie orientale sous les Hafsides*. Vol. 2. Librairie d'Amérique et d'Orient, Paris, 1947.

Bruwier, Marinette. "La bourgeoisie fouraine en Hainaut au Moyen Âge." *Revue Belge de Philologie et d'Histoire* 2, no. 33, 1955, p. 900–920.

———. "Études sur le réseau urbain en Hainaut de 1350 à 1850." Actes du 15e Colloque International à Spa le 4–6 Sept. 1990, "Le Réseau urbain en Belgique dans une perspective historique (1350–1850)." Bruxelles, Crédit Communal, no. 86, 1992, p. 251–316.

Budak, Neven. "Elites cittadine in Dalmazia nel tre-e quattrocento," in Michele Ghezzo (red.), "Cittá e sistema Adriatico alla fine del medioevo." Atti e memorie della societá dalmata di storia patria 26, UNIPRESS, Padova, Dec. 1997, p. 161–180.

Buell, Paul. "Early Mongol Expansion in Western Siberia and Turkestan." *Central Asiatic Journal* 36, no. 1–2, 1992, p. 1–32.

Bugge, Henriette. "Silk to Japan." *Itinerario* 13, no. 2, 1989, p. 25–44.

Bullard, Melissa. "Grain Supply and Urban Unrest in Renaissance Rome" in P. Ramsey (ed.) *Rome in the Renaissance*. Center for Medieval and Early Renaissance Studies, Binghamton, New York, 1982, p. 279–292.

Bulliet, Richard. *The Patricians of Nishapur*. Cambridge, 1972.

Bulst, Neithard. "Les officiers royaux en France dans la deuxième moitié du XVe siècle" in Jean-Philippe Genet and Günther Lottes (eds.), *L'État moderne et les élites*. Publications de la Sorbonne, Paris, 1996, p. 111–121.

Burman, Edward. *The World before Columbus, 1100–1492.* W. H. Allen, London, 1989.

Burns, Ignatius R. "The Catalan Company and the European Powers, 1305–1311." *Speculum* 29, no. 4, Oct. 1954, p. 751–771.

Byres, T. J. *Capitalism from Above and Capitalism from Below.* St. Martin's Press, New York, 1996.

Byres, Terence. "Political Economy, the Agrarian Question and the Comparative Method." *Journal of Peasant Studies* 32, no. 4, July 1995, p. 561–580.

Cahen, Claude. "L'alun avant Phocée." *Revue d'Histoire Économique et Sociale* 41, 1963, p. 433–447.

———. "Economy, Society, Institutions," in P. M. Holt, Ann Lambton, and Bernard Lewis (eds.), *The Cambridge History of Islam.* Vol 2B, *Islamic Society and Civilization.* Cambridge University Press, 1980, p. 511–538.

———. *Les peoples musulmans dans l'histoire médiévale.* Institut Français de Damas, 1977.

———. *Orient et Occident au temps des Croisades.* Éditions Aubier Montaigne, Paris, 1983.

———. "Quelques Mots sur le Déclin Commercial du Monde Musulman à la Fin du Moyen Âge," in M. A. Cook, *Studies in the Economic History of the Middle East.* Oxford University Press, London, 1970, p. 31–36.

Caille, Jacqueline. "Urban Expansion in the Region of Languedoc from the 11th to the 14th Century," in Kathryn Reyerson and John Drendel (eds.), *Urban and Rural Communities in Medieval France.* Brill, Boston, 1998, p. 51–72.

Campbell, B. M. S. "Ecology versus Economics in Late Thirteenth- and Early Fourteenth-Century English Agriculture," in Del Sweeney (ed.), *Agriculture in the Middle Ages.* University of Pennsylvania Press, Philadelphia, 1995c, p. 76–108.

———. "Measuring the Commercialisation of Seigneurial Agriculture *circa* 1300," in R. H. Britnell and B.M.S. Campell (eds.), *A Commercialising Economy. England 1086 to circa 1300.* Manchester University Press, 1995, p. 132–193.

———. "Progressiveness and Backwardness in 13th and Early 14th Century English Agriculture," in J. M. Duvosquel and E. Thoen (eds.), *Peasants and Townsmen in Medieval Europe.* Snoeck-Ducaju, Gent, 1995b, p. 541–560.

Cancellieri, Jean. "Corses et Génois: éléments pour une phénoménologie de la colonisation dans la Méditerranée médiévale," in Michel Balard (dir.), *État et colonisation au Moyen Âge et à la Renaissance.* La Manufacture, Lyon, 1989, p. 35–53.

Cantor, N. F. *The Meaning of the Middle Ages.* Allyn and Bacon, Boston, 1973.

Cardon, Dominique. *La draperie au Moyen Âge. Essor d'une grande industrie européenne.* CNRS Éditions, Paris, 1999.

Cardwell, Donald. *The Fontana History of Technology.* Fontana Press, London, 1994.

Carpenter, Christine. "Town and Country: The Stratford Guild and Political Networks of 15th-Century Warwickshire," in Robert Bearman (ed.), *The History of an English Borough: Stratford-upon-Avon 1196–1996.* Sutton Publishing, Cornwall, 1997, p. 62–79.

Carrère, Claude. "La draperie en Catalogne et en Aragon au XVe siècle," in Marco Spallanzani (ed.), "Produzione, commercio e consumo dei panni di lana nei sec. XII-XVIII." Atti della seconda settimana di studio (10–16 aprile 1970). Istituto Internazionale di Storia Economica "F. Datini," L Olschki Editore, Firenze, 1976, p. 475–509.

Cartier, Michel. "L'Asie Orientale face à la conquête mongole," in Georges Duby and Robert Mantran (dirs.), *L'Eurasie XI–XIIIe siècles.* Presses Universitaires de France, Paris, 1982, p. 503–517.

Carus-Wilson, Eleonora. "The Industrial Revolution of the Thirteenth Century" *Economic History Review* 11, no. 1, 1941, p. 41–60.

———. "The Overseas Trade of Late Medieval Coventry," in *Économies et Sociétés au Moyen Âge*. Publications de la Sorbonne, Série "Études," Paris, 1973, 371–381.

———. "The Woollen Industy," in M. Postan and E. Rich, *The Cambridge Economic History of Europe*. Cambridge University Press, 1952, 2:355–428.

Cazel, Fred A. "Royal Taxation in 13th Century England," in 'L'Impôt dans le cadre de la ville et de l'état." Actes du Colloque International à Spa, Sept. 6–9, 1964. Pro Civitate Collection Histoire, No. 13, Bruxelles, 1966, p. 99–117.

Chakrabarty, Dipesh. *Provincializing Europe*. Princeton University Press, 2002.

Chakravarti, Ranabir. "Coastal Trade and Voyages in Konkan." *Indian Economic and Social History Review* 35, no. 2, 1998, p. 97–123.

———. "An Enchanting Seascape." *Studies in History* 20, no. 2, Dec. 2004, p. 305–315.

———. "Nakhudas and Nauvittakas: Ship-Owning Merchants in the West Coast of India (1000–1500)." *Journal of the Economic and Social History of the Orient* 43, no. 1, Feb. 2000, p. 34–64.

Chakravarti, Ranabir. "Overseas Transportation and Shipping of Horses in Medieval India," in K. S. Matkew (ed.), *Indian Ocean and Cultural Interaction (A.D. 1400–1800)*. Pondicherry University, 1996, p. 149–160.

Chamberlain, Michael. *Knowledge and Social Practice in Medieval Damascus*. Cambridge University Press, 1994.

Champakalakshmi, R. "State and Economy: South India *circa* A.D. 400–1300," in Thapar Romila (ed.), *Recent Perspectives of Early Indian History*. Popular Prakashan, Bombay, 1995, p. 266–308.

———. *Trade, Ideology and Urbanization. South India 300 B.C. to A.D. 1300*. Oxford University Press, 1996.

———. "Urbanization in South India." *Social Scientist*, Aug.–Sep. 1987.

Champakalakshmi, R. et al. *State and Society in pre-modern South India*. Cosmobooks, Thrissur, 2002.

Chan, Hok-Lam. "The Organization and Utilization of Labor Service under the Jurchen Ch'in Dynasty." *Harvard Journal of Asiatic Studies* 52, no. 2, 1992, p. 613–664.

Chandra, Satish. "Commercial Activities of the Mughal Emperors During the 17th Century," in Satish Chandra (ed.), *Essays in Medieval Indian Economic History*. Munshiram Manoharlal Publishers, New Delhi, 1987, p. 163–169.

———. *Medieval India*. Part I, *Delhi Sultanat: 1206–1526*. Har-Anand Publications, New Delhi, 1997.

Chang, Keui-Sheng. "The Maritime Scene in China at the Dawn of Great European Discoveries." *Journal of the American Oriental Society* 94, 1974, p. 347–359.

Chang, Pin-Tsun. "The First Chinese Diaspora in Southeast Asia in the Fifteenth Century," in Roderich Ptak and Dietmar Rothermund (eds.), *Emporia, Commodities, and Entrepreneurs in Asian Maritime Trade, c. 1400–1750*. Franz Steiner Verlag, Stuttgart, 1991b, p. 13–28.

———. "Smuggling as an Engine of Growth," in "The North Pacific to 1600." Proceedings of the Great Ocean Conferences. Oregon Historical Society, Portland, Oregon, 1991, 1:241–258.

———. "Work Ethics without Capitalism," in K. A. Sprengard and Roderich Ptak (eds.), *Maritime Asia. Profit Maximisation, Ethics and Trade Structure, c. 1300–1800*. Harrasowitz Verlag, Wiesbaden, 1994, p. 61–73.

Chapelot, Odette, and Jean Chapelot. "L'artisanat de la poterie et de la terre cuite architecturale," in M. Mousnier (ed.), *L'artisan au village dans l'Europe médiévale et moderne*. Presses Universitaires du Mirail, Toulouse, 2000, p. 87–147.

Chase-Dunn, Christopher, and Peter Grimes. "World-Systems Analysis." in *Annual Review of Sociology* 21, 1995, p. 387–417.

Chase-Dunn, Christopher, andThomas Hall, eds. *Rise and Demise: Comparing World-Systems.* Westview Press, 1997.

Chattopadhyay, Paresh. "Modernization of Economic Life in Underdeveloped Countries" in A.R. Desai (ed.), *Essays on Modernization of Underdeveloped Societies. Vol. 2* Humanities Press, New York, 1972, p. 184–213.

Chattopadhyaya, B. D. "Confronting Fundamentalisms: The Possibilities of Early Indian History." *Studies in History* 43, no. 1, June 2002, p. 103–120.

———. "Trade and Urban Centers in Early Medieval North India." *Indian Historical Review* 1–2, 1974, p. 203–219.

Chattopadhyaya, Brajadulal. *The Making of Early Medieval India.* Oxford University Press, New Delhi, 1994.

———. "Political Processes and the Structure of Polity in Early Medieval India," in Hermann Kulke (ed.), *The State in India, 1000–1700.* Oxford University Press, New Delhi, 1995, p. 195–232.

———. "State and Economy in North India: Fourth Century to Twelfth Century," in Thapar Romila (ed.), *Recent Perspectives of Early Indian History.* Popular Prakashan, Bombay, 1995b, p. 309–346.

Chaudhuri, K. N. *Asia before Europe.* Cambridge University Press, 1990.

———. "Proto-Industrialization: Structure of Industrial Production in Asia, European Export Trade, and Commodity Production," in René Leboutte (ed.), *Proto-Industrialization. Recent Research and New Perspectives—In Memory of Franklin Mendels.* Librairie Droz, Genève, 1996, p. 107–128.

———. *Trade and Civilization in the Indian Ocean.* Cambridge University Press, 1985.

———. "The World-System East of Longitude 20." *Review* 5, no. 2, Fall 1981, p. 219–245.

Chaunu, Pierre. *L'expansion européenne du XIIIe au XVe siècle.* Presses Universitaires de France, Paris, 1969.

Chédeville, A. *Le mouvement communal: milieu urbain et pouvoir en France du XI au XIIIe siècle.* XVII CISH, I, Section Chronologique, Madrid, 1992, pp. 108–123.

Chen, Xiyu. "The Treasure Ship and Cheng Ho's Expedition to Southeast Asia and the Indian Ocean in the Early Fifteenth Century," in "The North Pacific to 1600." Proceedings of the Great Ocean Conferences. Oregon Historical Society, Portland, Oregon, 1991, 1:215–230.

Cheng, Weiji et al. *History of Textile Technology of Ancient China.* Science Press, New York, 1992.

Cherubini, Giovanni. "The Market in Medieval Italy," in J. Torras et al. *Els Espais del Mercat.* Diputacio de Valencia, 1993, p. 277–288.

———. "The Peasant and Agriculture," in Jacques Le Goff (ed.), *The Medieval World.* Collins & Brown, London, 1990, p. 113–137.

———. "La proprieta fondiaria di un mercante toscano del Trecento," in *Signori, Contadini, Borghesi, Ricerche sulla societá italiana del basso medioevo.* La Nuova Italia, Firenze, 1974, p. 313–392.

Cheynet, Jean-Claude. *Pouvoir et contestations à Byzance (963–1204).* Publications de la Sorbonne, Paris, 1996.

Cheyney, Edward. *The Dawn of a New Era, 1250–1453.* Harper, New York, 1962.

Chibber, Vivek. "Breaching the Nadu." *Journal of Peasant Studies* 26, no. 1, Oct. 1998, p. 1–42.

Childs, Wendy. *Anglo-Castilian Trade in the Later Middle Ages.* Manchester University Press, 1978.

Chirot, Daniel. *How Societies Change.* Pine Forge Press, London, 1994.

———. "The Rise of the West." *American Sociological Review* 50, no. 2, April 1985, p. 181–195.

Daoulatli, Abdelaziz. *Tunis sous les Hafsides.* Institut National d'Archeologie et d'Art, Tunis, 1976.

Dardess, John. *Conquerors and Confucians.* Columbia University Press, NY, 1973.

Dars, Jacques. *La Marine Chinoise du Xe siécle au XIVe siécle.* Éditions Économica, Paris, 1992.

Das Gupta, Arun. "The Maritime Trade of Indonesia: 1500–1800," in Ashin Das Gupta and M. N. Pearson (eds.), *India and the Indian Ocean 1500–1800.* Oxford University Press, New Delhi, 1987, p. 240–316.

Dasgupta, Biplab. "Trade in Pre-Colonial Bengal." *Social Scientist* 28, no. 5–6, May–June 2000, p. 47–76.

Datta, Rajat. "Commercialisation, Tribute and the Transition from Late Mughal to Early Colonial in India." *Medieval History Journal* 6, no. 2, Dec. 2003, p. 259–291.

Dauvillier, Jean. "Byzantins d'Asie Centrale et d'Extrème-Orient au Moyen Âge." in *Revue des Études Byzantines* 11, 1953, p. 62–87.

Davidson, Basil. *West Africa before the Colonial Era.* Longman, London, 1998.

Davis, Richard. *Lives of Indian Images.* Princeton University Press, 1997.

———. *Wind against the Mountain.* Harvard University Press, Cambridge, 1996.

Dawson, Raymond. *Imperial China.* Hutchinson & Co, London, 1972.

Day, John. "Colonialisme monétaire en Méditerranée au Moyen Âge," in "Économies Méditerranéennes Équilibres et Intercommunications XIIIe–XIXe siècles." Actes du IIe Colloque International d'Histoire, Athènes, 18–25 septembre 1983. Centre de Recherches Néohelléniques de la Fondation Nationale de la Recherche Scientifique, Athènes, 1985, p. 305–319.

———. "The Great Bullion Famine of the Fifteenth Century." *Past and Present* 79, May 1978, p. 3–54.

———. *The Medieval Market Economy.* Basil Blackwell, Oxford, 1987.

———. *Money and Finance in the Age of Merchant Capitalism.* Blackwell, Oxford, 1999.

———. "Peuplement, cultures et régimes fonciers en Trexenta (Sardaigne)," in Annalisa Guarducci (ed.), "Agricoltura e trasformazione dell'ambiente, sec. XIII–XVIII" Atti della "undicesima settimana di studio" (25–30 aprile 1979), Instituto Internazionale di Storia Economica "F. Datini," Prato, Le Monnier, 1984, p. 683–708.

———. "Le Prétendu Renversement des Rapports Économiques entre l'Orient et l'Occident aux Derniers Siècles du Moyen Âge," in "L'histoire à Nice." Actes du Colloque International (6–9 Nov. 1980). Vol. 2: "Les relations économiques et culturelles entre l'Occident et l'Orient." Université de Nice/Musée d'Archéologie et d'Histoire d'Antibes, 1981, p. 35–46.

———. "Terres, marchés et monnaies en Italie et en Sardaigne du XIème au XVIIIème siècle." *Histoire, Économie et Société* 2, no. 2, 1983, p. 187–203.

Day, W.R. "The Population of Florence before the Black Death." *Journal of Medieval History* 28, no. 2, June 2002, p. 93–129.

De la Roncière, Charles. *Histoire de la découverte de la terre.* Libraire Larousse, Paris, 1938.

———. *Prix et Salaires à Florence au XIVe Siècle.* École française de Rome, Rome, 1982.

De Nave, Francine. "De oudste Antwerpse lijsten van nieuwe poorters." *Handelingen van de Koninklijke Commissie voor Geschiedenis* 139, 1973, p. 67–309.

de Oliveira, Marques A. H. "Late Medieval Lisbon," in Jürgen Schneider (ed.), *Wirtschaftskräfte und Wirtschaftswege V. Festschrift für Hermann Kellenbenz.* Beiträge zur Wirtschaftgeschichte, Band 8 in Kommission bei Klett-Cotta, Stuttgart, 1981, p. 33–45.

De Planhol, Xavier. "The Geographical Setting," in P. M. Holt, Ann Lambton, and Bernard

Collins, James. "State Building in Early-Modern Europe." *Modern Asian Studies* 31, no. 3, 1997, p. 603–633.
Collins, Randall. "The Geopolitical and Economic World-Systems of Kinship-Based and Agrarian Coercive Societies." *Review* 15, no. 3, p. 373–388.
Colombijn, Freek. "The Volatile State in Southeast Asia." *Journal of Asian Studies* 62, no. 2, May 2003, p. 497–529.
Comninel, George. "English Feudalism and the Origins of Capitalism." *Journal of Peasant Studies* 27, no. 4, July 2000, p. 1–53.
Constable, G. "Was There a Medieval Middle Class?," in S. K. Cohn and S. A. Epstein (eds.), *Portraits of Medieval and Renaissance Living*. University of Michigan Press, 1996, p. 301–323.
Constable, O. A. *Trade and Traders in Muslim Spain*. Cambridge University Press, 1994.
Contamine, Philippe et al. *L'économie médiévale*. Arman Colin, Paris, 1993.
Cook, Michael. "Islam: A Comment," in J. Baechler, J. Hall, and M. Mann (eds.), *Europe and the Rise of Capitalism*. Basil Blackwell, New York, 1988, p. 131–135.
Coquery, Catherine. *La découverte de l'Afrique*. René Juliard, Mesnil-sur-l'Estrée, 1965.
Coquery-Vidrovitch, Catherine. "Analyse historique et concept de mode de production dans les sociétés pré-capitalistes," in René Gallissot (dir.), "Structures et cultures précapitalistes." éditions Anthropos, Paris, 1981, p. 473–483.
———. *Histoire des villes d'Afrique noire*. Albin Michel, Paris, 1993.
———. "Research on an African Mode of Production," in David Seddon (ed.), *Relations of Production*. Frank Cass, London, 1978, p. 261–288.
Cordier, Henri, ed. *Cathay and the Way Thither, Being a Collection of Medieval Notices of China*. Kraus Reprint [of Henry Yule's edition of the Hakluyt Society] Vol. 2, *Odoric of Poderone*. Nendeln, Liechtenstein, 1967.
Cowan, C. D. "Continuity and Change in the International History of Maritime South East Asia." *Journal of Southeast Asian History* 9, no. 1, March 1968, p. 1–11.
Craeybeckx, Jan. *Un grand commerce d'importation: les vins de France aux anciens Pays-Bas (XIII–XVIe siècles)*. SEVPEN, Paris, 1958.
Crone, Patricia. *Pre-Industrial Societies*. Basil Blackwell, Oxford, 1989.
———. "Tribes and States in the Middle East." *Journal of the Royal Asiatic Society*, 3rd Series, 3, no. 3, Nov. 1993, p. 353–376.
Crosby, Alfred. *The Measure of Reality*. Cambridge University Press, 1997.
Crouzet-Pavan, Elisabeth. "Les Élites urbaines," in "Les Élites urbaines au Moyen Âge. XXIVe Congrès de la S.H.M.E.S (Rome, mai 1996)." Collection de l'école française de Rome, no. 238, Publications de la Sorbonne, Paris, 1997, p. 9–28.
Crush, Jonathan. "Imagining Development," in J. Crush (ed.) *Power of Development*. Routledge, NY, 1995, p. 1–23.
Cuadrada, Coral. "L'emprise de la cité de Barcelone sur les seigneuries féodales de sa contrée (XIIIe–XVe siècles)," in "Les sociétés urbaines en France méridionale et en péninsule Ibérique au Moyen Âge." Actes du Colloque de Pau, 21–23 septembre 1988. Éditions du CNRS, Paris, 1991, p. 279–294.
Cuoq, Joseph. *Histoire de l'islamisation de l'Afrique de l'ouest*. Librairie Orientaliste Paul Geuthner SA, Paris, 1984.
Curtin, Philip. *Cross-Cultural Trade in World History*. Cambridge University Press, 1984.
———. "The External Trade of West Africa to 1800," in J.F.A. Ajayi and Michael Crowder (eds.), *History of West Africa*. Longman, New York, 1985, 1:624–647.
Dahl, Gunnar. *Trade, Trust and Networks. Commercial Culture in Late Medieval Italy*. Nordic Academic Press, Lund, 1998.
Dale, Stephen. *Indian Merchants and Eurasian Trade, 1600–1750*. Cambridge University Press, 1994.

Daoulatli, Abdelaziz. *Tunis sous les Hafsides.* Institut National d'Archeologie et d'Art, Tunis, 1976.

Dardess, John. *Conquerors and Confucians.* Columbia University Press, NY, 1973.

Dars, Jacques. *La Marine Chinoise du Xe siécle au XIVe siécle.* Éditions Économica, Paris, 1992.

Das Gupta, Arun. "The Maritime Trade of Indonesia: 1500–1800," in Ashin Das Gupta and M. N. Pearson (eds.), *India and the Indian Ocean 1500–1800.* Oxford University Press, New Delhi, 1987, p. 240–316.

Dasgupta, Biplab. "Trade in Pre-Colonial Bengal." *Social Scientist* 28, no. 5–6, May–June 2000, p. 47–76.

Datta, Rajat. "Commercialisation, Tribute and the Transition from Late Mughal to Early Colonial in India." *Medieval History Journal* 6, no. 2, Dec. 2003, p. 259–291.

Dauvillier, Jean. "Byzantins d'Asie Centrale et d'Extrème-Orient au Moyen Âge." in *Revue des Études Byzantines* 11, 1953, p. 62–87.

Davidson, Basil. *West Africa before the Colonial Era.* Longman, London, 1998.

Davis, Richard. *Lives of Indian Images.* Princeton University Press, 1997.

———. *Wind against the Mountain.* Harvard University Press, Cambridge, 1996.

Dawson, Raymond. *Imperial China.* Hutchinson & Co, London, 1972.

Day, John. "Colonialisme monétaire en Méditerranée au Moyen Âge," in "Économies Méditerranéennes Équilibres et Intercommunications XIIIe–XIXe siècles." Actes du IIe Colloque International d'Histoire, Athènes, 18–25 septembre 1983. Centre de Recherches Néohelléniques de la Fondation Nationale de la Recherche Scientifique, Athènes, 1985, p. 305–319.

———. "The Great Bullion Famine of the Fifteenth Century." *Past and Present* 79, May 1978, p. 3–54.

———. *The Medieval Market Economy.* Basil Blackwell, Oxford, 1987.

———. *Money and Finance in the Age of Merchant Capitalism.* Blackwell, Oxford, 1999.

———. "Peuplement, cultures et régimes fonciers en Trexenta (Sardaigne)," in Annalisa Guarducci (ed.), "Agricoltura e trasformazione dell'ambiente, sec. XIII–XVIII" Atti della "undicesima settimana di studio" (25–30 aprile 1979), Instituto Internazionale di Storia Economica "F. Datini," Prato, Le Monnier, 1984, p. 683–708.

———. "Le Prétendu Renversement des Rapports Économiques entre l'Orient et l'Occident aux Derniers Siècles du Moyen Âge," in "L'histoire à Nice." Actes du Colloque International (6–9 Nov. 1980). Vol. 2: "Les relations économiques et culturelles entre l'Occident et l'Orient." Université de Nice/Musée d'Archéologie et d'Histoire d'Antibes, 1981, p. 35–46.

———. "Terres, marchés et monnaies en Italie et en Sardaigne du XIème au XVIIIème siècle." *Histoire, Économie et Société* 2, no. 2, 1983, p. 187–203.

Day, W.R. "The Population of Florence before the Black Death." *Journal of Medieval History* 28, no. 2, June 2002, p. 93–129.

De la Roncière, Charles. *Histoire de la découverte de la terre.* Libraire Larousse, Paris, 1938.

———. *Prix et Salaires à Florence au XIVe Siècle.* École française de Rome, Rome, 1982.

De Nave, Francine. "De oudste Antwerpse lijsten van nieuwe poorters." *Handelingen van de Koninklijke Commissie voor Geschiedenis* 139, 1973, p. 67–309.

de Oliveira, Marques A. H. "Late Medieval Lisbon," in Jürgen Schneider (ed.), *Wirtschaftskräfte und Wirtschaftswege V. Festschrift für Hermann Kellenbenz.* Beiträge zur Wirtschaftgeschichte, Band 8 in Kommission bei Klett-Cotta, Stuttgart, 1981, p. 33–45.

De Planhol, Xavier. "The Geographical Setting," in P. M. Holt, Ann Lambton, and Bernard

Lewis (eds.), *The Cambridge History of Islam.* Vol. 2B, *Islamic Society and Civilization.* Cambridge University Press, 1980, p. 443–468.

———. *L'Islam et la mer.* Librairie Académique Perrin, Paris, 2000.

de Roover, Raymond. "The Cambium Maritimum Contract According to the Genoese Notarial Records of the 12th and 13th Centuries," in David Herlihy, Robert Lopez and Vsevolod Slessarev (eds.), *Economy, Society and Government in Medieval Italy.* Kent State University Press, Ohio, 1969, p. 15–33.

———. "Early Banking before 1500 and the Development of Capitalism." *Revue Internationale d'Histoire de la Banque* 4, 1971, p. 1–16.

———. "Money, Banking and Credit in Medieval Bruges," in *The Mediaeval Academy of America* 51, Cambridge, 1948.

De Vliegher, Ruth. "Desertie bij Oostendse-Indiëvaarders in vergelijkend perspectief (18e eeuw)." Master's thesis, Dept. of History, University of Ghent, Belgium, 1999.

De Vries, Jan. "Problems in the Measurement, Description, and Analysis of Historical Urbanization," in A. van der Woude, A. Hayami, and J. De Vries (eds.), *Urbanization in History.* Clarendon Press, Oxford, 1990.

De Vries Jan, and A. van der Woude. *The First Modern Economy.* Cambridge University Press, 1997.

De Wachter, Astrid. "De Kempen in het Wereld-Systeem." Licentiaatsthesis, Dept. of Geography, State University of Ghent, 1996.

Deane, Phyllis. "The Timing of the Transition in Western Europe and its Settlements Overseas," in F. C. Lane (ed.), "Fourth International Conference of Economic History. Bloomington 1968." École Pratique des Hautes Études/Mouton, Paris, 1973, p. 377–386.

Delatouche, Raymond. *La chrétienté médiévale. Un modèle de développement.* Éditions Tequi, Paris, 1989.

Deloche, Jean. "Études sur les fortifications de l'Inde." *Bulletin de l'École Française d'Extrême Orient* 89, 2002, p. 39–106.

Delumeau, Jean-Pierre. "Communes, Consulats et la City-Republic," in C. Laurent, B. Merdrignac, and D. Pichot (red.), *Mondes de l'Ouest et villes du monde.* Presses Universitaires de Rennes, 1998, p. 491–509.

Demel, Walter. "Trade Aspirations and China's Policy of Isolation," in K. A. Sprengard and Roderich Ptak (eds.), *Maritime Asia. Profit Maximisation, Ethics and Trade Structure, c. 1300–1800.* Harrasowitz Verlag, Wiesbaden, 1994, p. 97–113.

Deng, Gang. *Chinese Maritime Activities and Socioeconomic Consequences, c. 2100 B.C.–A.D. 1900.* Greenwood, New York, 1997.

———. "A Critical Survey of Recent Research in Chinese Economic History." *Economic History Review* 53, no. 1, 2000, p. 1–28.

———. "The Foreign Staple Trade of China in the Pre-Modern Era." *International History Review* 19, no. 2, May 1997b, p. 253–285.

———. *The Premodern Chinese Economy. Structural Equilibrium and Capitalist Sterility.* Routledge, London, 1999.

Dennis, Giorgio. "Problemi storici concernenti I rapporti tra Venezia, I suoi domini diretti e le signorie feudali nelle isole Greche," in Agostino Pertusi (ed.), *Venezia e il Levante fino al secolo XV.* L. Olschki Editore, Firenze, 1973, 1:219–235.

Denoix, Sylvie. "Autorités urbaines et gestion de la ville," in Jean-Claude Garcin (dir.), *Grandes villes méditerranéens du monde musulman médiéval.* École Française de Rome, 2000, p. 285–295.

Derville, Alain. "Les draperies flamandes et artésiennes vers 1250–1350." *Revue du Nord* 215, 1972, p. 353–370.

———. "Douze études d'histoire rurale." *Revue Du Nord* Hors Serie, no. 11, Université Charles-de-Gaulle, Lille III, 1996.

———. *L'économie Française au Moyen Âge.* Ed. Ophrys, Paris, 1995.

———. "Les élites urbaines en Flandre et en Artois," in "Les Élites urbaines au Moyen Âge." Collection de l'école française de Rome, no. 238, Publications de la Sorbonne, Paris, 1997, p. 119–135.

———. "Le grenier des Pays Bas médiévaux." *Revue du Nord* 69, no. 273, avril–juin 1987, p. 267–280.

———. "L'héritage des draperies médiévales." *Revue du Nord* 69, no. 275, Oct.–Dec. 1987b, p. 715–724.

———. "Naissance du capitalisme," in F. Gasparri (red.), *Le XIIe siècle. Mutations et renouveau en France dans la première moitié du XIIe siècle.* Éd. Le Leopold d'Or, Paris, 1994, p. 33–60.

———. *Villes de Flandre et d'Artois (900–1500).* Presses Universitaires de Septentrion, Arras, 2002.

Desai, Sar, D. R. "The Portuguese Administration in Malacca, 1511–1641." *Journal of Southeast Asian History* 10, no. 3, Dec. 1969, p. 501–512.

Désire-Vuillemin, Geneviève. *Histoire de la Mauritanie.* Éditions Karthala, Paris, 1997.

Despy, G., and A. Verhulst, eds. "La fortune historiographique des thèses d'Henri Pirenne." *Archives et Bibliothèques de Belgique*, numéro spécial, 28, Bruxelles, 1986.

D'Eszlary, Charles. "Caractères et rôle de la bourgeoisie en Hongrie." *Revue d'Histoire Économique et Sociale* 41, 1963, p. 503–523.

Devisse, Jean. "Le Continent Africain," in Jean Favier (dir.) *XIVe et XVe siècles: crises et genèses.* Presses Universitaires de France, Paris, 1996, p. 859–903.

———. "Routes de commerce et échanges en Afrique occidentale en relations avec la Méditerranée." *Revue d'Histoire Économique et Sociale* 50, 1972, p. 42–73, 357–397.

———. "Trade and Trade Routes in West Africa," in M. El Fasi (ed.), *General History of Africa.* UNESCO/University of California Press, Berkeley, 1988, 3:367–435

———. "Une enquête à développer: le problème de la propriété des mines en Afrique de l'Ouest du VIIIe au XVIe siècle." *Bulletin de l'Institut Historique Belge de Rome* 44, 1974, p. 201–219.

Devisse, Jean, and Shuhi Labib. "Africa in Inter-continental Relations," in D. T. Niane (ed.), *General History of Africa.* UNESCO, Berkeley, 1984, 4:635–672.

Deyell, John. *Living without Silver.* Oxford University Press, 1990.

D'Haenens, Albert. "Manifestations d'une mutation," in Georges Duby and Robert Mantran (dirs.), *L'Eurasie XI–XIIIe siècles.* Presses Universitaires de France, Paris, 1982, p. 11–67.

Di Cosmo, Nicola. "Mongols and Merchants on the Black Sea Frontier in the 13th and 14th Centuries," in Amitai Reuven and Michael Baran (eds.), *Mongols, Turks and Others.* Brill, Boston, 2005.

———. "New Directions in Inner Asian History." *Journal of the Economic and Social History of the Orient* 42, no. 2, May 1992b, p. 247–263.

———. "State Formation and Periodization in Inner Asian History." *Journal of World History* 10, no. 1, 1999, p. 1–40.

———. *Ancient China and Its Enemies.* Cambridge University Press, 2002.

Di Meglio, Rita. "Arab Trade with Indonesia and the Malay Peninsula from the 8th to the 16th Century," in D. S. Richards (ed.), *Islam and the Trade of Asia.* Oxford/University of Pennsylvania Press, 1970, p. 105–135.

Diffie, Bailey, and George Winius. *Foundations of the Portuguese Empire, 1415–1580.* University of Minnesota Press, Minneapolis, 1977.

Digby, Simon. "Beyond the Ocean." *Studies in History* 15, no. 2, Dec. 1999, p. 247–259.

———. "The Maritime Trade of India," in Tapan Raychaudhuri and Irfan Habib (eds.), *The Cambridge Economic History of India.* Cambridge University Press, 1982, 1:125–159.

Diop, Brahim. "Le Noir et son pays dans l'imaginaire arabe médiéval." *Sociétés Africaines* [Paris] 11, Sept. 1998, p. 57–79.

Dixin, Xu, and Wu Chengming, eds. *Chinese Capitalism, 1522–1840.* St. Martin's Press, New York, 2000.

Dobb, Maurice. "A Reply," in Rodney H. Hilton (ed.), *The Transition from Feudalism to Capitalism.* NLB, London, 1976, p. 57–67.

———. *Studies in the Development of Capitalism.* International Publishers, New York, 1947.

Dohrn-van Rossum, Gerhard. *History of the Hour.* University of Chicago Press, 1996.

Dollinger, Philippe. "Les Villes Allemandes au Moyen Âge," in *La Ville.* Part 2, *Institutions Économiques et Sociales.* Recueils de la Société Jean Bodin pour l'Histoire Comparative des Institutions. Éditions de la Librairie Encyclopédique, Bruxelles, 1955, 7:371–401.

Doumerc, Bernard. *Venise et l'émirat hafside de Tunis (1231–1535).* L'Harmattan, Paris, 1999.

Dowd, D. F. "The Economic Expansion of Lombardy 1300–1500." *Journal of Economic History*, 1961, p. 143–160.

Dramani-Issifou, Zakari. *L'Afrique Noire dans les relations internationales au XVIe siècle.* Ed. Karthala, Paris, 1982.

Drège, Jean-Pierre. "Des effets de l'imprimerie en Chine sous la dynastie des Song." *Journal Asiatique* 272, no. 2, 1994, p. 391–408.

Dreyer, Edward. *Early Ming China.* Stanford University Press, Stanford, 1982.

D' Souza, Rohan. "Crisis Before the Fall: Some Speculations on the Decline of the Ottomans, Safavids and Mughals." *Social Scientist* 30, nos. 9/10, Sept.–Oct. 2002, p. 3–30.

Du Boulay, F. R. *An Age of Ambition.* Nelson, London, 1970.

Ducatez, Guy. "Aden aux XIIe et XIIIe siècles selon Ibn Al-Mugawir." *Annales Islamologiques* 38, no. 1, 2004, p. 159–200.

Duchesne, Ricardo. "Asia First?" *Journal of the Historical Society* 6, no. 1, March 2006, p. 69–91.

———. "Barry Hindess and Paul Hirst: The Origins of Capitalism and the Origins of Post-Marxism." *Current Perspectives in Social Theory* 20, 2000, p. 153–186.

———. "Between Sinocentrim and Eurocentrism." *Science and Society* 65, no. 4, 2002, p. 428–463.

———. "On the Rise of the West." *Review of Radical Political Economics* 36, no. 1, Winter 2004, p. 52–81.

———. "Remarx—On the Origins of Capitalism." *Rethinking Marxism* 14, no. 3, Fall 2002b, p. 129–137.

———. "Reply to Goldstone and Wong." *Science and Society* 67, no. 2, Summer 2003, p. 195–205.

Dufourcq, Charles-Emmanuel. *L'espagne catalane et le Maghreb aux XIIIe et XIVe siècles.* Presses Universitaires de France, Paris, 1966.

———. *L'Ibérie chrétienne et le Maghreb XIIe–XVe siècles.* Variorum Press, Norfolk, 1990.

———. "Prix et niveaux de vie dans les pays catalans et maghrebins à la fin du XIIIe et au début du XIVe siècles." *Le Moyen Âge* 71, nos. 3/4, 1965, p. 475–520.

———. "La question de Ceuta au XIIIe siècle." *Hespéris* 42, 1955, p. 67–123.

Dumolyn, Jan. "Les conseillers flamands au XVe siècle," in Robert Stein (ed.), *Powerbrokers in the late Middle Ages.* Brepols, Turnhout, 2001, p. 67–85.

———. "The Legal Repression of Revolts in Late Medieval Flanders." *Legal History Review* 68, 2000, p. 479–521.
———. "Nobles, Paticians and Officers." *Journal of Social History* Vol. 40, no. 2, 2006, p. 431–452.
———. "Population et structures professionnelles à Bruges aux XIVe et XVe siècles." *Revue du Nord* 81, no. 329, Janvier–Mars 1999, p. 43–64.
Dumolyn, Jan, and Jelle Haemers. "Patterns of Urban Rebellion in Medieval Flanders." *Journal of Medieval History* 31, no. 4, Dec. 2005, p. 369–393.
Dumolyn, Jan, and Filip van Tricht. "Adel en nobiliteringsprocessen in het laatmiddeleeuwse Vlaanderen." *Bijdragen en Mededelingen betreffende de Geschiedenis der Nederlanden* 115, no. 2, 2000, p. 197–222.
Dumont, Louis. *Homo hierarchicus.* Paris, Gallimard, 1966.
Dunaway, Wilma. *The First American Frontier.* University of North Carolina Press, 1996b.
———. "Incorporation as an Interactive Process." *Sociological Inquiry* 66, no. 4, Nov. 1996, p. 455–470.
Duplessis, Robert. *Transitions to Capitalism in Early Modern Europe.* Cambridge University Press, 1997.
DuPlessis, Robert, and Martha Howell. "Reconsidering the Early Modern Urban Economy." *Past and Present* 94, Feb. 1982, p. 49–84.
Dyer, Christopher. "Medieval Stratford," in Robert Bearman (ed.), *The History of an English Borough.* Sutton Publishing, Cornwall, 1997, p. 43–61.
———. *Standards of Living in the Later Middle Ages. Social Change in England c. 1200–1520.* Cambridge University Press, 1989.
———. "Were There Any Capitalists in 15th Century England?" in Jennifer Kermode (ed.), *Enterprise and Individuals in 15th Century England.* Alan Sutton, Wolfeboro Falls, NH, 1991, p. 1–24.
Eberhard, Wolfram. *Conquerors and Rulers.* 2nd ed. Brill, Leiden, 1965.
———. *A History of China.* University of California Press, Berkeley, 1969.
Ebrey, Patricia. *The Cambridge Illustrated History of China.* Cambridge University Press, 1996.
Edwards, Richard, Michael Reich, and Thomas Weisskopf, eds. *The Capitalist System.* Prentice Hall, NJ, 1972.
Eisenstadt, S. N. "Breakdowns of Modernization." *Economic Development and Cultural Change* 12, no. 4, July 1964.
Eisenstadt, S. N., Michel Abitbol, and Noami Chazan. "Les origines de l'État." *Annales ESC* 38, no. 6, Dec. 1983, p. 1232–1255.
Elman, Benjamin. "Political, Social and Cultural Reproduction via Civil Service Examinations in Late Imperial China." *Journal of Asian Studies* 50, no. 1, Feb. 1991, p. 7–28.
Elvin, Mark. *Another History. Essays on China from a European Perspective.* University of Sydney East Asian Series, Vol. 10, Wild Peony Pty Ltd, Broadway, NSW, 1996.
———. "China as a Counterfactual," in J. Baechler, J. Hall, and M. Mann (eds.), *Europe and the Rise of Capitalism.* Basil Blackwell, New York, 1988, p. 101–112.
———. "Chinese Cities since the Sung Dynasty," in Ph. Abrams and E. Wrigley (eds.), *Towns in Societies.* Cambridge University Press, 1978, p. 79–89.
———. *The Pattern of the Chinese Past.* Stanford University Press, 1973.
———. "Why China Failed to Create an Endogenous Industrial Capitalism." *Theory and Society* 13, no. 3, May 1984, p. 379–391.
Endicott-West, Elizabeth. "Merchant Associations in Yüan China." *Asia Major*, 3rd series, 2, no. 2, 1989, p. 127–154.
———. "Review of Janet Abu-Lughod's before European Hegemony." *Modern Asian Studies* 49, no. 2, May 1990.

Engels, Friedrich. *The Origin of the Family, Private Property, and the State.* International Publishers, New York, 1972.
Ennahid, Said. "Political Economy and Settlement Systems of Medieval Northern Morocco: An Archaeological-Historical Approach." Master's thesis, Arizona State University, May 2001.
Epstein, S. R. "Cities, Regions and the Late Medieval Crisis." *Past and Present* 130, Feb. 1991b, p. 3–50.
———. "Craft guilds, Apprenticeships and Technological Change in Pre-industrial Europe." *Journal of Economic History* 58, no. 3, 1998, p. 684–713.
———. *Freedom and Growth.* Routledge, London, 2000b.
———. "Freedom and Growth" in Eileen Barker (ed.), *On Freedom.* London School of Economics Books, London, 1997, p. 165–181.
———. "Market Structures," in William Connell and Andrea Zorzi (eds.), *Florentine Tuscany.* Cambridge University Press, 2000, p. 90–121.
———. "The Textile Industry and the Foreign Cloth Trade in Late Medieval Sicily." *Journal of Medieval History* 15, 1989, p. 141–183.
———. "Town and Country: Economy and Institutions in Late Medieval Italy." *Economic History Review* 46, no. 3, Aug. 1993, p. 453–477.
———. *An Island for Itself.* Cambridge University Press, 1992.
Epstein, Steven A. "Labour in Thirteenth-Century Genoa," in I. Malkin and R. Hohlfelder (eds.), *Mediterranean Cities: Historical Perspectives.* Frank Cass, London, 1988b, p. 114–140.
———. "Business Cycles and the Sense of Time in Medieval Genoa." *Business History Review* 62, 1988, p. 238–260.
———. *Wage Labor and Guilds in Medieval Europe.* University of North Carolina Press, 1991.
Erner, Guillaume. "Christian economic morality" *International Social Science Journal*, vol. 57, no. 3, 2005, p. 469-479.
Espinas, Georges. *Les Origines du Capitalisme: Sire Jean Boinebroke, patricien et drapier douaisien.* Librairie Emile Raoust, Lille, 1933 (4 vols.).
Essid, Yassine. *A Critique of the Origins of Islamic Economic Thought.* Brill, Leiden, 1995.
Ewan, Elizabeth. *Townlife in Fourteenth-Century Scotland.* Edinburgh University Press, 1990.
Face, Richard. "Symon de Gualterio," in David Herlihy, Robert Lopez, and Vsevolod Slessarev (eds.), *Economy, Society and Government in Medieval Italy.* Kent State University Press, Ohio, 1969, p. 75–94.
Fairbank, John. *China: A New History.* Belknap, Cambridge, 1992.
———. "A Preliminary Framework," in John K. Fairbank (ed.), *The Chinese World Order.* Harvard University Press, Cambridge, 1968, p. 1–19.
———. *Trade and Diplomacy on the Chinese Coast.* Harvard University Press, 1953.
———. *The United States and China.* Harvard University Press, 1965.
Fairbank, John, and Edwin Craig Reischauer. *East Asia Tradition and Transformation.* Houghton Mifflin Company, Boston, 1973.
Fall, Yoro. *L'Afrique à la naissance de la cartographie moderne (14e–15e siècles).* Centre de Recherches Africaines and éditions Karthala, Paris, 1982.
Farmer, Edward et al. *Comparative History of Civilizations in Asia.* Addison-Wesley, London, 1977.
Farooqi, M. A. *The Economic Policy of the Sultans of Delhi.* Konark Publishers, New Delhi, 1991.
Farr, James. "On the Shop Floor: Guilds, Artisans and the European Market Economy, 1350–1750," *Journal of Early Modern History* 1, no. 1, 1997, p. 24–54.

Faruqui, Munis. "The Forgotten Prince." *Journal of Economic and Social History of the Orient* 48, no. 4, 2005, p. 487–523.

Fasoli, Gina. "Gouvernants et Gouvernés dans les Communes Italiennes du XIe au XIIIe Siècle," in *Gouvernés et Gouvernants.* Part 4, *Bas Moyen Âge et Temps Modernes (II).* Recueils de la Société Jean Bodin pour l'Histoire Comparative des Institutions 25, Éditions de la Librairie Encyclopédique, Bruxelles, 1965, p. 47–86.

Favier, Jean. "Économies et Sociétés," in Jean Favier (dir.), *XIVe et XVe Siècles: Crises et Genèses.* Presses Universitaires de France, Série "peuple et civilisations," Paris, 1996, p. 127–274.

———. *Gold and Spices: The Rise of Commerce in the Middle Ages.* Holmes & Meier, New York, 1998.

Favreau, Robert. "Métiers du textile a Bressuire au Moyen Âge," in "Recherches sur l'économie de la France médiévale." Actes du 112e congrès national des sociétés savantes. Éditions CTHS, Paris, 1989, p. 157–177.

Fedalto, Giorgio. "La comunità greca a Venezia alla fine del medioevo," in Michele Ghezzo (red.), "Cittá e sistema Adriatico alla fine del medioevo." Atti e memorie della societá dalmata di storia patria 26, UNIPress, Padova, Dec. 1997, p. 201–219.

Ferguson, W. K. *Europe in Transition 1300–1520.* Houghton Mifflin, Boston, 1962.

Ferhat, Halima. "Fès," in Jean-Claude Garcin (dir.), *Grandes Villes Méditerranéens du Monde Musulman Médiéval.* École Francaise de Rome, 2000, p. 215–233.

Fernandes, Leonor. "The City of Cairo and its Food Supplies during the Mamluk Period," in Brigitte Marin and Catherine Virlouvet (eds.), *Nourrir les cités de Méditerranée: Antiquité–Temps Modernes.* Maisonneuve & Larose, Paris, 2003, p. 519–538.

Fernández-Armesto, Felipe. *Before Columbus.* University of Pennsylvania Press, Philadelphia, 1987.

Ferrand, Gabriel. *Relations de voyages et textes géographiques Arabes, Persans et Turcs relatifs à l'Extrême-Orient du VIIIe au XVIIIe siècles.* Ernest Leroux éditeur, Paris, 1913, 2 vols.

Feuerwerker, Albert. "Presidential Address." *Journal of Asian Studies* 51, no. 4, Nov. 1992, p. 757–769.

———. "The State and the Economy in Late Imperial China." *Theory and Society* 13, no. 3, May 1984, p. 297–326.

Filesi, Teobaldo. *China and Africa in the Middle Ages.* Frank Cass, London, 1972.

Findlay, Ronald. "The Roots of Divergence: Western Economic History in Comparative Perspective." *American Economic Review* 82, no. 2, May 1992, p. 158–161.

Finlay, Robert. "The Treasure-Ships of Zheng He." *Terrae Incognitae* 23, 1991, p. 1–12.

Fischel, W. J. "The Spice Trade in Mamluk Egypt." *Journal of the Economic and Social History of the Orient* 1, 1958, p. 157–174.

Fischer, David. *The Great Wave.* Oxford University Press, 1996.

Fisher, Humphrey J. "The Eastern Maghrib and the Central Sudan," in Roland Oliver (ed.), *The Cambridge History of Africa.* Vol. 3, *From c. 1050 to c. 1600.* Cambridge University Press, Cambridge, 1977, p. 232–330.

———. "He Swalloweth the Ground with Fierceness and Rage." *Journal of African History* 13, no. 3, 1972, p. 369–388.

Fitzpatrick, John. "The Middle Kingdom, the Middle Sea, and the Geographical Pivot of History." in *Review* 15, no. 3, p. 477–521.

Fletcher, Joseph. "The Mongols: Ecological and Social Perspectives." *Harvard Journal of Asiatic Studies* 46, no. 1, June 1986, p. 11–50.

Flores, Jorge. "Les Portugais et le Mer de Ceylan au début du XVIe siècle," in Jean Aubin et al., *Nouvelles Orientations de la recherche sur l'histoire de l'Asie portugaise.* Centre Culturel Calouste Gulbenkian, Paris, 1997, p. 31–43.

Flórez, Gloria. "Vicissitudes of Commercial Trading." *Medieval History Journal* 6, no. 1, June 2003, p. 33–53.
Folz, R. "Les Assemblées d'États dans les Principautés Allemandes (Fin XIIIe–Début XVIe Siècle)," in *Gouvernés et Gouvernants.* Part 4, *Bas Moyen Âge et Temps Modernes (II).* Recueils de la Société Jean Bodin pour l'Histoire Comparative des Institutions 25, Éditions de la Librairie Encyclopédique, Bruxelles, 1965, p. 163–191.
Forbes Manz, Elisabeth. "The Ulus Chagatay before and after Temur's Rise to Power." *Central Asiatic Journal* 27, 1983, p. 79–100.
Fossier, Robert. *La Société Médiévale.* Ed. Armand Colin, Paris, 1991.
———. *Le Travail au Moyen Âge.* Hachette Littératures, 2000.
Fourquin, Guy. *Histoire économique de l'Occident médiéval.* Armand Colin, Paris, 1979.
Fox, R. G. *Kin, Clan, Raja and Rule.* University of California Press, Berkeley, 1971.
France, John. *Western Warfare in the Age of the Crusades.* Cornell University Press, Ithaca, NY, 1999.
Franceschi, Franco. *Oltre il "Tumulto": I lavoratori fiorentini dell'Arte della Lana fra Tre e Quattrocento.* Leo Olschki, Firenze, 1993.
François, Véronique. *Céramiques Médiévales à Alexandrie.* Institut Français d'Archéologie Orientale, Le Caire, 1999.
Frank, André Gunder. *L'accumulation mondiale (1500–1800).* Calmann-Lévy, Paris, 1977.
———. "A Theoretical Introduction to Five Thousand Years of World System History." *Review* 13, no. 2, Spring 1990, p. 155–248.
———. "De quelles transitions et de quels modes de production s'agit-il dans le système mondial réel?" *Sociologie et Sociétés* 22, no. 2, Oct. 1990b, p. 207–219.
———. *ReOrient.* University of California Press, Berkeley, 1998.
———. "Reorient: From the Centrality of Central Asia to China's Middle Kingdom," in Ertürk Korkut (ed.), *Rethinking Central Asia.* Garnet Publishing, Reading, 1999, p. 11–38.
Frank, Andre Gunder, and Barry Gills. "5000 Years of World System History: The Cumulation of Accumulation," in Christopher Chase-Dunn and Thomas Hall (eds.), *Core/Periphery Relations in Precapitalist Worlds.* Boulder, CO, Westview Press, 1991, p. 67–112.
———. "The Five Thousand Year World System." *Humboldt Journal of Social Relations*, Arcata, 18, no. 1, Spring 1992a, p. 1–79.
———. "The Five Thousand Year World System in Theory and Practice," in Robert Denemark et al., *World System History.* Routledge, London, 2000, p. 3–23.
———. "World System Economic Cycles and Hegemonial Shift to Europe 100 B.C. to A.D. 1500." *Journal of European Economic History* 22, no. 1, Spring 1993a, p. 155–183.
———, eds. *The World System: Five Hundred Years or Five Thousand?* London, Routledge, 1993b.
Franke, Herbert. *China under Mongol Rule.* Variorum Press, Aldershot, 1994.
Friedrichs, Christopher. "Capitalism, Mobility and Class Formation in the Early Modern German City." *Past and Present* 69, nov. 1975, p. 24–49.
———. *The Early Modern City 1450–1750.* Longman, New York, 1995.
Fritze, Konrad. "Soziale Aspekte der Stadt-Land-Beziehungen im Bereich der Wendischen Hansestädte," in Hans Sculze (hrsg.), *Städtisches Um-und Hinterland in Vorindustrieller Zeit.* Böhlau Verlag, Köln, 1985, p. 21–32.
Fryde, E. B. "Italian Maritime Trade with Medieval England," in *Les Grandes Escales: Première Partie du 10e Colloque Internationale d'Histoire Maritime.* Recueils de la Société Jean Bodin pour l'Histoire Comparative des Institutions 32, Éditions de la Librairie Encyclopédique, Bruxelles, 1974, p. 291–337.

———. *Studies in Medieval Trade and Finance.* History Series, Vol. 13. Hambledon Press, London, 1983.

Fryde, N. "Consumption in the Thirteenth Century" in *Bijdragen tot de Geschiedenis*, 81, no. 1–3, 1998, p. 207–215.

Fu, Chu-fu, and Ching-neng Li. "Chungkuo fengchien shehui nei tzupenchuyi yinsu ti mengya" [The Sprouts of Capitalistic Factors within China's Feudal Society], Shangai, Jenmin ch'upanshe, 1956. Translated and republished in Chou Chin-shêng, "An Economic History of China," Western Washington State College Program in East Asian Studies, Occasional Paper No. 7, Bellingham, Washington, 1974, p. 233–245.

Furió, Antoni. "Impôt et dette publique," in Denis Menjot et al., *L'impôt dans les villes de l'Occident Méditerrranéen XIIIe–XIVe siècle.* Ministère de l'Économie, des Finances et de l'Industrie, Paris, 2005, p. 39–62.

Galland, Bruno. "Le pouvoir et la ville dans les États de la maison de Savoie (XIIe–XIVe siècles)," in Noël Coulet and Olivier Guyotjeannin (dirs.), *La Ville au Moyen Âge.* Vol. 2, *Société et pouvoirs dans la ville.* Éditions du Comité des Travaux Historiques et Scientifiques, Paris, 1998, p. 193–206.

Gallissot, René. "Vers un renversement de perspectives dans l'approche des modes de production et des sociétés précapitalistes," in René Gallissot (dir.), "Structures et cultures précapitalistes." Éditions Anthropos, Paris, 1981, p. 11–27.

Galloway, J. H. "The Mediterranean Sugar Industry." *Geographical Review* 67, no. 2, April 1977, p. 177–194.

Galvin, M. "Credit and Parochial Charity in Fifteenth Century Bruges." *Journal of Medieval History* 28, no. 2, June 2002, p. 131–154.

Gammer, Moshe. "Russia and the Eurasian Steppe Nomads," in Amitai Reuven and Michael Baran (eds.), *Mongols, Turks and Others.* Brill, Boston, 2005, p. 483–502.

Ganquan, Lin. "Tenency System and Autocratic Monarchy: Remarks on Some Characteristics of the Chinese Feudal System," in Eloy Ruano and Manuel Burgos (eds.), "Chronological Section I." 17th International Congress of Historical Sciences, Comité International des Sciences Historiques, Madrid, 1992, p. 78–83.

García-Arenal, Mercedes, and María Viguera, eds. *Relaciones de la península ibérica con el Magreb siglos XIII–XVI.* Consejo Superior de Investigaciones Científicas, Madrid, 1988.

Garcin, Jean-Claude. "Le Caire et l'évolution urbaine des pays musulmans à l'époque médiévale." *Annales Islamolo*giques 25, 1991, p. 289–304.

———. "Le système militaire Mamluk et le blocage de la société musulmane médiévale." *Annales Islamolo*giques 24, 1988, p. 93–110.

Garcin, Jean-Claude et al. *États, Sociétés et Cultures du Monde Musulman Médiéval.* Vol. 1. Presses Universitaires de France, 1995.

———. *États, Sociétés et Cultures du Monde Musulman Médiéval.* Vol. 2. Presses Universitaires de France, 2000a.

———. *États, Sociétés et Cultures du Monde Musulman Médiéval.* Vol. 3. Presses Universitaires de France, 2000b.

Gavitt, Philip. "Economy, Charity, and Community in Florence, 1350–1450," in Thomas Riis (ed.), *Aspects of Poverty in Early Modern Europe.* Sijthoff, Alphen aan den Rijn, 1981, p. 81–118.

Geertz, C. *Negara: The Theatre State in Nineteenth Century Bali.* Princeton University Press, 1980.

Geertz, Clifford. "Social Change and Modernization in Two Indonesian Towns," in G. Dalton (ed.), *Tribal and Peasant Economies.* Natural History Press, Garden City, NY, 1967, p. 366–394.

Genet, Jean-Philippe. "La genèse de l'état moderne." *Actes de la Recherche en Sciences Sociales* 118, Juin 1997, p. 3–18.

———. "Villes et fiscalité: et l'état?" in Denis Menjot, Albert Rigaudière, and Manuel S. Martínez (eds.), *L'impôt dans les villes de l'Occident Méditerranéen XIIIe–XVe siècle.* Ministère de l'Économie, des Finances et de l'Industrie, Paris, 2005, p. 571–577.

Geremek, Bronislaw. *Poverty: A History.* Blackwell, Oxford, 1994.

———. *Le salariat dans l'artisanat Parisien aux XIIIe–XVe siècles.* Mouton & Co, Paris, 1968.

———. "Les salariés et le salariat dans les villes au cours du moyen âge," in "Third International Conference of Economic History. Munich 1965" École Pratique des Hautes Études and Mouton, Paris, 1968b, p. 553–574.

Gernet, Jacques. *Daily Life in China on the Eve of the Mongol Invasion.* Stanford University Press, 1962.

———. *A History of Chinese Civilization.* Cambridge University Press, 1982.

———. "Note sur les villes chinoises au moment de l'apogée islamique," in A. H. Hourani and S. M. Stern (eds.), *The Islamic City.* University of Pennsylvania Press, Oxford, 1970, p. 77–85.

———. "Le pouvoir d'État en Chine." *Actes de la Recherche en Sciences Sociales* 118, Juin 1997, p. 19–27.

Gibb, H.A.R., trans. *The Travels of Ibn Battuta A.D. 1325–1354.* Vol. 4. The Hakluyt Society, London, 1994.

Giddens, Anthony. *A Contemporary Critique of Historical Materialism.* Vol. 1, *Power, Property and the State.* University of California Press, Berkeley, 1981.

Gieysztor, Aleksander. "Polish Villagers and their Contact with Local Markets in the Middle Ages," in *Studia in Memoria Federigo Melis.* Giannini Editore, Naples, 1978, 1:191–211.

Gillard, Alphonse. *L'industrie du fer dans les localités du comté de Namur et de l'entre-Sambre-et-Meuse de 1345 à 1600.* Pro Civitate Collection Histoire 29, Bruxelles, 1971.

Gille, Paul. "Les navires des deux routes des Indes," in Manlio Cortelazzo (ed.), "Mediterraneo e Oceano Indiano." Atti del Sesto Colloquio Internazionale di Storia Marittima, Venezia, 20–29 settembre 1962. L Olschki Editore, Firenze, 1970, p. 193–201.

Gimpel, Jean. *The Medieval Machine: The Industrial Revolution of the Middle Ages.* Penguin Books, New York, 1976.

Ginatempo, Maria. "Les transformations de la fiscalité dans l'Italie post-communale," in Denis Menjot (ed.), *L'impôt dans les villes de l'Occident Méditerrranéen XIIIe–XIVe siècle.* Ministère de l'Économie, des Finances et de l'Industrie, Paris, 2005, p. 193–215.

Giurescu, Constantin. "The Genoese and the Lower Danube in the XIIIth and XIVth Centuries," *Journal of European and Economic History* 5, no. 3, Winter 1976, p. 587–600.

Glete, Jan. *Warfare at Sea, 1500–1650.* Routledge, London, 2000.

Godding, Philippe. "Les ordonnances des autorites urbaines au Moyen Âge," in J. M. Duvosquel and E. Thoen (eds.), *Peasants and Townsmen in Medieval Europe. Studia in Honorem Adriaan Verhulst.* Belgisch Centrum voor Landelijke Geschiedenis no. 114, Snoeck-Ducaju, Gent, 1995, p. 185–201.

Godelier, Maurice. "Ordres, Classes, État chez Marx," in Wim Blockmans and Jean-Philippe Genet (eds.), *Visions sur le Développement des États Européens.* École Française de Rome, Palais Farnèse, Rome, 1993, p. 117–135.

Goitein, S. D. "From the Mediterreanean to India." *Speculum* 29, no. 2, Part 1, April 1954, p. 181–197.

———. *Letters of Medieval Jewish Traders.* Princeton University Press, Prinecton, 1973.

Golas, Peter. "Rural China in the Song." *Journal of Asian Studies* 39, no. 2, Feb. 1980, p. 291–332.
Golden, Peter. *An Introduction to the History of the Turkic peoples.* Harrassowitz Verlag, Wiesbaden, 1992.
———. *Nomads and Sedentary Societies in Medieval Eurasia.* American Historical Association, Washington DC, 1998.
Goldstone, Jack. "Efflorescences and Economic Growth in World History." *Journal of World History* 13, no. 2, 2002, p. 323–389.
———. "The Problem of the Early Modern World." *Journal of the Economic and Social History of the Orient* 41, no. 3, August 1998, p. 249–284.
———. "The Rise of the West—Or Not?" *Sociological Theory* 18, no. 2, July 2000, p. 175–194.
Goldthwaite, Richard. "Urban Values and the Entrepreneur," in "L'Impresa Industria Commercio Banca Secc. XIII–XVIII." Atti della Ventiduesima Settimana di Studi 30 aprile–4 maggio 1990. Instituto Internazionale di Storia Economica "F. Datini," Serie II, 22, Prato, 1991, p. 641–662.
Golvin, L. *Le Maghrib Central a l'Epoque des Zirides.* Arts et Métiers Graphiques, Paris, 1957.
Gommans, Jos. "Mughal India and Central Asia in the 18th Century." *Itinerario* 15, no. 1, 1991, p. 51–70.
———. "The Silent Frontier of South Asia." *The Journal of World History* Vol. 9, no. 1, 1998, p. 1-23.
Gonthier, N. "Dans le Lyon Médiéval: Vie et Mort d'un Pauvre." *Cahiers d'Histoire*, 23, no. 3, 1978, p. 335–347.
Goodrich, Carrington L., and Fêng Chia-Shêng. "The Early Development of Firearms in China." *ISIS* 36(2): 104, Jan. 1946, p. 114–123.
Goody, Jack. *Capitalism and Modernity.* Cambridge, Polity Press, 2004.
———. *The East in the West.* Cambridge University Press, 1996.
———. *The Oriental, the Ancient and the Primitive.* Cambridge Univerity Press, 1990.
———. *Tradition, Technology and the State in Africa.* Cambridge University Press, 1971.
Gopal, Lallanji. *The Economic Life of Northern India, c. A.D. 700–1200.* Motilal Banarsidass, New Delhi, 1965.
Gottfried, R. S. *The Black Death.* The Free Press, New York, 1983.
Gottlieb, Roger. "Feudalism and Historical Materialism." *Science and Society* 48, no. 1, Spring 1984, p. 1–37.
Gough, Kathleen. "Modes of Production in Southern India." *Economic and Political Weekly*, XI, Feb. 1981, p. 337–364.
Gould, Richard. *Archeology and the Social History of Ships.* Cambridge University Press, 2000.
Gourdin, Philippe. "Les États Européens du Nord de la Méditerranée Occidentale et le Maghreb au XIIIe Siècle" in Mohammed Tahar Mansouri (dir.), *Le Maghreb et la Mer à Travers l'Histoire.* Éds Hêrodotos–Mésogeios, Paris, 2000, p. 113–125.
———. "Les fortifications du Maghreb d'après les sources écrites," in Rika Gyselen (ed.), *Res Orientales.* Vol. 8, *Sites et Monuments disparus d'après les témoignages de voyageurs.* Peeters Press, Louvain, 1996, p. 25–32.
Grassby, Richard. *The Idea of Capitalism before the Industrial Revolution.* Rowan & Littlefield, Oxford, 1999.
Graus, F. "La crise monétaire du 14e siècle." *Revue Belge de Philologie et d'Histoire* 29, no. 1, 1951, p. 445–454.
Graves, Michael. *The Parliaments of Early Modern Europe.* Pearson, London, 2001.

Greif, Avner. *Institutions and the Path to the Modern Economy.* Cambridge University Press, 2006.
Greilsammer, M. "Pour blanchir son argent et son âme." *Revue Belge de Philologie et d'Histoire* 72, 1994, p. 793–833.
Grekov, Boris, and A. Iakoubovski. *La Horde d'Or.* Payot, Paris, 1939.
Grewal, J. S. (ed.) *The State and Society in Medieval India.* Oxford University Press, New Delhi, 2005.
Groten, Manfred. "Forms of Economic Life in the High Middle Ages," in Rolf Toman (ed.), *The High Middle Ages in Germany.* B Taschen Verlag, Koln, 1990, p. 66–85.
Grzybowski, Stanislaw. "Découverte et Diplomatie." *Revue d'Histoire Économique et Sociale* 47, 1969, p. 215–236.
Guarducci, Annalisa (ed.). "Sviluppo e sottosviluppo in Europa e fuori d'Europa dal secolo XIII alla Revoluzione Industriale." Atti della Decima settimana di studio 7–12 aprile 1978 . *Instituto Interazionale di Storia Economica* "f. Datini," Serie II, 10, Prato, 1983.
Gueret-Laferte, Michèle. *Sur les Routes de l'Empire Mongol.* Éd. Honoré Champion, Paris, 1994.
Guérreau, Alain. *Le féodalisme: Un horizon théorique.* Le Sycomore, Paris, 1980.
———. "Quelques caractères spécifiques de l'espace féodal Européen," in Neithard Bulst, Robert Descimon, and Alain Guérreau (eds.), *L'État ou le roi.* Éditions de la Maison des Sciences de l'Homme, Paris, 1996, p. 85–101.
Gunawardana, R. A. L. H. "Changing Patterns of Navigation in the Indian Ocean and Their Impact on Pre-colonial Sri Lanka," in Satish Chandra (ed.), *The Indian Ocean Explorations in History, Commerce and Politics.* Sage, London, 1987, p. 54–89.
Gunst, Péter. "Agrarian Systems of Central and Eastern Europe," in Daniel Chirot (ed.), *The Origins of Backwardness in Eastern Europe.* University of California Press, Berkeley, 1989, p. 53–91.
Guo, Li. *Commerce, Culture and Community in a Red Sea Port in the 13th Century.* Brill, Boston, 2004.
Gurevitch, Aron. "The Merchant," in Jacques Le Goff (ed.), *The Medieval World.* Collins & Brown, London, 1990, p. 243–283.
Gutmann, Myron P. "The Dynamics of Urban Decline in the Late Middle Ages and Early Modern Times." 9th International Economic History Congress, Bern, 1986. Verlach der Fachvereine, Zürich, 1986, p. 23–56.
———. *Toward the Modern Economy.* Temple University Press, Philadelphia, 1988.
Gutnova, Evgenia. "The Influence of Economic Evolution on Changes in the Social Hierarchy in Rural England (14th–15th Centuries)," in "Gerarchie Economiche e Gerarchie Sociali Secoli XII–XVIII." Atti della Dodicesima Settimana di Studi 18–23 Aprile 1980. Instituto Internazionale di Storia Economica "F. Datini," Serie II, 22, Le Monnier, Prato, 1990, p. 91–124.
Guy, John. "Tamil Merchant Guilds and the Quanzhou Trade," in Angela Schottenhammer (ed.), *The Emporium of the World.* Brill, Boston, 2001, p. 283–308.
Habib, Irfan. "Capitalism in History." *Social Scientist* 23, no. 268, July–Sept. 1995b, p. 15–31.
———. "Changes in Technology in Medieval India." *Studies in History* 2, no. 1, 1980, p. 15–39.
———. "Classifying Pre-Colonial India," in T. J. Byres and Harbans Mukhia (eds.), *Feudalism and Non-European Societies.* Frank Cass, London, 1985, p. 44–53.
———. "Economic History of the Delhi Sultanate." *Indian Historical Review* 4, no. 2, 1978, p. 287–303.

———. "Non-Agricultural Production and Urban Economy," in Tapan Raychaudhuri and Irfan Habib (eds.), *The Cambridge Economic History of India.* Cambridge University Press, 1982, 1:76–93.

———. "Usury in Medieval India." *Comparative Studies in Society and History* 6, no. 4, July 1964, p. 393–419.

———. "Was There Feudalism in Indian History?" in Hermann Kulke (ed.), *The State in India, 1000–1700.* Oxford University Press, 1995, p. 86–133.

Habib, Mohammad. *Politics and Society during the Early Medieval Period.* People's Publishing House, New Delhi, 1974.

Hagesteijn, Renée. *Circles of Kings: Political Dynamics in Early Continental Southeast Asia.* Foris Publications [KIVTLV No. 138], Dordrecht, 1989.

Halaga, Ondrej. "A Mercantilist Initiative to Compete with Venice." *Journal of European Economic History* 12, no. 2, Fall 1983, p. 407–435.

Haldon, John. *Byzantium: A History.* Tempus Publishing Ltd, Charleston, SC, 2000.

Hall, John. *Powers and Liberties.* Basil Blackwell, Oxford, 1985b.

———. "States and Economic Development," in John Hall (ed.), *States in History.* Basil Blackwell, New York, 1987, p. 154–176.

———. "States and Societies: The Miracle in Comparative Perspective," in J. Baechler, J. Hall, and M. Mann (eds.), *Europe and the Rise of Capitalism.* Basil Blackwell, New York, 1988, p. 20–38.

Hall, Kenneth. "Coinage, Trade and Economy in Early South India and Its Southeast Asian Neighbours." *Indian Economic and Social History Review* 36, no. 4, Oct.–Dec. 1999, p. 431–459.

———. "Economic History of Early Southeast Asia," in Nicholas Tarling (ed.), *The Cambridge History of Southeast Asia.* Cambridge University Press, 1992, p. 1:183–275.

———. "International Trade and Foreign Diplomacy in Early Medieval South India." *Journal of the Economic and Social History of the Orient* 21, no. 1, 1978, p. 75–98.

———. *Maritime Trade and State Development in Early Southeast Asia.* University of Hawaii Press, Honolulu, 1985.

———. "Price-Making and Market Hierarchy in Early Medieval South India." *Indian Economic and Social History Review* 14, no. 2, April–June 1977, 207–230.

———. *Trade and Statecraft in the Age of the Cholas.* Abhinav Publications, New Delhi, 1980.

———. "Upstream and Downstream Unification in Southeast Asia's First Islamic Polity." *Journal of the Economic and Social History of the Orient* 44, no. 2, May 2001, p. 198–229.

Hall, Kenneth, and George Spencer. "The Economy of Kancipuram." *Journal of Urban History* 6, no. 2, Feb. 1980, p. 127–151.

Hall, Thomas. "The World System Perspective." *Sociological Inquiry* 66, no. 4, Fall 1996, p. 440–454.

Hallam, H. E. "The Medieval Social Picture," in Eugene Kamenka and R.S. Neale (eds.), *Feudalism, Capitalism and Beyond.* St. Martin's Press, New York, 1976, p. 28–49.

Halperin, Charles. *The Tatar Yoke.* Slavica Publishers, Inc., Colombus, OH, 1986.

Halpérin, Jean. "Les Tranformations Économiques aux XII et XIIIe Siècles." *Revue d'Histoire Économique et Sociale* 28, 1950, p. 21–34, 129–147.

Halpern, Jan. "Traditional Economy in West Africa." *Africana Bulletin* 7, 1967, p. 91–112.

Hamdani, Abbas. "The Rasa'il Ikhwan al-Safa' and the Controversy about the Origin of Craft Guilds in Early Medieval Islam," in Hanna Nelly (ed.), *Money, Land and Trade.* I. B. Tauris, New York, 2002, p. 157–173.

Hanawalt, Barbara. "Peasant Resistance to Royal and Seignorial Impositions," in F. X. Newman (ed.), *Social Unrest in the Late Middle Ages.* Center for Medieval and Early Renaissance Studies, Binghamton, 1986, p. 23–47.

Hangloo, Rattan Lal. *The State in Medieval Kashmir.* Manohar, New Delhi, 2000.

Haquette, Bertrand. "Des Lices et des Joncs." *Revue du Nord* 79, no. 322, Oct.–Dec. 1997, p. 859–882.

Hardach, Karl. "Some Remarks on German Economic Historiography." *Journal of European Economic History* 1, no. 1, Spring 1972, p. 37–99.

Hardy, Peter. "The authority of Muslim kings in Medieval India" in Marc Gaborieau (ed.) *Islam et Société en Asie du Sud.* EHESS, Paris, 1986, p. 37–55.

Hardy-Guilbert, Claire. "Al-Sihr, Porte du Hadramawt sur L'Océan Indien." *Annales Islamologiques* 38, no. 1, 2004, p. 95–157.

Harriss, G. L. "Parliamentary Taxation and the Origins of Appropriation of Supply in England, 1207–1340," in *Gouvernés et Gouvernants.* Part 3, *Moyen Âge et Temps Modernes.* Recueils de la Société Jean Bodin pour l'Histoire Comparative des Institutions 24, Éditions de la Libraire Encyclopédique, Bruxelles, 1966, p. 165–179.

Hartwell, Robert. "A Cycle of Economic Change in Imperial China." *Journal of the Economic and Social History of the Orient*, 10, 1967, p. 102–159.

———. "A Revolution in the Chinese Iron and Coal Industries during the Northern Sung, A.D. 960–1126." *Journal of Asian Studies* 21, 1962, p. 153–162.

———. "Markets, Technology, and the Structure of Enterprise in the Development of the 11th century Chinese Iron and Steel Industry" in *Journal of Economic History*, vol. 26, 1966, pp. 29–58.

———. "A Cycle of Economic Change in Imperial China: Coal and Iron in Northeast China, 750–1350" in *Journal of the Economic and Social History of the Orient*, 10, 1967, pp. 102–159.

———. "Demographic, Political, and Social Transformations of China, 750–1550" in *Harvard Journal of Asiatic Studies*, vol. 42, nr. 2, 1982, pp. 365–442.

Harvey, B. F. "Introduction: The Crisis of the Early Fourteenth Century," in B. M. S. Campbell (ed.), *Before the Black Death.* Manchester University Press, 1991, p. 1–24.

Harvey, David. *The Urbanization of Capital.* Johns Hopkins University Press, Baltimore, 1985.

Hatcher, John. "A Diversified Economy: Later Medieval Cornwall." *Economic History Review* (2nd Series) 22, no. 2, August 1969, p. 208–227.

Hatcher, John, and Mark Bailey. *Modelling the Middle Ages: The History and Theory of England's Economic Development.* Oxford University Press, 2001.

Haverkamp, Alfred, (ed.) *Information, Kommunimation und Selbstdarstellung in mittelalterlichen Gemeinden.* Oldenbourg Verlag, München, 1998.

Hay, Day, and John Law. *Italy in the Age of the Renaissance.* Longman, London, 1989.

Heaton, Herbert. *Economic History of Europe.* Harper, New York, 1948.

Heers, Jacques. *Esclaves et Domestiques au Moyen Âge dans le Monde Méditerranéen.* Fayard, Paris, 1981.

———. "The 'Feudal' Economy and Capitalism." *Journal of European Economic History* 3, no. 4, Winter 1974, p. 609–653.

———. "La Mode et les Marchés des Draps de Laine," in Marco Spallanzani (ed.), "Produzione, commercio e consumo dei panni di lana nei sec. XII–XVIII." Atti della seconda settimana di studio, 10–16 aprile 1970. Istituto Internazionale di storia economica "F. Datini," L Olschki Editore, Firenze, 1976, p. 199–220.

———. *Le Moyen Âge, une Imposture.* Ed. Perrin, Paris, 1992.

———. *L'Occident aux XIVe et XVe Siècles: Aspects Économiques et Sociaux.* Presses Universitaires de France, Paris, 1963.

———. *Précis d'Histoire du Moyen Âge.* Presses Universitaires de France, Paris, 1973.

———. "Le Prix de l'Assurance Maritime à la Fin du Moyen Âge." *Revue d'Histoire Économique et Sociale* 37, 1959, p. 1–19.

———. "Rivalité ou Collaboration de la Terre et de l'Eau?," in Michel Mollat et al., "Les Grandes Voies Maritimes dans le Monde, XVe–XIXe Siècles." VIIe Colloque de la Commission Internationale d'Histoire Maritime. SEVPEN, Paris, 1965b, p. 13–63.

———. *Société et Économie à Gênes (XIVe–XVe Siècles)*. Variorum Reprints, London, 1979.

———. *Le Travail au Moyen Âge*. Presses Universitaires de France, Paris, 1965.

———. "Types de Navire et Spécialisation des Traffics en Méditerranée à la Fin du Moyen Âge," in Michel Mollat (ed.), *Le Navire et l' Économie Maritime du Moyen Âge au XVIIIe Siècle Principalement en Méditerranée*. SEVPEN, 1958, p. 107–118.

Heesterman, J. C. "Littoral et Intérieur de l'Inde," in L. Blussé, H. Wesseling, and G. Winius (eds.), *History and Underdevelopment*. Éditions de la Maison des Sciences de l'Homme, Paris, 1980, p. 87–92.

———. "Warriors and Merchants." *Itinerario* 15, no. 1, 1991, p. 37–49.

Heilbroner, Robert. *The Nature and Logic of Capitalism*. Norton, New York, 1985.

Heitzman, James. *Gifts of Power.* Oxford University Press, 1997.

———. "State Formation in South India, 850–1280," in Hermann Kulke (ed.), *The State in India, 1000–1700*. Oxford University Press, New Delhi, 1995, p. 162–194.

Herbert, Eugenia. "The West African Copper Trade in the 14th and 16th Centuries," in Herman Kellenbenz (ed.), *Precious Metals in the Age of Expansion*. Klett-Cotta, Stuttgart, 1981, p. 119–130.

Herlihy, David. "Direct and Indirect Taxation in Tuscan Urban Finance c. 1200–1400," in "Finances et Comptabilité Urbaines du XIIIe au XVIe Siècle." Actes du Colloque International à Blankenberge, Sept. 6–9, 1962. Pro Civitate Collection Histoire No. 7, Bruxelles, 1964, p. 385–405.

———. "Distribution of Wealth in a Renaissance Community," in P. Abrams and E. A. Wrigley (eds.), *Towns in Societies*. Cambridge University Press, 1978, p. 131–157.

Hess, Andrew. "The Evolution of the Ottoman Seaborne Empire in the Age of the Oceanic Discoveries, 1453–1525." *American Historical Review* 75, no. 7, Dec. 1970, p. 1892–1919.

———. *The Forgotten Frontier.* University of Chicago Press, 1978.

Hesse, Philippe-Jean. "Artistes, Artisans ou Prolétaires?," in Xavier Barral I Altet (ed.), "Artistes, Artisans et Production Artistique au Moyen Âge." Colloque International Université de Rennes II, 2–6 Mai 1983. Picard, Paris, 1986, p. 431–473.

Heyd, W. *Histoire du Commerce du Levant au Moyen Âge*. Edited by Adolf Hakkert. Amsterdam, [1885], Hakkert, 1959 ed.

Hicks, John. *A Theory of Economic History*. Oxford University Press, 1969.

Hickson, Charles, and Earl Thompson. "A New Theory of Guilds and European Economic Development." *Explorations in Economic History* 28, no. 2, April 1991, p. 127–168.

Hilton, Rodney. *Class Conflict and the Crisis of Feudalism*. 2nd edition. Verso, New York, 1990.

———. "A Crisis of Feudalism," in T. H. Aston and C.H.E. Philpin (eds.), *The Brenner Debate*. Cambridge University Press, 1985, p. 119–137.

———. "Medieval Peasants: Any Lessons?" *Journal of Peasant Studies* 1, no. 2, January 1974, p. 207–219.

———. "Resistance to Taxation and to Other State Impositions in Medieval England," in J. Ph. Genet and M. Le Mené (eds.), *Genèse de l'État Moderne: Prélèvement et Redistribution*. Éditions du CNRS, Paris, 1987, p. 169–177.

Hindess, Barry, and Paul Hirst. *Precaptalist Modes of Production*. Routledge, London, 1975.

Ho, Ping-Ti. *The Ladder of Success in Imperial China.* Columbia University Press, New York, 1962.

Hobsbawm, Eric. *Economic History of Britain.* Vol. 3, *Industry and Empire: From 1750 to the Present Day.* Penguin Books, New York, 1969.

Hobson, John. *The Eastern Origins of Western Civilisation.* Cambridge University Press, 2004.

Hocquet, Jean-Claude. "À Chioggia au XVe Siècle," in Jean Kerhervé and Albert Riguadière (dirs.), *Finances, Pouvoirs et Mémoire.* Fayard, Paris, 1999, p. 497–512.

———. "Fiscalité et Pouvoir Colonial.," in Michel Balard (dir.), *État et Colonisation au Moyen Âge et à la Renaissance.* La Manufacture, Lyon, 1989, p. 277–316.

———. "Productivity Gains and Technological Change." *Journal of European Economic History* 24, no. 3, Winter 1995, p. 537–556.

———, ed. *Le Roi, le Marchand et le Sel.* Presses Universitaires de Lille, 1987.

———. *Le Sel et la Fortune de Venise: Production et Monopole.* Presses Universitaires de Lille, 1979.

———. *Le Sel et la Fortune de Venise: Voiliers et Commerce en Méditerranée.* Presses Universitaires de Lille, 1979b.

———. *Le Sel et le Pouvoir.* Éd. Albin Michel, Paris, 1985.

———. "À Venise, Dette Publique et Spéculations Privées," in Denis Menjot et al., *L'Impôt dans les Villes de l'Occident Méditerranéen XIIIe–XIVe Siècle.* Ministère de l'Économie, des Finances et de l'Industrie, Paris, 2005, p. 15–37.

Hodgett, Gerald. *A Social and Economic History of Medieval Europe.* Harper & Row, New York, 1972.

Hodgson, Geoffrey. *How Economics Forgot History.* Routledge, NY, 2001.

Hodgson, Marshall. "The Interrelations of Societies in History." *Comparative Studies in Society and History* 5, 1963, p. 227–250.

Hofstede, Geert. *Cultures and Organizations.* McGraw Hill, NY, 1997.

Hogendorn, J. S., and H. A. Gemery. "Continuity in West African Monetary History?" *African Economic History* 17, 1988, p. 127–146.

Hohenberg, P. "The City, Agent or Product of Urbanization," in A. van der Woude, A. Hayami, and J. de Vries (eds.). *Urbanization in History.* Clarendon Press, Oxford, 1990.

Holbach, Rudolf. "Formen des Verlags im Hanseraum vom 13. bis 16. Jahrhundert." *Hansische Geschichtsblätter* 103, 1985, p. 41–73.

———. "Frühformen von Verlag und Grossbetrieb in der gewerblichen Produktion." *Vierteljahrschrift für Sozial- und Wirtschaftgeschichte* 110, 1994, p. 51–78.

———. "Some Remarks on the Role of 'Putting-Out' in Flemish and Northwest European Cloth Production," in Marc Boone and Walter Prevenier (eds.), *Drapery Production in the Late Medieval Low Countries: Markets and Strategies for Survival (14th–16th Centuries).* Garant, Leuven, 1993, p. 207–250.

———. "Zur Handelsbedeutung vom Wolltuchen aus dem Hanseraum," in Stuart Jenks and Michael North (eds.), *Der Hansische Sonderweg?* Böhlau Verlag, Köln, 1993, p. 135–190.

Holsinger, Bruce, and Ethan Knapp. "The Marxist Premodern" *Journal of Medieval andEarly Modern Studies*, Vol. 34, no. 3, 2004, p. 463–471.

Holt, Richard, and Gervase Rosser. "Introduction," in Richard Holt and Gervase Rosser (eds.), *The English Medieval Town.* Longman, London, 1990, p. 1–18.

Holton, R. J. "Cities, Capitalism and Civilization," in T. Bottomore and M. Mulkay (eds.) *Controversies in Sociology.* Vol. 20. Allen & Unwin, London, 1986.

———. *The Transition from Feudalism to Capitalism.* Macmillan, London, 1985.

Hopkins, A. G. *An Economic History of West Africa.* Columbia University Press, New York, 1973.

———. "The Western Sudan in the Middle Ages." *Past and Present* 37, July 1967, p. 149–156.

Hoppenbrouwers, Peter. "Agricultural Production and Technology in the Netherlands c. 1000–1500," in Grenville Astill and John Langdon (eds.), *Medieval Farming and Technology*. Brill, New York, 1997, p. 89–114.

———. "Mapping an Unexplored Field: The Brenner Debate and the Case of Holland," in Peter Hoppenbrouwers and Jan van Zanden (eds.), *Peasants into Farmers?* Brepols, Turnhout, 2001, p. 41–66.

Hoppenbrouwers, Peter, and Jan van Zanden, eds. *Peasants into Farmers?* Brepols, Turnhout, 2001.

Horden, Peregrine, and Nicholas Purcell. *The Corrupting Sea*. Blackwell, Oxford, 2000.

Horlings, Edwin. "Pre-industrial Economic Growth and the Transition to an Industrial Economy," in Maarten Prak (ed.), *Early Modern Capitalism*. Routledge, London, 2001, p. 88–104.

Horton, Mark, and John Middleton. *The Swahili*. Blackwell, Oxford, 2000.

Hourani, Albert. *A History of the Arab Peoples*. Faber & Faber, London, 1991.

Hourani, George. "Disputation," in Khalil Semaan (ed.), *Islam and the Medieval West*. State University of New York Press, Albany, 1980, p. 134–161.

Howell, Martha. "Woman's Work in the New and Light Draperies of the Low Countries," in N. B. Harte (ed.), *The New Draperies in the Low Countries and England, 1300–1800*. Oxford University Press, 1997, p. 197–216.

Howell, Martha. *Women, Production, and Patriarchy in the Late Medieval Cities*. University of Chicago Press, Chicago, 1986.

Howell, Martha, and Marc Boone. "Becoming Early Modern in the Late Medieval Low Countries." *Urban History* 23, no. 3, Dec. 1996, p. 300–324.

Hrbek, Ivan. "The Disintegration of Political Unity in the Maghrib," in D. T. Niane (ed.), *General History of Africa*. UNESCO, Berkeley, 1984, 4:78–101.

———. "Egypt, Nubia and the Eastern Deserts," in Roland Oliver (ed.), *The Cambridge History of Africa*. Vol. 3, *From 1050 to 1600*. Cambridge University Press, 1977, p. 10–97.

Hsü, I-T'ang. "Social Relief during the Sung Dynasty," in Zen Sun E-Tu and John De Francis, *Chinese Social History*. Octagon Books, New York, 1972, p. 207–215.

Huang, Ray. "Fiscal Administration during the Ming Dynasty," in Charles Hucker (ed.), *Chinese Government in Ming Times*. Columbia University Press, New York, 1969, p. 73–128.

Hubert, Étienne. "La Construction de la Ville." *Annales HSS* 59, no. 1, Jan–Fev 2004, p. 109–139.

Hudson, G. F. "China and the World," in Raymond Dawson (ed.), *The Legacy of China*. Clarendon Press, Oxford, 1964, p. 340–363.

Hudson, Geoffrey. "The Medieval Trade of China," in D. S. Richards (ed.), *Islam and the Trade of Asia*. Bruno Cassirer Oxford/University of Pennsylvania Press, 1970, p. 159–167.

Hui, Po-Keung. "Overseas Chinese Business Networks: East Asian Economic Development in Historical Perspective." Unpublished Ph.D. diss., Sociology Dept., SUNY-Binghamton, 1995.

Humphrey, Caroline, and Altanhuu Hurelbaatar. "Regret as a Political Intervention." *Past and Present* 186, Feb. 2005, p. 3–45.

Humphreys, Stephen. "Egypt in the World System of the Later Middle Ages," in Carl Petry (ed.), *The Cambridge History of Egypt*. Vol. 1, *640–1517*. Cambridge University Press, 1998, p. 445–461.

Hung, Ho-fung. "Imperial China and Capitalist Europe in the 18th Century Global Economy." *Review* 24, no. 4, 2001, p. 473–513.
Hunt, Edwin S. *The Medieval Super-Companies.* Cambridge University Press, 1994.
Hunt, Edwin, and James Murray. *A History of Business in Medieval Europe. 1200–1550.* Cambridge University Press, 1999.
Hymes, Robert. "Song China, 960–1279," in Ainslie Embree and Carol Gluck (eds.), *Asia in Western and World History.* Sharpe, Armonk, NY, 1997, p. 336–351.
Ibn, Khaldun. *The Muqaddimah.* Routledge & Kegan Paul, London, 1958.
Idris, R. "Society in the Maghrib after the Disappearance of the Almohads," in D. T. Niane (ed.), *General History of Africa.* UNESCO, Berkeley, 1984, 4:102–116.
Imsen,Steinar, and Günther Vogler. "Communal Autonomy and Peasant Resistance in Northern and Central Europe," in Peter Blickle (ed.), *Resistance, Representation, and Community.* Clarendon Press, Oxford, 1997, p. 5–43.
Inden, Ronald. *Imagining India.* Basil Blackwell, Oxford, 1990.
Indrapala, K. "South Indian Mercantile Communities in Ceylon, *circa* 950–1250." *Ceylon Journal of Historical and Social Studies* 1, no. 2, July–Dec. 1971, p. 101–113.
Iniesta, Ferran. "Mansaya, Califat et Fanga: Un Aperçu sur l'Évolution de la Royauté au Soudan Occidental du Xe au XVIIe Siècle," in Odile Redon and Bernard Rosenberger (eds.), *Les Assises du Pouvoir.* Presses Universitaires de Vincennes, Saint-Denis, 1994, p. 111–128.
Inikori, Joseph. *Africans and the Industrial Revolution in England.* Cambridge University Press, 2002.
Iorga, N. "La Politique Vénitienne dans les Eaux de la Mer Noire." *Bulletin de la Section Historique* [Bucarest] 2, 1914, p. 289–370.
Irwin, Robert. "Gunpowder and Firearms in the Mamluk Sultanate Reconsidered," in Michael Winter and Amalia Levanoni (eds.), *The Mamluks in Egyptian and Syrian Politics and Society.* Brill, Leiden, 2004, p. 117–139.
Isaacs, Ann, and Maarten Prak. "Cities, Bourgeoisies and States," in Wolfgang Reinhard (ed.), *Power Elites and State Building.* Clarendon Press, Oxford, 1996, p. 207–234.
Isichei, Elizabeth. *A History of African Societies to 1870.* Cambridge University Press, 1997.
Islam, Zafarul. "Origin and Development of Fatawa Compilation in Medieval India." *Studies in History* 12, no. 2, Dec. 1996, p. 223–241.
Issawi, Charles. "The Decline of Middle Eastern Trade," in D. S. Richards (ed.), *Islam and the Trade of Asia.* Bruno Cassirer Oxford/University of Pennsylvania Press, 1970, p. 245–266.
Jackson, P. "Delhi", in R. E. Frykenberg (ed.), Delhi through the ages. Oxford University Press, New Delhi, 1986, p. 18–33.
———. "The Dissolution of the Mongol Empire." *Central Asiatic Journal* 22, nos. 3/4, 1978, p. 186–244.
Jackson, Peter. *The Delhi Sultanate.* Cambridge University Press, 1999.
———. "From Ulus to Khanate," in Reuven Amitai-Press and David Morgan (eds.), *The Mongol Empire and Its Legacy.* Brill, Boston, 1999, p. 12–38.
———. "The Mongols and the Delhi Sultanate in the Reign of Muhammad Tughluq." *Central Asiatic Journal* 19, 1975, p. 118–157.
Jacoby, David. "Cretan Cheese: A Neglected Aspect of Venetian Medieval Trade," in E. Kittell and T. Madden (eds.), *Medieval and Renaissance Venice.* University of Illinois Press, Chicago, 1999, p. 49–68.
———. "The Migration of Merchants and Craftsmen," in "Le Migrazioni in Europa secc. XIII–XVIII." Atti della Settimane di studio 3–8 maggio 1993. Instituto Internazionale di Storia Economica "F. Datini," Serie II, 25, Prato, 1994, p. 533–560.

———. *Recherches sur la Méditerranée Orientale du XIIe au XVe siècle.* Variorum Reprints, London, 1979.

———. *Studies on the Crusader States and on Venetian Expansion.* Variorum Reprints, Northampton, 1989a.

———. *Trade, Commodities and Shipping in the Medieval Mediterranean.* Variorum Collected Studies, Ashgate/Aldershot, 1997.

Jacotey, Marie-Louise. *Juges, Consuls et Marchands des Origines à Nos Jours.* Vol. 1. Presses de Dominique Guéniot, Langres, 1998.

Jacq-Hergoualc'h, M. et al., "Une Étape de la Route Maritime de la Soie." *Journal Asiatique* 286, no. 1, 1998, p. 235–320.

Jacques-Meunié, D. *Le Maroc Saharien des Origines au XVIe Siècle.* Vol. 1. Librairie Klincksieck, Paris, 1982.

Jain, Vardhman K. *Trade and Traders in Western India (A.D. 1000–1300).* Munshiram Manoharlal Publishers, New Delhi, 1990.

James, Margery. "The Fluctuations of the Anglo-Gascon Wine Trade during the Fourteenth Century." *Economic History Review* [2nd Series] 4, no. 1, 1951, p. 170–196.

Jansen, H.P.H. "Handel en nijverheid 1000–1300," in *Algemene Geschiedenis der Nederlanden.* Fibula-Van Dishoeck, Haarlem, 1982, p. 148–186.

———. *Geschiedenis van de Middeleeuwen.* Aula, Utrecht, 1989.

Jehel, Georges. "Gênes et Tunis au Moyen Âge." *Cahiers de Tunisie* 48, no. 170, p. 89–104.

———. *Les Génois en Méditerrannée Occidentale (Fin XIème–Début XIVème Siècle): Ébauche d'une Stratégie pour un Empire.* Centre d'Histoire des Sociétés, Université de Picardie, 1993.

Jha, D. N., ed. *The Feudal Order.* Manohar, New Delhi, 2000.

Johnson, Marion. "The Cowrie Currencies of West Africa." *Journal of African History* 11, no. 1, 1970, p. 17–49, 331–353.

Jones, E. L. *The European Miracle.* Cambridge University Press, 1981.

———. *Growth Recurring.* Clarendon Press, Oxford, 1988.

Jones, Ph. *The Italian City-State.* Clarendon Press, Oxford, 1997.

Jorda, Henri. *Le Moyen Âge des Marchands.* L'Harmattan, Paris, 2002.

Jordan, William C. *The Great Famine.* Princeton University Press, 1998.

Joris, André. *Villes, Affaires, Mentalités Autour du Pays Mosan.* De Boeck-Université, 1993.

Ju-kang, T'ien. "Cheng Ho's Voyages and the Distribution of Pepper in China." *Journal of the Royal Asiatic Society of Great Britain and Ireland* 2, 1981, p. 186–197.

Julien, C. A. *Études maghrébines.* Presses Universitaires de France, Paris, 1964.

Kably, Mohamed. *Société, Pouvoir et Religion au Maroc à la Fin du "Moyen-Âge" (XIVe–XVe Siècle).* Éditions Maisonneuve et Larose, Paris, 1986.

Kahan, Arcadius. "Notes on Serfdom in Western and Eastern Europe." *Journal of Economic History* 33, no. 1, March 1973, p. 86–99.

Kai, Zhang. "The Social Reasons for the Expansion of Chinese Overseas Trade during the Song and Yuan Dynasties," in "The North Pacific to 1600." Proceedings of the Great Ocean Conferences. Oregon Historical Society, Portland, Oregon, 1991, 1:231–239.

Kaké, Ibrahima, and Elikia M'Bokolo. *Histoire Générale de l'Afrique.* Vol. 2, *L'Ere des Grands Empires.* Casterman, Tournai, 1978.

Kanaka Durga, P. S. "Identity and Symbols of Sustenance." *Journal of the Economic and Social History of the Orient* 44, no. 2, May 2001, p. 141–174.

Kaptein, Herman. *De Hollandse textielnijverheid 1350–1600.* Verloren, Hilversum, 1998.

Kapur, Nandini. *State Formation in Rajasthan.* Manohar, New Delhi, 2002.

Karashima, Noburu. *Towards a new formation.* Oxford University Press, New Delhi, 1992.

———. (ed.) *Ancient and Medieval Commercial Activities in the Indian Ocean: Testimony of Inscriptions and Ceramic-Sherds.* Taisho University, Tokyo, 2002.

———. "The Family of Mallappa Nayaka," *Medieval History Journal* 4, no. 1, June 2001, p. 35–42.

———. (ed.). *In search of Chinese ceramic-sherds in South India and Sri Lanka.* Taisho University Press, Tokyo, 2004.

———. *South Indian History and Society: Studies from Inscriptions A.D. 850–1800.* Oxford University Press, New Delhi, 1984.

Karpinski, Rafal. "Considérations sur les Échanges de Caractère Local et Extérieur de la Sénégambie." *Africana Bulletin* 8, 1968, p. 65–83.

Karpov, S. P. "The Grain Trade in the Southern Black Sea Region: The Thirteenth to Fifteenth Century." *Mediterranean Historical Review* 8, no. 1, June 1993, p. 55–71.

Kathirithamby-Wells, J. "Introduction," in J. Kathirithamby-Wells and John Villiers (eds.), *The Southeast Asian Port and Polity.* Singapore University Press, 1990, p. 1–16.

Katz, Claudio. *From Feudalism to Capitalism: Marxian Theories of Class Struggle and Social Change.* Greenwood Press, New York, 1989.

Kaviraj, Sudipta. "An Outline of a Revisionist Theory of Modernity." *European Journal of Sociology* 46, no. 3, 2005, p. 497–526.

Kea, Ray. "Expansions and Contractions." *Journal of World-Systems Research*, X, 3, 2004, p. 723–816.

Keay, John. *India: A History.* Atlantic Monthly Press, New York, 2000.

Kedar, Benjamin. *Merchants in Crisis.* Yale University Press, New Haven, 1976.

Kellenbenz, Hermann. "Marchands Capitalistes et Classes Sociales," in F. C. Lane (ed.), "Fourth International Conference of Economic History." Bloomington, 1968. École Pratique des Hautes Études, Paris, 1973, p. 19–51.

Kennedy, Paul. *The Rise and Fall of the Great Powers.* Fontana Press, London, 1989.

Kervan, Monique. "Le Port Multiple des Bouches de L'Indus," in Rika Gyselen (ed.), *Res Orientales.* Vol. 8, *Sites et Monuments Disparus d'après les Témoignages de Voyageurs.* Groupe pour l'Étude de la Civilisation du Moyen-Orient/Peeters Press, Louvain, 1996, p. 45–92.

Keswani, D. G. "Western Commercial Entrepreneurs in the East," in Michel Mollat (dir.), *Sociétés et Compagnies de Commerce en Orient et dans l'Océan Indien.* SEVPEN, Paris, 1970, p. 543–573.

Keyao, Ma. "A Comparative Study of Chinese and West-European Feudal Institutions," in Eloy Ruano and Manuel Burgos (eds.), "Chronological Section I." 17th International Congress of Historical Sciences, Comité International des Sciences Historiques, Madrid, 1992, p. 57–69.

Khan, Iqtidar Alam. "The State in Mughal India." *Social Scientist* 30, nos. 1/2, Jan.–Feb. 2001, p. 16–45.

Khazanov, Anatoly. *Nomads and the Outside World.* 2nd ed. University of Wisconsin Press, Madison, 1984.

———. "The Spread of World Religions in Medieval Nomadic Societies of the Eurasian Steppes," in Michael Gervers and Wayne Schlepp (eds.), *Nomadic Diplomacy, Destruction and Religion from the Pacific to the Adriatic.* Joint Centre for Asia Pacific Studies, Toronto, 1994, p. 11–33.

Kieniewicz, Jan. "Asian Merchants and European Expansion," in Karl Haellquist (ed.), *Asian Trade Routes.* Scandinavian Institute of Asian Studies, Copenhagen, 1991, 13:78–86.

———. "L'Asie et l'Europe Pendant les XVIe–XIXe Siècles," in "L'histoire à Nice." Actes du Colloque International, 6–9 Nov, 1980. Vol. 2, *Les Relations Économiques et Culturelles entre l'Occident et l'Orient.* Université de Nice/Musée d'Archéologie et d'Histoire d'Antibes, 1981, p. 217–229.

Kirby, Stuart. *Introduction to the Economic History of China.* George Allen & Unwin, London, 1954.

Kisch, Herbert. "From Monopoly to Laissez-faire." *Journal of European Economic History* 1, no. 2, Fall 1972, p. 298–407.

Klep, P. M. "Long-Term Developments in the Urban Sector of the Netherlands," in "Het stedelijk in Belgie in historisch perspectief (1350–1850)." Handelingen van het 15e Internationaal Colloquium, Sp. 4–6 september 1990, Gemeentekrediet van Belgie, 86, Brussel, 1992, p. 201–242.

———. "Population Estimates of Belgium by Province (1375–1831)," in *Histories et Population.* Liber Amicorum Etienne Helin, Louvain-la-Neuve, 1991.

———. "Urban Decline in Brabant," in H. Van der Wee (ed.), *The Rise and Decline of Urban Industries in Italy and the Low Countries (Late Middle Ages–Early Modern Times).* Leuven University Press, 1988.

Kloczowksi, Jerzy, "L'essor de l'Europe du centre-est et les transformations en Europe Byzantino-Slave de l'est," in Jean Favier (dir.), *XIVe et XVe Siècles: Crises et Genèses.* Presses Universitaires de France, Paris, 1996, p. 423–540.

Koenigsberger, Hans G. *Medieval Europe, 400–1500.* Longman, Hong Kong, 1987.

Koran, Jan, and Vanecek Vaclav. "Czech Mining and Mining Laws." *Cahiers d'Histoire Mondiale* 7, no. 1, 1962, p. 27–45.

Kotelnikova, Liubov. "La produzione dei panni di lana della campagna Toscana nei secoli XIII–XIV e la politica della città e della artie della lana," in Marco Spallanzani (ed.), "Produzione, commercio e consumo dei panni di lana nei sec. XII–XVIII." Atti della seconda settimana di studio (10–16 aprile 1970). Istituto Internazionale di Storia Economica "F. Datini," L Olschki Editore, Firenze, 1976, p. 221–229.

Kowaleski, Maryanne. *Local Markets and Regional Trade in Medieval Exeter.* Cambridge University Press, 1995.

Kracke, E. A. "Change within Tradition," in James Liu and Peter Golas (eds.), *Change in Sung China: Innovation or Renovation?* DC Heath, Lexington, MA, 1969, p. 9–15.

Kracke, E. A., Jr. "Sung K'ai-feng: Pragmatic Metropolis and Formalistic Capital," in John Haeger (ed.), *Crisis and Prosperity in Sung China.* The University of Arizona Press, Tuscon, AZ, 1975, p. 49–77.

———. "Sung Society." *Far Eastern Quarterly* 14, no. 4, Aug. 1955, p. 479–488.

Krader, Lawrence. "The Centrality of Central Asia." *Studies in History* 8, no. 1, Jan–June 1992, p. 113–118.

Krishna, Brajesh. *Foreign Trade in Early Medieval India.* Harman Publishing, New Delhi, 2000.

Krueger, Hilmar. "Genoese Trade with Northwest Africa in the 12th Century." *Speculum* 8, no. 3, 1933, p. 377–395.

———. "The Wares of Exchange in the Genoese-African Traffic of the 12th Century." *Speculum* 12, no. 1, 1937, p. 57–71.

Krueger, Hilmar C. "Economic Aspects of Expanding Europe," in Marhsall Clagett, Gaines Post, and Robert Reynolds (eds.), *Twelfth-Century Europe and the Foundations of Modern Society.* University of Wisconsin Press, Madison, 1961, p. 59–76.

———. "The Genoese Exportation of Northern Cloths to Mediterranean Ports." *Revue Belge de Philologie et d'Histoire* 65, no. 4, 1987, p. 722–750.

Kuchenbuch, Ludolf. "Marxens Werkentwicklung und die Mittelalterforschung," in Alf Lüdtke (ed.), *Was bleibt von marxistischen Perspektiven in der Geschichtsforschung?* Wallstein Verlag, Gottingen, 1997, p. 33–66.

Kuhn, Dieter. "Silk Technology during the Sung Period." *T'oung Pao* 67, 1981, p. 48–90.
Kulke, Hermann. "The Early and the Imperial Kingdom in Southeast Asian History," in David Marr and A. C. Milner (eds.), *Southeast Asia in the 9th to 14th Centuries.* Institute of Southeast Asian Studies, Singapore, 1986, p. 1–22.
———. "Introduction," in Hermann Kulke (ed.), *The State in India, 1000–1700.* Oxford University Press, New Delhi, 1995, p. 1–47.
———. and Dietmar Rothermund. *History of India.* Routledge, London, 1998.
Kumar, Dharma. "Private Property in Asia?" *Comparative Studies in Society and History* 27, no. 2, April 1985, p. 340–366.
Kumar, Sunil. "La communauté musulmane et les relations hindous-musulmans dans l'Inde du Nord au début du XIIIe siècle." *Annales* 60, no. 2, Mars–Avril 2005, p. 239–264.
Kuran, Timur. "The Islamic Commercial Crisis." *The Journal of Economic History*, 63, no. 2, 2003, p. 414–446.
———. "Why the Middle East is Economically Underdeveloped." *Journal of Economic Perspectives*, 18, no. 3, 2004, p. 71–90.
Kwanten, Luc. *Imperial Nomads.* University of Pennsylvania Press, 1979.
Labal, Paul. *Histoire: Le Moyen Âge.* Hachette, Paris, 1962.
Labh, Vijay Lakshmi. *Contributions to the Economy of Early Medieval India.* Radha Publications, New Delhi, 1996.
Labib, S. "Les Marchands Karimis en Orient et sur l'Océan Indien," in Michel Mollat (dir.), *Sociétés et Compagnies de Commerce en Orient et dans l'Océan Indien.* SEVPEN, Paris, 1970, p. 209–214.
———. "Medieval Islamic Maritime Policy in the Indian Ocean Area," in *Les Grandes Escales: Première Partie du 10e Colloque Internationale d'Histoire Maritime.* Recueils de la Société Jean Bodin pour l'Histoire Comparative des Institutions 32, Éditions de la Librairie Encyclopédique, Bruxelles, 1974, p. 225–241.
Lachaud, Frédérique. "L'Assiette de l'Impôt sur les Biens Meublés en Angleterre (1188–1332)," in Ph. Contamine et al., *L'Impôt au Moyen Âge.* Vol. 1, *Le Droit d'Imposer.* Comité pour l'Histoire Économique et Financière de la France, Ministère de l'Économie, des Finances et de l'Industrie, Paris, 2002, p. 289–311.
Lachmann, Richard. *Capitalists in Spite of Themselves.* Oxford University Press, 2000.
———. *From Manor to Market.* University of Wisconsin Press, Madison, 1987.
Lacoste, Yves. "General Characteristics and Fundamental Structures of Mediaeval North African Society." *Economy and Society* 3, 1974, p. 1–17.
———. *Ibn Khaldun: The Birth of History and The Past of the Third World.* Verso, London, 1984.
Laiou, Angeliki. *Gender, Society and Economic Life in Byzantium.* Variorum Press, Ashgate, VT, 1992.
———. "Venice as a Centre of Trade and of Artistic Production in the 13th Century," in Hans Belting (ed.), *Il Medio Oriente e l'Occidente nell'arte dell XIII secolo.* Editrice CLUEB, Bologna, 1982, p. 11–26.
Lal, Deepak. "Globalization: What Does It Mean for Developing and Developed Countries?" in Siebert Horst (ed.), *Globalization and Labor.* Institut für Weltwirschaft an der Universität Kiel, Mohr Siebeck, Tübingen, 1999, p. 211–221.
———. *Unintended Consequenses.* MIT Press, Cambridge, MA, 1998.
Lal, K. S. *Muslim Slave System in Medieval India.* Aditya Prakashan, New Delhi, 1994.
Lalik, Tadeusz. "Les Fonctions des Petites Villes en Pologne au bas Moyen Âge." *Acta Poloniae Historica* 37, 1978, p. 5–28.
Lambton, Ann. *Continuity and Change in Medieval Persia.* SUNY Press, NY, 1988.
Lamouroux, Christian. "Commerce et bureaucratie dans la Chine des Song." *Études Rurales*, no. 162, 2002, p. 183–213.

———. *Fiscalité, Comptes Publics et Politiques Financières dans la Chine des Song.* Collège de France—Institut des Hautes Études Chinoises, Paris, 2003.

Landes, David. *Revolution in Time.* Harvard University Press, 1983.

———. *The Wealth and Poverty of Nations.* Norton, NY, 1998.

Lane, Frederic. "Economic Consequences of Organized Violence." *Journal of Economic History* 18, no. 4, Dec. 1958, p. 401–417.

Lane, Frederic C. "Double Entry Bookkeeping and Resident Merchants." *Journal of European Economic History* 6, 1977, p. 177–191.

———. *Profits from Power.* State University of New York Press, Albany, 1979.

Langdon, John. "Was England a Technological Backwater in the Middle Ages?" in Grenville Astill and John Langdon (eds.), *Medieval Farming and Technology: The Impact of Agricultural Change in Northwest Europe.* Brill, 1997, p. 275–291.

Lange, Dierk. "La Region du la Tchad d'après la Géographie d'Ibn Sa'id." *Annales Islamologiques* 16, 1980, p. 149–181.

Lapidus, Ira. *Muslim Cities in the Later Middle Ages.* Cambridge University Press 1984.

Laroui, Abdallah. *The History of the Maghrib.* Princeton University Press 1977.

Laurent, Henri. *Un Grand Commerce d'Exportation au Moyen Âge: La Draperie des Pays-Bas en France et dans les Pays Méditerranéens XIIe–XVe Siècle.* Droz, Paris, 1935.

Lawless, Richard. "Tlemcen, Capitale du Maghreb Central. Analyse des Fonctions d'une Ville Islamique Médiévale." *Revue de l'Occident Musulman et de la Méditerranée* 20, no. 2, 1975, p. 49–66.

Le Goff, Jacques. "L'Apogée de la France Urbaine Médiévale," in J. Le Goff (red.), *La Ville en France au Moyen Âge.* Seuil, Paris, 1998, p. 185–394.

———. "Introduction," in J. Le Goff (red.), *La Ville en France au Moyen Âge.* Seuil, Paris, 1998, p. 7–25.

———. "Introduction: Trois Regards sur le Moyen Âge," in Jacques Le Goff and Guy Lobrichon (dirs.), *Le Moyen Âge Aujourd'hui.* Le Léopard D'Or, Paris, 1998b, p. 5–15.

———. *Marchands et Banquiers du Moyen Âge.* Presses Universitaires de France, Paris, 1962.

———. *Pour un Autre Moyen Âge.* Gallimard, Paris, 1991

———. "Travail," in Jacques Le Goff and Jean-Claude Schmitt (eds.), *Dictionnaire Raisonné de l'Occident Médiéval.* Fayard, Paris, 1999, p. 1137–1149.

———. "The Usurer and Purgatory," in Center for Medieval and Renaissance Studies, UCLA, *The Dawn of Modern Banking.* Yale University Press, New Haven, 1979, p. 25–52.

———. *Your Money or Your Life: Economy and Religion in the Middle Ages.* Zone Books, New York, 1988.

Le Mené, Michel. *L'Économie Médiévale.* Presses Universitaires de France, Vendôme, 1977.

Le Tourneau, Roger. *The Almohad Movement in North Africa in the Twelfth and Thirteenth Centuries.* Princeton University Press, 1969.

Leenders, Kathleen A.H.W. "Verdwenen Venen," in *Gemeentekrediet Historische Uitgaven,* no. 78, Gemeentekrediet, Brussels, 1989.

Leguai, André. "Les Troubles Urbains dans le Nord de la France." *Revue d'Histoire Économique et Sociale* 54, no. 3, 1976, p. 281–303.

Leguay, Jean-Pierre. "La Propriété et le Marché de l'Immobilier à la Fin du Moyen Âge," in Jean-Claude Maire Vigueur (ed.), *D'Une Ville à l'Autre: Structures Matérielles et Organisation de l'Espace dans les Villes Européennes (XIIIe–XVIe Siècle).* École Française de Rome, Palais Farnèse, 1989, p. 135–199.

Lenhoff, Gail, and Janet Martin, "The Commercial and Cultural Context of Afanasij Nikitin's Journey Beyond Three Seas." *Jahrbücher für Geschichte Osteuropas* 37, no. 3, 1989, p. 321–344.

Leone, Alfonso. "Maritime Insurance as a Source for the History of International Credit in the Middle Ages." *Journal of European Economic History* 12, no. 2, Fall 1983, p. 363–369.

Lestocquoy, Jean. *Aux Origines de la Bourgeoisie.* Presses Universitaires de France, Paris, 1952.

Leuilliot, Paul. "Influence du Commerce Oriental sur l'Économie Occidentale," in Michel Mollat (dir.), *Sociétés et Compagnies de Commerce en Orient et dans l'Océan Indien.* SEVPEN, Paris, 1970, p. 611–629.

Levathes, Louise. *When China Ruled the Seas.* Simon & Schuster, New York, 1994.

Levi, Scott. "Hindus Beyond the Hindu Kush: Indians in the Central Asian Slave Trade," *Journal of the Royal Asiatic Society* 12, no. 3, Nov. 2002, p. 277–288.

Levtzion, Nehemia. *Ancient Ghana and Mali.* Methuen, London, 1973.

———. "The Early States of the Western Sudan to 1500," in J.F.A. Ajayi and Michael Crowder (eds.), *History of West Africa.* Vol 1. Longman, New York, 1985 ed., p. 129–166.

———. *Islam in West Africa: Religion, Society and Politics to 1800.* Variorum Press/Ashgate, Brookfield, VT, 1994.

———. "The Western Maghrib and Sudan," in Roland Oliver (ed.), *The Cambridge History of Africa.* Vol. 3, *From c. 1050 to c. 1600.* Cambridge University Press, 1977, p. 331–462.

Levztion, Nehemia, and J.F.P. Hopkins, eds. *Corpus of Early Arabic Sources for West African History.* Cambridge University Press, 1981.

Lewis, Archibald. "Les Marchands dans l'Océan Indien." *Revue d'Histoire Economique et Sociale* 54, no. 4, 1976, p. 441–475.

———. *Medieval Society in Southern France and Catalonia.* Variorum Reprints, London, 1984.

Lewis, Archibald. *The Sea and Medieval Civilizations.* Variorum Reprints, London, 1978.

Lewis, Archibald, and Timothy Runyan. *European Naval and Maritime History, 300–1500.* Indiana University Press, Bloomington, 1985.

Lieber, Alfred. "Eastern Business Practices and Medieval European Commerce." *Économic History Review* 21, no. 2, Aug. 1968, p. 230–243.

Lieberman, Victor. "Transcending East-West Dichotomies." *Modern Asian Studies* 31, no. 6, 1997, p. 463–546.

———. "Wallerstein's System and the International Context of Early Modern History." *Journal of Asian History* 24, no. 1, 1990, p. 70–90.

Linck, Gudula. "Visions of the Border in Chinese Frontier Poetry," in Sabine Dabringhaus and Roderich Ptak (eds.), *China and Her Neighbours: Borders, Visions of the Other, Foreign Policy 10th to 19th Century.* Harrasowitz Verlag, Wiesbaden, 1997, p. 99–117.

Ling, Wang. "On the Invention and Use of Gunpowder and Firearms in China." *ISIS* 37, pts. 1–2, nos. 107–108, May 1947, p. 160–178.

Lipman, Jonathan. *Familiar Strangers: A History of Muslims in Northwest China.* University of Washington Press, Seattle, 1997.

Lippit, Victor. *The Economic Development of China.* Sharpe, Armonk, NY, 1987.

Lis, Catharina, and Hugo Soly. "Ambachtsleden in vergelijkend perspectief," in C. Lis and H. Soly (eds.), *Werelden van verschil.* VUB Press, Brussels, 1997b, p. 11–42.

———. "Corporatisme, Onderaanneming en Loonarbeid." *Tijdschrift voor Sociale Geschiedenis* 20, no. 4, November 1994, p. 365–390.

———. "Different Paths of Development." *Review* 20, no. 2, Spring 1997, p. 211–242.

———. "Economische en Sociale Geschiedenis van de Nieuwe Tijd," in Erik Aerts, Brigitte Heneau, Paul Janssens, and Raymond van Uytven (eds.), *Studia Historica Oeconomica: Liber Amicorum Herman van der Wee.* Leuven University Press, 1993, p. 183–197.

———. *Poverty and Capitalism in Pre-Industrial Europe.* Humanities Press, NJ, 1979.

Little, Lester. *Religious Poverty and the Profit Economy in Medieval Europe.* Cornell University Press, Ithaca, 1978.

Lloyd, T. H. *Alien Merchants in England in the High Middle Ages.* St. Martin's Press, New York, 1982.

———. *England and the German Hanse.* Cambridge University Press, 1991.

———. *The English Wool Trade in the Middle Ages.* Cambridge University Press, 1977.

Lo, Jung-Pang. "Chinese Shipping and East-West Trade from the Tenth to the Fourteenth Century," in Michel Mollat (dir.) *Sociétés et Compagnies de Commerce en Orient et dans l'Océan Indien.* SEVPEN, Paris, 1970, p. 167–176.

———. "The Decline of the Early Ming Navy." *Oriens Extremus* 5, December 1958, p. 149–168.

———. "The Emergence of China as a Sea Power during the Late Sung and Early Yuan Periods." *Far Eastern Quarterly* 14, no. 4, August 1955, p. 489–503.

———. "Maritime Commerce and its Relation to the Sung Navy." *Journal of the Economic and Social History of the Orient* 12, 1969c, p. 57–101.

———. "Policy Formulation and Decision Making on Issues Respecting Peace and War," in Charles Hucker (ed.), *Chinese Government in Ming Times.* Columbia University Press, 1969b, p. 41–72.

———. "The Rise of China as a Sea Power," in James Liu and Peter Golas (eds.), *Change in Sung China* DC Heath, Lexington, MA, 1969, p. 20–26.

Loewe von, Karl. "Commerce and Agriculture in Lithuania, 1400–1600." *Economic History Review* [2nd series] 26, no. 1, 1973, p. 23–37.

Lombard, Denys. "Y a-t-il une Continuité de Réseaux Marchands Asiatiques?" in Denys Lombard and Jean Aubin (eds.), *Marchands et Hommes d'Affaires Asiatiques dans l'Ocean Indien et la Mer de Chine 13e–20e Siècles.* Éditions de l'École des Hautes Études en Sciences Sociales, Paris, 1988, p. 11–18.

Lopez, R. S. "Economic Depression of the Renaissance?" *Economic History Review* 16, no. 3, April 1964, p. 525–527.

———. "Foreigners in Byzantium." *Bulletin de l'Institut Historique Belge de Rome*, fasc. 44, Bruxelles, 1974, p. 341–352.

———. "Les Influences Orientales et l'Éveil Économique de l'Occident." *Cahiers d'Histoire Mondiale* 1, no. 3, Paris, Jan. 1954, p. 594–622.

———. *Su e giù per la storia di Genova.* Bozzi, Genoa, 1975.

Lopez, Robert. "China Silk in Europe in the Yuan Period." *Journal of the American Oriental Society* 72, 1952, p. 72–76.

———. "European Merchants in the Medieval Indies." *Journal of Economic History* 3, no. 2, 1943, p. 164–184.

———. "The Trade of Medieval Europe: The South," in M. Postan and E. Rich (eds.), *The Cambridge Economic History of Europe.* Cambridge University Press, 1952, 2:257–354.

Lopez, Robert S. *The Commercial Revolution of the Middle Ages 950–1350.* Cambridge University Press, 1976.

———. "Les Méthodes Commerciales des Marchands Occidentaux en Asie du XIe au XIVe Siècle," in Michel Mollat (dir.), *Sociétés et Compagnies de Commerce en Orient et dans l'Océan Indien.* SEVPEN, Paris, 1970, p. 343–351.

———. "Nouveaux Documents sur les Marchands Italiens en Chine à l'Époque Mongole." *Académie des Inscriptions and Belles-Lettres* [Paris] comptes rendus, Avril–Juin, 1977, p. 445–458.

———. "Il problema della bilancia dei pagamenti nel commercio di Levante," in Agostino Pertusi (ed.), *Venezia e il Levante fino al secolo XV.* L Olschki Editore, Firenze, 1973, 1:431–452.

Lopez, Robert S., and Harry A. Miskimin. "The Economic Depression of the Renaissance." *Economic History Review* [2nd Series] 14, no. 3, April 1962, p. 408–426.

Lopez, Robert, Harry Miskimin, and Abraham Udovitch. "England to Egypt, 1350–1500," in M. A. Cook, *Studies in the Economic History of the Middle East.* Oxford University Press, London, 1970, p. 93–128.

Lorcin, M. T. *La France au XIIIe Siècle.* Éditions F. Nathan, Millau, 1975.

Louca-Bloch, Claire. "Mamluk Silks (13th–15th Century)," in Simonetta Cavaciocchi (red.), "Prodotti e techniche d'oltremare nelle economie europee secc. XIII–XVIII." Atti della 'Ventinovesima Settimana di Studi, 14–19 aprile 1997. Le Monnier, Istituto Internazionale di Storia Economica "F. Datini," Prato, 1998, p. 507–514.

Ludden, David. *An Agrarian History of South Asia: The New Cambridge History of India.* Vol. 4. Cambridge University Press, 1999.

———. *Peasant History in South India.* Princeton University Press, 1985.

———. "Spectres of agrarian territory in southern India." *The Indian Economic and Social History Review*, Vol. 39, no. 3, 2002, p. 233–257.

Lugan, Bernard. *Atlas Historique de l'Afrique des Origins à Nos Jours.* Éditions du Rocher, Lonrai, 2001.

Luzzatto, Gino. *Studi di Storia Economica Veneziana.* Cedam, Padova, 1954.

Lyon, Bryce. *Studies of West European Medieval Institutions.* Variorum Reprints, London, 1978.

Ma, Debin. "The Great Silk Exchange," in D. Flynn, L. Frost, and A. Latham (eds.), *Pacific Centuries.* Routledge, New York, 1999, p. 38–69.

Ma, Laurence. *Commercial Development and Urban Change in Sung China (960–1279).* Dept. Of Geography, Michigan Geographical Publication No. 6, University of Michigan, Ann Arbor, 1971.

Macfarlane, Alan. "The Cradle of Capitalism," in Jean Baechler, John Hall, and Michael Mann (eds.), *Europe and the Rise of Capitalism.* Basil Blackwell, New York, 1988, p. 185–203.

MacKay, Angus. *Spain in the Middle Ages.* Macmillan, London, 1977.

Mackenney, Richard. *Tradesmen and Traders: The World of the Guilds in Venice and Europe.* Croom Helm, London, 1987.

Madan, G. R. *Western Sociologists on Indian Society.* Routledge & Kegan Paul, London, 1979.

Madan, T. N. "The Comparison of Civilizations." *International Sociology* 16, no. 3, 2001, p. 474–487.

Maddicott, J. R. "The English Peasantry and the Demands of the Crown 1294–1341." *Past and Present* [Supplement 1], Oxford, 1975.

Maddison, Angus. *Chinese Economic Performance in the Long Run.* OECD Development Centre Studies, Paris, 1998.

Magelhaes-Godinho, Vitorino. *L'Économie de l'Empire Portugais aux XV et XVIe Siècles.* SEVPEN, Paris, 1969.

Maguin, Martine. *La Vigne et le Vin en Lorraine, XIVe–XVe Siècle.* Presses Universitaires de Nancy, 1982.

Mahajan, Vidya Dhar. *The Sultanate of Delhi.* S. Chand & Co, New Delhi, 1963.

Mahapatra, Pinaki. "Position of the Local Merchants of Orissa, 1550–1757," in Chandra Satish (ed.), *Essays in Medieval Indian Economic History*. Munshiram Manoharlal Publishers, New Delhi, 1987, p. 258–261.
Mahoney, James. "Path Dependence in Historical Sociology." *Theory and Society* 29, 2000, p. 507–548.
Maire Vigueur, Jean-Claude. "Guerres, Conquête du Contado et Transformations de l'Habitat en Italie Centrale au XIIIe Siècle," in André Bazzana (ed.), *Castrum 3. Guerre, Fortification et Habitat dans le Monde Méditerranéen au Moyen Âge*. Collections de l'École Française de Rome, 1988, p. 271–277.
———. *Cavaliers et Citoyens*. Éditions de l'École des Hautes Études en Sciences Sociales, Paris, 2003.
Majumdar, R. C. *India and South-East Asia*. B. R. Publishing Company, Delhi, 1979.
Makkai, László. "Neo-Serfdom: Its Origin and Nature in East Central Europe." *Slavic Review* 34, no. 2, June 1975, p. 225–238.
Malanima, Paolo. "La formazione di una regione economica: La Toscana nei secoli XIII–XV." *Società e storia* 20, 1983, p. 229–269.
———. "Politica ed economia nella formazione dello Stato regionale: Il caso toscano." *Studi veneziani* 11, 1986, p. 61–72.
———. "Pisa and the Trade Routes to the Near East in the Late Middle Ages." *Journal of European Economic History* 16, no. 2, Fall 1987, p. 335–356.
Malefakis, Edward. "The Rise and Fall of Western Empire in Asia," in Ainslie Embree and Carol Gluck (eds.), *Asia in Western and World History*. M. E. Sharpe, Armonk, NY, 1997, p. 172–189.
Malowist, Marian. "Les Aspects Sociaux de la Première Phase de l'Expansion Coloniale." *Africana Bulletin* 1, 1964, p. 11–33.
———. "Le Commerce d'Or et d'Esclaves au Soudan Occidental." *Africana Bulletin* 4, 1966b, p. 49–72.
———. *Croissance et Régression en Europe: XIVe–XVIIe Siècles*. Librairie Armand Colin, Paris, 1972.
———. "L'Évolution Industrielle en Pologne du XIVe au XVII Siècle," in *Studi in Onore di Armando Sapori*. Instituto Editoriale Cisaplino, Milano, 1957, p. 571–603.
———. "Problems of the Growth of the National Economy of Central-Eastern Europe in the Late Middle Ages." *Journal of European Economic History* 3, no. 2, Fall 1974, p. 319–357.
———. "The Social and Economic Stability of the Western Sudan in the Middle Ages." *Past and Present* 33, no. 3, 1966, p. 3–15.
Mancall, Mark. "The Ch'ing Tribute System," in John K. Fairbank (ed.), *The Chinese World Order*. Harvard University Press, Cambridge, 1968, p. 63–89.
Mandalios, John, "Historical Sociology," in Bryan S. Turner (ed.), *The Blackwell Companion to Social Theory*. Blackwell, Oxford, 1996, p. 278–302.
Mandel, Ernest. *Traité d'Économie Marxiste*. Vol. 1. René Juliard, Paris, 1962.
Manguin, Pierre-Yves. "Les Cités-États de l'Asie du Sud-Est Côtière." *Bulletin de l'École Française d'Extrême Orient* 87, no. 1, 2000, p. 151–182.
Mann, Michael. "The Autonomous Power of the State," in John Hall (ed.), *States in History*. Basil Blackwell, New York, 1987, p. 109–136.
———. "European Development," in J. Baechler, J. Hall, and Michael Mann (eds.), *Europe and the Rise of Capitalism*. Basil Blackwell, New York, 1988, p. 6–19.
———. *The Sources of Social Power*. Vol. 1. Cambridge University Press, 1986.
———. "State and Society, 1130–1815," in *Political Power and Social Theory*. 1980, 1:165–208.

Manolescu, Radu. "Les Villes Portuaires Roumaines au Moyen Âge (Milieu du XIVe–milieu du XVIe Siècles)," in Jürgen Schneider (ed.), *Wirtschaftskräfte und Wirtschaftswege V. Festschrift für Hermann Kellenbenz.* Beiträge zur Wirtschaftgeschichte, Band 8 in Kommission bei Klett-Cotta, Stuttgart, 1981, p. 47–63.

Mansfield, Peter. *The Arabs.* 3rd ed. Penguin Books, New York, 1992.

Mansouri, Mohamed Tahar. "Le Maghreb Médiéval Face aux Expéditions Occidentals." *Cahiers de Tunisie* 48, no. 170, 1995, p. 139–147.

Mantran, Robert, and Charles de la Roncière. "Africa Opens Up to the Old Worlds," in Robert Fossier (ed.), *The Cambridge Illustrated History of the Middle Ages. Vol. 3, 1250–1530.* Cambridge University Press, 1986, p. 356–395.

Maréchal, Griet. "Het openbaar initiatief van de gemeenten in het vlak van de openbare onderstand,' " Actes du 11e Colloque International, Spa Sep. 1–4, 1982. Crédit Communal, no. 65, Bruxelles, 1984, p. 497–539.

Markovits, Claude. "L' État Colonial vu par les Historiens," in J. Pouchepadass and H. Stern (eds.), *From Kingship to State.* Éditions de l'École des Hautes Études en Sciences Sociales—Collection Purusartha 13, Paris, 1992, p. 193–206.

Marks, Robert. *Tigers, Rice, Silk, and Silt.* Cambridge University Press, 1997.

Marongiu, Antonio. *Medieval Parliaments: A Comparative Study.* Eyre & Spottiswoode, London, 1968.

Marshall, Robert. *Storm from the East.* University of California Press, 1993.

Martel-Thoumian, M. "Les Élites Urbaines sous les Mamlouks Circassiens," in U. Vermeulen and J. Van Steenbergen (eds.), *Egypt and Syria in the Fatimid, Ayyubid and Mamluk Eras.* Peeters, Leuven, 2001, 3:271–308.

Martin, Hervé. *Mentalités Médievales (XIe–XVe Siècles).* Presses Universitaires de France, Paris, 1996.

Martin, Janet. "The Land of Darkness and the Golden Horde." *Cahiers du Monde Russe et Soviétique* 19, no. 4, Oct.–Dec. 1978, p. 401–421.

———. *Treasure of the Land of Darkness.* Cambridge University Press, 1986.

Martines, L. *Power and Imagination: City-States in Renaissance Italy.* New York, Random House, 1979.

Marx, Karl. *Capital.* Vol. 1. Vintage Books, New York, 1977.

Masschaele, James. *Peasants, Merchants and Markets.* Macmillan, Basingstoke, 1997.

Matthee, Rudolph. *The Politics of Trade in Safavid Iran.* Cambridge University Press, 1999.

Mattoso, José. "Les Ancêtres des Navigateurs," in Michel Balard et al., *L'Europe et l'Océan au Moyen Âge.* Société des Historiens Médiévistes de l'Enseignement Supérieur & Cid Éditions, Nantes, 1988, p. 95–110.

Mauny, Raymond. "Le Déblocage d'un Continent par les Voies Maritimes," in Michel Mollat et al., "Les Grandes Voies Maritimes dans le Monde, XVe–XIXe Siècles." VIIe Colloque de la Commission Internationale d'Histoire Maritime. SEVPEN, Paris, 1965, p. 175–190.

———. *Les Siècles Obscurs de l'Afrique Noire.* Librairie Fayard, Paris, 1970.

———. "Tableau Géographique de l'Ouest Africain au Moyen Âge d'après les Sources Écrites, la Tradition et l'Archéologie." *IFAN* 61, Dakar, 1961.

Mauro, Frédéric. "Les Ports Comme Entreprise Économique," in "I Porti Come Impresa Economica I." Atti della Diciannovesima Settimane di studi 2–6 maggio 1987. Instituto Internazionale di Storia Economica "F. Datini," Serie II, 19, Prato, 1988, p. 751–777.

May, Timothy. "The Training of an Inner Asian Nomad Army." *Journal of Military History* 70, no. 3, 2006, p. 617–36.

Mazzaoui, Maureen. *The Italian Cotton Industry in the Late Middle Ages.* Cambridge University Press, New York, 1981.

McDougall, E. A. "The Sahara Reconsidered." *African Economic History* 12, 1983, p. 263–286.
McDougall, E. A. "The View from Awdaghust." *Journal of African History* 26, no. 1, 1985, p. 1–31.
McKnight, Brian. *Village and Bureaucracy in Southern Sung China.* University of Chicago Press, 1971.
McNeill, William. *The Global Condition.* Princeton University Press, NJ, 1992.
———. *The Rise of the West.* University of Chicago Press, 1963.
———. "World History and the Rise and Fall of the West." *Journal of World History* 9, no. 2, Fall 1998, p. 215–236.
McPherson, Kenneth. *The Indian Ocean: A History of People and The Sea.* Oxford University Press, 1993.
Meilink-Roelofsz, M.A.P. "Arab Trade with Indonesia and the Malay Peninsula from the 8th to the 16th Century," in D. S. Richards (ed.), *Islam and the Trade of Asia.* Oxford/University of Pennsylvania Press, 1970, p. 105–157.
———. "The Dutch East India Company's Ports of Call," in *Les Grandes Escales.* Part 2, *Les Temps Modernes.* Recueils de la Société Jean Bodin pour l'Histoire Comparative des Institutions 33, Éditions de la Librairie Encyclopédique, Bruxelles, 1972, p. 171–196.
———. "European Influence in Southeast Asia, 1500–1630." *Journal of Southeast Asian History* 5, no. 2, Sept. 1964, p.184–197.
Meillassoux, Claude. *L'Esclavage en Afrique Pré-Coloniale.* Éditions Maspero, Paris, 1975.
———. "The Role of Slavery in the Economic and Social History of Sahelo-Sudanic Africa," in J. E. Inikori (ed.), *Forced Migration.* Hutchinson University Library, London, 1982, p. 74–99.
Melis, Federigo. "La Participacion Toscana en la Navegacion Atlantica," in "Les Routes de l'Atlantique." Travaux du 9e Colloque International d'Histoire Maritime, Séville, 24–30 septembre 1967. SEVPEN, Paris, 1969, p. 281–293.
Meloy, John. "Imperial Strategy and Political Exigence." *Journal of American Orientalist Society* 123, no. 1, March 2003, p. 1–19.
Menant, François. *Campagnes Lombardes du Moyen Âge.* École Française de Rome, Palais Farnèse, Roma, 1993.
———. "Pour une Histoire Médiévale de l'Entreprise Minière en Lombardie." *Annales ESC* 42, no. 4, Juillet–Août 1987, p. 779–796.
Menard, Russell R. "Transport Costs and Long-Range Trade, 1300–1800," in James D. Tracy (ed.), *The Political Economy of Merchant Empires.* Cambridge University Press, 1997, p. 228–275.
Menjot, Denis, and Manuel Sánchez Martinez, eds. *La Fiscalité des Villes au Moyen Âge.* Vol. 2, *Les Systèmes Fiscaux.* éd Privat, Lavour (Tarn), 1999.
Mercer, John. *The Canary Islanders: Their Prehistory, Conquest and Survival.* Collings, London, 1980.
Merrington, John. "Town and Countryside in the Transition to Capitalism," in Rodney H. Hilton (ed.), *The Transition from Feudalism to Capitalism.* NLB, London, 1976, p. 170–185.
Messier, Ronald, and Abdallah Fili. "La Ville Caravanniére de Sijilmasa," in Antonio Silva and Virgilio Enamorado (dir.), *La Cuidad en Al-Andalus y el Magreb. II Congreso Internacional.* Junta de Andalucia, Granada, 2002, p. 501–510.
Meyer, Jean. *Les Capitalismes.* Presses Universitaires de France, Paris, 1981.
———. "La France et l'Asie: Essai de Statistiques," in *Histoire, Économie et Société*, 2e trimestre, 1982, p. 297–312.

Mickwitz, G. *Die Kartellfunktionen der Zunfte und ihre Bedeutung bei der Entstehung der Zunftwesens. Eine Studie in spätantiker und mittelalterlicher Wirtschaftgeschichte.* Helsinki/Leipzig, Societas Scientarium Fennica, 1936.
Mielants, Eric. "Mass Migration in the World System" in Ramon Grosfoguel and Ana Margarita Rodriguez (eds.), *The Modern Colonial Capitalist World-System in the 20th Century.* Greenwood Press, Westport, CT, 2002, p. 79–102.
Milis, Ludo. "The Medieval City," in Johan Decavele (ed.), *Ghent: In Defence of a Rebellious City.* Mercatorfonds, Antwerp, 1989, p. 61–79.
Miller, Edward. "English Town Patricians, c. 1200–1350," in Annalisa Guarducci (ed.), "Gerarchie Economiche e Gerarchie Sociali Secoli XII–XVIII." Atti della Dodicesima Settimana di Studi 18–23 Aprile 1980. Instituto Internazionale di Storia Economica "F. Datini," Serie II, 22, Le Monnier, Prato, 1990, p. 217–240.
———. "Government Economic Policies and Public Finance 1000–1500," in Carlo M. Cipola, *The Fontana Economic History of Europe.* Vol. 1, *The Middle Ages.* Barnes & Noble, New York, 1976, p. 339–373.
Miller, Edward, and John Hatcher. *Medieval England: Rural Society and Economic Change 1086–1348.* Longman, London, 1978.
———. *Medieval England: Towns, Commerce and Crafts 1086–1348.* Longman, London, 1995.
Miller, Joseph. *Way of Death.* Univ. of Wisconsin Press, Madison, 1988.
Miskimin, Harry. *The Economic of Early Renaissance Europe.* Cambridge University Press, 1975.
Miura, Toru. "The City as a Frame of Reference," in Mohamed Naciri and André Raymond (dirs.), *Sciences Sociales et Phénomènes Urbains dans le Monde Arabe.* Fondation du Roi Abdul-Aziz Al Saoud pour les Études Islamiques et les Sciences Humaines, Casablanca, 1997, p. 43–57.
Modelski, George, and William Thompson. *Leading Sectors and World Powers.* University of South Carolina Press, 1996.
Mojuetan, Benson. *History and Underdevelopment in Morocco.* International African Institute & LIT Verlag, Munster, 1995.
Mokyr, Joel. *The Lever of Riches.* Oxford University Press, 1990.
Molenda, Danuta. "Investments in Ore Mining in Poland from the 13th to the 17th Centuries." *Journal of European Economic History* 5, no. 1, Spring 1976, p. 151–169.
———. "Investissements Industriels et Investissements Culturels dans les Villes Minières de l'Europe Centrale aux XIIIe–XVIIe Siècles," in "Investimenti e Civiltà Urbana Secoli XIII–XVIII." Atti della Nona Settimana di Studi 22–28 Aprile 1977. Instituto Internazionale di Storia Economica "F. Datini," Serie II, 9, Prato, 1989, p. 911–926.
Mollat, Michel. *Études sur l'Économie et la Société de l'Occident Médiéval XIIe–XVe Siècles.* Variorum Press, London, 1977.
———. "L'Europe et l'Océan au Moyen Âge," in Michel Balard et al., *L'Europe et l'Océan au Moyen Âge.* Société des Historiens Médiévistes de l'Enseignement Supérieur/Cid Éditions, Nantes, 1988b, p. 9–18.
———. *Europe and the Sea.* Blackwell, Oxford, 1993.
———. *Jacques Coeur ou l'Esprit d'Entreprise au XV Siècle.* Aubier, Paris, 1988.
———. "Passages Français dans l'Océan Indien au Temps de François I," in "Océan Indien et Méditerranée." Travaux du 6e Colloque International d'Histoire Maritime et du 2e Congrès de l'Association Historique Internationale de l'Océan Indien. Session de Lourenço Marques:13–18 aoÛt 1962. SEVPEN [Paris], 1964, p. 239–250.
———. *The Poor in the Middle Ages.* Yale University Press, New Haven, 1986.

———, ed. *Le Rôle du Sel dans l'Histoire.* Presses Universitaires de France, Paris, 1968.
Mollat, Michel, and Philippe Wolff. *The Popular Revolutions of the Late Middle Ages.* Allen & Unwin, London, 1973.
Moore, Barrington Jr. *Social Origins of Dictatorship and Democracy.* Beacon, Boston, 1966.
Moosvi, Shireen. "The Pre-Colonial State." *Social Scientist* 33, nos. 3–4, March–April 2005, p. 40–53.
Morgan, David. *Medieval Persia, 1040–1797.* Longman, New York, 1988.
———. *The Mongols.* Basil Blackwell, Oxford, 1986.
———. "The Mongols and the Eastern Mediterranean," in Benjamin Arbel, Bernard Hamilton, and David Jacoby (eds.), *Latins and Greeks in the Eastern Mediterranean after 1204.* Frank Cass, London, 1989, p. 198–211.
———. "The Mongols in Syria, 1260–1300," in Peter Edbury (ed.), *Crusade and Settlement.* University College Cardiff Press, 1985, p. 231–235.
Morimoto, Yoshiki. "Villes et Campagnes au Moyen Âge" in Adriaan Verhulst and Yoshiki Morimoto (eds.), *Landwirtschaft und Stadwirtschaft im Mittelalter.* Kyushu University Press, Fukuoka, 1994, p. 11–22.
Morley, J.A.E. "The Arabs and the Eastern Trade." *Journal of the Malayan Branch of the Royal Asiatic Society* 22, no. 1, 1949, p. 143–176.
Morris, David Morris. "Values as an Obstacle to Economic Growth in South Asia." *Journal of Economic History* 27, no. 4, Dec. 1967, p. 588–607.
Morton, W. Scott. *China: Its History and Culture.* McGraw-Hill Inc., New York, 1995.
Moseley, K. P. "Caravel and Caravan." *Review* 15, no. 3, Summer 1992, p. 523–555.
Mote, F. W. *Imperial China, 900–1800.* Harvard University Press, 1999.
Mote, Frederick. "Chinese Society under Mongol Rule," in Herbert Franke and Denis Twitchett (eds.), *The Cambridge History of China.* Cambridge University Press, 1994, 6:616–664.
———. "The Rise of the Ming Dynasty," in F. Mote and D. Twitchett (eds.), *The Cambridge History of China.* Vol. 7, Part I. Cambridge University Press, 1988, p. 11–57.
———. "Yuan and Ming," in K. C. Chang (ed.), *Food in Chinese Culture.* Yale University Press, New Haven, 1977, p. 195–257.
Mousnier, Mireille. *La Gascogne Toulousaine aux XIIe–XIIIe Siècles: Une Dynamique Sociale et Spatiale.* Presses Universitaires de Mirail, Toulouse, 1997.
Muir, E. *Civic Ritual in Renaissance Venice.* Princeton Univ. Press, Princeton, 1981.
Mukerji, Chandra. *From Graven Images.* Cambridge University Press, 1983.
Mukhia, Harbans, ed. *The Feudalism Debate.* Manohar, New Delhi, 2000.
———. *Perspectives on Medieval History.* Vikas Publishing House, New Delhi, 1993.
Mukund, Kanakalatha. *The Trading World of the Tamil Merchants.* Orient Longman, Chennai, 1999.
Mundy, J. H., and P. Riesenberg. *The Medieval Town.* Van Nostrand, Princeton, NJ, 1958.
Mundy, John H. *Europe in the High Middle Ages 1150–1309.* 3rd ed. Longman, London, 2000.
———. *Society and Government at Toulouse in the Age of the Cathars.* Pontifical Institute of Mediaeval Studies, Toronto, 1997.
Munro, John H. "English Backwardness and Financial Innovations in Commerce with the Low Countries," in Peter Stabel, Bruno Blondé, and Anke Greve (eds.), *International Trade in the Low Countries (14th–16th enturies).* Garant, Leuven, 2000, p. 105–167.
———. "Industrial Entrepreneurship in the Late-Medieval Low Countries," in Paul Klep and Eddy Van Cauwenberghe (eds.), *Entrepreneurship and the Transformation of the*

Economy: Essays in Honor of Herman Van der Wee. Leuven University Press, 1994b, p. 377–388.
———. "Industrial Protectionism in Medieval Flanders" in Harry Miskimin, David Herlihy, and A. L. Udovitch (eds.), *The Medieval City.* Yale University Press, New Haven, 1977, p. 229–267.
———. "Industrial Transformations in the North-West European Textile Trades, c. 1290–c. 1340" in B. M. S. Campbell (ed.), *Before the Black Death.* Manchester University Press, 1991, p. 110–148.
———. "Monetary Contraction and Industrial Change in the Late Medieval Low Countries, 1335–1500," in N. J. Mayhew (ed.), *Coinage in the Low Countries (880–1500).* Bar International Series 54, Oxford, 1979, p. 95–161.
———. "The Origins of the English 'New Draperies' " in N. B. Harte (ed.), *The New Draperies in the Low Countries and England, 1300–1800.* Oxford University Press, 1997, p. 35–127.
———. "Textile Technology in the Middle Ages," in Joseph Strayer et al. (eds.), *The Dictionary of the Middle Ages.* New York, 1988.
———. "Textiles as Articles of Consumption in Flemish Towns, 1330–1575." *Bijdragen tot de Geschiedenis,* 81, nos. 1–3, 1998, p. 275–288.
———. *Textiles, Towns and Trade.* Variorum Press, Norfolk, 1994.
———. "Urban Regulation and Monopolistic Competition in the Textile Industries of the Late-Medieval Low Countries," in Erik Aerts (ed.), Proceedings Tenth International Economic History Congress, Leuven, Session B-15. Leuven University Press, 1990, p. 41–52.
———. "Wage Stickiness, Monetary Changes, and Real Incomes in Late Medieval England and the Low Countries, 1300–1500." *Research in Economic History* 21, 2003, p. 185–297.
Murphey, Rhoads. "Colombo and the Re-making of Ceylon," in Frank Broeze (ed.), *Gateways of Asia: Port Cities of Asia in the 13th–20th Centuries.* Kegan Paul International, London, 1996, p. 191–210.
Murray, Alexander. *Reason and Society in the Middle Ages.* Clarendon Press, Oxford, 1978.
Murray, James. *Bruges, Cradle of Capitalism.* Cambridge University Press, 2005.
———. "Cloth, Banking and Finance in Medieval Bruges," in E. Aerts and J. Munro (eds.), "Textiles of the Low Countries in European Economic History." Proceedings 10th International Economic History Congress, Session B 15, Studies in Social and Economic History 19, Leuven University Press, 1990, p. 24–31.
Nag, Prithvish. "The Indian Ocean, India and Africa: Historical and Geographical Perspectives," in Satish Chandra (ed.), *The Indian Ocean Explorations in History, Commerce and Politics.* Sage, London, 1987, p. 151–173.
Nahlik, Adam. "Les Techniques de l'Industrie Textile en Europe Orientale, du Xe au XVe Siècle." *Annales ESC* 26, no. 6, Nov.–Dec. 1971, p. 1279–1290.
Nandi, R. N. "Agrarian Growth and Social Conflicts in Early India," in D. N. Jha (ed.), *Feudal Social Formation in Early India.* Chanakya Publications, New Delhi, 1987, p. 239–284.
Nazet, Jacques. "Les Bourgeois dans les Villes du Hainaut au XIIIe Siècle." *Revue de l'Université de Bruxelles* 4, 1978, p. 437–450.
Needham, Joseph. "Abstract of Material Presented to the International Maritime History Commission at Beirut," in Michel Mollat (dir.), *Sociétés et Compagnies de Commerce en Orient et dans l'Océan Indien.* SEVPEN, Paris, 1970, p. 139–165.
———. "China, Europe and the Seas Between," in Felipe Fernandez-Armesto (ed.), *The Global Opportunity.* Variorum Press, Brookfield, VT, 1995, p. 1–31.
———. *Clerks and Craftsmen in China and the West.* Cambridge University Press, 1970c.

———. "Discussion," in Michel Mollat (dir.), *Sociétés et Compagnies de Commerce en Orient et dans l'Océan Indien.* SEVPEN, Paris, 1970b, p. 214.

———. *The Grand Titration.* Allen & Unwin, London, 1969.

———. "Science and China's Influence on the World," in Raymond Dawson (ed.), *The Legacy of China.* Clarendon Press, Oxford, 1964, p. 234–308.

———. *Science and Civilization in China.* Vol. 1, *Introductory Orientations.* Cambridge University Press, 1954.

Newitt, M. D. "East Africa and Indian Ocean Trade: 1500–1800," in Ashin Das Gupta and M. N. Pearson (eds.), *India and the Indian Ocean 1500–1800.* Oxford University Press, New Delhi, 1987, p. 201–223.

Ng, Chin-keong. "Maritime Frontiers, Territorial Expansion and Hai-fang during the Late Ming and High Ch'ing," in Sabine Dabringhaus and Roderich Ptak (eds.), *China and Her Neighbours: Borders, Visions of the Other, Foreign Policy 10th to 19th Century.* Harrasowitz Verlag, Wiesbaden, 1997, p. 211–257.

Niane, D. T. "Mali and the Second Mandingo Expansion," in D. T. Niane (ed.), *General History of Africa.* UNESCO, Berkeley, 1984a, 4:117–171.

———. "Relationships and Exchanges among the Different Regions," in D. T. Niane (ed.), *General History of Africa.* UNESCO, Berkeley, 1984b, 4:614–634.

———. *Le Soudan Occidental au Temps des Grands Empires.* Présence Africaine, Paris, 1975.

Nicholas, David. "Economic Reorientation and Social Change in Fourteenth Century Flanders." *Past and Present* 70, Feb. 1976, p. 3–29.

———. *The Growth of the Medieval City.* Longman, New York, 1997a.

———. *The Later Medieval City.* Longman, New York, 1997b.

———. *Urban Europe, 1100–1700.* Palgrave, New York, 2003.

———. *Town and Countryside: Social, Economic and Political Tensions in Fourteenth-Century Flanders.* De Tempel, Brugge, 1971.

Nicolle, D. "The Manufacture and Importation of Military Equipment in the Islamic Eastern Mediterranean (10th–14th Centuries)," in U. Vermeulen and J. Van Steenbergen (eds.), *Egypt and Syria in the Fatimid, Ayyubid and Mamluk Eras.* Peeters, Leuven, 2001, 3:139–162.

Nightingale, Pamela. "Knights and Merchants." *Past and Present* 169, nov. 2000, p. 36–62.

Nijsten, G. "Toneel in de stad," in W. Prevenier (a.o.), "Core and Periphery in Late Medieval Urban Society." Leuven, Garant, 1997, p. 105–129.

Nizami, Khaliq. *Religion and Politics in India during the Thirteenth Century.* Oxford University Press, 2002.

———. *State and Culture in Medieval India.* Adam Publishers, New Delhi, 1985.

North, Douglass. "A Framework for Analyzing the State in Economic History." *Explorations in Economic History* 16, no. 3, July 1979, p. 249–259.

———. "Institutions, Transaction costs, and the Rise of Merchant Empires," in James Tracy (ed.), *The Political Economy of Merchant Empires.* Cambridge University Press, 1991, p. 22–40.

North, Douglass, and Robert Thomas. *The Rise of the Western World.* Cambridge University Press, 1973.

Nystazopoulou, Marie. "Venise et la Mer Noire du XIe au XVe Siècle," in Pertusi Agostino (ed.), *Venezia e il Levante fino al secolo XV.* Parte Seconda. Leo S. Olschki Editore, Firenze, 1973, p. 541–582.

O'Brien, Patrick. "European Industrialization: From the Voyages of Discovery to the Industrial Revolution," in Hans Pohl (ed.), *The European Discovery of the World and its Economic Effects on Pre-Industrial Society, 1500–1800.* F. Steiner Verlag, Stuttgart, 1990, p. 154–177.

———. "The Foundations of European Industrialization." *Journal of Historical Sociology* 4, no. 3, Sep. 1991, p. 288–316.
———. "The Foundations of European Industrialization," in José Pardo (ed.), *Economic Effects of the European Expansion, 1492–1824.* Franz Steiner Verlag, Stuttgart, 1992, p. 463–502.
Oikonomidès, Nicolas. *Hommes d'Affaires Grecs et Latins à Constantinople (XIIIe–XVe Siècles).* Institut d'Études Médiévales Albert-Le-Grand, Montréal, 1979.
Ojha, Dhirendra. *Aristocracy in Medieval India.* Orient Publications, New Delhi, 1993.
O'Leary, Brendan. *The Asiatic Mode of Production.* Oxford, Basil Blackwell, 1989.
Omvedt, Gail. "Modernization Theories: The Ideology of Empire?" in A.R. Desai (ed.), *Essays on Modernization of Underdeveloped Societies. Vol. 1* Humanities Press, New York, 1972, p. 119–137.
Ould, Cheikh Abdel Wedoud. *Éléments d'Histoire de la Mauritanie.* Institut Mauritanien de Recherche Scientifique/Centre Culturel Français, Nouakchott, 1991.
Pacey, Arnold. *The Maze of Ingenuity.* MIT Press, Cambridge, 1978.
Padfield, Peter. *Tide of Empires: Decisive Naval Campaigns in the Rise of the West.* Vol. 1, Routledge & Kegan Paul, London, 1979.
Pal Pách, Zsigmond. *Hungary and the European Economy in Early Modern Times.* Variorum Press, Hampshire, 1994.
Palat, Ravi. "From World-Empire to World-Economy: Southeastern India and the Emergence of the Indian Ocean World Economy, 1350–1650" Unpublished Ph.D. diss., SUNY-Binghamton, Sociology Dept., 1988.
———. "Historical Transformations in Agrarian Systems Based on Wet-Rice Cultivation," in Philip McMichael (ed.), *Food and Agrarian Orders in the World Economy.* Praeger, Westport, CT, 1995, p. 55–77.
———. "Popular Revolts and the State in Medieval South India," in *Bijdragen tot de Taal-, Land- en Volkenkunde* 112, 1986, p. 128–144.
———. "Symbiotic Sisters: Bay of Bengal Ports in the Indian Ocean World-Economy," in R. Kasaba (ed.), *Cities in the World-System.* Greenwood Press, Westport, CT, 1991, p. 17–40.
Palat, Ravi, et al. "The Incorporation and Peripheralization of South Asia." *Review* 10, no. 1, Summer 1986, p. 171–208.
Palat, Ravi, and Immanuel Wallerstein. "Of What World-System Was Pre-1500 'India' a Part?" in Sushil Chaudhury and Michel Morineau (eds.), *Merchants, Companies and Trade.* Cambridge University Press, 1999, p. 21–41.
Pamuk, Sevket. *A Monetary History of the Ottoman Empire.* Cambridge University Press, 2000.
Papacostea, Serban. "Venise et les Pays Roumains au Moyen Âge," in Pertusi Agostino (ed.), *Venezia e il Levante fino al secolo XV.* Part II. Leo S. Olschki Editore, Firenze, 1973, p. 599–624.
Park, Young-Heiu. "A Study of the Transition from Feudalism to Capitalism." Unpublished Ph.D. diss., Dept. of Economics, Salt Lake City, Utah University, August 1995.
Parsons, Talcott. *The Social System.* Free Press, Glencoe, IL, 1952.
Parthasarathi, Prasannan. "Merchants and the Rise of Colonialism," in Burton Stein and Sanjay Subrahmanyam (eds.), *Institutions and Economic Change in South Asia.* Oxford University Press, New Delhi, 1996, p. 85–104.
———. "Rethinking Wages and Competitiveness in the 18th Century." *Past and Present* 158, Feb. 1998, p. 79–109.
———. The Transition to a Colonial Economy. Cambridge University Press, 2001.
Paul, Jurgen. "Perspectives Nomades." *Annales HSS* 59, nos. 5–6, Sept.–Dec. 2004, p. 1069–1093.

Paulme, Denise. "L'Afrique Noire Jusqu'au XIVe Siècle." *Cahiers d'Histoire Mondiale* 3, no. 3, 1957, p. 561–582.

Pauly, M. "La Consommation Urbaine de Vin au Bas Moyen Âge." *Bijdragen tot de Geschiedenis* 81, nos. 1–3, 1998, p. 289–303.

Paviot, Jacques. "England and the Mongols (1260–1330)." *Journal of the Royal Asiatic Society* 10, no. 3, Nov. 2000, p. 305–318.

Pavlov, Vladimir. "Premises for the Genesis of Capitalism in Lagged Non-European Regions," in Annalisa Guarducci (red.), "Sviluppo e sottosviluppo in Europa e fuori d'Europa dal secolo XIII alla Revoluzione Industriale." Atti della Decima settimana di studio 7–12 aprile 1978. Instituto Internazionale di Storia Economica "F. Datini," Serie II, 10, Prato, 1983, p. 589–625.

Pearson, M. N. *Before Colonialism: Theories on Asian-European Relations 1500–1750.* Oxford University Press, 1988.

———. "India and the Indian Ocean in the Sixteenth Century," in Ashin Das Gupta and M. N. Pearson (eds.), *India and the Indian Ocean 1500–1800.* Oxford University Press, New Delhi, 1987b, p. 71–93.

———. "The Indian Ocean and the Red Sea," in Nehemia Levtzion and Randall Pouwels (eds.), *The History of Islam in Africa.* Ohio University Press, Athens, 2000, p. 37–59.

———. "Introduction I: The Subject," in Ashin Das Gupta and M. N. Pearson (eds.), *India and the Indian Ocean 1500–1800.* Oxford University Press, New Delhi, 1987, p. 1–24.

———. *Merchants and Rulers in Gujarat.* University of California Press, Berkeley, 1976.

———. "Merchants and States," in James Tracy (ed.), *The Political Economy of Merchant Empires.* Cambridge University Press, 1991, p. 41–116.

———. "Political Participation in Mughal India." *Indian Economic and Social History Review* 9, no. 2, 1972, p. 113–131.

———. *Port Cities and Intruders.* Johns Hopkins University Press, Baltimore, 1998.

———. *The Portuguese in India.* Cambridge University Press, 1987c.

Pelizzon, Sheila. "But Can She Spin? The Decline in the Social Standing of Women in the Transition from Feudalism to Capitalism." Unpublished Ph.D. diss., Sociology Dept., SUNY-Binghamton, 1999.

Perkins, Kenneth. *Tunisia: Crossroads of the Islamic and European Worlds.* Westview Press, Boulder, CO, 1986.

Perlin, Frank. *The Invisible City.* Variorum Press/Ashgate, Aldershot/ /Brookfield, VT, 1993.

———. "Precolonial South Asia and Western Penetration in the 17th to 19th Centuries." *Review* 4, no. 2, Fall 1980, p. 267–306.

———. "Proto-industrialization and Pre-Colonial South Asia." *Past and Present* 98, Feb. 1983, p. 30–95.

———. "State Formation Reconsidered. Part Two." *Modern Asian Studies* 19, no. 3, 1985, p. 415–480.

Pernoud, Régine. *De Middeleeuwen: Een herwaardering.* Ambo, Baarn, 1992. [Translated from the 1977 edition, *Pour en Finir avec le Moyen Âge.* Ed. du Seuil, Paris.]

Pernoud, Régine, Jean Gimpel, and Robert Delatouche. *Le Moyen Âge pour Quoi Faire?* Ed. Stock, Paris, 1986.

Perrot, Jean-Claude. "Développement et Sous-Développement Régionales," in A. Guarducci (red.), "Sviluppo e sottosviluppo in Europa e fuori d'Europa dal secolo XIII alla Revoluzione Industriale." Atti della Decima settimana di studio 7–12 aprile 1978. Instituto Internazionale di Storia Economica "F. Datini," Serie II, 10, Prato, 1983, p. 91–102.

Perroy, Edouard. "Wage Labour in France in the Later Middle Ages," in Sylvia Thrupp (ed.), *Change in Medieval Society*. Appleton-Century-Crofts, New York, 1964, p. 237–246.
Persson, Karl Gunnar. *Pre-Industrial Economic Growth*. Basil Blackwell, Oxford, 1988.
Pescatello, Ann. "The African Presence in Portuguese India." *Journal of Asian History* 11, no. 1, 1977, p. 26–48.
Petech, Luciano. "Les Marchands Italiens dans l'Empire Mongol." *Journal Asiatique* 250, 1962, p. 549–574.
Peterson, Mark. "Innovation, Investment and the Development of Commercial Beer Brewing within the Wendish Towns of Late Medieval Germany." Ph.D. diss., University of Wisconsin, Madison, 2000.
Pfeiffer, Friedrich. "Politiques et Pratiques Douanières sur le Rhin aux XIVe et XVe Siècles," in Ph. Contamine et al., *L'Impôt au Moyen Âge*. Vol. 2, *Les Techniques.* Ministère de l'Économie, des Finances et de l'Industrie, Paris, 2002, p. 741–762.
Phillips, J. R. S. *The Medieval Expansion of Europe*. 2nd ed. Clarendon Press, Oxford, 1998.
Phillips, William. *Slavery from Roman Times to the Early Transatlantic Trade*. University of Minnesota Press, Minneapolis, 1985.
Picard, Christophe. *Le Monde Musulman du XIe au XVe Siècle*. SEDES, Paris, 2000.
———. *L'Océan Atlantique Musulman*. Éd Maisonneuve & Larose, UNESCO, Paris, 1997.
Piccinni, Gabriella. "Economy and Society in Southern Tuscany in the Late Middle Ages," in Thomas Blomquist and Maureen Mazzaoui (eds.), *The Other Tuscany*. Kalamazoo, Medieval Institute Publications, Western Michigan University, 1994, p. 215–233.
Piergiovanni, Paola M. "Technological Typologies and Economic Organisation of Silk Workers in Italy, from the XIVth to the XVIIIth Centuries." *Journal of European Economic History* 22, no. 3, Winter 1993, p. 543–564.
Pirenne, Henri. *Early Democracies in the Low Countries*. Harper & Row, New York, 1963.
———. *Economic and Social History of Medieval Europe*. Harcourt, Brace & Co, New York, 1937.
———. *Histoire de Belgique*. M. Lamertin, Bruxelles, 1947.
———. *Medieval Cities: Their Origins and the Revival of Trade*. Doubleday, New York, 1956.
———. *Les Villes et les Institutions Urbaines*. 2 vols. Nouvelle Societé d'Éditions, Bruxelles, 1939.
Pistarino, Geo. *Genovesi d'Oriente*. Civico Istituto Colombiano, Genova, 1990.
Poisson, Jean-Michel "Élites Urbaines Coloniales et Autochtones dans la Sardaigne Pisane (XIIe–XIIIe Siècle)," in "Les Élites Urbaines au Moyen Âge." XXIVe Congrès de la S.H.M.E.S (Rome, mai 1996). Collection de l'Ecole Française de Rome 238, École Française de Rome, Publications de la Sorbonne, Paris, 1997, p. 165–181.
———. "Formes Urbaines de la Colonisation Pisane en Sardaigne (XIII–XIVe Siècle)," in Michel Balard and Alain Ducellier (dirs.), *Coloniser au Moyen Âge*. Armand Colin, Paris, 1995, p. 39–49.
Pollard, Sidney. *Marginal Europe*. Clarendon Press, Oxford, 1997.
Pollock, Sheldon. "India in the Vernacular Millennium." *Daedalus* 127, no. 3, Summer 1998, p. 41–74.
Pomeranz, Kenneth. "Beyond the East-West Binary." *Journal of Asian Studies* 61, no. 2, May 2002, p. 539–590.
———. *The Great Divergence*. Princeton University Press, 2000.
Ponting, Clive. *A Green History of the World*. New York, Penguin, 1993.
Populer, Michèle. "Les Entrées Inaugurales des Princes dans les Villes." *Revue du Nord* 76, no. 304, Jan.–Mars 1994, p. 25–52.

Postan, M. M., ed. *Cambridge Economic History of Europe.* Vol. 1. 2nd ed., Cambridge University Press, 1966.

———. Essays on Medieval Agriculture and General Problems of the Medieval Economy. Cambridge University Press, 1973.

Postan, M. M., and J. Hatcher. "Population and Class Relations in Feudal Society," in T. H. Aston and C.H.E. Philpin (eds.), *The Brenner Debate.* Cambridge University Press, 1985, p. 64–78.

Pouchepadass, Jacques. "L'Inde," in Jean Favier (dir.), *XIVe et XVe Siècles: Crises et Genèses.* Presses Universitaires de France, Série "Peuple et Civilisations," Paris, 1996, p. 687–727.

Pounds, N.J.G. *An Economic History of Medieval Europe.* Longman, London, 1994 ed.

Powers, James. "Townsmen and Soldiers." *Speculum* 46, no. 4, Oct. 1971, p. 641–655.

Prak, Maarten, ed. *Early Modern Capitalism.* Routledge, London, 2001.

———. "Het verdeelde Europa." *Amsterdams Sociologisch Tijdschrift* 19, no. 1, May 1992, p. 118–139.

Prakash, Buddha. "A Debated Question: The Genesis and Character of Landed Aristocracy in Ancient India." *Journal of the Economic and Social History of the Orient* 14, 1971, p. 196–220.

Prakash, Om. "Asian Trade and European Impact," in Blair Kling and M. N. Pearson (eds.), *The Age of Partnership: Europeans in Asia before Dominion.* University Press of Hawaii, Honolulu, 1979, p. 43–70.

———. "The Dutch East India Company in Bengal." *Indian Economic and Social History Review* 9, no. 3, 1972, p. 258–287.

———. *European Commercial Enterprise in Pre-Colonial India.* Cambridge University Press, 1998.

Prawer, Joshua. *The Latin Kingdom of Jerusalem.* Weidenfeld & Nicolson, London, 1972.

Prevenier, Walter. "Bevolkingscijfers en professionele strukturen der Bevolking van Gent en Brugge in de 14de eeuw," in *Album Charles Verlinden.* Universa, Gent, 1975, p. 269–303.

———. "Bij wijze van besluit," in Myriam Carlier, Anke Greve, Walter Prevenier, and Peter Stabel (eds.), "Core and Periphery in Late Medieval Urban Society." Garant, Leuven, 1997, p. 193–199.

———. "La Bourgeoisie en Flandre au XIIIe Siècle." *Revue de l'Université de Bruxelles* 4, 1978, p. 407–427.

———. "Conscience et Perception de la Condition Sociale chez les gens du Commun dans les Anciens Pays-Bas des XIIIe et XIVe Siècles," in Pierre Boglioni, Robert Delort, and Claude Gauvard (eds.), *Le Petit Peuple dans l'Occident Médiéval.* Publications de la Sorbonne, Paris, 2002, p. 175–189.

———. "Court and City Culture in the Low Countries from 1100 to 1530," in Erik Kooper (ed.), *Medieval Dutch Literature in Its European Context.* Cambridge University Press, 1994, p. 11–29.

———. "Culture et Groupes Sociaux dans les Villes des Anciens Pays-Bas au Moyen Âge," in J. M. Duvosquel, J. Nazet, and A. Vanrie (red.), *Les Pays-Bas Bourguignons: Histoire et Institutions.* Archives et Bibliothèques de Belgique, Bruxelles, 1996, p. 349–359.

———. "La Démographie des Villes du Comté de Flandre aux XIIIe et XIVe Siècles." *Revue du Nord* 65, no. 257, Avril–Juin 1983, p. 255–275.

———. "Élites, Classes Moyennes et Ouvriers," in Walter Prevenier (dir.), *Le Prince et le Peuple.* Mercator Fonds, Anvers, 1998, p. 73–92.

———. "Inzicht van kritische tijdgenoten in de sociale facetten der fiscaliteit en in sociaal-politiek onrecht in Vlaanderen (13e–15e eeuw)," in Guido Peeters and Magda de Moor (red.), *Arbeid in veelvoud.* VUB Press, Brussel, 1988, p. 51–60.

———. "Les Perturbations dans les Relations Commerciales Anglo-Flamandes entre 1379 et 1407," in *Économies et Sociétés au Moyen Âge*. Publications de la Sorbonne, Paris, 1973, p. 477–497.

Prevenier, Walter, and Marc Boone. "The 'City-State' Dream," in Johan Decavele (ed.), *Ghent: In Defence of a Rebellious City*. Mercatorfonds, Antwerp, 1989, p. 81–105.

Prevenier, Walter, Jean-Pierre Sosson, and Marc Boone. "Le Réseau Urbain en Flandre (XIIIe–XIXe Siècle)," in "Le Réseau Urbain en Belgique dans une Perspective Historique." Bruxelles, Crédit Communal, Collection Histoire, no. 86, 1992, p. 157–200.

Pryor, Frederic. "The Asian Mode of Production as an Economic System." *Journal of Comparative Economics* 4, 1980, p. 420–442.

Pryor, John. *Geography, Technology and War.* Cambridge University Press, 1988.

———. "The Problem of Byzantium and the Mediterranean World," in Benjamin Kedar, Jonathan Riley-Smith, and Rudolf Hiestand (eds.), *Montjoie: Studies in Crusade History in Honour of Hans Eberhard Meyer.* Asghate/Variorum, Aldershot, 1997, p. 199–211.

Ptak Roderich. "China and the Trade in Tortoise-shell (Sung to Ming Periods)" in Ptak Roderich and Rothermund Dietmar (eds.) "Emporia, Commodities, and entrepreneurs in Asian Maritime Trade", c. 1400–1750" Franz Steiner Verlag, Stuttgart, 1991, p. 195-229

———. "Quanzhou: at the Northern Edge," in Angela Schottenhammer (ed.), *The Emporium of the World.* Brill, Boston, 2001, p. 395–427.

———. "China and the Trade in Cloves, *circa* 960–1435." *Journal of the American Oriental Society* 113, no. 1, 1993, p. 1–13.

———. *China's Seaborne Trade with South and Southeast Asia (1200–1750).* Variorum Reprints, Ashgate, Aldershot, 1999.

———. *China, the Portuguese and the Nanyang.* Variorum Reprints, Ashgate, Aldershot, 2004.

———. "From Quanzhou to the Sulu Zone and Beyond." *Journal of Southeast Asian Studies* 29, no. 2 , September 1998, p. 269–294.

———. ed. *Hsing-Ch'a Sheng-Lan: The Overall Survey of the Star Raft by Fei Hsin.* Vol. 4 of *South China and Maritime Asia.* Trans. by J. Mills. Harrassowitz Verlag, Wiesbaden, 1996.

———. "Merchants and Maximization: Notes on Chinese and Portuguese Entrepreneurship in Maritime Asia, c. 1350–1600," in K. A. Sprengard and Roderich Ptak (eds.), *Maritime Asia: Profit Maximisation, Ethics and Trade Structure, c. 1300–1800.* Harrasowitz Verlag, Wiesbaden, 1994, p. 29–59.

Putseys, Johan. "De militaire organisatie in de steden van het graafschap Vlaanderen in de late middeleeuwen." Unpublished Master's thesis, Dept. of History, University of Ghent, 1994.

Qaisar, Ahsan. *The Indian Response to European Technology and Culture.* Oxford University Press, New Delhi, 1982.

Raban, Sandra. *England under Edward I and Edward II.* Blackwell, Oxford, 2000.

Racine, Pierre. "Marchands Placentins à L'Aias à la Fin du XIIIe Siècle." *Byzantinische Forschungen* 4, 1972, p. 195–205.

Raftis, J. A. *Peasant Economic Development within the English Manorial System.* McGill-Queen's University Press, 1996.

Ragheb, Youssef. "Les Marchands Itinérants du Monde Musulman," in *Voyages et Voyageurs au Moyen Âge.* Publications de la Sorbonne, Paris, 1996, p. 177–215.

Ramaswamy, Vijaya. "Artisans in Vijayanagar Society." *Indian Economic and Social History Review* 22, no. 4, Oct.–Dec. 1985a, p. 417–444.

———. "Peasant State and Society in Medieval South India." *Studies in History* 4, no. 2, 1982, p. 307–319.

———. *Textile Weavers in Medieval South India.* Oxford University Press, 1985b.

———. "Interactions and Encounters," in A. Rahman (ed.), *India's Interaction with China, Central and West Asia.* Oxford University Press, New Delhi, 2002, p. 428–444.

Ramsay, George. "The Merchants of the Staple and the Downfall of the English Wool Export Traffic," in Marco Spallanzani (ed.), "La Lana come Materia Prima." Atti della Prima Settimana di Studio 18–24 aprile 1969. Instituto Internazionale di Storia Economica "F. Datini," Prato, L Olschki, Firenze, 1974, p. 45–63.

Rawski, Evelyn. *Agricultural Change and the Peasant Economy of South China.* Harvard University Press, 1972.

Ray, Haraprasad. "Bengal's Textile Products Involved in Ming Trade during Cheng Ho's Voyages to the Indian Ocean," in Roderich Ptak and Dietmar Rothermund (eds.), *Emporia, Commodities, and Entrepreneurs in Asian Maritime Trade, c. 1400–1750.* Franz Steiner Verlag, Stuttgart, 1991, p. 81–93.

———. "China and the 'Western Ocean' in the Fifteenth Century," in Satish Chandra (ed.), *The Indian Ocean Explorations in History, Commerce, and Politics.* Sage, London, 1987, p. 109–124.

———. "Indian Settlements in China: An Exploration of the Phenomenon of Indian Diaspora from A.D. 1015 to 1487," in K. S. Matkew (ed.), *Indian Ocean and Cultural Interaction.* Pondicherry University, 1996, p. 52–81.

———. *Trade and Diplomacy in India-China Relations: A Study of Bengal in the 15th Century.* Radiant Publishers, New Delhi, 1993.

Ray, Indrajit. "Imperial policy and the decline of the Bengal salt-industry under colonial rule." *Indian Economic and Social History Review* 38, no. 2, 2001, p. 181–205.

Raymond, André. "L'Impact de la Pénétration Européenne sur l'Économie de L'Égypte au XVIIIe Siècle." *Annales Islamologiques* 18, 1982, p. 217–235.

———. "Islamic City, Arab City: Orientalist Myths and Recent Views." *British Journal of Middle Eastern Studies* 21, 1994, p. 3–18.

Redon, Odile. *L'Espace d'une Cité: Sienne et le Pays Siennois (XIIIe–XIVe Siècles).* École Française de Rome, Palais Farnèse, 1994.

Reichert, Folker. *Begegnungen mit China: Die Entdeckung Ostasiens in Mittelalter.* Jan Thorbecke Verlag, Sigmaringen, 1992.

Reid, Anthony. *Charting the Shape of Early Modern Southeast Asia.* Silkworm Books, Bangkok, 1999.

———. "Some Effects on Asian Economies of the European Maritime Discoveries," in José Pardo (ed.), *Economic Effects of the European Expansion, 1492–1824.* Franz Steiner Verlag, Stuttgart, 1992, p. 435–462.

———. *Southeast Asia in the Age of Commerce, 1450–1680.* Vol. 2. Yale University Press, New Haven, 1993.

Rénouard, Yves. *Études d'Histoire Médiévale.* École Pratique des Hautes Études, Paris, 1968.

———. *Hommes d'Affaires Italiens du Moyen Âge.* Armand Colin, Paris, 1949.

Reuter, Timothy. "Medieval: Anothers Tyrannous Construct?" *Medieval History Journal* 1, no. 1, June 1998, p. 25–45.

Reyerson, Kathryn. "Urban/Rural Exchange: Reflections on the Economic Relations of Town and Country in the Region of Montpellier before 1350," in Kathryn Reyerson and John Drendel (eds.), *Urban and Rural Communities in Medieval France: Provence and Languedoc, 1000–1500.* Brill, Boston, 1998, p. 253–273.

Reynolds, Clark. *Command of the Sea.* William Morrow & Co, New York, 1974.

Reynolds, Robert. *Europe Emerges*. The University of Wisconsin Press, Madison, 1961.
———. "The Markets for Northern Textiles in Genoa, 1179–1200." *Revue Belge de Philologie et d'Histoire* 8, 1929, p. 831–851.
Richard, Jean. "An Account of the Battle of Hattin." *Speculum* 27, 1952, p. 168–177.
———. *Croisés, Missionnaires et Voyageurs*. Variorum Reprints, London, 1983.
———. *Francs et Orientaux dans le Monde des Croisades*. Variorum Reprints/Ashgate, Aldershot, 2003.
———. "La Laine de Bourgogne: Production et Commerce (XIIIe–XVe Siècles)," in Marco Spallanzani (ed.), "La Lana come Materia Prima." Atti della Prima Settimana di Studio 18–24 aprile 1969. Instituto Internazionale di Storia Economica "F. Datini," Prato, L Olschki, Firenze, 1974, p. 325–340.
———. "Les Navigations des Occidentaux sur l'Océan Indien et la Mer Caspienne (XIIe–XVe Siècles)," in Michel Mollat (dir.), *Sociétés et Compagnies de Commerce en Orient et dans l'Océan Indien*. SEVPEN, Paris, 1970, p. 353–363.
———. *Orient et Occident au Moyen Âge: Contacts et Relations (XIIe–XVe Siècles.)*. Variorum Reprints, London, 1976.
———. *Les Relations entre l'Orient et l'Occident au Moyen Âge*. Variorum Reprints, London, 1977.
Richard, John F. *The Mughal Empire*. Cambridge University Press, 1993.
———. (ed.). *Precious Metals in the Later Medieval and Early Modern Worlds*. Carolina Academic Press, Durham, NC, 1983.
Rigby, Stephen. "Historical Materialism: Social Structure and Social Change in the Middle Ages" *Journal of Medieval and Early Modern Studies*, Vol. 34, no. 3, 2004, p. 473–522.
Risso, Patricia. *Merchants and Faith: Muslim Commerce and Culture in the Indian Ocean*. Westview Press, Boulder, CO, 1995.
Robert, Louise. "A Venetian Naval Expedition of 1224." *Explorations in Economic History* 7, nos. 1–2, 1970, p. 141–151.
Roberts, J .A. G. *A History of China*. Vol. 1. St. Martin's Press, New York, 1996.
Roberts, J. M. *The Pelican History of the World*. Penguin Books, New York, 1980.
Roberts, Richard. *Warriors, Merchants and Slaves*. Stanford University Press, 1987.
Rodinson, Maxime. *Islam and Capitalism*. University of Texas Press, Austin, 1978.
———. "Le Marchand Musulman," in D. S. Richards (ed.), *Islam and the Trade of Asia*. Bruno Cassirer Oxford/University of Pennsylvania Press, 1970, p. 21–35.
Rodney, Walter. *How Europe Underdeveloped Africa*. Howard University Press, Washington, DC, 1982 ed.
Rodrigues, Ana Maria. "La Lutte pour la Prise et la Conservation du Pouvoir dans les Villes Portugaises à la Fin du Moyen Âge," in Denis Menjot and Jean-Luc Pinol (coords.), *Enjeux et Expressions de la Politique Municipale (XIe–XXe Siècles)*. L'Harmattan, Paris, 1997, p. 21–40.
Rodzinski, Wittold. *A History of China*. Vol. 1. Pergamon Press, Oxford, 1979.
Rodzinski, Wittold. *The Walled Kingdom*. London, 1984.
Romano, Ruggiero. "A Propos du Commerce du Blé dans la Méditerranée des XIVe et XVe Siècles," in *Éventail de l'Histoire Vivante: Hommage à Lucien Febvre*. Librairie Armand Colin, Paris, 1954, p. 149–161.
Romano, Ruggiero, Alberto Tenenti, and Ugo Tucci. "Venise et la Route du Cap. 1499–1517," in Manlio Cortelazzo (ed.), "Mediterraneo e Oceano Indiano." Atti del Sesto Colloquio Internazionale di Storia Marittima, Venezia, 20–29 settembre 1962. L Olschki Editore, Firenze, 1970, p. 110–139.
Rösch, Gerhard. "Reichsitalien als Wirtschaftsraum im Zeitalter der Staufer," in Wolfgang

von Stromer (ed.), *Venedig und die Weltwirtschaft um 1200.* Jan Thorbecke Verlag, Stuttgart, 1999, p. 93–116.

Rosenberg, Nathan, and L. E. Birdzell. *How the West Grew Rich.* Basic Books, New York, 1986.

Rosenberger, Bernard. "La Croisade Africaine et le Pouvoir Royal au Portugal au XVe Siècle," in Henri Bresc et al., *Genèse de l'Etat Moderne en Méditerranée.* École Française de Rome, Palais Farnèse, 1993, p. 329–348.

———. "Les Vieilles Exploitations Minières et les Anciens Centres Métallurgiques du Maroc." *Revue de Géographie du Maroc* 17, 1970, p. 71–108.

Rösener, Werner. "Aspekte der Stadt-Land-Beziehungen Im Spatmittelalterlichen Deutschland," in J. M. Duvosquel and E. Thoen (eds.), *Peasants and Townsmen in Medieval Europe.* Belgisch Centrum voor Landelijke Geschiedenis 114, Snoeck-Ducaju & Zoon, Gent, 1995, p. 663–680.

———. *The Peasantry of Europe.* Blackwell, Oxford, 1994.

Rossabi, Morris, ed. *China among Equals: The Middle Kingdom and Its Neighbors.* University of California Press, Berkeley, 1983.

———. "The 'Decline' of the Central Asian Caravan Trade," in James Tracy (ed.), *The Rise of Merchant Empires.* Cambridge University Press, 1990, p. 351–370.

———. "Ming Foreign Policy" in Sabine Dabringhaus and Roderich Ptak (eds.), *China and Her Neighbours: Borders, Visions of the Other, Foreign Policy 10th to 19th Century.* Harrasowitz Verlag, Wiesbaden, 1997, p. 79–97.

———. "The Mongols and the West," in Ainslie Embree and Carol Gluck (eds.), *Asia in Western and World History.* Sharpe, Armonk, NY, 1997, p. 55–62.

———. "The Reign of Khubilai Khan," in Herbert Franke and Denis Twitchett (eds.), *The Cambridge History of China.* Cambridge University Press, 1994b, 6:414–489.

Rosser, Gervase. "Crafts, Guilds and the Negotiation of Work in the Medieval Town." *Past and Present* 154, Feb. 1997, p. 3–31.

Rossiaud, Jacques. "The City-Dweller and Life in Cities and Towns," in Jacques Le Goff (ed.), *The Medieval World.* Collins & Brown, London, 1990, p. 139–179.

———. "Crises et Consolidations: 1330–1530," in J. Le Goff (red.), *La Ville en France au Moyen Âge.* Seuil, Paris, 1998, p. 403–587.

Rothermund, Dietmar. "Asian Emporia and European Bridgeheads," in Roderich Ptak and Dietmar Rothermund (eds.), *Emporia, Commodities, and Entrepreneurs in Asian Maritime Trade, c. 1400–1750.* Franz Steiner Verlag, Stuttgart, 1991, p. 3–8.

Rotz, Rhiman. "Investigating Urban Uprisings with Examples from Hanseatic Tows, 1374–1416," in William Jordan, Bruce McNab, and Teofilo Ruiz (eds.), *Order and Innovation in the Middle Ages.* Princeton University Press, 1976, p. 215–233.

Rougeulle, Axelle. "Le Yémen entre Orient et Afrique." *Annales Islamologiques* 38, no. 1, 2004, p. 201–253.

Roux, Simone. *Le Monde des Villes au Moyen Âge.* Hachette Livre, Paris, 1994.

Rowan, Steven. "Urban Communities: The Rulers and the Ruled," in Thomas Brady, Heiko Oberman, and James Tracy (eds.), *Handbook of European History 1400–1600: Late Middle Ages, Renaissance and Reformation.* Brill, Leiden, 1994, 1:197–229.

Rudra, Ashok. "Pre-Capitalist Modes of Production in Non-European Societies." *Journal of Peasant Studies* 15, no. 3, April 1988, p. 373–394.

Ryan, James. "Preaching Christianity along the Silk Route" *Journal of Early Modern History* 2, no. 4, 1998, p. 350–373.

Saad, Elias. *Social History of Timbuktu.* Cambridge University Press, 1983.

Saberwal, Satish. *Wages of Segmentation: Comparative Historical Studies on Europe and India.* Orient Longman, New Delhi, 1995.

Sabra, Adam. *Poverty and Charity in Medieval Islam: Mamluk Egypt. 1250–1517.* Cambridge University Press, 2000.
Saey, Pieter. "Wereld-Systeem Analyse en het probleem van territoriale integratie." *Vlaams Marxistisch Tijdschrift* 28, no. 4, Dec. 1994, p. 63–78.
Saey, Pieter, and A. Verhoeve. "The Southern Netherlands: Part of the Core or Reduced to a Semi-Peripheral Status?" in H. J. Nitz (ed.), *The Early Modern World-System in Geographical Perspective.* Erdkundliches Wissen 110, Fr. Steiner Verlag, Stuttgart, 1993, p. 93–114.
Saletore, R. N. *Indian Pirates.* Concept Publishing Company, New Delhi, 1978.
Samsonowicz, Henryk. "Changes in the Baltic Zone in the XIII–XVI Centuries." *Journal of European Economic History* 4, no. 3, Winter 1975, p. 655–672.
———. "Grain Consumption in Gdansk in the Mid-15th Century." *Bijdragen tot de Geschiedenis* 81, nos. 1–3, 1998, p. 305–308.
———. "Remarque sur la Comptabilité Commerciale dans les Villes Hanséatiques au XVe Siècle," in "Finances et Comptabilité Urbaines du XIIIe au XVIe Siècle." Actes du Colloque International à Blankenberge, Sept. 6–9, 1962. Pro Civitate Collection Histoire, No. 7, Bruxelles, 1964, p. 207–221.
———. "La Stratégie et la Technique des Affaires Commerciales en Pologne du XIIIe au XVI Siècle," in Sara Mariotti (ed.), "Produttività e tecnologie nei secoli XII–XVII." Atti della Terza Settimana di Studio, 23–29 aprile 1971. Instituto Internazionale di Storia Economica "F. Datini," Serie II, 3, Prato, Le Monnier, 1981, p. 471–481.
———. "Les Villes d'Europe Centrale à la Fin du Moyen Âge." *Annales ESC* 43, no. 1, 1988, p. 173–184.
———. "Les Villes en Europe Centre-Orientale," in Sergio Gensini (red.), "Principi e città alla fine del medioevo." Centro Studi sulla Civiltà del Tardo Medioevo, Collana di Studi e Ricerche 6, Pacini Editori Pisa, Comune San Miniato, 1996, p. 41–52.
Samsonowicz, Henryk, and Antoni Maczak. "Feudalism and Capitalism," in Antoni Maczak, Henryk Samsonowicz, and Peter Burke (eds.), *East-Central Europe in Transition.* Cambridge University Press, New York, 1985, p. 6–23.
Sanderson, Stephen. *Social Transformations: A General Theory of Historical Development.* Blackwell, Oxford, 1995.
———. "The Transition from Feudalism to Capitalism: The Theoretical Significance of the Japanese Case." *Review* 17, no. 1, Winter 1994, p. 15–55.
Sanderson, Stephen K. "The Colonizer's Model of the World." *Sociological Inquiry* 66, no. 4, Fall 1996.
Sapori, Armando. *The Italian Merchant in the Middle Ages.* Norton, New York, 1970.
Sarkar, Jagadish Narayan. *Glimpses of the Medieval Bihar Economy.* Ratna Prakashan, Calcutta, 1978.
Sastri Nilakanta,K. A. *The Colas.* 2nd ed. University of Madras, 1975.
———.K. A., ed. *Foreign Notices of South India: From Megasthenes to Ma Huan.* University of Madras, 1972 ed.
———. *A History of South India from Prehistoric Times to the Fall of Vijayanagar.* 3rd ed. Oxford University Press, 1966.
Saunders, J. J. *Muslims and Mongols: Essays on Medieval Asia.* University of Canterbury & Whitcoulls Ltd., Christchurch, NZ, 1977.
Sayous, André-E. "Le Rôle du Capital dans la Vie Locale et le Commerce Extérieur de Venise entre 1050 et 1150." *Revue Belge de Philologie et d'Histoire* 13, 1934, p. 657–696.
Scammell, G. V. *Ships, Oceans and Empire.* Variorum, Aldershot, 1995.
———. *The World Encompassed.* Berkeley, University of California Press, 1981.

Scanlon, George. "Egypt and China: Trade and Imitation," in D. S. Richards (ed.), *Islam and the Trade of Asia.* Oxford/University of Pennsylvania Press, 1970, p. 81–95.
Schildhauer, Johannes. *The Hansa.* Edition Leipzig, Leipzig, 1985.
Schilling, H. "Civic Republicanism in Late Medieval and Early Modern German Cities," in H. Schilling, *Religion, Political Culture and Emergence of Early Modern Society.* Brill, Leiden, 1992.
Schneider, Jane. "Was There a Precapitalist World-System?" in Christopher Chase-Dunn and Thomas Hall (eds.), *Core/Periphery Relations in Precapitalist Worlds.* Westview Press, 1991, p. 45–66.
Schneider, Jean. "Les Villes Allemandes au Moyen Âge," in *La Ville.* Part 2, *Institutions Économiques et Sociales.* Recueils de la Société Jean Bodin pour l'Histoire Comparative des Institutions 7, Éditions de la Librairie Encyclopédique, Bruxelles, 1955, p. 403–482.
Schumann, Reinhold. *Italy in the Last Fifteen Hundred Years.* University Press of America, 1986.
Schurmann, H. F. "Traditional Property in China." *Far Eastern Quarterly* 15, no. 4, Aug. 1956, p. 507–516.
Schurmann, Herbert. *Economic Structure of the Yüan Dynasty.* Harvard University Press, Cambridge, 1967.
Seccombe, Wally. *A Millennium of Family Change: Feudalism to Capitalism in Northwestern Europe.* Verso, New York, 1992.
Sée, Henri. *Modern Capitalism: Its Origin and Evolution.* Adelphi Co, New York, 1928.
Seifert, Dieter. *Kompagnons unde Konkurrenten: Holland und die Hanse im späten Mittelalter.* Böhau Verlag, Köln, 1997.
Sen, S. P. "The Role of Indian Textiles in Southeast Asian Trade in the 17th Century." *Journal of Southeast Asian History* 3, 1962, p. 92–110.
Serjeant, R. B. *Islamic Textiles.* Librarie du Liban, Beirut, 1972.
Serruys, Henry. "The Dearth of Textiles in Traditional Mongolia." *Journal of Asian History* 16, no. 2, 1982, p. 125–140.
———. "Sino-Mongol Trade during the Ming." *Journal of Asian History* 9, no. 1, 1975, p. 34–56.
Shanin, Teodor. "The Nature and Logic of the Peasant Economy." *Journal of Peasant Studies* 1, no. 1, October 1973, p. 63–80.
Shanmugam, P. *The Revenue System of the Cholas, 850–1279.* New Era Publications, Madras, 1987.
Sharma, Ram Sharan. *Early Medieval Indian Society.* Orient Longman, Kolkata, 2001.
———. "How Feudal Was Indian Feudalism?" in Hermann Kulke (ed.), *The State in India, 1000–1700.* Oxford University Press, New Delhi, 1995, p. 48–85.
———. *Indian Feudalism—c. 300–1200.* University of Calcutta, 1965.
Sharma, Yogesh. "A Life of Many Parts." *Medieval History Journal* 1, no. 2, Dec. 1998, p. 261–290.
Shatzmiller, Maya. *The Berbers and the Islamic State.* Markus Wiener Publishers, Princeton, 2000.
———. *Labour in the Medieval Islamic World.* Brill, Leiden, 1994.
———. "Women and Wage Labor in the Medieval Islamic West." *Journal of the Economic and Social History of the Orient* 40, no. 2, May 1997, p. 174–206.
Shiba, Yoshinobu. *Commerce and Society in Sung China.* Center for Chinese Studies, University of Michigan, 1970.
———. "Sung Foreign Trade," in Morris Rossabi (ed.), *China among Equals.* University of California Press, Berkeley, 1983, p. 89–115.
———. "Urbanization and the Developments of Markets in the Lower Yangtze Valley," in

John Haeger (ed.), *Crisis and Prosperity in Sung China.* University of Arizona Press, Tuscon, 1975, p. 13–48.

Shihab, Hassan Saleh. "Aden in Pre-Turkish Times (1232–1538)," in Frank Broeze (ed.), *Gateways of Asia: Port Cities of Asia in the 13th–20th Centuries.* Kegan Paul International, New York, 1996, p. 17–32.

Shokoohy, Mehrdad, and Natalie Shokoohy. "A History of Bayana, Part I." *Medieval History Journal* 7, no. 2, Dec. 2004, p. 279–324.

———. "A History of Bayana, Part II." *Medieval History Journal* 8, no. 2, Dec. 2005, p. 323–400.

Sider, Gerald. "The Making of Peculiar Local Cultures," in Alf Lüdtke (ed.), *Was bleibt von marxistischen Perspektiven in der Geschichtsforschung?* Wallstein Verlag, Gottingen, 1997, p. 99–148.

Singh, Chetan. "Conformity and Conflict: Tribes and the Agrarian System of Mughal India." *IESHR* 23, no. 3, 1988, p. 319–340.

Singh, Hira. "Classifying Non-European, Pre-Colonial Formations." *Journal of Peasant Studies* 20, no. 2, Jan. 1993, p. 317–347.

Sinha, N. K., and Nisith Ray. *A History of India.* 2nd ed. Orient Longman, Calcutta, 1986.

Sinopoli, Carla. "From the Lion Throne: Political and Social Dynamics of the Vijayanagara Empire." *Journal of the Economic and Social History of the Orient* 43, no. 3, August 2000, p. 364–398.

———. "The Organization of Craft Production at Vijayanagara" *American Anthrolopologist*, no. 90, 1988, p. 580–597.

———. "Political Choices and Economic Strategies in the Vijayanagara Empire," in Elizabeth Brumfiel (ed.), *The Economic Anthropology of the State.* University Press of America, Lanham, MD, 1994, p. 223–242.

———. *The Political Economy of Craft Production.* Cambridge University Press, 2003.

Sinopoli, Carla, and Kathleen Morrison. "Dimensions of Imperial Control." *American Anthropologist* 97, no. 1, March 1995, p. 83–96.

Sinor, Denis. "Horse and Pasture in Inner Asian History." *Oriens Extremus* 19, Dec. 1972, p. 171–183.

———. "Les Mongols et l'Europe." *Cahiers d'Histoire Mondiale* 3, no. 1, 1956, p. 39–62.

———. "The Mongols and the West." *Journal of Asian History* 33, no. 1, 1999, p. 1–44.

———. *Studies in Medieval Inner Asia.* Variorum Press, Ashgate, 1997.

Sivéry, Gérard. *Les Comtes de Hainaut et le Commerce du Vin au XIVe et au Début du XVe Siècle.* Lille, 1969.

Slicher van Bath, B. H. *The Agrarian History of Western Europe A.D. 500–1850.* Edward Arnold Ltd., London, 1963.

Small, Carola. "The Builders of Artois in the Early 14th Century." *French Historical Studies* 16, no. 2, 1989.

Smith, Adam. *An Inquiry into the Nature and Causes of the Wealth of Nations.* Clarendon Press, Oxford, 1976 ed.

Smith, Alan K. *Creating a World Economy.* Westview Press, Boulder, CO, 1991.

Smith, John M. "Ayn Jalut." *Harvard Journal of Asiatic Studies* 44, no. 2, December 1984, p. 307–345.

———. "Nomads on Ponies versus Slaves on Horses." *Journal of the American Oriental Society* 118, no. 1, January–March 1998, p. 54–62.

Smith, Paul J. "Family, Landsman, and Status-Group Affinity in Refugee Mobility Strategies." *Harvard Journal of Asiatic Studies* 52, no. 2, 1992, p. 665–708.

———. "Fear of Gynarchy in an Age of Chaos." *Journal of the Economic and Social History of the Orient* 41, no. 1, Feb. 1998, p. 1–95.

———. *Taxing Heaven's Storehouse.* Harvard University Press, Cambridge, 1991.

Smith, Rex. *Studies in the Medieval History of the Yemen and South Arabia.* Variorum/Ashgate, Aldershot, 1997.

Smith, Robert. "The Canoe in West African History." *Journal of African History* 11, 1970, p. 515–533.

Snellnow, Irmgard. "Ways of State Formation in Africa," in Henri Claessen and Peter Skalnik (eds.), *The Study of the State.* Mouton, The Hague, 1981, p. 303–316.

Snooks, Graeme. "The Dynamic Role of the Market in the Anglo-Norman Economy and Beyond, 1086–1300," in R. H. Britnell and B. M. S. Campbell (eds.), *A Commercialising Economy: England 1086 to circa 1300.* Manchester University Press, 1995, p. 27–54.

———. *The Dynamic Society.* Routledge, London, 1996.

———. *Was the Industrial Revolution Necessary?* Routledge, NY, 1994.

Solow, Barbara. "Capitalism and Slavery in the Exceedingly Long Run," in Barbara Solow and Stanley Engerman (eds.), *British Capitalism and Caribbean Slavery.* Cambridge University Press, 1987, p. 51–77.

Soly, Hugo. "Economische ontwikkeling en sociale politiek in Europa tijdens de overgang van de middeleeuwen naar de nieuwe tijden." *Tijdschrift voor Geschiedenis* 88, 1975, p. 584–597.

Sosson, J. P. "Les Petites Villes du Zwin (XIVe–XVIe Siècles)," in Ph. Contamine (ed.), *Commerce, Finances et Société (XIe–XVIe Siècles).* Presses de l'Université de Sorbonne, Paris 1993.

Sosson, Jean-Pierre. "Corporation et Paupérisme au XIVe et XVe Siècles." *Tijdschrift voor Geschiedenis* 92, 1979, p. 557–575.

———. "L'Entrepreneur Médiéval," in "L'Impresa Industria Commercio Banca Secc. XIII–XVIII." Atti della Ventiduesima Settimana di Studi 30 aprile–4 maggio 1990. Instituto Internazionale di Storia Economica "F. Datini," Serie II, 22, Prato, 1991, p. 275–293.

———. "Les Métiers: Norme et Réalité," in Jacqueline Hamesse and Colette Muraille-Samaran (eds.), *Le Travail au Moyen Âge.* Université Catholique del Louvain-la-Neuve, Louvain-la-Neuve, 1990, p. 339–348.

———. *Les Travaux Publics de la Ville de Bruges XIVe–XVe Siècles.* Credit Communal de Belgique, Bruxelles, 1977.

Soucek, Svat. *A History of Central Asia.* Cambridge University Press, 2000.

Soullière, Ellen. "Reflections on Chinese Despotism and the Power of the Inner Court." *Asian Profile* 12, no. 2, April 1984, p. 129–145.

Southall, A. W. *Alur Society.* Cambridge University Press, 1956.

Southall, Aidan. *The City in Time and Space.* Cambridge University Press, 1998.

Spencer, George. *The Politics of Expansion.* New Era Publications, Madras, 1983.

———. "The Politics of Plunder: The Cholas in 11th Century Ceylon." *Journal of Asian Studies* 35, no. 3, May 1976, p. 405–419.

Spencer, George, and Kenneth Hall. "Towards an Analysis of Dynastic Hinterlands." *Asian Profile* 2, no. 1, Feb. 1974, p. 51–62.

Spodek, Howard. "Rulers, Merchants and Other Groups in the City-States of Saurashtra, India, around 1800." *Comparative Studies in Society and History* 16, no. 4, Sep. 1974, p. 448–470.

Sprandel, Rolf. *Das Eisengewerbe im Mittelalter.* A. Hiersemann, Stuttgart, 1968.

Sprengard, Karl Anton. "Free Entrepreneurship, Rational Business Philosophy and Overseas Trade with Asia" in K. A. Sprengard and Roderich Ptak (eds.), *Maritime Asia: Profit Maximisation, Ethics and Trade Structure, c. 1300–1800.* Harrasowitz Verlag, Wiesbaden, 1994, p. 3–26.

Spruyt, Hendrik. *The Sovereign States and Its Competitors.* Princeton University Press, 1994.

Spufford, Peter. "Interventi," in Vera Barbagli Bagnoli (ed.), "La Moneta Nell' Economia Europa Secoli XIII–XVIII." Atti della Settimane di studio 11–17 aprile 1975. Instituto Internazionale di Storia Economica "F. Datini," Serie II, 7, Prato, 1981, p. 619–624.

———. *Money and Its Use in Medieval Europe.* Cambridge University Press, 1988.

———. *Power and Profit.* Thames & Hudson, New York, 2003.

Srinivas, M. N. *Collected Essays.* Oxford University Press, New Delhi, 2002.

Stabel, Peter. *Dwarfs Among Giants: The Flemish Urban Network in the Late Middle Ages.* Garant, Leuven, 1997.

———. "Guilds in Late Medieval Flanders." *Journal of Medieval History* 30, no. 2, 2004, p. 187–212.

———. "De kleine stad in Vlaanderen." *Verhandelingen van de Koninklijke Academie voor Wetenschappen, Letteren en Schone Kunsten van Belgie, Klasse der Letteren* 57, no. 156, Brussel, 1995.

———. "Markt en hinterland," in "Le Réseau Urbain en Belgique dans une Perspective Historique (1350–1850)."Actes du 15e Colloque International à Spa le 4–6 Sept. 1990, Bruxelles, Crédit Communal, Collection Histoire, série in-8, no. 86, 1992, p. 341–363.

———. "Women at the Market," in Wim Blockmans, Marc Boone, and Thérèse de Hemtinne (eds.), *Secretum Scriptorum.* Garant, Leuven, 1999, p. 259–276.

Stargardt, Janice. "Burma's Economic and Diplomatic Relations with India and China from Early Medieval Sources." *Journal of the Economic and Social History of the Orient* 14, no. 1, 1971, p. 38–62.

Stark, Rodney. *The Victory of Reason.* Random House, New York, 2005.

Stark, Walter. "über Techniken und Organisationsformen des Hansischen Handels im Spätmittelalter," in Stuart Jenks and Michael North (eds.), *Der Hansische Sonderweg? Beiträge zur Sozial- und Wirtschaftsgeschichte der Hanse.* Böhlau Verlag, Köln, 1993b, p. 191–201.

Stavrianos, L. S. *A Global History.* Prentice Hall, NJ, 1999.

Stearns, Peter, Michael Adas, and Stuart Schwartz. *World Civilizations.* 2nd ed. Harper-Collins, New York, 1996.

Steensgaard, Niels. *The Asian Trade Revolution of the Seventeenth Century.* University of Chicago Press, 1974.

———. "Emporia: Some Reflections," in Roderich Ptak and Dietmar Rothermund (eds.), *Emporia, Commodities, and Entrepreneurs in Asian Maritime Trade, c. 1400–1750.* Franz Steiner Verlag, Stuttgart, 1991, p. 9–12.

———. "The Indian Ocean Network and the Emerging World Economy, c. 1500–1750," in Satish Chandra (ed.), *The Indian Ocean Explorations in History, Commerce and Politics.* Sage, London, 1987, p. 125–150.

———. "Violence and the Rise of Capitalism." *Review* 5, no. 2, Fall 1981, p. 247–273.

Stein, Burton. "Coromandel Trade in Medieval India," in John Parker (ed.), *Merchants and Scholars: Essays in the History of Exploration and Trade.* University of Minnesota Press, Minneapolis, 1965, p. 47–62.

———. *Peasant State and Society in Medieval South India.* Oxford University Press, 1980.

———. "The Segmentary State," in Hermann Kulke (ed.), *The State in India, 1000–1700.* Oxford University Press, New Delhi, 1995, p. 134–161.

———. "South India: Some General Considerations," in Raychaudhuri Tapan and Habib Irfan (eds.), *The Cambridge Economic History of India.* Cambridge University Press, 1982, 1:14–42.

———. "State Formation and Economy Considered." *Modern Asian Studies* 19, no. 3, 1985, p. 102–124.

———. "Vijayanagara c. 1350–1564," in Raychaudhuri Tapan and Habib Irfan (eds.), *The Cambridge Economic History of India.* Cambridge University Press, 1982, 1:387–413.

Stella, Alessandro. "La Bogetta E I Lavoranti." *Annales ESC* 44, no. 3, May–June 1989, p. 529–551.

———. "Un Conflit du Travail dans les Vignes d'Auxerre aux XIVe et XVe Siècles." *Histoire et Sociétés Rurales*, no. 5, 1r Semestre, 1996, p. 221–251.

———. *La Révolte des Ciompi.* Éditions de l'École des Hautes Études en Sciences Sociales, Paris, 1993.

Stern, S. M. "The Constitution of the Islamic City," A. H. Hourani and S. M. Stern (eds.), *The Islamic City.* University of Pennsylvania Press, Oxford, 1970, p. 25–50.

Stigler, G. *The Economist as Preacher and Other Essays.* Chicago University Press, 1982.

Stouff, Louis. "Nobles et Bourgeois dans l'Arles du Bas Moyen Age" in Charles De la Ronciére et al., *Histoire et Société: Mélanges Offerts à Georges Duby.* Publications de l'Université de Provence, Aix-en-Provence, 1992, 2:181–193.

Strayer, Joseph. "The Costs and Profits of War," in Harry Miskimin, David Herlihy, and A. L. Udovitch (eds.), *The Medieval City.* Yale University Press, New Haven, 1977, p. 269–291.

Subbarayalu, Y. "The Cola State." *Studies in History* 4, no. 2, 1982, p. 265–306.

Subrahmanyam, Sanjay. "Aspects of State Formation in South India and Southeast Asia." *Indian Economic and Social History Review* 23, 1986, p. 358–377.

———. "Hearing Voices: Vignettes of Early Modernity in South Asia," in Shmuel Eisenstadt et al., *Public Spheres and Collective Identities.* Transaction Publishers, London, 2001, p. 75–104.

———. "Institutions, Agency and Economic Change in South Asia," in Burton Stein and Sanjay Subrahmanyam (eds.), Institutions and Economic Change in South Asia. Oxford University Press, Delhi, 1996, p. 14–47.

———. "Introduction," in Sanjay Subrahmanyam (ed.), *Money and the Market in India 1100–1700.* Oxford University Press, Delhi, 1994a, p. 1–56.

———. "Of Imarat and Tijarat." *Comparative Studies in Society and History* 37, no. 4, Oct. 1995, p. 750–780.

———. "Making Sense of Indian Historiography." *Indian Economic and Social History Review* 39, no. 3, 2002, p. 121–130.

———. "Notes on Circulation and Asymmetry in Two Mediterraneans, c. 1400–1800," in Claude Guillot, Denys Lombard, and Roderich Ptak (eds.), *From the Mediterreanean to the China Sea.* Harrassowitz Verlag, Wiesbaden, 1998, p. 21–43.

———. The Political Economy of Commerce. Cambridge University Press, 1990.

———. *The Portuguese Empire in Asia, 1500–1700.* Longman, London, 1993.

———. "The Tail Wags the Dog." *Moyen Orient et Océan Indien* 5, 1988, p. 131–160.

———. "World-Economies and South Asia, 1600–1750." *Review* 12, no. 1, Winter 1989, p. 141–148.

———. "Writing History Backwards." *Studies in History* 10, no. 1, June 1994b, p. 131–145.

Subrahmanyam, Sanjay, and C. A. Bayly. "Portfolio Capitalists and the Political Economy of Early Modern India." *Indian Economic and Social History Review* 25, 4, 1988, p. 401–424.

Sun, Laichen. "Ming–Southeast Asian Overland Interactions, 1368–1644." Unpublished Ph.D. diss., University of Michigan, 2000.

Sun, Lung-kee. "Interpretative Essay," in Frank Thackeray and John Findling (eds.), *Events That Changed the World Through the Sixteenth Century.* Greenwood Press, Wesport, CT, 2001, p. 69–84.

Sweezy, Paul. "A Critique," in Rodney Hilton (ed.), *The Transition from Feudalism to Capitalism*. NLB, London, 1976, p. 33–56.

Szeftel, Marc. "La Participation des Assemblées Populaires dans le Gouvernement Central de la Russie Depuis l'Époque Kiévienne Jusqu'à la Fin du XVIIIe Siècle," in *Gouvernés et Gouvernants*. Part 4, *Bas Moyen Âge et Temps Modernes (II)*. Recueils de la Société Jean Bodin pour l'Histoire Comparative des Institutions 25, Éds de la Librairie Encyclopédique, Bruxelles, 1965, p. 339–365.

Székely, György. "Niederländische und Englische Tucharten im Mitteleuropa des 13–17. Jahrhunderts." *Annales Universitatis Scientiarum Budapestinensis de Rolando Eötvös Nominatae* 8, 1966, p. 11–42.

Szúcs, Jenó. *Les Trois Europes*. Domaines Danubiens. L'Harmattan, Paris, 1985.

Tadic, Jorjo. "Les Premiers Éléments du Capitalisme dans les Balkans du 14e au 17e Siècle," in F. C. Lane (ed.), Fourth International Conference of Economic History, Bloomington, 1968. École Pratique des Hautes Études and Mouton, Paris, 1973, p. 69–77.

Takahashi, K. "A Contribution to the Debate" in R. H. Hilton (ed.), *The Transition from Feudalism to Capitalism*. London, 1976, p. 68–97.

Taleqani, Seyyed. *Islam and Ownership*. Mazdá Publishers, Lexington, KY, 1983.

Tampoe, Moira. *Maritime Trade between China and the West*. BAR International Series 555, Oxford, 1989.

Tangheroni, Marco. "Pise en Sardaigne." in Michel Balard and Alain Ducellier (dirs.), *Coloniser au Moyen Âge*. Armand Colin, Paris, 1995, p. 35–39.

Tarvel, Enn. "The Stability of Social Hierarchies in the Economic Development of the Baltic Region in the Period of Feudalism," in "Gerarchie Economiche e Gerarchie Sociali Secoli XII–XVIII." Atti della Dodicesima Settimana di Studi 18–23 Aprile 1980, Instituto Internazionale di Storia Economica "F. Datini," Serie II, 22, Le Monnier, Prato, 1990, p. 53–71.

Tawney, Richard H. *Religion and the Rise of Capitalism*. Harcourt, NY, 1926.

Tebrake, W. H. *Medieval Frontier*. Texas A&M University Press, 1985.

Terlouw, C. P. *The Regional Geography of the World-System*. State University of Utrecht, 1992.

Terlouw, Kees. "A General Perspective on the Regional Development of Europe from 1300 to 1850." *Journal of Historical Geography* 22, no. 2, 1996, p. 129–146.

Terrasse, Henri. "Citadins et Grands Nomades dans l'Histoire de l'Islam." *Studia Islamica* 29, 1969, p. 5–15.

Thakur, Vijay Kumar. *Historiography of Indian Feudalism: Towards a Model of Early Medieval Indian Economy*. Commonwealth Publishers, New Delhi, 1989.

Thapar, Romila. *History and Beyond*. Oxford University Press, 2000.

———. *A History of India*. Vol. 1. Penguin Books, Baltimore, 1966.

———. "Social Mobility in Ancient India with Special Reference to Elite Groups," in R. S. Sharma (ed.), *Indian Society: Historical Probings in Memory of D. D. Kosambi*. People's Publishing House, New Delhi, 1974, p. 95–123.

Thiriet, Freddy. *Études sur la Romanie Greco-Vénitienne (Xe–XVe Siècles)*. Variorum Reprints, London, 1977.

Thiry, Jacques. "L'Egypte et le Déclin de l'Afrique du Nord," in U. Vermeulen and D. De Smet (eds.), *Egypt and Syria in the Fatimid, Ayyubid and Mamluk Eras*. Peeters, Leuven, 1998, 2:237-248.

———. *Le Sahara Libyen dans L'Afrique du Nord Médievale*. Peeters, Leuven, 1995.

Thoen, Erik. "The Count, the Countryside and the Economic Development of Towns in Flanders from the Eleventh to the Thirteenth Century," in Erik Aerts, Brigitte Heneau, Paul Janssens, and Raymond van Uytven (eds.), *Liber Amicorum Herman Van der Wee*. Leuven University Press, 1993, p. 259–278.

———. "Immigration to Bruges during the late Middle Ages," in "Le Migrazioni in Europa Secc. XIII–XVIII." Atti della Venticinqesima Settimana di Studi 3–8 maggio 1993, Instituto Internazionale di Storia Economica "F Datini," serie II, 25, Prato, 1994, p. 335–353.

———. *Landbouweconomie en bevolking in Vlaanderen gedurende de late Middeleeuwen en het begin van de Moderne Tijden.* 2 vols., Universiteit Gent, 1988b.

———. "Rechten en plichten van plattelanders als instrumenten van machtspolitieke strijd tussen adel, stedelijke burgerij en grafelijk gezag in het laat-middeleeuwse Vlaanderen," in "Les Structures du Pouvoir dans les Communautés Rurales en Belgique et dans les Pays Limitrophes (XIIe–XIXe Siècle)." Actes du 13e Colloque International, Crédit Communal, no. 77, Bruxelles, 1988a, p. 469–490.

———. "Technique Agricole, Cultures Nouvelles et Économie Rurale en Flandre au Bas Moyen Âge." Actes de Colloque Flaran 12 (1990), Centre Belge d'Histoire Rurale 107. Gand, 1992.

Thoen, Erik, and Adriaan Verhulst. "Le Réseau Urbain et les Campagnes dans l'Ancien Comté de Flandre (ca. 1350–1800)." *Storia della Citta* 36, Milano, 1986, p. 53–60.

Thomaz, Luis. "Malaka et Ses Communautés Marchandes au Tournant du 16e Siècle," in Denys Lombard and Jean Aubin (eds.), *Marchands et Hommes d'Affaires Asiatiques dans l'Océan Indien et la Mer de Chine 13e–20e Siècles.* Éditions de l'EHESS, Paris, 1988, p. 31–48.

Thompson, E. P. *Customs in Common.* The New Press, New York, 1993.

Thomson, J.K.J. *Decline in History: The European Experience.* Polity Press, Cambridge, 1998.

Thornton, John. *Africa and Africans in the Making of the Atlantic World, 1400–1800.* Cambridge University Press, 1998 ed.

Tibbetts, G. R. "Early Muslim Traders in South-East Asia." *Journal of the Malayan Branch of the Royal Asiatic Society* 30, pt. 1, 1957, p. 1–45.

T'ien, Ju-kang. "Chêng Ho's Voyages and the Distribution of Pepper in China." *Journal of the Royal Asiatic Society* 2, 1981, p. 186–197.

Tilly, Ch. *Coercion, Capital and European States A.D. 990–1992.* Cambridge University Press, 1992.

Titow, J. Z. "Some Evidence of the Thirteenth Century Population Increase." *Economic History Review* 14 [2nd ser.], no. 2, December 1961, p. 218–224.

Tits-Dieuaide, Marie-Jeanne. *La Formation des Prix Céréales en Brabant et en Flandre au XVe Siècle.* Éditions de l'Université de Bruxelles, Bruxelles, 1975.

Toch, Michael. "Lords and Peasants." *Journal of European Economic History* 15, no. 1, Spring 1986, p. 163–182.

Togan, Ahmet Zeki. "Economic Conditions in Anatolia in the Mongol Period." *Annales Islamologiques* 25, 1991, p. 203–240.

Tomich, Dale. "World Market and American Slavery," in Jaimé Torras et al., *Els Espais del Mercat.* Diputacio de Valencia, Valencia, 1993, p. 213–240.

Torras, Jaimé. "The Building of a Market," in Jaimé Torras et al., *Els Espais del Mercat.* Diputacio de Valencia, 1993, p. 197–212.

———. "Class Struggle in Catalonia. A Note on Brenner." *Review* 4, no. 2, Fall 1980, p. 253–265.

Toussaint, Auguste. *History of the Indian Ocean.* Routledge, London, 1966.

———. "Les Routes de l'Océan Indien au XVIIe et XVIIIe Siècles," in "Océan Indien et Méditerranée." Travaux du 6e Colloque International d'Histoire Maritime et du 2e Congrès de l'Association Historique Internationale de l'Océan Indien. Session de Lourenço Marques, 13–18 08 1962. SEVPEN, Paris, 1964, p. 303–313.

Tracy, J. A. *Financial Revolution in the Habsburg Netherlands.* University of California Press, Berkeley, 1985.

Tremel, Ferdinand. "Tucherzeugung und Tuchhandel im Ostalpenraum vom 13. Bis zum 16.Jahrhundert," in Marco Spallanzani (ed.), "Produzione, commercio e consumo dei panni di lana nei sec. XII–XVIII." Atti della seconda settimana di studio (10–16 aprile 1970), Istituto Internazionale di storia economica "F. Datini," L Olschki Editore, Firenze, 1976, p. 311–323.

Triaud, Jean-Louis. *Islam et Sociétés Soudanaises au Moyen-Âge.* Recherches Voltaiques 16, CNRS-CVRS, Paris, 1973.

Trimingham, Spencer. *A History of Islam in West Africa.* Oxford University Press, 1962.

T'Serstevens, A. *Les Précurseurs de Marco Polo.* Ed. B. Arthaud, Paris, 1959.

Tucci, Ugo. "Entre Orient et Occident," in "L'Histoire à Nice." Actes du Colloque International (6–9 Nov. 1980). Vol. 2, "Les Relations Économiques et Culturelles entre l'Occident et l'Orient." Université de Nice/Musée d'Archéologie et d'Histoire d'Antibes, 1981, p. 117–127.

Tuma, Elias. *European Economic History.* Pacific Book Publishers, Palo Alto, CA, 1979.

Turnock, David. *The Making of Eastern Europe.* Routledge, London, 1988.

Tymowski, Michal. "The Early State and After in Precolonial West Sudan," in Henri Claessen and Pieter van de Velde (eds.), *Early State Dynamics.* Brill, Leiden, 1987, p. 54–69.

———. "Early State and Mature State in the History of East-Central Europe and the Western Sudan." *Africana Bulletin* 42, 1994, p. 21–38.

———. "Le Niger, Voie de Communication des Grands États du Soudan." *Africana Bulletin* 6, 1967, p. 73–95.

———. "Wolof Economy and Political Organization" in Henri Claessen and Pieter van de Velde "Early State Economics" Transaction Publishers, London, 1991, p. 131–142

Udovitch, Abraham. "Commercial Techniques in Early Medieval Islamic Trade," in D. S. Richards (ed.), *Islam and the Trade of Asia.* Oxford/University of Pennsylvania Press, 1970, p. 37–62.

———. "Merchants and Amirs." *Asian and African Studies* 22, nos. 1–3, Nov. 1988, p. 53–72.

———. "Market and Society in the Medieval Islamic World," in *Mercati e mercanti nell'alto medioevo l'area Euroasiatica e l'area Mediterranea: Settimane di Studio del centro Italiano di studi sull'alto medioeve XL.* Presso La Sede del Centro, Spoleto, 1993, p. 767–798.

Unali, Anna. *Ceuta 1415: alle origini dell'espansione europea in Africa.* Bulzoni, Roma, 2000.

Unger, Richard W. "Beer, Wine and Land Use in the Late Medieval Low Countries," in *Bijdragen tot de Geschiedenis,* 81, nos. 1–3, 1998, p. 329–337.

———. "Grain, Beer and Shipping in the North and Baltic Seas," in Christiane Villain-Gandossi, Salvino Busuttil, and Paul Adam (eds.), *Medieval Ships and the Birth of Technological Societies.* Vol. 1, *Northern Europe.* Foundation for International Studies, Malta, 1989, p. 121–135.

———. *The Ship in the Medieval Economy, 600–1600.* McGill-Queen's University Press, Montreal, 1980.

Unger, Roberto. *Plasticity into Power.* Cambridge University Press, 1987.

Valérian, Dominique. "Contribution à l'Etude de la Guerre dans le Maghreb Médiéval," in Mohammed Tahar Mansouri (dir.), *Le Maghreb et la Mer à Travers l'Histoire.* Éditions Hêrodotos–Mésogeios, Paris, 2000, p. 126–142.

Van Caenegem, Raoul C. "La Peine dans les Anciens Pays-Bas (12e–17e S.)," in "Punishment." Transactions of the Jean Bodin Society for Comparative Institutional History 56, Part 2, De Boeck Université, Bruxelles, 1991, p. 117–141.

Van der Wee, Herman. "Consumptie van textiel en industriële ontwikkeling in de steden van de Nederlanden tijdens de late Middeleeuwen en de Nieuwe Tijd." *Bijdragen tot de Geschiedenis* 81, nos. 1–3, 1998, p. 339–350.

———. "Industrial Dynamics and the Process of Urbanization and De-Urbanization in the Low Countries from the Late Middle Ages to the Eighteenth Century." in Herman Van der Wee (ed.), *The Rise and Decline of Urban Industries in Italy and the Low Countries.* Leuven University Press, 1988, p. 307–381.

———. *The Low Countries in the Early Modern World.* Cambridge University Press, Variorum, 1993.

———. "Productivité, Progrès Technique et Croissance Économique du XIIe au XVIIIe Siècle," in Sara Mariotti (ed.), "Produttività e tecnologie nei secoli XII–XVII." Atti della Terza Settimana di Studio 23–29 aprile 1971. Instituto Internazionale di Storia Economica "F. Datini," Serie II, 3, Prato, Le Monnier, 1981, p. 9–16.

———. "Structural Changes and Specialization in the Industry of the Southern Netherlands, 1100–1600." *Economic History Review* [2nd Series] 28, no. 2, May 1975, p. 203–221.

Van der Wee, Herman, and Eddy Van Cauwenberghe (eds.), Productivity of Land and Agricultural Innovation in the Low Countries (1250–1800). Leuven University Press, 1978.

Van der Woude, A. M. "Large Estates and Small Holdings, Lords and Peasants in the Netherlands during the Late Middle Ages and Early Modern Times," in Péter Gunst and Tamás Hoffmann (eds.), *Large Estates and Small holdings in Europe in the Middle Ages and Modern Times.* Akadémiai Kiadó, Budapest, 1982, p. 193–207.

Van Dyke, Paul. "How and Why the Dutch East India Company Became Competitive in the Intra-Asian Trade in East Asia in the 1630s." *Itinerario* 21, no. 3, 1997, p. 41–56.

Van Gerven, Jan. "War, Violence and an Urban Society," in Wim Blockmans, Marc Boone, and Thérèse de Hemtinne (eds.), *Secretum Scriptorum.* Garant, Leuven, 1999, p. 183–211.

Van Houtte, Jan A. "Production et Circulation de la Laine Comme Matière Première du XIIIe au XVIIe Siècle," in Marco Spallanzani (ed.), "La Lana come Materia Prima." Atti della Prima Settimana di Studio 18–24 aprile 1969. Instituto Internazionale di Storia Economica "F. Datini," Prato, L Olschki, Firenze, 1974, p. 381–395.

Van Klaveren, Jacob. *General Economic History, 100–1760[FU27].* Gerhard Kieckens, München, 1969.

Van Leur, J.C. *Indonesian Trade and Society.* Van Hoever, The Hague, 1955.

Van Nierop, Henk. "Popular Participation in Politics in the Dutch Republic," in Peter Blickle (ed.), *Resistance, Representation, and Community.* Clarendon Press, Oxford, 1997, p. 272–290.

Van Santen, H. W. "Trade between Mughal India and the Middle East, and Mughal Monetary Policy," in Karl R. Haellquist (ed.), *Asian Trade Routes: Continental and Maritime.* Scandinavian Institute of Asian Studies, Copenhagen, 1991, p. 87–95.

van Uytven, Raymond. "L'Approvisionnement des Villes des Anciens Pays-Bas au Moyen Âge," in "L'Approvisionnement des Villes de l'Europe Occidentale au Moyen Âge et aux Temps Modernes." Centre Culturel de l'Abbaye de Flaran, Cinquièmes Journées Internationales d'Histoire, Auch, 1985, p. 75–116.

———. "Les Bourgeois dans les Villes Brabançonnes au XIIIe Siècle." *Revue de l'Université de Bruxelles* 4, 1978, p. 468–482.

———. "Cloth in Medieval Literature of Western Europe," in N. B. Harte and K. G. Ponting (eds.), *Cloth and Clothing in Medieval Europe.* Heinemann Educational Books, London, 1983, p. 151–183.

———. "La Conjuncture Commerciale et Industrielle aux Pays-Bas Bourguignons: Une Récapitulation," in J. M. Duvosquel, J. Nazet, and A. Vanrie (red.), *Les Pays-Bas Bourguignons. Histoire et Institutions.* Archives et Bibliothèques de Belgique, Bruxelles, 1996b, p. 435–468.

———. "La Draperie Brabanconne et Malinoise du XIIe au XVIIe Siècle," in Marco Spallanzani (ed.), "Produzione, commercio e consumo dei panni di lana nei sec. XII–XVIII." Atti della seconda settimana di studio (10–16 aprile 1970). Istituto Internazionale di Storia Economica "F. Datini," L Olschki Editore, Firenze, 1976, p. 85–97.

———. "Economische groei in het Hertogdom Brabant tijdens de twaalfde eeuw," in Raoul Bauer et al., *Brabant in de twaalfde eeuw: een renaissance?* Centrum Brabantse Geschiedenis, UFSAL, Brussel, 1987, p. 113–129.

———. "The Fulling Mill," in *Acta Historiae Neerlandicae* 7, Martinus Nijhoff, The Hague, 1971, p. 1–14.

———. "De macht van het geld," in Dick de Boer and E. Cordfunke and Herbert Sartafij (eds.), *WI Florens . . . De Hollandse graaf Floris V in de samenleving van de dertiende eeuw.* Uitg. Matrijs, Utrecht, 1996, p. 212–223.

———. "Les Pays-Bas du XIVe au XVIe Siècle," in Annalisa Guarducci (dir.), "Prodotto Lordo e finanza pubblica secoli XIII–XIX." Atti della Ottava Settimana di Studi 3–9 maggio 1976. Instituto Internazionale di Storia Economica "F. Datini," Serie II, 22, Prato, Le Monnier, 1988, p. 533–554.

———. "Stadsgeschiedenis in the Noorden en het Zuiden," in *Algemene Geschiedenis der Nederlanden.* Fibula-Van Dishoeck, Haarlem, 1982, p. 188–253.

———. "Technique, Productivité et Production au Moyen Âge," in Sara Mariotti (ed.), "Produttività e tecnologie nei secoli XII–XVII." Atti della Terza Settimana di Studio 23–29 aprile 1971. Instituto Internazionale di Storia Economica "F. Datini," Serie II, 3, Le Monnier, Prato, 1981, p. 283–293.

———. "Vorst, adel en steden." *Bijdragen tot de geschiedenis* 59, 1976b, p. 93–122.

———. "What Is New Socially and Economically in the Sixteenth-Century Netherlands?" in *Acta Historiae Neerlandicae* 7. Martinus Nijhoff, The Hague, 1974, p. 18–53.

Van Werveke, Hans. "Industrial Growth in the Middle Ages." *Economic History Review* 6, no. 3, 1954, p. 237–245.

Vanacker, Claudette. "Géographie Économique de l'Afrique du Nord Selon les Auteurs Arabes, du IXe Siècle au Milieu du XIIe Siècle." *Annales ESC* 28, no. 3, Mai–Juin, 1973, p. 659–680.

Vanaja, R. "Kenneth Hall's Trade and Statecraft in the Age of the Colas." *Studies in History* 4, no. 2, 1982, p. 321–333.

Vanina, E. "Urban Industries of Medieval India." *Studies in History* 5, no. 2, Dec. 1989, p. 271–286.

Varadarajan, Lotika. "Commodity Structure and Indian Participation in the Trade of the Southern Seas, *circa* 9th to 13th Centuries," in Satish Chandra (ed.). *The Indian Ocean Explorations in History, Commerce and Politics.* Sage, London, 1987, p. 90–108.

Veluthat, Kesavan. *The Political Structure of Early Medieval South India.* Orient Longman, New Delhi, 1993.

Verhulst, Adriaan. "Agrarian Revolutions: Myth or Reality?" *Sartoniana* 2, 1989b, p. 71–95.

———. "The 'Agricultural Revolution' of the Middle Ages Reconsidered," in S. Bachrach and David Nicholas (eds.), *Law, Custom and the Social Fabric in Medieval Europe.* Kalamazoo: Medieval Institute Publications, 1990, p. 17–28.

———. "L'Économie Rurale de la Flandre et la Dépression Économique du bas Moyen Âge." *Études Rurales* [École Pratique des Hautes Études, 6e Section] 10, juillet–sept. 1963, p. 68–80.

———. *Précis d'Histoire Rurale de la Belgique.* Éditions de l'Université de Bruxelles, 1990b.

———. "The State of Research. Medieval Socioeconomic Historiography in Western Europe." *Journal of Medieval History* 23, no. 1, 1997, p. 89–101.

———. "Towns and Trade, 400–1500," in Robin Butlin and Robert Dodgshon (eds.), *An Historical Geography of Europe.* Clarendon Press, Oxford, 1998, p. 100–114.

Verlinden, Charles. "Aspects de la Production, du Commerce et de la Consommation des Draps Flamands au Moyen Âge," in Marco Spallanzani (ed.), "Produzione, commercio e consumo dei panni di lana nei sec. XII–XVIII." Atti della seconda settimana di studio (10–16 aprile 1970). Istituto Internazionale di Storia Economica F. Datini, L Olschki Editore, Firenze, 1976, p. 99–112.

———. *The Beginnings of Modern Colonization.* Cornell University Press, Ithaca, NY, 1970.

———. "De la Colonisation Médiévale Italienne au Levant à l'Expansion Ibérique en Afrique Continentale et Insulaire" *Bulletin de l'Institut Historique Belge de Rome* Fasc. 53–54, Rome, 1984, p. 99–121.

———. *L'Esclavage dans l'Europe Médiévale.* 2 vols. Rijksuniversiteit Gent, 1977.

———. "From the Mediterranean to the Atlantic." *Journal of European Economic History* 1, no. 3, Winter 1972, p. 625–646.

———. "Les Italiens et l'Ouverture des Routes Atlantiques," in "Les Routes de l'Atlantique." Travaux du 9e Colloque International d'Histoire Maritime. SEVPEN, Paris, 1969, p. 259–279.

———. "Marchands Chrétiens et Juifs dans l'État Mamelouk au Début du XVe Siècle." *Bulletin de l'Institut Historique Belge de Rome,* Fasc. 51, 1981, p. 19–86.

———. "Le Traffic et la Consommation des Vins Français," in Michel Mollat (dir.), "Les Sources de l'Histoire Maritime." Actes du 4e Colloque International d'Histoire Maritime. SEVPEN, Paris, 1962, p. 345–364.

Vikor, Knut. "The Desert-Side Salt Trade of Kawar." *African Economic History*, no. 11, 1982, p. 115–144.

Vink, Markus. "From Port City to World-System" *Itinerario* 28, no. 2, 2004, p. 45–116.

Von Glahn, Richard. *Fountain of Fortune.* University of California Press, Berkeley, 1996.

Von Sivers, Peter. "Pays Riches, Pays Pauvres," in Henri Bresc et al., *Genèse de l'Etat Moderne en Méditerranée.* École Française de Rome, Palais Farnèse, 1993, p. 169–181.

Von Stromer, Wolfgang. "Une Clé du Succès des Maisons de Commerce d'Allemagne du Sud." *Revue Historique* 285/1, no. 577, Janvier–Mars 1991, p. 29–49.

———. "Mittelalterliche Städte als quasi-merkantilistische Gewerbe-Gründer und Unternehmer," in "Investimenti e civiltà urbana secoli XIII–XVIII." Atti della Nona Settimana di Studi 22–28 Aprile 1977. Instituto Internazionale di Storia Economica "F. Datini," Serie II, 22, Le Monnier, Prato, 1989, p. 873–882.

———. "Die Struktur von Produktion und Verteilung von Bunt- und Edelmetallen an der Wende vom Mittelalter zur Neuzeit," in Herman Kellenbenz (ed.), *Precious Metals in the Age of Expansion.* Klett-Cotta, Stuttgart, 1981, p. 13–26.

Von Wartburg, Marie-Louise. "Production de Sucre de Canne à Chypre," in Michel Balard and Alain Ducellier (dirs.), *Coloniser au Moyen Âge.* Armand Colin, Paris, 1995, p. 126–131.

Vries, Peer. "Governing Growth: A Comparative Analysis of the Role of the State in the Rise of the West." *Journal of World History* 13, no. 1, 2002, 67–138.

———. *Via Peking Back to Manchester.* Leiden, CNWS Publications, 2003.

Wade, Geoff. "Some Topoi in Southern Border Historiography During the Ming," in Sabine Dabringhaus and Roderich Ptak (eds.), *China and Her Neighbours: Borders, Visions of the Other, Foreign Policy 10th to 19th Century.* Harrasowitz Verlag, Wiesbaden, 1997, p. 135–158.

Waldron, Arthur. "Introduction," in Bertold Spuler, *The Mongol Period: History of the Muslim World.* Markus Wiener, Princeton, 1994, p. 7–33.

Walker, Thomas. "The Italian Gold Revolution of 1252," in J. F. Richards (ed.), *Precious Metals in the Later Medieval and Early Modern Worlds.* Carolina Academic Press, Durham, NC, 1983, p. 29–52.

Wallerstein, Immanuel. "The Construction of a European World-Economy, 1450–1750." Unpublished paper, 1993b.
———. "European Economic Development." *Economic History Review* 36, no. 4, 1983, p. 580–583.
———. "From Feudalism to Capitalism: Transition or Transitions?" in *The Capitalist World-Economy*. Cambridge University Press, 1979, p. 138–151.
———. "The Incorporation of the Indian Subcontinent into the Capitalist World-Economy," in Satish Chandra (ed.), *The Indian Ocean Explorations in History, Commerce and Politics*. Sage, London, 1987, p. 222–253.
———. *The Modern World System*. New York, Academic Press, 1974.
———. *The Modern World-System*. Vol. 2. New York, Academic Press, 1980.
———. *The Modern World-System*. Vol. 3. Academic Press, San Diego, CA, 1989.
———. *The Politics of the World-Economy*. Cambridge University Press, 1984.
———. "Système Mondial Contre Système-Monde." *Sociologie et Sociétés* 22, no. 2, Oct. 1990, p. 219–222.
———. "The West, Capitalism and the Modern World-System," in Timothy Brook and Gregory Blue (eds.), *China and Historical Capitalism*. Cambridge University Press, 1999, p. 10–56.
———. "World Systems versus World-Systems. A Critique," in Andre Gunder Frank and Barry Gills (eds.), *The World System: Five Hundred Years or Five Thousand?* London, 1993, p. 292–296.
Wang, Gungwu. "China and South-East Asia, 1402–1424," in Jerome Ch'en and Nicholas Tarling (eds.), *Studies in the Social History of China and South-East Asia*. Cambridge University Press, 1970b.
———. *China and the Chinese Overseas*. Times Academic Press, Singapore, 1991.
———. "Merchants without Empire," in James Tracy (ed.), *The Rise of Merchant Empires*. Cambridge University Press, 1990, p. 400–421.
———. "Public and Private Overseas Trade in Chinese History," in Michel Mollat (dir.), *Sociétés et Compagnies de Commerce en Orient et dans l'Océan Indien*. SEVPEN, Paris, 1970, p. 215–226.
Wang, Jianping. *Concord and Conflict*. Lund Studies in African and Asian Religions 11, Lund, 1996.
Washbrook, David. "From Comparative Sociology to Global History." *Journal of the Economic and Social History of the Orient* 40, no. 4, Nov. 1997, p. 410–443.
———. "Progress and Problems: South Asian Economic and Social History." *Modern Asian Studies* 22, no. 1, Feb. 1988, p. 57–96.
———. "South Asia, the World System and World Capitalism." *Journal of Asian Studies* 49, no. 3, August 1990, p. 479–508.
Watson, Andrew. *Agricultural Innovation in the Early Islamic World*. Cambridge University Press, 1983.
———. "Back to Gold—and Silver." *Economic History Review* [2nd Series] 20, no. 1, April 1967, p. 1–34.
Watt, Montgomery. *The Influence of Islam on Medieval Europe*. Edinburgh University Press, 1972.
Weber, Eugen. *Peasants into Frenchmen*. Stanford University Press, 1979.
Weber, Max. *The City*. New York, Free Press, 1958.
———. *The Protestant Ethic and the Spirit of Capitalism*. Roxbury Publishing Co, LA, 1996 [1930].
———. *The Religion of India: The Sociology of Hinduism and Buddhism*. Free Press, Glencoe, IL, 1958b.

Weczerka, Hugo. "Les Routes Terrestres de la Hanse," in *L'Homme et la Route en Europe Occidentale au Moyen Âge et aux Temps Modernes.* Centre Culturel de l'Abbaye de Flaran, Auch, 1982, p. 85–105.

Weede, Erich. "Ideas, Institutions and Political Culture in Western Development." *Journal of Theoretical Politics* 2, no. 4, Oct. 1990, p. 369–386.

Wendelken, Rebecca. "The Falling Dominoes," in Andrew Bell-Fialkoff (ed.), *The Role of Migration in the History of the Eurasian Steppe.* St. Martin's Press, New York, 2000, p. 229–249.

Werner, Karl. "Political and Social Structures of the West, 300–1300," in Jean Baechler, John Hall, and Michael Mann (eds.), *Europe and the Rise of Capitalism.* Basil Blackwell, New York, 1988, p. 169–184.

Wertheim, Wim. *Comparative Essays on Asia and the West.* Comparative Asian Studies 12. VU University Press for Centre of Asian Studies, Amsterdam, 1993.

Weulersse, Delphine. "La Chine des Yuan et des Ming," in Jean Favier (dir.), *XIVe et XVe siècles: crises et genèses.* Presses Universitaires de France, Paris, 1996, p. 757–804.

Wheatley, Paul. "Analecta Sino-Africana Recensa," in Neville Chittick and Robert Rotberg (eds.), *East Africa and the Orient: Cultural Syntheses in Pre-Colonial Times.* Africana Publishing Co, London, 1975, p. 76–114.

———. "Geographical Notes on some Commodities involved in Sung Maritime Trade." *Journal of the Malayan Branch of the Royal Asiatic Society* 32, pt. 2, no. 186, 1959, p. 1–140.

White, L. *Medieval Religion and Technology.* University of California Press, 1978.

———. *Medieval Technology and Social Change.* Oxford University Press, 1962.

Whitmore, John. *Vietnam, Hô Quý Ly and the Ming (1371–1421).* The Lac-Viet Series 2. Yale Center for International and Area Studies/Council on Southeast Asia Studies, New Haven, CT, 1985.

Whitrow, G. J. *Time in History.* Oxford University Press, 1988.

Whittle, Jane. *The development of agrarian capitalism.* Oxford University Press, NY, 2000.

Wickham, Chris. "The Uniqueness of the East," in T. J. Byres and Harbans Mukhia (eds.), *Feudalism and non-European societies.* Frank Cass, London, 1985, p. 166–196.

Wicks, Robert. *Money, Markets and Trade in Early Southeast Asia.* Southeast Asia Program, Cornell University, Ithaca, NY, 1992.

Wijetunga, W.M.K. "South Indian Corporate Commercial Organizations in South and South-East Asia." Proceedings of the 1st International Conference-Seminar of Tamil Studies, University of Malaya, 1968, p. 494–508.

Willetts, William. "The Maritime Adventures of Grand Eunuch Ho." *Journal of Southeast Asian History* 5, no. 2, Sept. 1964, p. 25–42.

Williamson, Edwin. *The Penguin History of Latin America.* Penguin Books, New York, 1992.

Willmott, W. E. "History and Sociology of the Chinese in Cambodia Prior to the French Protectorate." *Journal of Southeast Asian History* 7, no. 1, March 1966, p. 15–38.

Wills, John Jr. "Maritime Asia, 1500–1800: The Interactive Emergence of European Domination." *American Historical Review* 98, no. 1, Feb. 1993, p. 83–105.

Wink, André. "Al-Hind. India and Indonesia in the Islamic World-Economy." *Itinerario* 12, no. 1, 1988, p. 33–72.

———. *Al-Hind: The Making of the Indo-Islamic World.* Vol 1. Brill, Leiden, 1990.

———. *Al-Hind: The Making of the Indo-Islamic World.* Vol 2. Brill, Leiden, 1997.

———. "Sovereignty and universal dominion in South Asia." *Indian Economic and Social History Review* 21, no. 3, 1984, p. 265–292.

Wittfogel, Karl. *Oriental Despotism.* Yale University Press, New Haven, 1957.

Wolf, Eric. *Europe and the People without History.* University of California Press, Berkeley, 1982.

Wolff, Jacques. *Histoire Économique de l'Europe, 1000–2000.* Éd. Économica, Paris, 1995.

Wolff, Philippe. *Automne du Moyen Âge ou printemps des temps nouveaux?* Aubier, Paris, 1986.

———. "Un grand commerce médiéval: les céréales dans le bassin de la Méditerranée occidentale," in VI Congreso de Historia de la Corona de Aragon, Madrid, 1959, p. 147–164.

———. "Monnaie et développement Économique dans l'Éurope médiévale." *Histoire, Économie et Société*, 4e trimestre, 1982, p. 491–510.

———. "Pouvoirs et investissements urbains en Europe occidentale et centrale du XIIIe au XVIIe siècle," in "Investimenti e civiltà urbana secoli XIII–XVIII." Atti della Nona Settimana di Studi 22–28 Aprile 1977. Instituto Internazionale di Storia Economica "F. Datini," Serie II, 22, Le Monnier, Prato, 1989, p. 31–71.

Wolff, Philippe, and Frédéric Mauro. *Histoire générale du travail.* Nouvelle Librairie de France, Paris, 1965.

Wolpert, Stanley. *A New History of India.* 6th ed., Oxford University Press, Oxford, 2000.

Wong, R. Bin. *China Transformed: Historical Change and the Limits of European Experience.* Cornell University Press, 1997.

———. "Les émeutes de subsistances en Chine et en Europe Occidentale." *Annales ESC* 38, no. 2, Mars–Avril 1983, p. 234–258.

———. "The Political Economy of agrarian empire and its modern legacy," in Timothy Brook and Gregory Blue (eds.), *China and Historical Capitalism.* Cambridge University Press, 1999, p. 210–245.

———. "The Search for European Differences and Domination in the Early Modern World." *American Historical Review* 107, no. 2, April 2002, p. 447–469.

Wood, Ellen. *The Origin of Capitalism.* Monthly Review Press, New York, 1999.

———. "The Question of Market Dependence." *Journal of Agrarian Change*, 2, no. 1, 2002, p. 50–87.

Woodward, David. "The Means of Payment and Hours of Work in Early Modern England," in Carol Leonard and B. N. Mironov (eds.), "Hours of Work and Means of Payment." 11th International Economic History Congress Proceedings B3b. Universita Bocconi, Milano, 1994, p. 11–21.

Wright, John. *The trans-Saharan slave trade.* Routledge, NY, 2007.

Wrigley, E. A. *Continuity, chance and change.* Cambridge University Press, 1988.

———. *Poverty, Progress, and Population.* Cambridge University Press, 2004.

———. "The Town in a Pre-industrial Economy," in Ph. Abrams and E. Wrigley (eds.), *Towns in Societies.* Cambridge University Press, 1978, p. 295–309.

Wunder, Heide. "Serfdom in Later Medieval and Early Modern Germany," in T.H. Aston, P. Cross, Chr. Dyer, and Joan Thirsk (eds.), *Social Relations and Ideas.* Cambridge University Press, 1983, p. 249–272.

Wyffels, Carlos. "De oorsprong der ambachten in Vlaanderen en Brabant" Verhandelingen van de Koninklijke Academie voor Wetenschappen, Letteren en Schone Kunsten van Belgie (jg . 13, no. 3), Brussel, 1951.

———. "L'usure en Flandre au XIIIe siècle." *Revue Belge de Philologie et d'Histoire*, 1991, p. 853–871.

Wyrozumski, Jerzy. "Le problème de l'évolution technique dans la tissanderie en Pologne aux XI–XVe siècles," in Sara Mariotti (ed.), "Produttività e tecnologie nei secoli XII–XVII." Atti della Terza Settimana di Studio 23–29 aprile 1971. Instituto Internazionale di Storia Economica "F. Datini," Serie II, 3, Prato, Le Monnier, 1981, p. 295–301.

———. "La société urbaine en Pologne au bas Moyen Âge." *Revue du Nord* 60, no. 236, Jan.–Mars 1978, p. 31–41.

Xiaonan, Deng, and Christian Lamouroux. "Les règles familiales des ancêtres." *Annales HSS* 59, no. 3, Mai–Juin 2004, p. 491–518.

Yadav, B. N. S. "Problem of the Interaction between Socioeconomic Classes in the Early Medieval Complex." *Indian Historical Review* 3, no. 1, 1976, p. 43–58.

———. *Society and Culture in North India in the Twelfth Century*. Allahabad, 1973.

Yang, Bin. "Horses, Silver and Cowries: Yunnan in Global Perspective." *Journal of World History* 15, no. 3, Sep. 2004, p. 281–322.

Yante, Jean-Marie. "L'emploi: concept contemporain et réalités médiévales," in Jacqueline Hamesse and Colette Muraille-Samaran (eds.), *Le travail au Moyen Âge: Une Approche interdisciplinaire*. Université Catholique de Louvain-la-Neuve, Louvain-la-Neuve, 1990, p. 349–378.

———. "Le rôle des autorités communales dans l'organisation, la réglementation,et la police des transactions commerciales." Actes du 11e Colloque International, Spa, 1–4 Sept. 1982. Crédit Communal, no. 65, Bruxelles, 1984, p. 425–436.

Yarrison, J. L. "Force as an instrument of policy." Unpublished Ph.D. Thesis. Princeton, 1982.

Young, Stephen. "The Law of Property and elite prerogatives during Vietnam's Lê dynasty." *Journal of Asian History* 10, no. 1, 1976, p. 1–48.

Yun, Bartolomé. "Economic Cycles and Structural Changes," in Thomas Brady, Heiko Oberman, and James Tracy (eds.), *Handbook of European History 1400–1600: Late Middle Ages, Renaissance and Reformation*. Vol. 1. Brill, Leiden, 1994, p. 113–145.

Yver, Georges. *Le commerce des marchands dans l'Italie méridionale au XIIIe and au XIVe siècle*. Burt Franklin, NY, 1968 ed.

Yvon-Tran, Florence. "Marchés ruraux, commerce et fiscalité dans Viet-Nam ancien." *Histoire et Sociétés Rurales* 17, 1er Semestre 2002, p. 11–35.

Zientara, Benedykt. "L'Occidentalisation de la Pologne au XIIIe siècle," in *L'histoire à Nice*. Vol. 2, *Les relations Économiques et culturelles entre l'Occident et l'Orient*. Actes du Colloque International (6–9 Nov. 1980). Université de Nice/Musée d'Archéologie et d'Histoire d'Antibes, 1981, p. 193–201.

Zolberg, Aristide. "Origins of the modern world system." *World Politics* 33, no. 2, 1981, p. 253–281.

Zubaida, Sami. "The city and its 'other' in Islamic political ideas and movements." *Economy and Society* 14, no. 3, August 1985, p. 313–330.

Zurndorfer, Harriet. "A Guide to the 'New' Chinese History." *International Review of Social History* 33, 1988, p. 148–201.

———. "Violence and Political Protest in Ming and Qing China." *International Review of Social History* 28, pt. 3, 1983, p. 304–319.

Zylbergeld, Léon. "L'initiative communale dans l'organisation défensive et les institutions militaires des villes en Brabant au Moyen Âge." Actes du 11e Colloque International, Spa, 1–4 Sept. 1982. Crédit Communal, no. 65, Bruxelles, 1984, p. 287–376.

옮긴이의 글

오늘날 동서양을 가리지 않고 겉으로 내세우는 이데올로기가 무엇이든 간에 자본주의가 세상을 지배하고 있다는 것은 누구도 부인하지 않는다. 아직도 자칭 공산주의 국가라고 하는 중국이나 러시아도 사실 속내를 따져보면 시장 중심보다는 국가 통제가 우선인 국가자본주의 체제가 아닌가. 특히 신자유주의 경제의 확산과 세계화에 따른 지역과 이념을 초월한 자본의 무한 질주는 이미 국가 단위의 통제 범위를 벗어난 지 오래다. 그렇다면, 이러한 자본주의는 과연 언제 어디서 시작되었을까?

경제사에서 자본주의의 기원을 말할 때 애덤 스미스의 고전경제학 계열이든, 정통 마르크스주의 계열이든 흔히 18세기 이후 영국의 산업혁명을 기준으로 잡는다. 모두 유럽 이외의 지역을 정체된 사회로 전제하고 당시 본격화된 식민지 지배의 관점에서 바라본 결과다. 반면 생산을 중시하는 마르크스주의 관점과 시장을 중시하는 애덤 스미스주의 관점을 통합한 세계-체제론의 이매뉴얼 월러스틴은 자본주의라는 새로운 단일 생산양식이 16세기 이후 서유럽에서 등장했다고 본다.
하지만 에릭 밀란츠는 여기서 더 나아가 월러스틴이 주장하는 16세기에 나타난 자본주의적 현상들, 즉 임금 노동이나 전문화, 분업, 계급투쟁, 원거리무역, 자본 축적을 위한 약탈적 주변부 체제 구축과 같은 특징들이 이미 12세기 말부터 서유럽의 중세 도시국가들 사이에서 나타났음을 설파한다. 그는 방대한 자료들을 섭렵하고 꼼꼼하게 비교·분석함으로써 그 근거들을 제시한다. 특히 당시 유럽과 비유럽 지역, 즉 중국과 남아시아, 북아프리카와의 정치경제 상황을 비교해 유럽에서 자본주의가 단순히 유럽 내부의 특별한 사정으로 유발된 것이 아니라 비유럽 지역과의 관계 속에서 영향을 주고받으며 발전한 것이라는 사실에 주목한다. 한 예로, 13세기 중반 몽골과 같은 유목민족의 침입은 중국을 비롯한 중앙아시아의 경제와 도시국가 기반을 완전히 파괴한 반면에 서유럽은 그러한 피해를 입지 않았으며 오히려 그 기회를 이용해서 아시아 시장을 공략하는 기회로 삼았다는 사실이, 서유럽이 봉건제에서 자본주의로 서서히 발전해갈 수 있는 결정적인 변수였다고 주장한다. 또한 밀란츠는 500년 전에 세계-체제가 완성되었다고 주장하는 월러스틴의 경우도 기존의 유럽중심주의적 관점을 극복하지 못했다고 비판하지만, 안드레 군더 프랑크가 주장하는 식의 5000년 전 이미 아시아에 세계-체제가 완성되어 있었다는 주장에 대해서도 토착주의로 전락할 수 있는 반反유럽중심주의라는 또 다른 이데올로기에 다름 아니라고 공격한다.

한편, 밀란트는 기존의 유럽중심주의와 유럽 예외주의에 대해서는 단호하게 비판하지만 유럽이 비유럽 지역과 달리 세계-체제를 완성할 수 있었던 이유도 틀림없이 있었다고 지적한다. 그 가운데 가장 중요한 요소가 도시국가다. 중세 서유럽의 도시국가에서 정치권력을 획득한 강력한 토착 상인계급은 자본주의 세계-경제를 완성하는 주도 세력이 되었다. 그들은 처음에는 도시 배후지인 농촌을 주변부로 삼아 자본 축적을 위한 착취 구조를 완성시켰으며 16세기 이후로는 중심부-주변부 구조를 남아시아와 북아프리카 지역으로 확대시키며 해외 식민지 체제로 발전시켰다. 중국과 인도, 북아프리카도 도시들이 번창했고 유럽보다 훨씬 더 규모가 큰 생산과 교역이 이루어졌지만 서유럽의 도시국가와 부르주아 계급처럼 정치권력을 제도화하지 못했으며 그것을 뒷받침할 정치 체제와 사회 구조도 없었다. 이것이 바로 비유럽 지역에서 자본주의가 꽃을 피우지 못한 이유라고 밀란츠는 주장한다.

다시 말해서, 중국과 인도를 비롯한 아시아 지역과 북아프리카의 이슬람 지역이 단순히 유럽보다 기술력이나 합리성, 역동성, 자본 축적의 의지가 떨어져서 자본주의로 발전하지 못한 것이 아니다. 반면에 서유럽에서 자본주의 세계-경제가 완성된 것은 도시국가와 강력한 정치권력을 가진 상인 부르주아 계급, 중심부와 주변부라는 자본 축적을 위한 식민지 착취 구조 등과 같은 서유럽의 내재적 특징이 당시 세계 각 지역의 정치경제적 상황이 긴밀하게 맞물려 이루어진 것이다. 따라서 유럽의 내재적 발전을 통한 자본주의의 탄생과 발전이라는 유럽중심주의의 역사적 관점은 수정되어야 하며 아시아와 중동, 아프리카가 앞으로 언제까지나 유럽 중심의 자본주의 세계 질서에 머무를 수밖에 없다는 암묵적 강요도 깨져야 할 것이다.

오늘날 중국은 이미 미국과 함께 세계를 이끄는 국가로 부상했다. 앞으로의 세계 질서는 아시아가 주도할 것이라고들 말한다. 자본주의의 기원을 밝히는 것은 단순히 학문적 진실을 규명한다는 차원에서 중요하다기보다는 그것이 오늘날 세계에서 어떤 의미를 담고 있느냐 하는 것이 더 중요하다고 할 수 있다. 앞으로 세계 질서를 주도할 아시아는 과연 지난날 유럽이 구축한 중심부-주변부의 착취 구조를 그대로 온존시키며 나아갈지, 아니면 새로운 구조와 발전 방향을 제시할지 더 지켜봐야 할 것이다.

이 책은 분량에 비해서 다루는 범위와 깊이가 매우 방대하다. 우선 본문과 주석의 분량이 엇비슷할 정도로 주석이 많다. 참고문헌 또한 일찍이 보기 힘들 정도로 엄청나게 많다. 내용을 보기 전에 저자가 얼마나 공들여 작업한 책인지 전문가가 아니더라도 금방 알 수 있을 정도다. 따라서 일반인들이 보면 먼저 읽기도 전에 주눅이 들지도 모른다. 하지만 심호흡을 한 번 크게 하고 읽다보면 정말 내공이 만만치 않은 책이며 저자가 얼마나 심혈을 기울여 쓴 책인지 어느새 속으로 탄성을 지르고 있는 자신을 발견할 것이다.

원서는 주석이 각주로 되어 있어서 본문을 읽으면서 바로 주석을 읽을 수 있지만 이 번역서는 미주로 돌렸기 때문에 본문과 주석을 함께 읽고 싶어 하는 독자들에게는 불편할 수도 있다는 점이 아쉽다. 하지만 일반 독자들이 보기에는 본문 중심으로 읽을 수 있어서 더 편할 수도 있다. 일본에서는 2011년 3월에 『資本主義の 起源と「西洋の 勃興」』이라는 제목으로 번역서가 먼저 나왔다. 번역자는 리츠메이칸대학의 국제관계학부 노리히사 야마시타山下範久 교수로 이 책의 원저자 에릭 밀란츠와 함께 이매뉴얼 월러스틴 아래에서 동문수학한 세계-체제론 계열의 학자다. 따라서 번역을 하면서 전문용어나 원서의 내용 해석이 어려운 부분은 일어판 번역서를 참조했다. 세계-체제론을 전문적으로 연구한 학자도 아니고 세계-체제론에 대한 지식도 미천한 주제에 이렇게 고도로 전문적인 책을 번역하는 것이 과욕이 아닐까 주저하기도 했지만 품격 높은 좋은 책을 국내에 소개한다는 생각으로 감히 손을 댔으니 부족한 점이 있다면 부디 독자들의 양해와 지적을 바란다.

2012년 12월

김병순

찾아보기

ㄹ

ㅁ

ㅂ

ㅅ

ㅇ

ㅈ

ㅊ

ㅋ

ㅌ

ㅍ

ㅎ

자본주의의 기원과 서양의 발흥

초판인쇄 2012년 12월 24일
초판발행 2012년 12월 31일

지은이 에릭 밀란츠
옮긴이 김병순
펴낸이 강성민
편집 이은혜 박민수 김신식
마케팅 최현수
온라인 마케팅 김희숙 김상만 이원주 한수진

펴낸곳 (주)글항아리 | 출판등록 2009년 1월 19일 제406-2009-000002호

주소 413-756 경기도 파주시 문발동 513-8
전자우편 bookpot@hanmail.net
전화번호 031-955-8891(마케팅) 031-955-2670(편집부)
팩스 031-955-2557

ISBN 978-89-6735-036-9 93300

글항아리는 (주)문학동네의 계열사입니다.

이 도서의 국립중앙도서관 출판시도서목록(CIP)은 e-CIP홈페이지(http://www.nl.go.kr/ecip)와
국가자료공동목록시스템(http://www.nl.go.kr/kolisnet)에서 이용하실 수 있습니다.
(CIP제어번호: CIP2012006017)